헨드릭슨 패턴 주석 시리즈

헨드릭슨 성경주석

요한계시록

헨드릭슨 패턴 주석 시리즈

헨드릭슨 성경주석

요한계시록

윌리엄 헨드릭슨 지음

김영익 · 문영탁 옮김

AGAPE
[주]아가페출판사

「헨드릭슨 패턴 주석 시리즈」 개정판을 내면서

온전한 그리스도인이 되기 위해서는 하나님의 말씀에 바로 서야 한다. 성경을 가르치고 설교하고 연구하고 해석하고 묵상하는 모든 이들은 거룩한 계시의 말씀인 성경에 대한 신학적 이해를 바로 세워야 한다. 현대 사회는 세속적 인본주의 세계관, 뉴에이지 세계관, 포스트모더니즘 세계관 등 비기독교 문화와 사상에 잠식되어 있다. 그리스도인은 세상의 기준에 흔들리지 않는 올바른 기독교적 가치로 무장하고 이 시대에 예수 그리스도를 바로 증언할 수 있어야 한다. 기독교 신앙의 본질이 되는 것은 무엇보다도 성경 말씀에 대한 바른 이해와 적용이다.

아가페 출판사는 1988년에 소명의식을 갖고 다년간의 노력 끝에, 복음주의적인 주석으로서 권위를 인정받고 있는 「윌리엄 헨드릭슨 신약주석」 전 20권(원서는 전 11권) 초판본을 이미 한국 교계에 내어놓은 바 있다. 그러나 애석하게도 헨드릭슨 박사는 로마서 주석을 마지막으로 집필하고 1982년에 하나님의 부름을 받았다. 따라서 아가페 출판사는 헨드릭슨 박사가 미처 저술하지 못한 신약 주석–사도행전 · 고린도전후서 · 히브리서 · 야고보서 · 베드로전후서 · 유다서 · 요1 · 2 · 3서–을 그 분야의 고전적인 주석으로 평가받고 있는 책 중에서 엄선하여 10권을 번역해서 1988년에 헨드릭슨 신약주석 20권과 함께 전 30권으로 출간하였다.

1988년으로부터 주석서 발행 20여년이 지난 2014년에 본사는 「헨드릭슨 패턴 주석 시리즈」라는 이름으로 신약 주석 30권에 대한 재발행 작업을 추진하게 되었다. 새롭게 개정하는 「헨드릭슨 패턴 주석 시리즈」의 내용은 1988년 초판본과 동일하되, 기존의 우리말 번역에서 예스러운 표현이나 낯선 한자어는 현재의 한글맞춤법을 기준으로 순화하여 독자들이 읽기에 편하게 조정하였다.

2014년 개정판의 가장 큰 특징은 「개역개정판(4판)」으로 주석서의 성경 본문을 전면 교체하고, 본사의 원문번역성경인 「쉬운성경」 본문을 새롭게 추가하여 성경 본문에 대한 이해도를 높이고자 기획한 것이다. 그 결과로 2014년 「베드로전후서·유다서」, 「사도행전(상)」, 「사도행전(하)」를 한국 교계에 내놓았다. 그리고 2015년에 「요한 1·2·3서」를 시작으로 이제 「요한계시록」을 출간하게 되었다. 「헨드릭슨 패턴 주석 시리즈」는 신약 주석 30권 완간을 목표로 계속 발간될 예정이다.

「윌리엄 헨드릭슨 신약 주석」(*New Testament Commentary*)은 이제까지 출간된 신약 주석 가운데 가장 학문적이면서도 깊은 은혜가 담겨 있고, 가장 분량이 많으면서도 논리적이며, 가장 보수적이면서도 흠잡을 데가 없는 훌륭한 주석 가운데 하나이다. 헨드릭슨 박사의 주석은 본문 비평과 원문 번역에 있어서 세심한 주의를 기울였고, 각 성경의 저작자와 서론상의 문제점을 철저히 파헤쳤으며, 문법·문체·역사적 배경 등을 완벽에 가까울 정도로 다루고 있다. 그리고 각 대목의 주석 다음에는 그 내용을 종합하여 전체의 흐름과 결론을 한눈에 볼 수 있게 하였다.

윌리엄 헨드릭슨은 주석을 위해 특별한 은사를 부여받은 네덜란드계 미국인으로서 철저한 개혁주의자요 복음주의자였다. 또한 매우 근면하고 경건한 신약학자이자 탁월한 성경주석가였다. 헨드릭슨은 미국 기독개혁교회(Christian Reformed Church)에 속한 목사로 사역했으며, 칼빈신학교에서 신약학 강의를 맡아 많은 후진을 길러냈다. 고금의 모든 신학사상과 그 동향에 해박한 지식을 지닌 신학자인 그는 오랫동안 강단에 서서 강의와 설교를 통해 깊은 영적 감화를 끼쳤다.

「헨드릭슨 패턴 주석 시리즈」를 다시 새롭게 출간하도록 은혜를 베푸신 하나님께 우선 감사드리며, 아울러 이 시리즈가 출간되는 데 여러 분야에서 수고하고 봉사한 분들께 감사드린다. 그리고 아가페 출판사가 의도하며 기도하는 것 이상으로, 이 시리즈를 통하여 하나님의 말씀이 이 땅에 올바로 심어져 아름다운 꽃들을 활짝 피우고 좋은 열매들이 풍성히 맺히기를 바라는 마음 간절하다.

헨드릭슨 패턴 주석 시리즈 번역위원회
발행인 정 형 철

차 례

Introduction

요한계시록 서론

제 I 장
계시록의 목적, 주제 및 저자

요한계시록은 그 형식과 상징, 목적 및 의미에 있어서 형언할 수 없을 정도로 아름다운 책이다. 일곱 금촛대 사이를 걸으시는(계 1:12-20) 인자의 존귀한 모습의 묘사와 하늘의 군대가 뒤를 따르고(19:11-16), 피 뿌린 옷을 입고 흰말을 타고 승리를 향하여 전진하는 참되고 신실하신 그리스도의 산 모습을 능가할 만한 표현을 어느 문헌에서 찾을 수 있겠는가? 또한 바벨론의 멸망과 예루살렘 황금성의 즐거움(18:19; 21:22)과의 뚜렷한 대조를 어디서 볼 수 있겠는가? 하늘의 보좌와 하늘에서의 복된 생활이 이보다 더 고요하고도 순박하게, 그러나 그 순박함을 아름다운(4:2-5:14; 7:13-17) 방법으로 묘사함이 어디에 있겠는가?

풍성한 위안과 장래의 소망을 예리하게 바라볼 수 있는 통찰력, 무엇보다도 계시록에 기록된 예언의 말씀 속에 담겨진 하나님의 숨김없는 사랑은 얼마나 크신가!

A. 계시록의 목적

계시록의 주된 목적은 악의 세력과 대항하여 싸우는 전투적 교회를 위로하는 것이다. 계시록은 박해와 고통을 받고 있는 성도를 위한 도움과 위로하는 말씀으로 가득 차 있다.

하나님께서 큰 환난에서 나오는 흰옷 입은 자들의 눈물을 보신다는 확신을 그들에게 주시는데(7:17; 21:4), 그들의 기도는 세계 정세에 영향을 끼치며(8:3-4), 그들의 죽음은 하나님 보시기에 귀한 것이다. 그들의 최후 승리는 확증되어 있으며(15:2), 그들이 흘린 피는 보상받을 것이며(19:2), 그들의 그리스도는 살아 계시고 영원히 다스리실 것이다. 그리스도는 그의 교회의 유익을 위해서 세상을 통치하신다(5:7-8). 그리스도는 다시 오셔서 자기 백성을 '어린양의 혼인 잔치'에 데려가시고 새 하늘과 새 땅에서 영원토록 함께 사실 것이다(21-22장). 그 재림의 영광스러운 소망을 생각하니 우리의 가슴은 기쁨으로 충만해지고 우리의 영혼은 숨을 죽이는 초조감으로 소모되며 우리의 눈동자는 인자가 우리 눈앞에 영광스럽게 내려오시기를 기대하면서 장차 될 일을 가리고 있는 어두운 구름 속을 꿰뚫어 보고자 한다. 이 갈망은 이렇게 용솟음쳐 나온다. "성령과 신부가 말씀하시기를 오라 하시는도다 듣는 자도 오라 할 것이요"(22:17).

그러나 우리가 이 진리를 생각할 때에 그리스도가 벌써 우리와 함께 계심을 깨닫게 되는데-성령 안에서 우리와 같이 계시며, 일곱 금촛대 사이를 걷고 계신다(1:12-20). "그가 오른손을 내게 얹고 이르시되 두려워하지 말라 나는 처음이요 마지막이니 곧 살아 있는 자라 내가 전에 죽었었노라 볼지어다 이제 세세토록 살아 있어 사망과 음부의 열쇠를 가졌노니(1:17-18)." 실로 우리를 사랑하시는 이로 말미암아 우리가 넉넉히 이기느니라!

B. 계시록의 주제

그리스도와 그의 교회가 용(사탄)과 용을 따르는 무리와 싸워서 승리하는 것이 주제이다. 계시록은, 사물이나 현상이 보이는 것과 그 실제는 다르다는 것을 우리에게 깨닫게 하기 위해 쓰여진 것이다. 무저갱에서 나온 짐승이 승리할 것처럼 보인다. 그 짐승은 "그들과 더불어 전쟁을 일으켜 그들을 이기고 그들을 죽일 터인즉 그들의 시체가 큰 성 길에 있으리니 그 성은 영적으로 하면 소돔이라고도 하고 애굽이라고도 하니 곧 그들의 주께서 십자가에 못 박히신 곳이라 백성들과 족속과 방언과 나라 중에서 사람들이 그 시체를 사흘 반 동안을 보며 무덤에 장사하지 못하게 하리로다 이 두 선지자가 땅에 사는 자들을 괴롭게 한 고로 땅에 사는 자들이 그들의 죽음을 즐거워하고 기뻐하여 서로 예물을 보내리라"(11:7-10) 하였다.

그러나 이 기쁨은 시기상조이다. 실제로 승리하는 자는 성도들인 것이다. "삼 일 반 후에 하나님께로부터 생기가 그들 속에 들어가매 그들이 발로 일어서니 구경하는 자들이 크게 두려워하더라 … 세상 나라가 우리 주와 그의 그리스도의 나라가 되어 그가 세세토록 왕노릇 하시리로다"(11:11, 15).

이 놀라운 예언을 기록한 책을 통하여 그리스도가 승리자, 즉 정복자로 묘사되고 있다(1:18; 2:8; 5:9이하; 6:2; 11:15; 12:9이하; 14:1, 14; 15:2이하; 19:16; 20:4; 22:3). 그리스도는 죽음, 용, 음부, 짐승, 거짓 선지자 그리고 짐승에게 경배하는 무리를 이기신다. 비록 우리가 절망적인 패배자 같을지라도 **그리스도가** 승리하셨으므로 **우리도** 승리한다.

7장에 기록된 성도들의 큰 무리를 보라. 성도들의 옷이 얼룩지고 더러운가? 아니다. 그들의 옷은 어린양의 피로 씻어 희게 되었다(7:14; 22:14). 큰 환난 중에 있지 않고 나오게 되며(7:14), 죽임을 당하지 않고 발로 일어서고(11:11), 용과 짐승과 거짓 선지자들에게 박해를 받지 않고 결국 그들이 시온 산에서 승리하여 서 있는 것을 볼 것이다. 그뿐만 아니라 어린양과 함께 이마에 어린양의 이름과 그 아버지의 이름을 쓴 십사만 사천이 함께 서 있는 것을 본다(14:1). 그들이 짐승을 이긴 것이다(15:2).

성도들의 기도가 **상달되지 않은 것같이** 보이는가?(6:10). 땅 위에 내려지는 심판은 그들의 간구에 대한 하나님의 응답인 것이다(8:3-5). 이 기도는 그것이 여하한 역사 철학이든 간에 모든 정통적인 역사 철학의 신비를 푸는 열쇠가 되는 것이다.

성도들이 **패배한 것같이** 보이는가? 실제로는 그들이 다스린다! 성도들은 이 땅에서 다스리며(5:10), 그리스도와 더불어 천 년 동안 왕노릇 하며

(20:4), 세세토록 새 하늘과 새 땅에서 다스릴 것이다(22:5).

승리한 듯이 보이는 용(12:3), 짐승(13:1), 거짓 선지자(13:11), 그리고 바벨론(14:8)에는 무슨 일이 일어나는가? 그들은 멸망한다. 위에서 열거한 순서의 바로 정반대 순서로 18장 2절에 바벨론이 무너지고, 19장 20절에 짐승과 거짓 선지자가 혹독한 형벌을 받으며, 20장 10절에 보면 용(마귀)은 끝없는 고통 속에 갇힌다.

요약해서 말하면, 계시록의 주제는 다음의 말씀으로 영광스럽고 완전하게 설명된다. "그들이 어린양과 더불어 싸우려니와 어린양은 만주의 주시요 만왕의 왕이시므로 그들을 이기실 터이요 또 그와 함께 있는 자들 곧 부르심을 받고 택하심을 받은 진실한 자들도 이기리로다"(17:14).

C. 수신인

내 책상 위에는 최근에 출판된 계시록 주석 한 권이 놓여 있다. 이 주석은 매우 '흥미 있는' 책이다. 이 책은 계시록을 사전(事前)에 기록된 역사책처럼 해석해 놓았다. 나폴레옹, 발칸 전쟁, 1914-1918년에 발발했던 제1차 세계대전, 전 독일 황제 빌헬름, 히틀러와 무솔리니 등에 관하여 상세하게 언급된 것을 볼 수 있다. 그러나 이런 식의 해석이나 이와 유사한 설명은 당장 버려야 한다.[1] 요한의 시대에 고통과 심한 박해를 받던 그리스도인들에게 약 이천 년 후에나 그 효력이 있을 유럽의 정세와 형편에 대한 명확하고도 상세한 예언이 어떤 도움이 될 수 있었겠는가?

올바른 계시록 해석은 요한의 시대와 그 시대에 살았던 신자들을 의식하고 계시되었다는 견해로 출발점을 삼아야 한다. 적어도 부분적으로라도 계시록의 유래는 당시의 상황에 의존한다. 계시록은 소아시아[2]에 있

---

1) 여러 해석 이론에 관한 주목할 만한 것으로서 다음을 보라. M. C. Tenney, *New Testament Survey*(I.V.F), pp.387ff; L. Morris, art. 'Book of Revelation' in *The New Bible Dictionary*(I.V.F).

2) 제Ⅵ장, p.57이하에 이 점에 관해서 더 상세하게 다룬 것을 보라.

는 여러 도시에 흩어져 살면서 신앙 때문에 심한 박해를 받던 성도들의 눈물의 기도에 대한 하나님의 응답인 것이다. 물론 요한이 살았던 신약 시대를 우리의 출발점으로 삼아야 하고 또한 A.D. 1세기 말의 마지막 십 년 동안에 실제 있었던 상황이 예언서 저작의 직접적 동기라는 사실을 강조해야 하지만, 계시록은 처음 읽는 사람들뿐 아니라 이 책을 받아 읽는 전(全) 세대의 모든 성도들에게도 해당하도록 의도되었다는 사실도 중요시해야 한다.

이 입장을 위해 다음과 같이 몇 가지 논거를 제시한다.

첫째, 사도 요한의 시대에 교회가 받은 박해는 일종의 박해의 모형으로서, 이는 참된 성도들이 전 세대를 통해서 당하고 견뎌야 하는 것이며(딤후 3:12), 특히 그리스도의 재림 직전에는 더 그러하다(마 24:29-30).

둘째, 계시록이 보여 주는 풍부한 예언들[예: 인(印), 나팔, 대접]은 어떤 특정한 해[年]나 또한 몇 년의 기간에 국한될 수 없고, 그것이 완전히 실현되는 데는 몇 세기가 걸리기도 하는 광범위한 원리와 사건들에 관해서 말하고 있다.

셋째, 2장과 3장의 서신들은 일곱 교회에 보내는 것으로 되어 있다. 일곱이란 완전을 의미하는 상징수이다. 이러한 숫자 사용은 교회 전체를 염두에 두고 쓰여졌다는 것과, 이 책의 교훈과 위로가 여러 세기를 통해 성도들을 위로하기 위한 것임을 역설하고 있다.

끝으로 계시록을 읽고 듣고 그 기록한 것을 지키는 자는 어느 시대를 막론하고 복이 있다고 하였다(1:3). 책 첫머리에서부터 끝까지 어느 일정한 시대에 살았던 사람뿐 아니라 "이 두루마리의 예언의 말씀을 듣는 모든 사람에게"(22:18) 저자는 증언하고 있다.

D. 계시록의 저자

저자는 자기 이름을 요한이라고 밝힌다(1:1, 4, 9; 22:8). 그런데 어느 요한을 지칭하는 것인가? 어떤 이들은 주님이 사랑했던 제자 요한이 계시록을 썼다는 사실을 부인한다. 이는 제4복음서(요한복음)와 세 개의 사랑의 서신(요한 1·2·3서)의 저자는 자기 이름을 말하지 않는 반면에, 계시록의 저자는 자기 이름을 요한이라고 밝힌 사실에 얼마쯤 그 이유를 둔다. 다시 말하면 복음서와 서신, 그리고 계시록 사이에는 그 문체와 전반적인 논조에 현격한 차이가 있음을 볼 수 있다. 그러나 요한복음을 읽은 뒤 계시록을 읽어 보자. 차이점이 보이는가? 요한복음에서는 저자의 사상이 순조롭게 흐르고 있으나 계시록에서는 갑작스럽게 소개되고 있으니, 저자가 그 다음에는 무엇을 말하게 될는지 예측하기 어렵다. 요한복음이 하나님의 사랑을 강조했다면, 계시록은 하나님의 엄격한 심판을 역설하고 있다. 요한복음이 심령의 내적 상태를 묘사했는가 하면, 계시록은 사건들의 외적 과정을 말하고 있다. 또한 요한복음은 아름다운 관용구적 헬라어로 쓰여졌는가 하면, 계시록은 '투박하고 귀에 거슬리는 히브리풍의 헬라어'로 쓰여졌다.[3]

그런가 하면 요한복음과 계시록은 **교리상** 현저한 차이가 있다는 주장도 있다. 요한복음은 포용력이 크고 보편적이어서 '누구든지' 구원을 얻을 수 있는 복음과 은혜로 구원받는 교리를 전한다. 한편 계시록은 이를테면 포용력이 작고 특정적인 것으로, 구원의 교리는 유대인에게만 적용되고 또한 선행의 필요성을 강조한다.

끝으로, 일찍이 A.D. 3세기경 알렉산드리아의 디오니시우스(Dionysius)가, 계시록의 저자는 요한복음의 저자가 아닌 '다른 요한'이라고 주장했던 것이 지적되고 있다. 이러한 견해는 교회사가인 유세비우스(Eusebius)에 의해서 받아들여지고 있다.[4] 오늘날에도 이 주장에 따라 더러는 주께서 사랑하시던 제자가 아닌 다른 요한이 계시록을 기록했다고 믿고 있다.[5] 물론 그들도 제4복음서는 요한이 쓴 것이라 믿고 있다. 반면에 계시록의 저자는 사도 요한이라고 인정하나, 제4복음서인 요한복음은 사도

---

3) Eusebius, *Ecclesiastical History*, vii. 25.

4) W. Beyschlag, *New Testament Theology*, Ⅱ, p.362.

5) 예로써 F. Bleek과 J. Neander의 글들을 보라.

6) 이 견해는 Tübingen 학파가 주장하고 있다.

요한이 아닌 다른 요한이 썼거나 그 요한도 아닌 다른 사람에 의해 쓰였다고 주장하는 사람도 있다.[6] 그리고 계시록과 요한복음이 사도 요한에 의해 기록되지 않았다는 급진주의자들의 주장도 있다.[7]

그러면 이 논리들을 잠시 살펴보도록 하자.

첫 번째 주장은 논리가 약하다는 인상을 준다. 계시록의 저자가 요한이라고만 자칭한 것은, 그가 생활했던 당시의 한 지역뿐만 아니라 아시아 전체의 모든 교회에 너무도 잘 알려져 있었기 때문임을 증명한다. 그가 아무런 직명도 자기 이름 앞에 붙이지 않고 간단히 요한이라고 자신을 표기한 것은 그만큼 사람들이 잘 알고 있었다는 것을 의미한다. 그렇게 잘 알려진 인물이 사도 요한이었음에 틀림없다는 결론이 타당하게 생각되지 않는가? 만일 여러분이 읽고 있는 책의 저자가 다만 윌리엄이라고만 자신을 밝혔다면 아마 여러분들은 윌리엄이 누군가 하고 잠시 어리둥절할 것이다. 우리는 사도라는 직명을 붙일 필요가 없는 요한이라는 사람은 단 한 명이라고 믿으며, 그 이유는 그가 사도임을 많은 사람들이 잘 알고 있기 때문이라고 본다. 그뿐만 아니라 환상이 계시되었던 선견자(先見者, seer)의 입장에서 계시록을 썼다는 단순한 이유가 그를 스스로 사도라 칭하지 않게 했다(요 15:27; 행 1:22-23; 고전 9:1 참조).

문법과 문체 그리고 전반적인 논조에 관한 차이점은 인정해야 한다. 그러나 이것이 사도 요한이 계시록을 쓸 수 없었다는 것을 의미하는가? 우리의 견해로는 그렇지 않다. 그러면 어떻게 이 차이점을 설명할 수 있겠는가? 어떤 이는 말하기를, 요한이 복음서를 기록할 때에는 십중팔구 에베소 교회의 장로들이 그를 도왔으나, 그가 밧모 섬에 있을 때에는 협조자들이 없었기 때문에 계시록이 독특한 어법과 문체로 쓰이게 된 것이라 한다.[8] 다른 이유로도 설명이 될 수 있다. 우리는 문체와 언어의 차이점을

7) 그들 중에는 Bousset, Harnack, Holtzmann, Moffatt 등이 있다.

8) 이에 대한 흥미 있는 해석이 다음에 기록되어 있다. A. Pieters, *The Lamb, the Woman, and the Dragon*, pp.18이하, 그리고 A. T. Robertson, *Word Pictures*, VI, p.274도 보라.

과장해서는 안 된다. 제4복음서와 계시록 사이에는—이 사실은 뒤늦게 강조된 것이지만— 뚜렷한 문체의 **유사성**이 있다. 이 유사성은 아주 두드러진다. 특유의 문법상의 구조와 특징적 표현에도 이 유사성들은 나타난다(참조. 요 7:37과 계 22:17; 요 10:18과 계 2:27; 요 20:12과 계 3:4; 요 1:1과 계 19:13; 요 1:29과 계 5:6[9]).

또한 문체에 관해서 사건의 역사(복음서), 개인의 편지(서신들), 그리고 묵시 즉 감추인 것을 드러내는 계시록의 문체가 동일하게 쓰일 것이라고 기대할 수 있겠는가? 이에 관하여 우리가 잊지 말아야 할 점은 요한이 성경의 마지막 책인 계시록을 쓸 때 그의 영혼은 내적 감동과 경이와 황홀의 깊은 상태에(그가 '성령이 충만하였기에') 있었다는 것이다. 그러므로 요한이 그 이전에 익혔던 유대인 특유의 훈련이 더욱 강력하게 드러나고 심지어 그의 문체와 언어에까지 영향을 끼쳤으리라는 점이다. 주관적인 문제의 초월적(선험적)인 성격, 환상을 보고 기록할 때에 가졌던 저자의 깊은 감정적 상태 그리고 구약의 풍부한 활용—히브리어, 헬라어[10]— 등이 현저한 유사성을 보임을 고려한다 해도 역시 문제가 되는 문체상의 차이점들을 대부분 설명해 준다고 확신한다. 또한 소위 교리상 강조점의 차이에 대하여는 길게 설명할 필요가 없다. 극히 단순한 사실은 제4복음서와 계시록은 단 한 가지도 서로 충돌하지 않는다는 것이다. 사실상 교리상의 일치는 주목할 만하다.[11] 복음서는 예수를 요한복음 1:29에 하나님의 '어린양(ἀμνὸς)' 으로, 또한 계시록도 29차례에 걸쳐 '어린양(ἀρνίον)' 으로 부르고 있다. 서신과 복음서는 우리 주님을 '말씀' (로고스, Logos) 이라는 칭호로 불렀는데(요 1:1 이하; 요일 1:1) 계시록도 그러하였다(계

---

9) 요한복음과 계시록과의 유사점을 보다 더 알고자 원하면, J. P. Lange, *The Revelation of John*(*Commentary of the Holy Scriptures*, The New Testament, X), pp.56이하를 보라.

10) A. T. Robertson, *The Minister and His Greek New Testament*, p.113을 보라.

11) 이 문제 전체를 살피기 위하여 다음의 책들을 보라. H. Gebhardt, *The Doctrine of the Apocalypse*, 특히 pp.304이하; 그리고 G. B. Stevens, *The Theology of the New Testament*, pp.536이하, 547을 보라.

19:13). 복음서는 그리스도를 시간 이전에 영원히 존재하시는 이로 묘사하는데(요 1:1 이하) 계시록도 똑같이 묘사했다(계 22:13; 5:12-13 참조). 요한복음은 인간의 구원은 하나님의 주권적 은혜와 예수 그리스도의 피에 의한 것이라고 말하고 있는데(요 1:29; 3:3; 5:24; 10:10-11) 계시록도 아주 강력하게 이같이 말하고 있다(계 7:14; 12:11; 21:6; 22:17). 또한 교리상 '누구나(whosever)'를 위한 것이라는 사실은 두 책에서 다 찾아볼 수 있다(요 3:36; 계 7:9; 22:17). 그러므로 교리상의 차이점은 없다.

끝으로 디오니시우스의 견해에 관해서는 이미 인용한 대로 이 견해는 파피아스(Papias)의 신중한 기사[12]를 오독(誤讀)한 것이 분명하며, 이것은 아마 계시록에 의존하여 자신의 이론을 정당화하려고 애썼던 천년왕국설(Chiliasm)[13]의 반대설에 영향을 받은 것 같다.[14]

초대교회는 계시록을 요한이 썼다고 하는 데는 만장일치로 그 의견이 통일되었다. 순교자 유스티노(Justin Martyr, A.D. 140), 요한의 제자의 제자인 이레네우스(Irenaeus, A.D. 180), 무라토리 정경(正經)(Muratorian Canon, A.D. 200), 알렉산드리아의 클레멘트(Clement of Alexandria, A.D. 200), 카르타고의 터툴리안(Tertullian of Carthage, A.D. 220), 알렉산드리아의 오리겐(Origen of Alexandria, A.D. 223), 그리고 히폴리투스(Hippolytus, A.D. 240) 등이 계시록이 사도 요한의 저서라고 인정하였다.[15]

이 모든 사실에다 요한이 밧모 섬에 유배된 것과(계 1:9 참조) 마지막 생애를 보내던 에베소에 계시록의 일곱 편지 중 첫 번째 편지를 보낸 일(계 2:1) 등의 강한 전통을 덧붙인다면 성경의 마지막 책은 '예수께서 사랑하셨던 제자'에 의해 기록됐다는 결론을 회피할 수 없을 것이다.

---

12) 다음의 논문을 보라. R. C. H. Lenski, *Interpretation of St. John's Revelation*, pp.8이하.

13) 헬라어의 χίλιοι, '1000'은 성격상 천년왕국을 강조하는 종말론적인 견해를 묘사하는 데 쓰여진 용어이다.

14) N. B. Stonehouse, *The Apocalypse in the Ancient Church*, p.151.

15) *Ante-Nicene Fathers*, I-III. 또한 N. B. Stonehouse, *op. cit.*, pp.153이하를 보라.

E. 계시록의 연대

요한이 언제 계시록을 기록했는가? A.D. 69년(혹은 훨씬 전에) 아니면 뒤바꾸어서 96년(혹은 95년)에 기록했는가? 초기의 연대를 정확히 뒷받침할 수긍할 수 있는 논리를 발견해 낼 사람은 아무도 없다. 제시된 여러 논증들은 후기에 신빙성 없는 증거들과 요한이 계시록을 기록할 때에 헬라어를 전혀 몰랐다는 순전히 가상적인 생각과 상징적인 의미를 지닌 몇몇 구절의 애매한 문자적 해석에 의거하고 있다. 예를 들면, 계시록이 기록되었을 때에 예루살렘 성전이 아직 존재해 있었다고 말하는데, 이는 계 11:1에 "일어나서 하나님의 성전과 제단과 그 안에서 경배하는 자들을 측량하되"라고 했기 때문이다.

후대에(혹은 A.D. 96) 기록했다는 설이 가장 유력하게 지지를 얻고 있다. 이레니우스(Irenaeus)는 "그것은(계시된 환상) 과히 오래지 않은 거의 우리 세대인 도미티아누스(Domitian, A.D. 81-96)의 통치 말년에 이를 때쯤에 나타났었다"고 했고, 이어 "…바울이 기초를 세웠고 요한이 거기서 트라야누스 시대(Trajan A.D. 98-117)까지 시무했던 에베소 교회는 사도들의 전통에 대한 참된 증인이다"[16]라고 말했다.

이처럼 타당하고 확실한 증거와 더불어 우리는 계시록을 통해서 다음과 같은 사실을 알 수 있다. 에베소 교회가 첫사랑을 잃어버린 시대를 반영한다는 사실과, 사데 교회는 이미 '죽었으며', 라오디게아-네로 통치시대에 지진으로 파괴된-는 재건되어 영적 풍요를 과시하고 있었으며(계 3:17), 요한은 밧모로 '유배' 되었고-도미티아누스(A.D. 81-96) 치하에서는 흔히 이런 식으로 박해하였다- 교회는 그 박해를 이미 견디어 왔으며(계 20:4), 이렇게 해서 로마 제국은 교회의 큰 대적자가 되었다는 것이다(계 17:9 이하). 이 모든 사실들을 생각한다면 후기 연대(A.D. 95 혹은 96)에 기록되었다는 설이 옳다는 결론을 맺지 않을 수 없다.[17] 계시록

16) *Ante-Nicene Father*, I. pp.416, 557.

17) 초기설을 주장하는 견해를 위해서는, H. Cowles, *The Revelation of St. John*,

은 도미티아누스 통치 말기에 요한에 의해서 기록되었다. 그러나 실제 저자는 요한이 아니라 전능하신 하나님이시다. "예수 그리스도의 계시라 이는 하나님이 그에게 주사 … 그의 천사를 그 종 요한에게 보내어 알게 하신 것이라"(계 1:1). 물론 계시록은 사도 요한이 기록했다. 그러나 그리스도를 통한 하나님이 실제 저자이시다. 그러므로 계시록이 예언하는 것은 틀릴 수도 있는 인간의 공상이나 환상의 산물이 아니라 교회사에 관한 하나님의 목적과 의도를 계시한 것이다.

덴마크 코펜하겐의 토르발트센 미술관(Thorwaldsen museum)에는 훌륭한 조각품이 많이 있는데 그중에는 사도 요한의 모습도 있다. 조각된 요한의 얼굴은 하늘나라의 평온이 가득 찬 모습으로 하늘을 우러러보며 서 있다. 하늘을 우러러 하나님의 말씀을 기다리는 요한은 왼팔에 서판을 얹어 놓고 오른손은 붓을 잡고 있는데, 그 붓이 서판에 닿지 않은 자세로 조각되어 있다. 위로부터 말씀이 주어지기 전에는 감히 단 한 마디도 쓰려고 하지 않는 모습이다.[18]

---

pp.17이하를 보라. 후기설을 주장하는 학자들 중에는, Alford, Godet, Moffatt, Ramsay, Swete, Warfield, 그리고 L. Berkhof의 *New Testament Introduction* p.347하가 있다.

18) A. Plummer, *The Book of Revelation*(*Pulpit commentary*), p.150을 보라.

제 Ⅱ 장
내용 분석

A. 주제별로 살펴본 일곱 분류와 그 병행관계

1. 촛대 사이로 다니시는 그리스도(1:1-3:22)

계시록 1장에서 3장까지의 중심이 되는 주제는 일곱 금촛대 사이로 다니시는 그리스도이다. 이 촛대들은 일곱 교회를 상징한다(1:20). 각 교회에 편지를 써 보내도록 요한은 지시를 받았다(2장과 3장을 보라). 여기 표현된 숫자 일곱은 계시록 중에 여러 차례 나타나는데, 완전수의 상징으로 쓰여지기 때문에 여기서도 당연히 같은 뜻으로 쓰였다고 믿어진다. 일곱 교회는 이 세상 끝날까지 어디를 막론하고 존재하는 전체 교회를 상징한다. 이같이 각각의 교회는 실제로 서로 다른 유형을 나타낸다고 해석되는데, 이 유형은 역사상 어느 특정한 시대를 말하는 것이 아니라 다양한 신도(congregations)의 실제 생활에서 끊임없이 반복되는 사정들을 묘사하고 있다.[19]

그러므로 이 부분은 그리스도께서 그의 백성을 구원하시고자 초림하신

---

19) 다음을 보라. W. Milligan, *The Book of Revelation(Expositor's Bible)*, VI, p.836; E. H. Plumptre, *The Epistles to the Seven Churches*, p.9; W. M. Ramsay, *The Letters to the Seven Churches of Asia*, pp.30, 177이하; R. C. Trench, *Commentary on the Epistles to the Seven Churches, in Asia*, pp.59 이하; C. F. Wishart, *The Book of Day*, p.22.

때부터(1:5) 온 세계를 심판하시기 위해 재림하실 때(1:7)까지의 모든 세대를 포함한다. 일곱 편지의 제일 마지막 편지는 라오디게아 교회에 보낸 편지였다. 제4장은－비록 앞부분과 밀접하게 연관이 되어 있지만－ 새로운 주제를 제시하고 있는 것이 분명하다.

2. 하늘나라의 환상과 인(印)(4:1-7:17)

제4장부터 7장까지는 자연스럽게 다음의 구분으로 구성되어 있다. 제4장은 보좌에 앉으신 이와 그를 둘러싸고 있는 사람들의 경배를 서술하고 있다. 주님의 오른손에는 일곱 인으로 봉해진 두루마리가 들려 있다(5:1). 어린양이 그 두루마리를 취하시고 찬양을 받으신다.

6장부터는 어린양이 그 인을 하나씩 떼어 내는 것을 볼 수 있다. 여섯 번째와 일곱 번째 인 사이에 인침을 받은 십사만 사천의 사람과 보좌 앞에 서 있는 무수한 무리의 환상을 본다. 바로 이 단원이 그리스도의 초림부터 재림까지의 모든 세대를 포함한다는 것을 명심해야 한다. 죽임을 당하셨으나 지금은 하늘로부터 오셔서 다스리시는 분으로 묘사된 그리스도가 그에 대한 첫 번째 비유이다(5:5-6). 이 단원의 끝부분에는 최후의 심판이 소개된다. 이 재림이 불신자들에게 어떤 인상을 주는가를 주목해 보자. "산들과 바위에게 말하되 우리 위에 떨어져 보좌에 앉으신 이의 얼굴에서와 그 어린양의 진노에서 우리를 가리라. 그들의 진노의 큰 날이 이르렀으니 누가 능히 서리요 하더라"(6:16-17). 이에 반하여 성도들에게 내리시는 복을 주의해 보자. "그들이 다시는 주리지도 아니하며 목마르지도 아니하고 해나 아무 뜨거운 기운에 상하지도 아니하리니 이는 보좌 가운데에 계신 어린양이 그들의 목자가 되사 생명수 샘으로 인도하시고 하나님께서 그들의 눈에서 모든 눈물을 씻어 주실 것임이라"(7:16-17). 이것은 교회 전체의 승리의 모습이며 각 나라가 다 모여서 어린양과 보좌 앞에 선, 그 최후 종말 때까지는 실현되지 않는 이상이다. 우리는 다시 완전한 복음의 시대를 맞는 것이다.

3. 일곱 나팔(8:1–11:19)

이 단원은 8장으로부터 11장까지로 구성된다. 중심이 되는 주제는 세상에 영향을 미치는 일곱 나팔이다. 교회에 대해서 일어날 사건들은 10장과 11장에(작은 두루마리를 가진 천사, 두 증인) 기술되어 있다. 이 단원의 끝 부분에서도 최후의 심판에 관한 분명한 내용들이 있다. "…세상 나라가 우리 주와 그의 그리스도의 나라가 되어 그가 세세토록 왕노릇 하시리로다", "이방들이 분노하매 주의 진노가 내려 죽은 자를 심판하시며…"(11:15, 18). 종말의 시기에 이르러 환상은 끝난다.

4. 용 및 그의 추종자들로부터 박해받는 여자와 남자아이(12:1–14:20)

12–14장을 살펴보자. 이 단원도 역시 예수의 탄생 때부터 부활까지의 전(全) 세대를 다루고 있다. 구세주의 탄생에 관한 분명한 비유로(12:5) 시작된다. 용은 남자아이를 삼키려고 위협한다. 그 아이는 하나님께와 그의 보좌 앞으로 올려갔다. 용은 이제 여자를 박해한다(12:13). 용은 그의 대행자로 바다에서 나온 짐승(13:1)과 육지에서 나온 짐승(13:11–12), 그리고 큰 음녀 바벨론(14:8)을 고용한다. 이 단원도 역시 심판하려 오시는 그리스도의 재림을 감동적으로 그리면서 끝을 맺는다. "또 내가 보니 흰 구름이 있고 구름 위에 인자와 같은 이가 앉으셨는데 그 머리에는 금 면류관이 있고 그 손에는 예리한 낫을 가졌더라 … 구름 위에 앉으신 이가 낫을 땅에 휘두르매 땅의 곡식이 거두어지니라"(14:14, 16).

5. 일곱 대접(15:1–16:21)

다음 단원은 15장과 16장으로 구성되며 진노의 대접을 진술한다. 또한 여기에서도 최후의 심판과 그것과 관련하여 발생할 사건들에 대한 명백한 언급을 볼 수 있다. "각 섬도 없어지고 산악도 간 데 없더라"(16:20).

6. 바벨론의 멸망 및 짐승과 거짓 선지자의 징벌(17:1–19:21)

여기에는 바벨론의 멸망과 짐승과 거짓 선지자에게 내린 징벌에 대한 생생한 모습이 기록되어 있다. 심판하러 오시는 주님의 모습을 주의해서 보자(19:11 이하). "또 내가 하늘이 열린 것을 보니 보라 백마와 그것을 탄 자가 있으니 그 이름은 충신과 진실이라 그가 공의로 심판하며 싸우더라…"

7. 대 종말(20:1-22:21)

마지막 단원인 20-22장을 살펴보자. 계시록 20:1부터는 분명히 새롭게 시작하여 새로운 주제를 제시한다.[20] 이 새로운 주제는 마귀의 최후의 운명에 대한 것이다. 그뿐만 아니라 12장과 비교해서 20장의 첫머리에서 우리가 다시 하나님 나라의 새 세대의 문턱에 서 있다는 사실이 드러난다. 12:9에 그리스도의 승천과 즉위에 관련해서 마귀는 내쫓겼다고 기록되었으나, 여기 20:2-3에서는 마귀가 무저갱에 던져진 후에 천 년 동안 결박당하는 것을 보게 된다. 천 년이 지나면 마귀요 사탄은 잠시 동안 놓여난다(20:7). 그 후 그리스도의 심판의 재림 때는 마귀요 사탄이 최후로 멸망하는 기사가 나온다(20:10, 11 이하). 이 재림의 순간에 현 우주는 없어지고 새 하늘과 새 땅, 새 예루살렘을 위한 처소가 마련된다(21:10 이하).

계시록을 잘 살펴보면 일곱 단원으로 나뉘어 구성되었으며, 이 일곱 단원은 내용상 서로 반복되면서 병행관계에 있음을 알게 된다. 각 단원은 그리스도의 초림부터 재림시까지 점진적으로 진술되고 있다.

이 기간을 한 가지 관점에서 살펴보았는데 이제 다른 관점에서 살펴보도록 하자.[21]

---

20) 제 XIV장, p.270을 보라.

21) 이 견해는 여러 형식으로 다음 학자들에 의해 채택되었다. R. C. H. Lenski, *op cit.*, pp.216, 240, 350, 358; S. L. Morris, *The Drama of Christianity*, p.26; M. F. Sadler, *The Revelation of St. John the Divine*, pp. xvi. ff. See further B. B. *Warfield, Biblical Doctrine*, pp.645, 661.

B. 병행관계에 대한 기타 논증

우리의 입장을 확립시키는 또 하나의 이론이 있다. 즉 일곱 단원은 각각 새 세대의 시작부터 종말까지 걸쳐 있으며, 이 일곱 단원이 서로 병행을 유지하고 있다는 추론이다. 서로 다른 단원에서 똑같은 기간의 시간이 서술되고 있다. 셋째 단원에 의하면(8-11장) 중요한 기간은 마흔두 달이거나(11:2) 혹은 천이백육십 일(11:3)로 되어 있다.[22] 이것은 주목할 만한 사실인데 다음 단원에서도 똑같은 시간을 찾아볼 수 있기 때문이다(12-14장). 즉 천이백육십 일(12:6) 또는 '한 때와 두 때와 반 때' [삼 년 반]이다(12:14). 여기에 나타난 세 가지 수(數)-마흔두 달, 천이백육십 일, 한 때와 두 때와 반 때-는 놀랍게도 똑같은 일치를 보이고 있다. 또 나팔에 관한 단원(8-11장)도 그리스도와 용의 전쟁을 기술한 단원(12-14장)과 병행하고 있음이 분명하다.

20장을 주의 깊게 살펴보면 여기에 나타나는 시간은 12장과 동일한 시기를 그리고 있음을 알 수 있다. 이러한 추론의 방법에 의한다면 병행관계가 입증된다.

각 부분은 그리스도의 초림으로부터 재림시까지의 완전한 복음 시대를 말하며, 이는 자주 언급이 되는 구약시대의 이스라엘 역사에 그 근거를 두고 있다.

이미 지적한 바, 나팔에 관한 단원(8-11장)은 여자와 용에 관한 단원(12-14장)과 병행하고 또한 마지막 단원(20-22장)과도 병행한다.

연장된 단원(21-22장)도 역시 그러하다. 이제 밝히고자 하는 바는 같은 이 단원(8-11장)은 모든 모습이 진노의 대접을 말하는 단원(15-16장)과 병행한다고 하는 점이다. 그러므로 첫째 나팔(8:7)이 우리가 사는 이 땅에 영향을 미치는데 첫째 대접(16:2)도 그러함을 주목해야 한다. 둘째 나팔은 바다에 영향을 미치는데 둘째 대접도 역시 바다에 영향을 주며, 셋째 나

22) 비록 이 환상이 **신약시대**를 나타내고 있지만 그 출발점은 **구약시대**에 두고 있다. 참조. 12:1-4; 17:10; 20:3

팔은 강에 관한 것인데 셋째 대접도 역시 동일하다.

넷째 나팔과 대접은 모두 해에 관해서 언급하고 있으며, 다섯째는 무저갱 또는 짐승의 보좌에 관해서 말하고 있다. 여섯째는[23] 유브라데 강을, 일곱 번째는 심판하러 오시는 재림주에 관한 것이다.

재차 유의해야 할 것은 네 번째 단원(12-14장)은 그리스도와 그의 교회의 원수인 용과 두 짐승과 음녀(바벨론)를 소개한다는 것이다. 이 넷은 동시에 일어나 흥왕하나 또 당연히 동시에 멸망한다. 짐승과 음녀 바벨론에 대한 내용이 다음과 같음을 알게 될 때 위와 같은 사실은 자명해진다. 바다에서 나온 짐승은 성도들에 대한 사탄의 박해인데, 이는 세상의 정권들이 구체화된 것으로, 믿는 성도들의 몸(bodies, 체제)을 정면으로 대적한다. 요한의 시대에 이 짐승은 로마 정권이었다.

땅에서 올라온 짐승은 사탄의 적스리스도적 종교인데 믿는 성도들의 심령을 속이고 의지를 노예화하는 것을 목적으로 삼고 있다. 이 환상들이 보였을 당시에는, 짐승은 이방 종교의 믿음과 로마의 황제 숭배에 야합했다.

큰 음녀 바벨론은 적스리스도적인 유혹으로 믿는 성도들의 마음을 도둑질하여 윤리와 도덕심을 타락시키고자 애를 썼다.

당시의 음녀는 타락한 로마 제국이었다. 그래서 사탄이 무너질 때 짐승들과 음녀도 또한 무너진다. 그들은 같이 일어나 흥왕했고 또 같이 패망한다.

여섯째 단원(17-19장)은 큰 음녀 바벨론(17-18장)과 짐승의 멸망(19:20)에 관해서 말하고, 일곱째 단원은 사탄의 멸망(20:10)과 심판날 최후의 패배를 보여 준다. 이 네 원수들-용, 바다에서 나온 짐승, 땅에서 나온 짐승, 큰 음녀-에게 내릴 최후의 심판은 독립된 두 단원에 서술되어 있다. 그러므로 이 두 단원은 서로 병행관계에 있다. 각 단원은 각기 따로 따로 같은 형태의 마지막 싸움에 대하여 이야기하고 있는데, 이 동일한 최후의 심판에서 그리스도와 그의 교회에 대적하는 모든 원수들은 최후의 영원한 형벌을 받게 될 것이다.[24]

---

23) S. L. Morris, *op. cit.*, p.64.

이와 관련해서 각 부분은 그리스도가 심판주로 오시는 때까지 서로 병행한다는 입장을 지지하는 강한 논증이 또 하나 있다. 여기에서 말하고자 하는 증거는 영역판에서는 약간 애매모호하다. 진노의 대접(15장과 16장)을 말하는 단원은 전쟁에 대해 언급하고는 끝맺는다(16:14에 이 싸움은 "하나님 곧 전능하신 이의 큰 날에 있을 전쟁"이라고 불리는 것을 보라).

다음 단원(17-19장)도 또한 전쟁 장면(19:19)으로 끝맺는다. 원문에 의하면 이 전쟁은 16:14에 말한 전쟁과 동일한 것이니 "전쟁을 위하여 그들을 모으더라"로 되어 있다. 마지막 단원(20-22장)에서 우리는 다시 한 번 "땅의 사방 백성 곧 곡과 마곡을 미혹하고 모아 싸움을 붙이리니"(20:8 참조)라고 기록한 것을 보게 된다. 이상의 세 단원은 모두가 여호와의 큰 전쟁에 이르는 사건에 관해서 똑같이 언급하고 있다. 이들은 서로 같은 뜻을 지닌 채 병행한다.

일곱 개의 단원은 서로 반복 병행한다. 이 입장의 이해를 돕는 논증으로 마지막이 될 것은 구약의 계시록이라고도 불리는 다니엘서도 위와 똑같은 사실로 나타난다는 것이다.

느부갓네살 왕의 꿈(단 2장)은 다니엘의 꿈에 나타난 네 마리 짐승(단 7장)[25]과 완전히 일치한다. 같은 시기의 사건이 두 차례 중복되어 언급되었으며 여러 다른 모습으로 나타난다.

계시록을 일곱 단원으로[26] 나누는 것은 각 단원의 범위가 일정치는 않지만 많은 학자들이 대체로 지지하고 있다[27]. 사소한 차이는 있지만 벌코프(L. Berkhof), 모리스(S. L. Morris), 워필드(B. B. Warfield)와 기타 여

24) R. C. H. Lenski, *op. cit.*, p.553.

25) S. L. Morris, *op. cit.*, p.27; W. M. Taylor, *Daniel the Beloved*, p.124.

26) 체계적인 구분의 여러 방법 중 하나를 위해 H. B. Swete, *The Apocalypse of St. John* pp. xxxiii와 xliv를 보라.

27) 일곱 부분으로 구분되는 여러 가지 방법은 다음에서 찾아볼 수 있다. L. Berkhof, *op. cit.*, p.339; H. B. Swete, (for Ewald' s division), *op. cit.*, xlv; P. Mauro, *The Patmos Visions*, pp.11f.; W. Milligan, *op. cit.*, *passim;* S. L. Morris, *op. cit.*, p.29; M. F. Sadler, *op. cit.*, pp. xvi ff.; C. F. Wishart, *op. cit.*, p.30; B. B. Warfield, *op. cit.*, p.645의 주.

러 학자들이 계시록을 이렇게 분류하는 방식에 찬성한다. 이 분류는 극히 자연스럽다. 이는 계시록 자체가 명확히 구분한 것이며, 앞서 살펴보았듯이 분류된 각기 부분은 적어도 그리스도가 심판하시러 재림한다는 사실에 대해 언급하고 끝이 난다. 이것은 최종 단원에서도(20-22장; 22:20 참조) 명확히 나타나는데, 물론 이 단원은 최후의 심판의 범위를 넘어 새 하늘과 새 땅(21:1)에 관해서까지 진술하고 있다. 게다가 이 방법으로 해석을 하게 되면 각 단원은 다른 모든 단원으로부터 아주 쉽게 구별될 수 있는 주제로 이루어져 있다.

계시록의 단원 분류는 다음과 같다.

1. 일곱 금촛대 사이를 거니시는 그리스도 (1-3장)
2. 일곱 인(印)으로 봉한 두루마리 (4-7장)
3. 심판의 일곱 나팔 (8-11장)
4. 용과 그 추종자들(짐승과 음녀)의 박해를 받는 여자와 남자아이 (12-14장)
5. 진노의 일곱 대접 (15, 16장)
6. 큰 음녀와 짐승들의 멸망 (17-19장)
7. 용(사탄)에 대한 심판과 그 후의 새 하늘과 새 땅, 새 예루살렘 (20-22장)

이제 우리는 첫 번째 명제를 설정해 보자.

명제 Ⅰ. 계시록은 일곱 단원으로 나뉘어 구성되어 있다. 모든 단원은 병행관계에 있으며 각각 그리스도의 초림으로부터 재림까지 점진적으로 진술되고 있다.

C. 대(大) 구분: 전반부와 후반부

많은 주석학자들의 견해에 의하면 일곱 단원은 크게 전반부와 후반부로 나뉘어진다.[28] 여기서는 전반부를 제1부로, 후반부를 제2부로 지칭한다.

대체로 12장 1절(혹은 11:15)에서 제1부, 혹은 일련의 환상이 끝나고 새로운 구분이 시작되는 구분점으로[29] 본다. 제1부(1-11장)에서는 인간들, 즉 신자와 불신자 사이의 투쟁에 관하여 언급했다. 세상은 교회를 공격하지만 교회는 이를 갚을 것이며, 보호될 것이며, 결국은 승리한다.

제2부(12-22장)에서는 땅 위의 투쟁에는 보다 깊은 영적 배경이 있음을 보여 준다. 그것은 아이[남아]를 공격하는 마귀의 외적 표현이다. 용은 그리스도를 공격한다. 그러나 패퇴한다. 그러자 교회를 향하여 모든 노(怒)를 발한다. 마귀는 그의 동역자로 두 짐승과 큰 음녀를 기용하지만 모든 교회의 원수인 이들은 종말에는 패배한다. 제2부를 형성하는 여러 단원들은(12-22장) 비록 동시에 있는 일이지만 계속적인 사실을 분명히 말하고 있다. 용, 짐승들, 음녀[순서를 주시]는 교회를 공격한다. 음녀, 짐승들, 용[순서를 주시할 것]은 내던짐을 당한다.

중요한 두 개의 구분 중의 제1부는 1-3장, 4-7장, 8-11장의 세 단원으로 나뉘고, 제2부는 네 단원, 12-14장, 15-16장, 17-19장 그리고 20-22장으로 구성되어 있다. 제1부인 1-11장은 세상으로부터 박해받는 교회에 대하여 이야기하고 있으며, 제2부인 12-22장은 그리스도와 용(사탄) 사이의 근본적인 갈등에 관해 서술하고 있음을 본다.

이처럼 계시록은 영적 투쟁의 격렬함 혹은 깊이에 대하여 점진적으로 계시하고 있다.

---

28) H. B. Swete, *op. cit.*, p. xxxix.

29) J. P. Lange, *op. cit.*, p.83; A. Pieters, *op. cit.*, p.159; A. T. Robertson, *Syllabus for New Testament Study*, p.260; H. B. Swete, *op. cit.*, pp. xi, ixii 을 보라.

계시록을 위와 같이 두 부분으로 나누는 구분법은 인위적[30]인 것이라고 어떤 이는 이론을 제기할 수 있겠으나 이는 성경이 암시하는 정확한 구분이다. 금촛대, 인(印), 나팔, 대접 등은 싫든 좋든 계시록이 갖는 특징적인 구분인 것이다. 즉 사도 요한에 의한 구분이다. 이와 더불어 특별히 고려해야 할 또 다른 사실이 있다. 계시록 저자는 **일곱**이라는 용어를 반복해서 쓰고 있다. 이 숫자는 54번이나 나타난다. 더욱 인상적인 것은 숫자 일곱을 셋과 넷, 또는 넷과 셋[31]으로 배열하고 있는 점이다. 이로 미루어 우리의 구분의 이론은 인위적인 것이 아니라 오히려 계시록의 특성과 확실히 조화를 이루고 있다. 이제 계시록이 갖추고 있는 완전한 대요를 제시하고자 하는데, 계시록의 주제는 사탄과 그의 추종자들을 물리치고 승리하는 그리스도와 그의 교회이다(17:14 참조).

가) **지상에서의 투쟁**(제1부)－세상의 박해를 받는 교회. 교회는 그 억울함을 풀 것이며, 보호받고 승리함. (계 1-11장).

1. 일곱 금촛대 사이의 그리스도 (1-3장)
2. 일곱 인(印)으로 봉한 두루마리 (4-7장)
3. 심판의 일곱 나팔 (8-11장)

나) **보다 깊은 영적 배경**(제2부)－용(사탄)과 그 추종자들의 박해를 받는 그리스도와 그의 교회. 그리스도와 그의 교회가 이김. (12-22장).

4. 용과 그 추종자들(짐승과 음녀)의 박해를 받는 여자와 남자아이 (12-14장)
5. 진노의 일곱 대접 (15, 16장)
6. 큰 음녀와 짐승들의 멸망 (17-19장)
7. 용(사탄)에 대한 심판과 그 후의 새 하늘과 새 땅, 새 예루살렘 (20-22장)

---

30) C. J. Ellicott, *The Revelation(Handy Commentary)*, p.19를 보라.

31) I. T. Beckwith, *The Apocalypse of John*, pp.254, 523.

명제 Ⅱ. 일곱 단원은 두 주요 부분으로 구분되어 배열된다. 제1부(1–11장)는 세 단원으로 구성되며 제2부(12–22장)는 네 단원으로 세분하여 구성된다.

이 두 구분은 영적 투쟁의 격렬함과 깊이를 점진적으로 계시한다. 또한 제1부(1–11장)에서는 그리스도가 내재하는 교회, 세상의 박해를 받는 교회를 나타내고 있는데, 이 교회는 박해의 억울함을 풀었으며 보호되었고 승리하게 된다. 제2부(12–22장)에서는 이 투쟁의 깊은 영적 배경을 밝히고 있는데, 이것은 용과 그리스도, 즉 그리스도의 교회와의 사이에 벌어지는 투쟁이다. 그리스도로 말미암아 결국은 교회가 승리한다.

끝으로 한 가지만 더 부연하면 우리는 계시록의 **구분**에만 관심을 두어 왔다. 그러나 그것은 계시록의 분리가 아니라 **통일**이었으니, 구분된 각 단원은 아주 긴밀한 유대관계가 있다는 것이 강조되어야 할 것이다. 이 사실은 가끔 망각되어지므로 이 점에 대하여 다음 장에서 다시 다루고자 한다.

제 Ⅲ 장
계시록의 통일성

계시록의 분석을 끝낸 지금, 계시록이 근거가 없는 여러 환상의 집합체이며, 단권의 책이 아니고 여러 책의 부분적인 것들의 수집이라고 주장하는 일부 신학자들에게 답변하고자 한다.[32)]

이러한 견해들은 절대로 받아들일 수 없다. 계시록은 잡다한 요소로 혼성된 책이 아니라 극히 유기적이고 조직적으로 통일된 책이다.

전반부와 후반부로 된 중요한 구분은 서로 보완하고 있으며 서로 떼어 놓을 수도 없다. 그리고 일곱 단원들은 극히 아름다운 통일성을 보여 준다. 한 환상에서 다음 환상으로의 전이(轉移)는 극히 자연스럽다. 이 점을 바로 알면 계시록을 이해하게 되며 이를 알지 못하면 계시록의 깊은 의미를 터득하지 못하게 된다. 책을 펴 놓고 계시록에 대한 검토를 다른 각도에서 시작해 보자.

계시록이 어떻게 분류되는가에 대해서는 이미 거론하였다. 이제 계시록이 전체적으로 말하고자 하는 것이 무엇이며, 각 부분들은 서로 어떻게 연관되어 있는가를 살펴보도록 하자.

---

32) 예를 들면, 이 견해는 Harnack에 의해 주장되었다. J. Moffatt, *Introduction to the Literature of New Testament*, pp.489ff.에서는 다른 견해를 상세하게 피력하고 있다.

A. 교회의 중심이 되시는 그리스도

위의 제목을 염두에 두고 첫 단원(1-3장)에 주의를 돌려 보자. 첫째로 일곱 금촛대 사이를 거니시는 그리스도가 우리 앞에 나타난다(1:12 이하). 불꽃 같은 눈, 그의 입에는 좌우에 날선 검이 나오고 교회를 박해하고 참 성도들을 거짓으로 인도하려고 하는 무리를 심판하러 오시는 인자의 모습을 본다.

제2장을 살필 때는 1장과 2장에 어떠한 장벽도 두지 않도록 주의해야 한다. 이 두 장(1장과 2장)은 서로 떼려야 뗄 수가 없다. 그리스도가 임재하는 교회가 여기에 나타난다(1-3장). 그리스도는 그의 교회에 늘 계심이 본 단원의 주제이다.

높이 들리신 인자 그리스도가 죽으셨으나 다시 살아 영원히 살아 계시고, 그의 교회에 늘 임재하셔서 위로가 되시고(1:13), 숨겨진 것을 밝히시고(3:1), 잘못된 것을 책망하시고(2:4), 진리와 의를 대적하고 사람을 미혹하는 자를 싸워 진멸하리라고 위협하시고(2:16), 칭찬할 만한 일을 아시고(2:2, 3), 상 주실 것을 약속하시며(2:7), 제자들의 회개를 위하여 간곡히 책망하고(3:18-19) 계신다. 우리가 이곳을 읽을 때(1-3장) 주께서 마치 속삭이듯이 "볼지어다 내가 세상 끝날까지 너희와 항상 함께 있으리라"(마 28:20)고 말씀하심을 듣는 듯하다. 제1장과 다음 두 장(2, 3장)과의 밀접한 관계를 주목하자. 제1장에서 그리스도의 환상을 본다. 다음 두 장(2, 3장)에서도 똑같은 그리스도의 환상이 1장에서 보여진 그리스도의 모습과 동일한 분으로 묘사된 것을 볼 수 있다. 바로 이 점을 명백히 하기 위해 서로 병행되는 구절을 다음과 같이 배열해 보자.

제1장 1장에 묘사된 그리스도	제2, 3장 2, 3장에 묘사된 그리스도
"그의 오른손에 일곱 별이 있고…촛대 사이에 인자 같은 이가"(1:16, 13)	"…오른손에 있는 일곱 별을 붙잡고 일곱 금촛대 사이를 거니시는 이가"(2:1)

"나는 처음이요 마지막이니 곧 살아 있는 자라 내가 전에 죽었었노라 볼지어다 이제 세세토록 살아 있어…"(1:17, 18)	"…처음이며 마지막이요 죽었다가 살아나신 이가…"(2:8)
"그의 입에서 좌우에 날선 검이 나오고…"(1:16)	"좌우에 날선 검을 가지신 이가…"(2:12)
"…그의 눈은 불꽃 같고 그의 발은 풀무불에 단련한 빛난 주석 같고"(1:14, 15)	"그 눈이 불꽃 같고 그 발이 빛난 주석과 같은"(2:18)
"그의 보좌 앞에 있는 일곱 영과…그의 오른손에 일곱 별이 있고"(1:4, 16)	"…하나님의 일곱 영과 일곱 별을 가지신 이가"(3:1)
"또 충성된 증인으로… 사망과 음부의 열쇠를 가졌노니"(1:5, 18)	"…진실하사 다윗의 열쇠를 가지신 이"(3:7)
"…또 충성된 증인으로 죽은 자들 가운데에서 먼저 나시고 땅의 임금들의 머리가 되신 예수 그리스도"(1:5)	"아멘이시요 충성되고 참된 증인이시요 하나님의 창조의 근본이신"(3:14)

B. 교회와 세상 간의 투쟁

이와 같이 첫 단원(1-3장)은 그리스도께서 임재하시는 교회가 일곱 금촛대와 그 사이를 거니시는 인자의 상징으로 표시되었다. 교회는 어둠 속에 묻혀 있는 이 세상을 비취는 하늘의 빛으로 나타난다.

교회와 세상-이들의 투쟁은 불가피한 것이다. 어둠은 빛을 싫어한다. 그 결과 박해는 늘 교회를 향하여 마련되어 있는 것이다. 또한 인(印)의 환상(4-7장)에 의하면 교회가 세상에게 압박당하는 것을 본다. 빛이 어둠을 비취매(1-3장), 빛을 어둠이 미워하더라(4-7장). 언제나 이런 순서로 표현된다.

그러나 이 시련에 대한 묘사가 있기 전에 이미 이 시련이 하나님의 뜻 안에서 이루어진다는 놀라운 확증을 얻는다. 이는 하나님의 계획의 일부를 구성한다. 교회의 정화를 위해서도 이런 환난은 필요하다. 교회는 어둠 속에 묻혀 있는 세상에 대한 하늘의 빛으로서 나타나고 있는데, 실제로 계시록 2장과 3장을 잘 살펴보면 그 빛의 비치는 순도와 밝기의 정도가 다르다. 서머나에는 영원히 사시는 그리스도의 광채가 그 순도를 다하여 비치는데, 사데에서는 옷을 더럽히지 않은 몇몇 사람들에게만 비치되 그 빛의 강도는 다만 깜박거리는 정도이다. 또한 빌라델비아는 놀라운 구주의 광채와 열린 문을 받는가 하면 라오디게아는 미지근하다. 다시 반복하여 말하지만, 교회는 이런 시련이 필요하다. 이로 인해서 교회가 정화되며 또한 참된 성도들이 하나님께로 더 가까워지게 된다. 환난과 십자가를 지는 일로 하나님의 자녀는 성화(聖化)하는 것이다.

보좌에 앉으신 그리스도는 선으로 악을 이기신다. 이런 까닭으로 이 부분은 하늘의 영화로운 보좌의 환상과(4장), 주님이 오른손에 두루마리를 취하시는(5장) 환상으로 시작된다. 이 책을 취하시고 인(印)을 떼시는 분이 바로 그리스도이시다(5:7 이하). 영광 중에 들린 인자이신 그리스도가 교회의 유익을 위해서 세상을 다스리신다. 환난이나 고통이여 오라! **우리는 넉넉히 이긴다!**

6장에서는 각종 환난과 박해가 서술되어 있는데 이를 물리치기 위하여 항상 그리스도께서는 검을 갖고 오신다. 5장과 6장의 뚜렷한 관계를 주목하자.

5:5	6:2
"다윗의 뿌리가 이겼으니…"	"이에 내가 보니 흰말이 있는데 그 탄 자가 활을 가졌고 면류관을 받고 나아가서 이기고 또 이기려고 하더라"

흰말을 탄 자는 그리스도이다.[33] 환난과 박해는 그리스도의 초림부터 재림시까지 전 기간에 걸쳐 있음이 확실하다. 언제, 어디서나 구원의 능력으로 그리스도께서 역사상에 나타나시면 그곳과 그때에 그의 검이 나타나기 마련이다. 그리스도의 제자들도 십자가의 고난을 받았다. 이 땅 위에서 평화는 없어졌다. 세상은 어린양을 따르는 무리의 피로 적셔졌다.[34] 계시록 6:2, 4과 마태복음 10:34 이하의 밀접한 관계를 살펴보자.

계 6:2, 4	마 10:34, 38
"이에 내가 보니 흰말이 있는데 그 탄 자가…이기고 또 이기려고 하더라…이에 다른 붉은 말이 나오더라 그 탄 자가 허락을 받아 땅에서 화평을 제하여 버리며 서로 죽이게 하고 또 큰 칼을 받았더라…"	"내가 세상에 화평을 주러 온 줄로 생각하지 말라 화평이 아니요 검을 주러 왔노라…또 자기 십자가를 지고 나를 따르지 않는 자도 내게 합당하지 아니하니라"

마태복음 10:32 이하의 말씀이 늘 이 선견자(先見者, seer)의 마음속에

33) 6:1-8 주석, p.133을 보라. 이것은 사도 요한의 제자의 제자인 이레네우스에 의해 그의 저서 *Against Heresies*에서 확증되었다. S. L. Morris, *op. cit.*, p.52에 "교회는…승리하시는 그리스도로 세상과의 싸움에 임하시는 것으로 해석하는데 항상 의견을 같이하였다"고 되어 있다. 이 설을 지지하는 근대학자들 중에는 앞서 인용했던 J. P. Lange, R. C. H. Lenski, W. Milligan과 A. Plummer 등이 있다.

34) 계시록의 예언이 이미 그대로 이루어졌다는 과거설을 주장하는 학자들은 누구보다도 더욱 일관성 있는 설명을 제공한다. 이들은 계 6:3-11의 단일성을 본다. 예를 들면 H. Cowles, *op. cit.*, pp.98이하; P. Mauro, *op. cit.*, p.202; A. Plummer, *op. cit.*, p.184. 반면에 R. C. H. Lenski는 성도들에게 미칠 어떤 사건도 말 탄 자들의 상징에는 내포되어 있지 않다고(*op. cit.*, p.223) 주장하고 있다. 이 견해를 취하는 이유는 8절의 'Hades'가 지옥을 뜻하며, 죽음의 상태는 사후에 오는 것이라고 생각하기 때문이다. 'Hades'는 *ISBE*(1929 edn.)를 보라.

있었다.[35] 계시록 6:2, 4뿐만 아니라 또한 3:5도 마태복음 10:32와 뚜렷하게 병행함을 볼 수 있다.

인(印)에 대한 부분은 박해만을 뜻하지는 않는다. 더욱 광범위한 것이다. 교회의 모든 환난과 고통 그리고 세상과 함께 당하는 시련이 이 환상 안에 포함되어 있다. 그러나 보다 근본적인 문제는 이런 시련들이 교회에 어떤 영향을 주는가에 있다(겔 14:21 이하, 16:20 이하, 마 24:13 참조).

이 해석 방법과 계시록의 통일성이 조화를 이루는 가운데 다섯째 인은 하나님의 말씀과 그들이 갖는 증거로 말미암아 죽임을 당한 영혼들에 대해서 계시한다(6:9). 그런데 많은 주석학자들은 이것이 앞서의 것과 전혀 관계가 없든지 혹은 작은 '아주 새로운 환상'이 시작되는 것으로 생각한다. 그러나 서로 정확히 들어맞는 병행성을 대조해 가는 확고한 기반에 의한 우리의 해석은 이 점에 있어서 아무 어려움이 없다. 앞에 나타난 인들은 교회에 영향을 끼친 박해와 시련의 상징이었다. 여러 가지로 성도들은 박해를 받고 죽임을 당한다. 죽임을 당한 그 영혼들이 주님의 제단 밑에 모여 있는 모습이 보이는 것보다 더욱 자연스러운 일이 어디 있겠는가? 여섯째 인을 뗄 때 우리는 최후의 심판에 이르게 된다.

환난과 박해의 인들은 인류 전 세대를 통하여 명백히 밝혀 주는데, 세계사가 그러하다. 그러나 우리는 두려워할 필요는 없다. 세상에 임할 주님의 심판은 이 땅 위에 있는 참된 성도들을 해하지는 않기 때문이다(7:1-8). 그뿐만 아니라 점점 교회는 '대환난으로부터', 즉 모든 환난의 절정에서 해방을 얻게 된다. 하늘에서는 교회가 승전하고, 각 나라와 족속과 백성과 방언에서 아무라도 능히 셀 수 없는 큰 무리가 흰 옷을 입고 손에 종려가지를 들고 최후의 날에 승리를 하는 것이다(7:9-17).

---

35) R. H. Charles, *The Revelation of St. John(International Critical Commentary)*, I, p.165; P. Mauro. *op. cit.*, p.200; H. B. Swete, *op. cit.*, p. clvi; F. C. Thompson, *The New Chain Reference Bible*, on this passage를 보라.

C. 박해하는 자들에게 내리는 심판

그러면 성도를 박해하던 자들은 어떻게 될 것인가? 그들을 그냥 내버려둘 것인가? 교회가 받은 슬픔은 보복하지 않을 것인가? 우리 주님은 박해받는 그의 자녀들의 눈물을 보신다. 그들의 기도는 그리스도의 중재로 향기를 품고 하늘나라까지 상달된다. 주님께서는 이 기도를 응답하신다. 향로는 땅 위에 부어지는 제단의 불로써 가득하다(8:5). "우레와 음성과 번개와 지진이 나더라." 다시 말해서 하나님은 수난을 당하는 당신의 자녀들의 기도에 대한 응답으로 항상 심판을 내리시는 것이다.

이러므로 일곱째 인 후에는 심판의 나팔들이 뒤따르며 환난과 박해의 인들은 심판의 나팔을 필요로 한다.[36] 죄는 마땅히 보복을 받는다.

이처럼 심판의 나팔을 말하는 부분들은 땅 위의 재앙(8:7)과 바다(8:8), 강(8:10)과 해·달·별들(8:12)의 재앙, 마귀의 악한 세력(9:3, 11), 전쟁터(9:16), 그리고 최후 심판의 무서운 예상(11:15 이하)으로써 우리의 부활하시고 승천하신 대속자인 주님께서 박해하는 자들을 벌하시며 항상 환난을 당하는 교회가 보상을 받게 된다는 것을 가르친다. 심판은 비록 추상같고 엄하기는 하나 그것은 경고와 함께 오며 최종적인 것은 아니다. 다만 전체의 삼분의 일만 파괴한다. 이는 하나님께서 인간이 회개하도록 부르시는 표징이다. 나팔의 기능은 경고이다.

그렇다면 실제로 회개하게 되는가? 성령의 구원의 역사 없이는 인간은 회개하지 않는다. "또 그 살인과 복술과 음행과 도둑질을 회개하지 아니하더라"(9:21). 이것은 요한의 시대에도 그랬던 것처럼 지금도 그렇거니

36) A. T. Robertson은 *Syllabus for New Testament Study*, p.265에서 8:1에서 나팔은 인(印)들에서 생성되었다는 동시성(병행적)을 반대한다고 진술되어 있다. 사실 이 둘의 연쇄물－인과 나팔－은 서로 병행한다. 역사를 통해 볼 때 박해의 인이 있으면 심판이 뒤따르고 있음을 알 수 있다. 그러므로 이 두 연쇄물은 장기간에 걸쳐 동시성을 나타내며 항상 나팔은 인에서부터 성숙된다. 그러므로 일곱째 인은 그 내용을 나타내지 않고 즉시 나팔들을 소개한다. 그러나 모든 난제는 병행성을 주장하는 학자들이 이 계시록 전체의 통일성을 등한히 하는 데서 온다.

와 항상 그러할 것이다. 계시록은 어느 시대에도 합당한 책이며, 시상(時相)은 항상 현재까지이다. 이 심판들이 세상에 내려질 때 교회는 어떻게 되는가? 교회의 안전, 말씀의 증거, 능력, 십자가를 짐, 그리고 최후의 승리 등이 10장과 11장에 기록되어 있다.

D. 그리스도로 말미암은 승리

이 부분은 승전의 기쁨과 개선의 노래로 끝난다. "세상 나라가 우리 주와 그의 그리스도의 나라가 되어 그가 세세토록 왕노릇 하시리로다"(11:15). 성도들은 상급을 받게 된다. 땅을 망하게 하는 자들은 하나님께서 멸망시키신다(11:18). **우리는 넉넉히 이긴다!**

여기에서 계시록의 제1부(1-11장)가 끝난다.[37] 그러나 계시록이 끝난 것은 아니다. 또한 여기서 끝내야겠다는 것은 더욱 아니다. 답변을 필요로 하는 두 가지 질문이 있다.

1. 교회가 세상으로부터 박해를 받는 근본 이유는 무엇인가? 또한 불신자들은 왜 신자들을 그처럼 맹렬하게 미워하는가? 그 원인은 무엇인가?
2. 회개하지 않은 자들(9:21), 즉 하나님께서 심판의 나팔을 통하여 경고하는 말씀을 무시했던 자들은 어떻게 될 것인가?

이상 두 질문은 제2부(12-22장)에 답변이 되어 있다. 1-11장의 내용은 그리스도로 충만한 교회가 이 흑암의 세상을 비치며(1-3장), 세상은 빛을 미워하여 교회를 박해하는 까닭에 죽임을 당한 성도들의 영혼이 제단 아래 모이고(4-7장), 성도들의 피가 보상되며, 그들의 기도가 응답되며, 각종 심판이 세상에 내리고 교회는 동시에 승리한다(8-11장).

12-14장은 세상과 교회의 투쟁은 사탄과 그리스도와의 투쟁의 외형임을 가르친다. 그리스도는 여기에서 아이[男兒][38]라고 불린다. 사탄은 용[39]

37) 제Ⅱ장, p.30를 보라.

이라고 불린다. 용의 목적은 아이를 삼키는 것이다(12:4). 이 일이 실패하자 용은 여자, 즉 교회를 박해한다(12:13). 용은 그의 추종자로 바다에서 나온 짐승(13:1-10), 즉 그리스도를 대적하는 박해(요한의 시대에 로마의 정부와 황제가 그 박해의 주인공이었다), 육지에서 나온 짐승, 즉 그리스도를 대적하는 종교적 선전(요한의 시대에 이교도와 로마 황제의 숭배가 극에 달했다), 그리고 큰 음녀 바벨론, 즉 그리스도를 대적하는 유혹(요한의 시대에 로마로부터 번지기 시작한 육신의 정욕을 위한 환락과 방탕의 풍조)[40]을 채용하였는데, 그들의 목적은 교회를 파괴하는 것이었다. 그러면 이 악의 세력이 성공할 것인가? 누가 승리할 것인가? 용인가, 어린양인가? 제14장에 그 대답이 나온다. 시온 산에 십사만 사천의 성도들이 어린양과 함께 승리자로 서 있다.

불신자와 신자를 동시에 거둬들이는 두 가지의 추수(14:14 이하)는 우리를 최후의 심판까지 인도한다.

그리스도와 그의 교회가 승리하는 것을 읽을 때 우리는 큰 위로를 받는다. 그리고 그 원수들에게는 어떠한 결과가 있게 되는가를 당연히 묻게 될 것이다.

제12장부터 14장까지는 교회의 다섯 원수들에 대하여 말해 준다.

1. 용.
2. 바다에서 나온 짐승.
3. 땅에서 나온 짐승 즉, 거짓 선지자.
4. 큰 음녀 바벨론.
5. 짐승의 표를 가진 자들 (13:16; 16:2).

이들은 모두 멸망한다. 사탄이 지옥 불과 유황 불에 던져질 때 그 추종자들도 다 같이 그 속에 던져진다. 이는 최후의 심판날에 이뤄진다. 두 짐

---

38) 물론 이것은 의심할 여지가 없다. 이 남아(男兒)는 그리스도일 수밖에 없다. 제11장에 이에 대한 증거가 충분히 제시되어 있다.

39) 용이 대적하고 있는 이 남아는 여자의 후손으로 표시되어 있다는 사실을 주목하라. 이 구절 전부가 창 3:15에 근거한 것이다.

40) R. C. H. Lenski, *op. cit.*, p.412; A. Pieters, *op. cit.*, p.412를 참조.

승의 종말은 같이 오고(19:20), 다른 것들은 각기 달리 그 종말을 맞는다.

첫째, 요한은 짐승의 표를 가진 자들이 어떻게 될 것인가를 말한다(15-16장, 특히 16:2을 주의해 보라). 이들은 9:21에 기록된 대로 회개하지 않은 자들이다(16:9, 11가 이를 증명한다). 둘째, 계시록의 제1부에서 해답을 보여 주지 않은, 즉 회개하지 않은 자들에게는 어떠한 결과가 생기게 되는가? 우리는 이미 진노의 대접(15, 16장)과 심판의 나팔(8-11장)을 언급한 부분에서 서로 밀접한 관계가 있음을 주목한 바 있다. 제2장[41]에서 보인 바와 같이 이 두 부분은 정확히 병행한다. 또한 진노의 대접(15장과 16장)을 말하는 부분은 그 앞에 나타난 것의 직접적인 계속인 바, 13:16에 짐승의 표를 가진 자들을 소개하며, 16:2에는 그들의 결과가 어떻게 될 것인가를 말한다. 여기에서 그리스도의 심판의 나팔이 불었을 때 사람들이 회개하지 않으면 어떻게 될 것인가? 천지를 지으시고 다스리는 분께서 회개하지 아니하는 자와 굳은 심령들을 그냥 벌하지 않고 내버려둘 것인가?

15장과 16장에 의하면 그 대답은, 인류 역사상 어느 때를 막론하고 개인이 하나님의 최초의 진노를 거역하고 마음을 완악하게 하며 회개하지 않을 때는 심판이 따르게 마련임을 알 수 있다. 열 가지 큰 재앙을 보았음에도 바로가 자발적으로 순순히 회개하지 않고 오히려 굳은 마음을 품었을 때 애굽의 전 병력이 홍해에 빠져 죽었다(15:2-3 참조). 현시대를 사는 자들이 그들에게 주어진 특권과, 회개하고 주님 앞에 설 기회가 그처럼 많음에도 불구하고 마음을 완악하게 갖기 때문에 이를 심판하실 하나님의 도덕적 통치의 원리는 과거 어느 때보다 더 명백해질 것이며, 최후 심판의 날까지 더욱더 명백해질 것이다. 간단히 말하면 이것이 진노의 대접이다(15, 16장). 나팔은 경고하며 대접은 하나님의 진노를 불러들인다는 것을 항상 명심해야 한다.

그리스도와 그의 교회의 다른 원수들은 어떻게 될 것인가? 용, 두 짐승, 큰 음녀의 순으로 소개되었던(12-14장) 원수들이 큰 음녀, 두 짐승, 용의 순서로 그들의 종말을 맞는다. 그러나 앞서 지적한 바와 같이 이 모두가

41) 제Ⅱ장, p.26이하를 보라.

동시에 멸망한다는 것을 기억하자. 세계의 역사를 살펴보면 그 어느 때고 하나가 무너지면 다른 것들도 연달아 무너진다. 원수들의 최종적 패배는 마지막 심판날에 이뤄진다. 그러나 그 주제가 너무 거대하고 그 의미가 광범위하기 때문에 환상을 본 선견자 요한은 사건의 묘사를 먼저, 큰 음녀, 다음에는 두 짐승, 그리고 최후에 용의 멸망의 순으로 했다.

이처럼 계시록 17-19장은 바벨론, 즉 큰 음녀의 멸망을 묘사하고 있다. 불가피하며 완전하고도 무서운 성격을 띤 바벨론의 멸망, 이로 인한 하늘의 기쁨과 최종적으로 유혹의 중심적 역할을 하던 세상을 이기는 승리의 저자를 보게 된다. 그리스도는 승리하신다(19:11하).

이 단원은 동시에 두 짐승의 멸망을 보여 준다(19:20). 그리고 최후에 던져질 원수가 하나 남아 있다. 그 원수는 가장 힘세고, 짐승들의 지도자이며 총수인 처음에 소개된 용이다. 계시록의 마지막 단원(20-22장)은 용의 완전한 멸망에 대하여 기록하고 있다. 용은 이미 결박되었다(20:2). 얼마 후 심판 날에 지옥 불과 유황 불에 던져지고 영원토록 괴로움을 당할 것이다. 성도들은 어떻게 될 것인가? 순교자의 영혼은 살아서 이미 승리자이신 그리스도와 더불어 하늘의 보좌에서 다스리며, 최후의 심판 후에는(20:11-15) 새 하늘과 새 땅에서(21:1) 영원토록 왕노릇 할 것이다(22:5). 어린양이 보좌에 앉으신다(22:1, 3). 그는 승리하셨다. **우리는 넉넉히 이긴다!**

E. 유기적 통일체로서의 책

우리가 살펴본 바와 같이 계시록은 단권이고, 지극히 아름다운 문체로 내용이 서서히 밝혀져 가는 완전한 책이다. 각 단원은 정확하게 배열되어 있다. 그뿐만 아니라 계시록은 항상 질서 있게 운영되고 있는 인간 행위의 원리와 하나님의 도덕적 통치에 관해서 진술하고 있다. 교회는 세상의 빛으로서 세상의 어둠을 밝히는 역할을 항상 하고 있다(1-3장). 그리스도가 교회 안에 내재하심으로 빛이 되는 것이며, 그 때문에 세상이 교회를 박해한다(4-7장). 그 결과 여러 모양으로 묘사된 피할 수 없는 하나님의 심판이 항상 세상에 임하게 되며, 심판과 동시에 교회는 승리한다(8-11장). 교회와 세상과의 투쟁은 항상 보다 더 깊은 투쟁, 즉 그리스도와 사탄 간의 싸움임을 보여 준다. 사탄은 항상 12-14장에 있는 추종자들을 채용하는데, 그들은 결국, 특히 심판 때에 멸망하고 만다. 승리는 항상 우리의 것이다! 일곱 단원이 전혀 독창성이 없는 것은 아니며 일곱 가지의 사상을 체계화해 놓은 것도 아니다. 그렇다고 단원 일곱 개로 구분만 해 놓은 것도 아니다. 계시록은 하나의 유기적 통일체이며 모든 단원은 서로 끊을 수 없는 밀접한 관계를 맺고 있다. 예를 들면, 바벨론의 멸망은 14:8에 벌써 예고가 되었지만 17장에서 19장에 이르기까지는 설명이 되어 있지 않다. 이와 비슷하게 세상으로부터 박해를 받는 교회와 세상에 내리는 심판은 이미 첫 단원에 예측되었고(1:9, 13 이하) 소개되었다. 그러나 이 단원의 주제는 세상의 빛 되는 그리스도가 내재하는 교회이다.

뛰어난 통일성과 점진적으로 꽃피는 사상을 보여 주고 있는 일곱 단원은 성경 전체와 일치함을 보여 준다.

1. 1-3장 · 마태복음 28:20 참조. "…볼지어다 내가 세상 끝날까지 너희와 항상 함께 있으리라", 마태복음 5:14 참조. "너희는 세상의 빛이라"
2. 4-7장 · 요한복음 16:33 참조. "세상에서는 너희가 환난을 당하나 담대하라 내가 세상을 이기었노라"
3. 8-11장 · 누가복음 18:7 참조. "하나님께서 그 밤낮 부르짖는 택하신 자들의 원한을 풀어 주지 아니하시겠느냐"
4. 12-14장 · 창세기 3:15 참조. "내가 너로 여자와 원수가 되게 하고 네 후손도 여자의 후손과 원수가 되게 하리니 여자의 후손은 네 머리를 상하게 할 것이요 너는 그의 발꿈치를 상하게 할 것이니라"
5. 15-16장 · 로마서 2:5 참조. "네 고집과 회개하지 아니한 마음을 따라 진노의 날…", 출애굽기 32:9-10 참조.
6. 17-19장 · 요한1서 2:17 참조. "이 세상도, 그 정욕도 지나가되…"

7. 20장–22장 · 로마서 8:37 참조. "…우리를 사랑하시는 이로 말미암아 우리가 넉넉히 이기느니라", 유다서 6절 참조.

명제Ⅲ. 계시록은 하나의 통일성을 갖는다. 인간 행위의 원칙과 하나님의 도덕적 통치는 점진적으로 계시된다. 촛대는 인(印)을 일으키며, 인은 나팔을 불러온다.

제Ⅳ장
최후의 심판에 관한 점진적 계시

계시록은 내적이며 유기적인 통일성을 보여 준다. 인간 행위의 원칙과 하나님의 도덕적 통치를 알게 해준다. 이 원칙들은 어느 곳에나 명백하게 나타나고 있다. 계시록은 A.D. 1000년의 그 시대처럼 오늘날에도 적절하게 적용된다. 50년 혹은 100년 후일지라도 해당될 것이다. 유럽, 아메리카, 아시아 그리고 세계 모든 대륙에 있는 교회의 여하한 상태에도 적용될 것이다.

교회가 있는 곳은 어느 곳을 막론하고, 교회는 촛대 또는 등불로서 어둠 속에서 그리스도의 빛의 역할을 하는 것을 우리는 본다(1-3장). 교회의 빛이 드러나는 곳마다 세상은 교회를 미워하고 어둠은 빛에 점령되기를 거절한다. 박해와 갖가지의 시련이 온다(4-7장). 그러나 이 시련은 교회의 유익을 위한 것이다. 보좌는 땅에 있지 아니하고 항상 하늘에 있다. 성도들은 늘 승리하며, 그 큰 환난에서 무사히 빠져나온다.

언제나 어디서나 교회는 박해를 당하며 주님께서는 박해를 받는 자녀들의 기도를 들으시고 응답하신다. 순교한 성도들의 피를 그가 보시며 심판의 나팔은 악인들을 경고한다(8-11장).

표면적 투쟁-교회와 세상-은 항상 보다 깊은 투쟁, 즉 그리스도와 사탄의 싸움을 말한다(12-14장). 회개하지 않은 자들에게는 마지막 진노의 대접이 항상 심판의 나팔 뒤를 따라온다(15, 16장). 오늘날에도 그러하며 과거에도 그러했고 장래에도 그렇게 될 것인데, 아프리카, 유럽 또는 미국 어느 곳에서나 마찬가지이다. 사탄과 그의 추종자들이 늘 이기는 것같이 보이지만 사실 그들은 항상 멸망한다(17-19장, 20-22장).

이와 같이 해석할 때-이것이 가장 조리 있는 설명이라고 확신한다- 계시록은 아주 간결한 책이다. 그리고 의미가 매우 깊은 책이다. 계시록은 우리에게 참된 역사 철학을 제시한다. 계시록은 인간과 사탄의 행동 원리를 보여 주며 또한 하나님의 도덕적 통치에 관해서도 가르쳐 준다. 신문에 보도된 뉴스나 역사책은 우리가 연구하는 사건들을 해석하는 방법을 시사한다. 세계 역사를 통해 볼 때 최후 진노의 대접은 항상 심판의 나팔이 말하는 경고를 무시하였을 때 나타났음을 보아 왔다. 이 순서는 결코 뒤바뀌지 않는다.[42] 나팔이 경고를 발한다. 진노의 대접이 쏟아진다. 그뿐만 아니라 최후의 심판 때, 이 진노의 대접들은 회개하지 않아 완악해진 심령을 가진 자들 위에 담겨진 형벌을 쏟아부을 것이다. 이와 유사하게 '바벨론' 은 세상의 나라들-바벨론, 앗시리아 혹은 로마-이 붕괴될 때 넘어진다. 바벨론 최후의 멸망은 세상을 심판하러 오시는 그리스도의 재림과 관련되어 일어난다.

이렇게 이해할 때, 계시록의 마지막 단원은 다른 단원들과 동시성을 갖고 전(全) 역사의 기간을 포함하고 있을 뿐만 아니라, 최후 심판이 있을 것에 관해서 더욱 특별하게 묘사하여 서술하고 있음을 알 수 있다. 계시록의 각 단원들은 병행하고, 그리스도의 초림부터 재림까지 전 기간을 포괄하며, 아울러 구세대(구약)에 그 근원을 두고 있으며, 또한 점진적으로 진행되어 왔다. 이 책의 마지막 부분에 접할수록 최후 심판에 관하여 더욱 관심을 갖게 되는데 책의 마지막 부분은 곧 최후 심판의 전조를 보여 준다. 나뉜 일곱 부분은 차례로 정돈되어 있으며 점점 최고조로 상승하는 순서로 배열되어 있다. 계시록은 종말론적 강조점이 점진적으로 계시된 것이다.[43]

---

42) R. C. H. Lenski, *op. cit.*, p.267.

43) J. P. Lange, *op. cit.*, p.81. 그리고 p.5도 보라. B. B. Warfield, *Biblical Doctrines*, p.645.

계시록을 자세히 공부해 보면 이 사실은 아주 명백해진다. 제1단원–일곱 금촛대 사이를 거니시는 그리스도–은 그리스도께서 심판하러 오신다는 단순한 고시만 있다(1:7). 제2단원(4–7장)에서는 최후 심판이 예고됐을 뿐만 아니라 분명하게 소개되었다. 재판장이신 주께서 오실 때, 공포에 가득 차 있는 원수들의 모습을 본다(6:12 이하). 이것이 내용의 전부이며 상세한 설명은 없다. 최후 심판 이후에 교회가 얻는 승리에 대해서는 불과 몇 구절만이 이를 설명하고 있을 뿐이다(7:9 이하). 이와 비슷하게 다음 환상은(8–11장) 최후의 심판과 구속된 자들의 기쁨을 소개한다(11:15 이하). 이상의 세 단원은 계시록의 제1부를 구성하며(1–11장), 이 제1부에서는 최후의 심판에 대한 예고 외에는 더 이상 알 수가 없다. 그러나 본서의 제2부에 오면 변화가 있다. 제2부의 첫 단원에서 최후 심판에 대한 실제적인 서술을 보게 된다(14:14 이하). 그러나 이것은 상징적 표지로써 나타난다. 이중(二重)의 '추수' 라는 상징으로 최후의 심판이 그려져 있다. 다음 환상(15, 16장)은 하나님의 진노가 발하게 되는 것인데, 이는 다른 단원과 동시에 있으면서 서로 최후의 심판에 대해 묘사하고 있다. 다음 단원에서는 바벨론의 멸망(17–19장)과 그리스도가 심판주로 재림하심, 즉 교회와 세상이 서로 싸우고 승리하는 것 등이 확대되어 설명된다(특히 19:11, 12을 보라). 일곱째, 즉 마지막 단원(20–22장)은 최후의 심판에 대한 설명뿐만 아니라 앞서 나타난 환상의 대부분의 상징적 표현이 사라진다. 애매하거나 막연한 상징성은 거의 나타나지 않고 있다(20:12 이하). 새 하늘과 새 땅에서 구속받은 자들의 기뻐하는 모습이 앞서 7:9 이하보다 더욱 상세하게 서술되어 있다. 이제 계시록은 영광스러운 정점에 도달하였다.

명제Ⅳ. 계시록의 일곱 부분은 최고조로 상승하는 순서로 배열되었다. 종말론적인 강조는 점진적으로 계시된다. 최후의 심판은 처음 '예고' 되었고, 그 다음엔 '소개' 되었고, 그 후에는 '설명' 되었다. 이와 유사하게 새 하늘과 새 땅도 앞부분보다 마지막 부분에서 더욱 상세하게 설명되었다.

계시록의 이러한 개념을 '점진적 병행주의' 라고 부른다.

제Ⅴ장
계시록의 상징성

계시록은 일련의 환상들, 즉 여러 장면들의 연속으로 구성되어 있다. 이 장면들은 전체가 활동하고 있으며 끊임없는 활기에 가득 차 있다. 한 장면은 다른 장면을, 다른 장면은 또 다른 장면을 마련한다. 이렇게 계속되는 변화의 장면들을 관찰하여 보자.

여기 일곱 금촛대와 그 사이를 거니시는 분을 본다. 인자 같은 그분은 금띠를 가슴에 드리운 긴 옷을 입고 계신다. 그의 머리카락은 눈처럼 희고 그의 두 눈은 불꽃 같다. 오른손엔 일곱 별들을 쥐고 있고, 좌우에 날선 검이 그의 입에서 나온다. 장면이 바뀌어 광채로 싸인 보좌가 있다. 그 보좌에서 번개와 음성과 우렛소리와 번쩍이는 불이 나온다. 보좌에 앉으신 주님의 오른손에는 일곱 인(印)으로 봉해진 두루마리가 있다. 이제 유대 지파의 사자라고 소개된 분이 보좌로 가까이 온다. 그가 그 두루마리를 취하신다. 즉시 네 생물이 보좌의 주위에 둘러섰고, 이십사 장로들이 보좌에 앉으신 어린양 앞에 꿇어 엎드린다. 각각 거문고와 향이 가득한 금대접을 가졌고, 새 노래를 노래하여 찬양한다. 노래가 끝나자 네 마리의 희고, 붉고, 검고, 청황색을 띤 말이 나온다. 말들과 말에 탄 자들이 나아가자마자 사람들이 서로 죽이는 것을 본다. 굶은 자, 정말 굶어 죽은 자가 있다. 더러는 사나운 짐승에게 던져진다. 이제 죽임을 당한 자의 영혼이 보인다. 그들은 큰 소리로 제단 아래서 부르짖는다. 해는 검은 털로 짠 상복같이 검어지고 달은 피같이 붉어진다. 하늘의 별들이 땅에 떨어진다.

하늘은 두루마리가 말리는 것같이 떠나가고, 각 산과 섬이 제자리에서 옮겨진다. 사람들-왕족들, 임금, 장군들, 부자와 빈곤한 자-은 굴과 산 바위틈에 숨는다. 네 천사가 사방의 바람을 붙잡아 땅에나 바다에 있는 것들에게 손해를 입히지 않게 한다. 십사만 사천의 무리들은 인침을 받았고, 각 나라, 각 지역에서 온 헤아릴 수 없는 큰 무리가 손에 종려나무 가지를 들고 나와서 큰 소리로 "구원하심이 보좌에 앉으신 우리 하나님과 어린양에게 있도다"(7:10)라고 외친다. 일곱 나팔을 든 일곱 천사가 나타난다. 다른 천사는 향을 올리는 데 분주하다. 향로는 불로 가득하다. 이것이 땅 위에 부어진다. 이후에 우렛소리와 음성과 번개와 지진이 일어난다.

계시록은 이처럼 변화하는 장면과 활동적인 상징의 여러 모습으로 구성되어 있다.[44] 그뿐만 아니라 소리와 음성과 노래와 화답과 찬양이 있다(참조. 4:8, 11; 5:9, 10, 12, 13, 14; 11:15-18; 12:10; 15:3, 4; 19:1-8; 22:17).[45] 좀 더 정확히 말하자면 마치 장엄한 유성(有聲)영화와도 같다.

A. 중심 주제에 집중할 필요성

그렇다면 이 장면들은 무엇을 상징하는가? 이것들을 어떻게 해석해야 할 것인가? 이 질문의 해답을 위해 잠시 되돌아가 보자.

누가복음 10장에 있는 '선한 사마리아인의 비유'를 기억할 것이다. 이 아름다운 이야기를 다음과 같이 해석하는 이가 있다. "여리고로 가던 사람은 아담인데 그는 인류의 머리를 대표한다. 그가 천국의 도성을 떠나서 더럽혀진 지구의 도성을 걷고 있었다. 땅의 모든 욕망에 마음을 빼앗겼을 때, 그는 강도의 손아귀에 들어가게 된다. 사탄과 그의 악한 천사에 의해 쓰러졌다. 강도들은 그의 근본 의의 옷을 벗겨 버린다. 그리고 그를 두들

44) *N.B.*의 첫 구절에 '표적(또는 상징 등)으로 알게 하시다'라고 되어 있다.
45) S. L. Morris, *op. cit.*, pp.32, 46, *etc.*

겨 반쯤 죽게 한다(죄와 허물로 거의 죽었다!). 제사장과 레위인은 율법과 제사를 표시한다. 그들은 죄인을 구할 수 없다. 그러나 선한 사마리아 사람, 즉 예수 그리스도께서 그리로 가시다가 이 가련한 죄인을 도와주신다. 선한 사마리아인은 성령의 기름과 포도주, 즉 자기의 수난의 피로써 상처를 치료한다. 그는 이 강도 만난 사람을 자기의 짐승, 즉 자신의 의의 공로 위에 태운다. 그리고 주막, 즉 교회로 데리고 가신다. 다음날 집주인에게 돈 두 데나리온, 즉 말씀과 성례로 이 사람의 영혼을 먹이도록 준다. 그 후, 이 선한 사마리아 사람(예수 그리스도)은 다음에 또 오겠다고 약속하고 떠나간다."

그런데 성경을 읽는 성도가 이런 식으로 영적 해석을 즐긴다면 이 계시록 공부를 할 필요가 없다. 그는 주님의 비유에 대하여 결코 실제적인 이해를 할 수 없을 것이다. 또한 계시록도 이해할 수 없다. 방금 예를 든 비유의 해석법은 처음부터 끝까지 잘못된 것임을 강조하고자 한다.

불쌍한 사람은 무엇을 의미하고, 강도는 무엇을 의미하며, 제사장, 레위인, 선한 사마리아인, 포도주, 기름, 짐승, 주막, 두 데나리온 등이 무엇을 의미하는지 묻는 자체가 잘못이다. 여기에는 어느 하나도 '깊은 영적 의미'를 지닌 것들은 없다. 만일 짐승을 영적으로 해석한다면 누가 그 의미의 기준을 결정할 것인가? 두 데나리온에 대해서는? 그것이 성경과 성례, 혹은 신·구약을 표시한단 말인가? 누가 이것을 확실히 그렇다고 결정할 것인가? 이 비유의 문맥 중, 해석에 대한 아무런 설명이 없으며 아무런 설명이 없을 때는 우리도 이야기해서는 안 된다. 물론 이 비유의 요소인 포도주, 기름, 제사장, 레위인, 주막, 두 데나리온 등은 가치가 있으며 이들이 없이는 이 비유가 완전할 수가 없을 뿐더러 또한 아무 의미도 없게 된다. 그러나 별도의 영적 의미를 여기 각 특징에 덧붙여서는 안 된다. 이들은 다만 이 비유를 완전하게 하는 데만 사용되는 것이다.

우리는 이 비유를 읽고 나서 비유가 갖고 있는 전체적인 의미가 무엇인가라고 가리킨다.[46] 어떤 비유든지 그 비유는 그것이 갖고 있는 중심적 주

46) W. M. Taylor, *The Parables of Our Saviour*, p.14를 보라.

제 하나만을 가리킨다. 비유의 본문을 조금만 공부하면 그 비유의 중심적 주제가 무엇인지 분명하고 명백하게 알 수 있다. 누가복음 10:25-29, 그리고 36-37절의 이 아름다운 이야기에서 '우리의 이웃은 누구인가?' 라고 묻는 대신, 우리가 세상을 살아갈 때 주님께서 만나게 하시는 모든 사람에게 이웃이 되어야 한다는 것이 '선한 사마리아인의 비유' 가 우리에게 주는 의미이다.

B. 원리와 세부를 구별할 필요성

계시록의 상징들을 해석함에 있어 고려할 만한 좋은 방법이 있다. 세밀한 부분을 너무 강조해서는 안 된다는 것이다. 무저갱으로부터 나온 황충(메뚜기)(9:1-11)의 상징에서 황충의 털, 이빨, 흉부는 무엇을 의미하는가라고 물어서는 안 된다. 그 상징을 쪼갬으로 해서 그 통일성을 잃어서는 안 된다. 이러한 세부적 분석은 선한 사마리아인의 비유에서 나오는 짐승, 포도주, 기름 등의 예와 같다. 첫째, 이 묘사의 전체적인 의미가 무엇인가를 물어야 할 것이며, 둘째로 이 묘사의 중심적 의미가 무엇인가라고 물어야 할 것이다.[47]

하나의 법칙으로서[48] 세부적인 것들은 장면의 묘사나 상징적인 것에 속한다. 상징의 중심적인 의미가 완전하게 드러나 있지 않을 경우를 제외하고는 상징의 세부까지 너무 깊은 의미를 찾으려고 해서는 안 된다. 그러므로 새 예루살렘의 상징(21-22장)에서 그 중심적 개념은 하나님과의 완전한 교제이다. 그 세부 즉 벽, 기초, 문, 강 등은 이 부분의 영광스러운 성격을 말할 뿐이다. 우리가 취하고자 하는 것은 전체적인 인상과 그 중심적 의미인 것이다. 비유에서처럼 계시록도 그 문맥이 장면들의 의미를 해석하는 데 도움이 되며 또한 세부를 자세히 검토 · 연구하는 것은 중심

47) A. Pieters, *op. cit.*, p.71.

48) B. B. Warfield, *op. cit.*, p.646.

적인 사상이 어떤 것인가를 이해하는 데만 필요한 것이다. 이는 다음과 같은 명제를 이끌어낸다.

명제 V. **계시록은 변화하는 장면들로 구성되어 있다. 묘사된 장면들의 세세한 부분은 중심 사상과 부합하도록 해석해야 한다. 그리고 첫째, 이 장면의 전체적인 의미는 무엇인가, 둘째, 이것의 중심적 의미는 무엇인가로 출발해야 한다.**

C. 상징들이 의미하는 것

위와 같은 명제의 확립으로 다음의 의문이 당연하게 일어난다. 상징을 전체적으로 해석하고 그 세부는 전체와 조화되도록 해석하는 것이 타당하다고 생각할 때 상징은 무엇을 의미하는가? 특별한 역사적인 사건인가? 특이하게 발생한 일이거나 연대기 서술, 어느 중요한 날일 것인가? 그렇지 않으면 무엇을 의미하는가?

이와 관련해서 두 가지로 상징을 구별함이 좋을 것이다. 새 세대의 시작이나 종말의 경과를 말하는 상징이 있다. 이런 상징들은 문맥에서 정확하게 나타났듯이 일반적으로 어떤 특수한 사건에 대하여 이야기한다. 예를 들면, 한 아들을 낳은 해를 옷 입은 여자는 그리스도, 즉 인성(人性)의 그리스도를 낳은 교회를 말한다(12:1-5). 또한 두 차례의 추수는(14:15 이하) 최후의 심판에 대한 큰 사건을 말한다.

그러나 이와 다른 상징이 있다. 즉 그리스도의 초림과 재림 사이에 낀 여러 상징들이다. 이런 상징들은 촛대, 인, 나팔, 대접 등이라고 생각한다. 그런데 이 상징들이 어떤 특별한 사건이나 단순하게 발생한 일, 또는 역사상 연대나 인물들을 나타낸 것인가? 만일 그렇다면 우리는 이 상징들을 해석할 수 없다고 말하는 편이 옳다.[49] 그 이유는 수천 년의 역사와 연

49) A. Pieters, *op. cit.*, 132이하.

대, 사건, 인물들이 문제의 상징들과 유사한 점들을 보여 주고 있는데, 누가 하나의 사건이나 인물들이 이 특수한 상징에 해당한다고 결정할 수 있겠는가? 혼란만 일어날 뿐이다. 수천 가지의 '해석'이 있겠으나 어느 하나 확실한 것은 없다. 그렇다면 계시록은 펴 볼 수 없는 책으로 남게 된다. 그러나 계시록은 이해할 수 없어서 덮어 둘 책은 아니라고 믿는다. 우리는 이 책이 계시, 즉 감춰진 것이 나타나는 것임을 전적으로 믿는다. 그러므로 다른 해석 방법을 모색해야 한다.

이는 상징에 지나친 첨가를 하지 않고 상징 그 자체에서 해석을 찾는 것이다. 말하자면 계시록의 상징 자체에서 깊은 의미의 결론에 이르는 것이다. 여기서 인, 나팔, 대접이나 이와 비슷한 다른 묘사들은 어떤 특수한 사건이나 역사의 세세한 부분을 말하지 않고, 모든 세대, 즉 세계 역사 전체를 운용하는 특별한 원리들을 말한다. 이 중요한 해석의 법칙을 위한 증거를 제시해 보자. 무엇보다도 먼저 인, 나팔, 대접 등이 작용하는 범위는 매우 넓다는 것에 주의하자. 이 상징들은 적어도 지구의 1/4, 육지, 바다, 나무의 1/3, 땅의 전부, 바다 등(6, 8, 9, 16장을 보라)에까지 영향을 미친다. 만일 인, 나팔, 혹은 대접이 역사의 한 사건이나 특수한 장소 또는 특수한 날짜를 말한 것이라면 이를 사실로 보기는 매우 어렵다. 그러나 이 상징들이 세대의 시작으로부터 종말에 이르는 사이에 일어나는 모든 일들의 연속으로 간주한다면, 상징들이 적용되는 영역의 서술은 의미가 있게 된다.

예를 들면, '한 큰 산이 불이 붙고' 이것이 '바다 속에 던져지고'가 모든 세대를 통해 해상에서 일어난 모든 참화를 나타낸 것이라는 표현을 이해할 수 있게 된다. 또한 이 상징들은 어느 특별한 사람에게만 제한하여 그 영향을 미치기도 하지만 헤아릴 수 없는 많은 무리에게도 영향을 준다. 즉 나팔은 온 인류에게 작용한다. 로마 교황과 불화했던 유럽의 어떤 나라 사람들만 그 대상으로 하지 않는다는 것이다. 9장 20절에 보면, "이 재앙에 죽지 않고 남은 사람들은…"이라고 기록되어 있는데, 이는 한 세대의 불신자뿐만 아니라 모든 세대의 불신자까지 포함한 매우 광범위한 의미를 갖는다. 또 16장 6절에 "그들이 성도들과 선지자들의 피를 흘렸으므로…"라 했는데, 이를 미루어 이 상징들은 사건의 연속과 인간과 사탄의 행위에 대한 원칙과 하나님의 도덕적 통치에 대해서 말한다고 하는 인상에서 벗어날 수 없다. 그리고 항시 계속적으로 새로 발생되는 사건에 대해서 언급하고 있기 때문에 계시록은 현대적이다. 위에 밝힌 바와 같이 이 상징들은 인간의 행위와 하나님의 도덕적 통치의 원리를 말하는 바, 이는 A.D. 1세기에도 해당했거니와 오늘날에도 바로 해당된다.

이와 관련하여 각 상징물들-즉 촛대, 인, 나팔, 대접-은 그리스도의 초림 때부터 시작하여 구세주로 재림함과 더불어 종결 짓는 전 세대를 포함한다는 것을 잊어서는 안 된다.[50] 이것은 또한 유럽에서 일어났던 사건들에만 해당한다고 단순하게 규정하는 고립된 학설보다 상징들이 항상 전 세대를 통하여 적용된다는 원리의 학설과 더 조화가 되어 보인다.

아울러 상징들이 대체로 일곱의 형태로 나타난다는 점을 소홀히 해서는 안 된다. 일곱이란 숫자는 본서에 54회나 나타난다. 일곱 교회에 보내졌으며, 일곱 교회는 일곱 촛대로 표시되었다. 일곱 별은 일곱 교회의 사자(使者)이며, 일곱 하나님의 영(靈)은 일곱 등(燈)으로 나타났다. 또한 일곱 인(印)과 일곱 눈과 일곱 뿔이 달린 어린양이 있다. 일곱 천사가 일곱 나팔을 분다. 다른 일곱 천사가 일곱 가지 재앙을 담은 일곱 대접을 쏟아 붓는다. 일곱 우렛소리가 소리내어 울리고, 바다에서 나온 짐승은 일곱 머리가 있다. 일곱 산, 일곱 왕 등[51]이 있다. 일곱은 완전을 의미하는 숫자이다. 이것은 상징들이 늘 활용되는, 특히 모든 세대의 전반에 걸친 인간 행위와 하나님의 도덕적 통치의 원리를 말한다는 개념과 잘 부합이 된다.

이제 마지막 증거는 가장 결론적인 것이다. 계시를 주신 하나님의 의도와 계시를 받은 선견자 요한의 목적은 우리들로 하여금 구원에 이르는 지혜를 얻게 하는 것임을 항상 기억해야 할 것이다. 또한 계시록은 윤리적

---

50) 제Ⅱ장, p.22-25를 보라.

51) 계시록에 나타난 다른 숫자들은 다음과 같다. $\frac{1}{2}$; 1; 2; 3; 3$\frac{1}{2}$; 4; 5; 6; 10; 12; 24; 144; 666; 1000; 1260; 1600; 7000; 12000; 144000; 100,000,000; 200,000,000. 계시록의 숫자의 의미를 훌륭하게 다룬 것에 대해서는 C. F. Wishart, *op. cit.*, pp.19이하를 보라.

이며 영적인 목적이 있다. 만약 이 상징들이 어떤 특수한 사건만을 지적하거나 예견한 것이라면 몇몇 사람의 호기심을 만족시킬 수는 있겠으나 전 인류가 도움을 얻는다고 말하기는 어려울 것이다. 그러나 계시록이 하나님의 도덕적 통치의 원리를 나타낸다고 믿으며 또한 우리가 어느 시대에 살든지 간에 역사는 하나님의 장중에 있으며 그의 능력의 손이 우리를 보호하고 예수 그리스도를 통하여 승리를 주신다고 믿는다면, 참으로 그렇게 믿는다면 우리는 도움과 위안을 받게 될 것이다.[52)]

명제 Ⅵ. 인, 나팔, 진노의 대접, 기타 유사한 상징들은 특수한 사건이나 개별적인 행위나 역사의 세부가 아니라 원리－즉 인간 행위와 하나님의 도덕적 통치－를 말하며 이는 세계 역사 전반과 특히 새 세대 전체를 통하여 적용되고 있다.[53)]

52) B. B. Warfield. *op. cit.*, p.646을 보라.

53) 더욱 상세한 것은 다음에서 보라. W. Milligan, *op. cit.*, Ⅵ, pp.860, 867; S. L. Morris, *op. cit.*, p.65; H. B. Swete, *op. cit.*, p. ccxvi; C. F. Wishart, *op. cit.*, p.42.

제 Ⅵ 장
해석상의 배경과 기반

계시록은 요한과 그의 독자들이 잘 알고 있었던 성경상의 당시의 사건들과, 하나님의 뜻과 목적의 직접적이며 특별한 계시에 그 근원을 두고 있다. 계시록의 바른 이해와 해석을 위해서 이 점이 신중히 고려되어야 할 것이다.

A. 당시의 배경에 유의해야 할 필요성

계시록은 기록 당시의 여러 사건들에 비추어 해석하지 않으면 이해할 수 없게 된다. 계시록을 읽은 최초의 독자들은 계시록을 어떻게 이해하였는가라고 늘 물어야 한다. 이 예언서가 나온 당시의 상황과 환경을 잘 알아보도록 진지하게 노력해야 한다. 계시록은 A.D. 1세기경, 박해받고 시달리는 성도들의 약해지려 하는 마음을 위로하고 신앙을 굳게 하려는 데 그 직접적인 저술 목적이 있다.[54]

그러므로 본 영광스러운 예언서의 각 구절은 아시아의 일곱 교회가 갖는 중요성과 교훈, 그리고 위로로 가득 차 있다. 그때의 성도들이 간구했

---

54) 제Ⅰ장, p.11-14를 보라.

던 기도에 대한 하나님의 응답이 본 예언서로서, 우리는 응답으로 기록된 많은 상징과 예언들을 당시의 형편과 상황을 빌어서 볼 필요가 있음을 용납해야 한다. 사실 계시록은 오늘을 위한 메시지이지만 A.D. 1세기경에 있었던 '아시아'의 일곱 교회의 형편과 그들의 간구를 모른다고 한다면 '성령께서 오늘의 모든 교회에 하시는 말씀'이 무엇인지 이해할 수 없게 된다.

그래서 계시록에서 당시의 사건과 형편에 대한 풍부한 내용들을 발견할 수 있다. 성도들은 심한 박해를 받았다. 성도들은 피를 흘렸고(6:10; 7:14; 16:6; 17:6; 19:2), 더러는 캄캄한 토굴 속에 숨어 지내야 했거나 옥에 던져졌으며(2:10), 주림, 목마름 혹은 기근에 시달렸었다(6:8; 7:16). 사나운 짐승들에게 주어지거나(6:8), 목 베임을 당했다(20:4). 안디바는 버가모에서 살해되었는가(2:13) 하면 요한은 밧모 섬으로 유배를 당했다(1:9). 로마제국은 성도들에 대한 박해의 기세를 더욱 높였는데, 황제 숭배로 거짓 종교를 고취했으며, 환락과 육욕의 중심이 되었다(13:7, 15; 17:18). 거짓 선지자들과 종파들이 교회를 어지럽혔다(2:2, 14, 20, 24). 그러나 참된 성도들은 그리스도의 빛을 불신과 미신의 흑암 속에 비추고 있었다. 빌라델비아 교회는 '열린 문'(3:8)을 갖고 있었다. 이 모든 상황들은 실재의 것이며, 당시의 교회가 당했던 극히 가혹한 사실들이다. 당시의 성도들은 장래에 닥쳐 올 일들에 대한 관심보다도 오히려 빛과 어둠의 투쟁, 그리스도와 용, 진리와 거짓 등의 그들의 주변에 일어나고 있던 모든 상황에 더 관심이 컸었다. 계시록은 쓰라린 고통과 수난을 당하던 성도들의 간절한 부르짖음에 대한 하나님의 응답이다.[55]

그러나 이것은 선견자(先見者, seer) 요한의 계시가 당시의 역사적 국면 안에서 발생했던 모든 사건에만 국한된다는 뜻은 아니다. 계시록의 실제 저자는 사도 요한이 아니고 전능하신 하나님이심을 기억해야 한다. 앞서 충분히 설명된 바와 같이, 계시록은 전(全) 세대를 포괄하고 있기 때문에

55) H. Cowles, *op. cit.*, p.43; A. Pieters, *op. cit.*, pp.67ff.; H. B. Swete, *op. cit.*, p. ccxiii을 보라.

A.D. 1세기의 성도들을 위한 것만큼 오늘날의 성도들을 위한 계시이다. 그러나 A.D. 1세기의 성도들의 고난과 당시의 필요성에 계시록의 근원을 두고 기록된 것이다. 당시의 형편과 상황에 근거하기 때문에 이에 부합하도록 해석해야 한다. 실제로 이 계시록은 끊임없이 세계사를 꾸며 나가는 지배 세력들에 대해서 말하고 있다. 예를 들면, 계시록에 나타나는 짐승, 즉 로마제국이 당시의 상황하에서 명백한 지배 세력으로 표현되고 있음을 알 수 있다. 이번 명제는 다음과 같이 요약할 수 있다.

명제 Ⅶ. 계시록은 기록된 당시의 사건이나 상황에 그 근원을 두고 기록되었다. 계시록의 상징들은 이 책이 쓰인 당시의 모든 형편과 상황에 비추어서 해석되어야 한다.

B. 성경 전체 문맥을 고찰할 필요성

우리는 계시록을 그 자체의 배경에 비추어서 해석해야 한다. 이 점을 강조하는 해석가들이 이 원리의 충분한 타당성을 확보하지 못하는 것이 이상하다.[56] 그들은 말하자면 당시의 사건과 상태만을 살피는, 즉 표층만 보기 때문이다. 그러나 거기에는 보다 깊은 심층이 있다. 계시록은 그 심층에 굳게 뿌리를 박고 있는 것이다! 우리는 성경에서 이를 찾아볼 수 있다. 저자인 요한의 정신은 계시록 전반에 젖어 있다. 요한은 성경의 내용을 잘 알고 있었으며, 성경대로 살았던 사람으로, 성경은 그의 마음속에 보화처럼 감추어져 있었다. 그러므로 계시록은 당시 상황과 형편이라는 표층과 성경이라는 심층에 깊은 뿌리를 내리고 있다고 볼 수 있다. 물론 사도 요한이 살았던 시대의 여러 사건들이 이 예언서의 내용을 형성하는 데 어느 정도 결정적인 영향을 끼쳤음은 사실이다. 그렇지만 선견자 요한

56) 계시록의 예언들이 이미 이뤄졌다고 주장하는 자들은(주 1)을 보라) 이 지점에서 흔히 과오를 범한다.

에게 익숙한 역사와 예언의 시기는 이 요소들과 비교할 수는 없다. 계시록은 이처럼 표면적 사건뿐만 아니라 이 환상들이 요한에게 보여지고 그에 의하여 기록될 때에 살았던 성도들이 아끼고 소중히 여겼던 종교적 유산도 고려해서 해석해야 한다.

여기 좋은 예가 있다. 계시록 13:1-10을 살펴보면, 여기에 나타나는 상징들은 다니엘 7:2-8에 그 근거를 두고 있음을 쉽게 알 수 있다. 이 두 가지 경우의 같은 짐승들, 비록 다니엘서에서는 차례로 한 마리씩 나오지만 계시록은 여러 가지 짐승이 혼합되어 있다. 이와 같이 계시록은 혼합된 짐승의 모습, 즉 "표범과 비슷하고 그 발은 곰의 발 같고 그 입은 사자의 입 같은…"(13:2) 짐승이 나온다. 다니엘서에서는 이 짐승들-사자, 곰, 표범 그리고 '이름을 알 수 없는 짐승'-은 임금이 아니라 왕국 혹은 제국들이 하나님의 백성들을 대적하는 것을 표시한다. 이들은 네 가지의 연속적인 모양으로 설명되는 세상 권세를 말한다. 그러므로 계시록의 혼합 짐승은 네 가지의 연속적인 과정과 형태로 나타나는 적그리스도적 세력, 곧 적그리스도적 박해 운동을 의미하는 것으로 보는 것이 보다 합당하지 않겠는가? 이 짐승에 대해 우리는 요한이 환상을 볼 때, 머리 중 다섯은 이미 떨어져 있음을 읽었다. 바로 이때 머리 하나가 스스로 돋아났는데 즉 여섯째 머리이다. 나머지는 아직 나타나지 않았다(17:9). 다니엘서를 근거로 대조해 볼 때 계시록상의 혼합된 짐승들은 연달아 나타나는 압박과 박해 세력인 세상 왕국을 구체적으로 표현한다고 보아야 하지 않겠는가? 예를 들면, 그 왕국들은 고대 바벨론, 앗시리아, 신 바벨론, 메대-바사, 헬라-마게도니아와 로마이다. 그러나 계시록은 당시의 배경에 의해 해석해야 한다고 주장하는 많은 주석가들 중에서도, 위에 나타난 짐승의 머리들이 개인 지도자, 즉 가이사, 아구스도, 디베료, 갈리굴라, 굴라우디오, 그리고 네로를 가리킨다고 보는 이가 많다. 이들 주석가들은 계시록이 갖는 구약적 배경에 대한 충분한 고려가 결여되었다. 그들은 표층, 즉 당시의 역사만 보고 그 근저에 성경이 있다는 사실을 망각했기 때문이다. 성경으로 하여금 성경을 해석하도록 하자. 무엇보다도 우리는 첫 구절에 나타나는 직접적인 문맥을 공정하게 다루어야 한다. 가끔 이 점을 소홀히

할 때가 있다. 그러나 여러 가지 상징들이 나타나는 문맥에 조화되도록 해석하지 않는다면 계시록의 특징인 훌륭한 유기적 통일성을 볼 수 없게 될 것이다. 그렇게 되면 본문의 '줄거리'를 놓치게 된다.

문맥이 확정되고 충분히 숙고가 된 후에는 그와 병행하는 구절들을 참고하여야 할 것이다. 첫째로, 가장 중요한 사항은 계시록 자체에 서로 유사점들이 나타나 있는 점이다. 예를 들면, 계시록 20장을 그와 병행되는 12장에 비추어 해석할 때 그 의미가 보다 명백해진다. 마귀의 매임에 관한 문제들은 쉽게 설명될 수 있다.[57] 또한 비슷하게 병행하는 구절들을 신약의 다른 곳에서도 볼 수 있다. 그중 몇몇 구절은 이미 언급된 요한복음에서도 발견된다.[58] 기타 구절들은 공관복음서에도 있으며, 특히 명백하게 병행하는 구절들을 신약 가운데서 다음과 같이 뽑아낼 수 있겠다.

계 1:3	마 24:6; 눅 21:9	계 12:9	눅 10:18
계 1:5	골 1:18	계 13:8	벧전 1:19, 20
계 1:7	마 24:30	계 16:19	벧전 5:13
계 1:16	마 17:2	계 17:14	딤전 6:15
계 2:10	약 1:12	계 18:4	고후 6:17; 엡 5:11
계 2:20-24	행 15:28	계 18:24	눅 11:50
계 3:3	마 24:42	계 21:4, 5	고후 5:17
계 3:5	마 10:32	계 22:21	엡 6:24
계 6장	마 24장, 눅 21장		

57) 제XIV장, p.270-274를 보라.
58) 제I장, p.18을 보라.

끝으로 계시록은 구약의 사상과 개념이 깊이 스며들어 있다.[59] 내용과 형식에 있어서 구약에 나타난 양식을 그대로 빌어왔거나, 거기에 그 근거를 둔 몇몇 구절들을 택하여 예시하고자 한다.

계시록		구 약
제1장	인자에 대한 묘사	단 7:9이하; 10:5, 6; 겔 1:7, 26이하; 43:2
제2장		구약 중의 '생명나무', '하나님의 낙원', '발람', '발락', '이세벨', '철장' 등의 표현을 유의하여 관찰하라.
제3장	생명책	출 32:33; 시 69:28; 말 3:16
	다윗의 열쇠	사 22:22
제4장	하늘의 보좌	사 6:1; 겔 1:26, 28
	네 생물	겔 1:10; 10:14
제5장	두루마리	겔 2:9; 슥 5:1-3
	유대 지파에서 나온 사자	창 49:9; 사 11:10
제6장	말과 탄 자들	시 45:3, 4; 슥 1:8; 6:3
제7장	이마에 인침을 받은 주의 종들	겔 9:4
	구속받은 자들의 기쁨	사 49:10; 25:8; 렘 20:13, 31:16; 겔 34:23
제8-9장	심판의 나팔	출 7장이하, 재앙들
제10장	천사의 맹세한 증거	단 12:7
	작은 두루마리	겔 2:9; 3:3

59) J. B. Lightfoot, *St. Paul's Epistle to the Galatians*, p.361; A. Pieters, *op. cit.*, p.72; A. T. Robertson, *Syllabus for New Testament Study*, p.254; H. B. Swete, *op. cit.*, pp. cxxxix ff.; B. F. Westcott and F. J. A. Hort, *The New Testament in the Original Greek*, pp.612ff.; C. F. Wishart, *op. cit.*, pp.14ff.

제11장 측량하는 자(尺)	겔 40:3; 슥 2:1이하
두 증인	슥 4:2이하
제12장 여자, 아이, 용	창 3:15
천사 미가엘	단 10:13, 21; 12:1
제13장 바다에서 나온 짐승	단 2:31; 7:3
제14장 흰구름, 인자와 같으신 이	단 7:13; 10:16
포도주틀	사 63:3
제15장 모세의 노래	출 15장
제16장 아마겟돈	삿 5장; 대하 35장
제17-19장 바벨론의 멸망	사 13장;14장;21장;46장;47장;48장. 렘 25장;50장;51장. 단 2장;7장; 합 3장과 겔 27장의 두로의 멸망과 비교
새들을 부름	겔 39:17-20
제20장 곡과 마곡	창 10:2; 겔 38장; 39장
심판의 책	단 7:10; 12:1; 시 69:28
제21장 새 하늘과 새 땅	사 65:17이하; 66:22이하
새 예루살렘	겔 48:30이하
제22장 생명수의 강, 생명나무	창 2장; 겔 47:1-12

위의 것은 불과 몇 구절의 시작에 불과하다. 웨스트코트(Westcott)와 홀트(Hort)는[60] 거의 400여 개의 구절 또는 암시를 구약에서 찾아냈는데, 계시록의 어느 장이든지 면밀하게 연구한다면 400여 개의 관련 어구 정도로는 부족하다는 것을 곧 알게 된다. 이런 성경의 토대 위에 계시록은 풀이되어야 한다. 그러나 주의할 점은, 사도 요한이 단순한 구약의 모방자가 아니라는 것이다. 그는 계시를 받았다. 물론 이 계시들은 심령과 도덕적인 양심이 구약의 여러 교훈에 정통한 예수 그리스도의 사도가 받을

60) *Op. cit.*, pp.612ff.

수 있는 성격의 계시들이다. 그러나 요한은 보고 들은 것을 그대로 기록한 것이다. 구약의 교훈들은 가끔 새로운 형태로 계시록상에 나타났고 다소 수정된 의미로 받아들여졌다. 이것이 사실이든 아니든 간에, 그 어떤 경우에도 직접 문맥의 전후 관계로 결정해야 한다.[61] 계시록에 나오는 환상의 근원은 성경이라는 토양에 둔다는 것을 강조하며, 이는 항상 명확한 것에서 모호한 것으로 이해의 방향을 잡아야 하며, 결코 이 순서를 바꾸지 않도록[62] 명심해야 한다. 우리는 이 점을 자주 잊는다. 구절 자체로는 그 의미의 포착이 오히려 모호한 20:2을 예로 들어 보자. 여기에다 가장 적합한 문자적 해석을 가한다. 그런 후에는—그 해석이 도를 지나치게 되는데— '해석가'의 자의로 모호한 구절의 의미에 멋대로 일치시키기 때문에, 성경의 보다 교훈적인 부분들 중 그 의미가 명확한 구절들이 왜곡된다. 그 결과 많은 새로운 것, 성경의 어느 곳에서도 가르치지 않은 자료들을 끌어오게 된다. 참다운 해석법은 이런 신기한 것을 피하려고 노력하는 것이다. 계시록은 역사학적인 방법으로 해석하는 데도 수많은 경고적인 실례가 있다. 탁월한 주석을 쓴 병행주의 주석학자들 중에도 이 점을 피하지 못한 이가 많다.[63] 이제 여덟 번째 명제를 끌어내 보자.

명제 Ⅷ. 계시록은 성경에 그 기초를 두고 있다. 계시록은 성경 전체의 가르침과 조화가 되도록 해석해야 한다.

C. 계시록의 기원은 하나님의 의중에 있었다.

계시록은 기록 당시의 상황과 성경에 그 근거를 두고 있다. 결론적으로

61) F. Bleek, *Lectures on the Apocalypse*, p.643; H. B. Swete, *op. cit.*, p. cliii.

62) B. B. Warfield, *op. cit.*, p.643을 보라.

63) R. C. H. Lenski(*op. cit.*, p.600)는 그의 주석에서 이를 회피하였고 다른 주석에 있는 새로운 몇 가지에 대해 언급하고 있다.

이것은 직접적이고 특수한 계시에 의한 것이다. 그 기원은 하나님의 의중에 있었다. 사도 요한의 심령을 예비하시고 형태를 부여하셔서 하늘의 영광스러운 예언을 받도록 하신 이는 하나님이시다. 모든 성경 말씀을 기록할 수 있도록 영감을 주심으로 우리에게 성경을 주신 하나님이 또한 계시록의 저자이신 것이다.

명제 IX. 계시록은 하나님의 의중과 계시에 근거를 둔 책이다. 하나님께서 계시록의 참된 저자이시며, 계시록은 교회사에 대한 하나님의 목적과 의도를 포함하고 있다.[64]

64) 제I장, p.21을 보라.

Revelation

요한계시록 주석

제 VII 장
계시록 1장
인자

1. 서론(1-3절)

1:1-3

1 예수 그리스도의 계시라 이는 하나님이 그에게 주사 반드시 속히 일어날 일들을 그 종들에게 보이시려고 그의 천사를 그 종 요한에게 보내어 알게 하신 것이라 2 요한은 하나님의 말씀과 예수 그리스도의 증거 곧 자기가 본 것을 다 증언하였느니라 3 이 예언의 말씀을 읽는 자와 듣는 자와 그 가운데에 기록한 것을 지키는 자는 복이 있나니 때가 가까움이라

1 이것은 예수 그리스도의 계시입니다. 하나님께서는 앞으로 일어날 일들을 자기 종들에게 보이시려고, 예수 그리스도께 이 계시를 주셨습니다. 그래서 그리스도는 요한에게 천사를 보내어 이 일을 알게 하셨습니다. 2 요한은 자기가 본 것을 다 증언하였습니다. 그것은 예수 그리스도께서 하신 진리의 말씀, 즉 하나님의 계시입니다. 3 이 계시의 말씀을 읽는 자는 복 있는 사람입니다. 또한 이것을 듣고 그 가운데 기록된 것을 지키는 자들 역시 복 있는 사람입니다. 그것은 이 모든 말씀이 이루어질 날이 점점 다가오고 있기 때문입니다.

_아가페 쉬운성경

계시록의 첫 장은 쉽게 알아볼 수 있는 일곱 부분으로 구성되어 있다. 처음 세 절은 서론에 해당하며, 이 서론에는 계시록의 명칭, 계시록의 유래에 대한 언급과 첫 축복이 포함되어 있다. 이 책의 명칭은 "예수 그리스도의 계시"이다. 세계의 역사와 특히 교회의 역사에 대한 하나님의 계획의 비밀을 열어서 보여 주는 것이다. 그러므로 이 계시는 어느 인간으로부터 온 것이 아니라 하나님께로부터 직접 전달된 것이다.[65] 예수 그리스

도의 계시라고 칭함은 예수 그리스도께서 요한에게 주어 그로 하여금 교회에 알리게 하였기 때문이다. 계시록이 기록된 동기와 전달의 다양한 연결에 유의하자. 첫째, 여기에 하나님이 계신다. "하나님이 그[예수 그리스도]에게 주사"라고 하였다.[66] 중보자를 지극히 높여서 교회의 이익을 위하여 세상을 통치하도록 맡기신 이가 곧 하나님이시다(고전 15:24-28; 빌 2:9). 또한 하나님께서는 교회와 세계 역사를 위한 계획도 중보자에게 주셨다(계 5:1, 7). 하나님이 이 계획을 그에게 주사 일반적인 원리로 그의 종들에게 알리게 하셨다. 이 계획은 곧 일어날 사실에 관한 것이며 또한 곧 일어나기 시작하고 있다.[67]

둘째로, 예수 그리스도가 계신다. 계시록은 요한의 계시가 아니다. 예수 그리스도의 계시다. 그리스도는 이 계획을 그의 교회에 보이실 뿐만 아니라 영광의 보좌 위에 앉으신 중보자로서, 그의 계시하신 바를 역사 속에 실현시키신다. 그리스도는 하늘에 계시면서 통치하신다.

셋째로, 그의 천사가 있다. 예수께서 천사에게 요한을 이끌어 계시되어야 할 계획의 요소들을 환상으로 보여 주도록 위임하신다. 요한은 천사의

---

65) C. A. Auberlen, *The Prophecies of Daniel and the Revelation of St. John*, pp.81ff.를 참조. 그는 예언과 계시는 둘 다 하나님께서 특별히 내신 것이지만, 가려진 것을 보여 주시는 하나님의 행위는, 이를 옮기는 인간의 중재 역할을 훨씬 더 능가한다는 점이 예언보다 계시에서 명백히 드러난다고 지적하고 있다. '예언'이라는 용어는 인간적 요소를 강조하는 것이지만, '계시'라는 말은('감춰진 것을 드러내는') 하나님이 직접 행하시는 하나님의 활동을 강조한 것이다.

66) 요한복음의 기독론과 현저한 일치성을 보인다. 요 5:20; 7:16; 12:49; 14:10; 17:7, 8; "내게 주신 말씀들을 그들에게 주었사오며"를 보라.

67) 여기에 사용된 '속히'란 용어는 계속 빠른 속도로 사건들이 하나씩 일어나는 것을 암시한다고 믿어지지는 않는다. 결국 약 1:19; 행 22:18에 관한 언급은 결정적인 것이 아니다. 문제는 '여기 계시록 1:1에서는 무엇을 의미하는가'라는 것이다. 이는 문맥이 결정한다. 3절이 훌륭한 주석을 해 주는데 "때가 가까움이라"라고 하였다. 상징들이 즉시 구체화되기 시작한다. 이 견해는 병행 성구 계 22:10이 이를 뒷받침하는데, "또 내게 말하되 이 두루마리의 예언의 말씀을 인봉하지 말라 때가 가까우니라"(계 20:7, 12 참조)고 하였다. 이렇게 해석이 될 때-이것이 올바른 해석이라고 확신한다- 계시록의 첫 구절은 미래파(未來派)의 견해에 치명타를 주게 될 것이다.

68) 제I장, p.15-16을 보라.

인도로 하늘의 환상, 땅의 것, 광야와 새 하늘과 새 땅의 환상을 본다.

넷째로, 그의 종 요한이 있다. 이는 사도 요한을 뜻한다.[68] 요한은 이 환상들을 감추지 않았다. 그는 **"하나님의 말씀과 예수 그리스도의 증거 곧 자기가 본 것을 다 증언"**하였다(1:2).[69]

다섯째로, 이 계시록을 읽는 자가 있다. 즉 '읽는 자가 복되다' 라고 하였다. 예언들은 두루마리에 손으로 썼기 때문에 그 양이 한정되어 있었다. 그 당시에는 책이 많지도 않았을 뿐만 아니라 쉽게 구해 볼 수 없을 정도로 비쌌다. 그래서 많은 성도들이 이 내용을 읽을 수 없었기 때문에 예배드리는 성도를 위해 큰 소리로 읽어 주도록 낭독자를 임명했다. 믿는 마음으로 읽는 낭독자는 복되다고 하였다. 이것이 일곱 가지 복[七福] 중 첫 번째 복이다.[70]

여섯째로, 예언의 말씀을 듣고 지키는 자들이 있다. 순진하고 바른 태도로 이 계시를 읽고 공부하는 자는 복되다고 하였다. 때는 임박하였고 예언은 곧 이루어진다는 것을 명심하도록 하자.

2. 인사와 찬양(4-6절)

1:4-6

4 요한은 아시아에 있는 일곱 교회에 편지하노니 이제도 계시고 전에도 계셨고 장차 오실 이시며 그의 보좌 앞에 있는 일곱 영과 5 또 충성된 증인으로 죽은 자들 가운데에서 먼저 나시고 땅의 임금들의 머리가 되신 예수 그리스도로 말미암아 은혜와 평강이 너희에게 있기를 원하노라 우리를 사랑하사 그의 피로 우리 죄에서 우리를 해방하시고 6 그의 아버지 하나님을 위하여 우리를 나라와 제사장으로 삼으신 그에게 영광과 능력이 세세토록 있기를 원하노라 아멘

4 요한은 아시아에 있는 일곱 교회에 편지합니다. 지금도 계시고, 전에도 계셨으며, 앞으로 오실 한 분 하나님과 보좌 앞에 계신 일곱 영과 5 예수 그리스도께서 여러분에게

69) '증언하노니' 란 용어는 요한 서신의 특징이다.

70) 계시록의 일곱 가지 복은 다음과 같다. 계 1:3; 14:13; 16:15; 19:9; 20:6; 22:7; 22:14. 이것이 계시록 전체의 통일성을 뒷받침하는 강한 논증이 된다.

은혜와 평화를 내려 주시기를 빕니다. 예수님은 신실한 증인이십니다. 또한 죽은 자 가운데서 제일 먼저 부활한 분이시며, 이 세상 왕들을 다스리는 분이십니다. 그분은 우리를 사랑하시며, 그의 보혈로 모든 죄에서 우리를 자유케 하셨습니다. 6 또한 우리를 아버지 하나님을 섬기는 나라와 제사장이 되게 하셨습니다. 예수 그리스도께 영광과 능력이 영원히 함께하시기를 바랍니다. 아멘!

_아가페 쉬운성경

계시록은 "아시아에 있는 일곱 교회"에 보내졌다. 일곱 교회의 이름은 다음 11절에 나온다. 이들 교회는 로마의 지배하에 있었던 아시아 지역, 즉 소아시아의 서쪽에 위치하고 있었다. 요한이 유배를 가 있던 밧모 섬에서 제일 가까운—제일 소중히 여겼을지도 모를— 에베소로부터 시작하여 북쪽에 있는 서머나와 버가모로, 그리고 동남쪽의 두아디라, 사데, 빌라델비아, 그리고 라오디게아로 불규칙한 원의 형상을 그리고 있다. 성서지도를 참고하는 것이 도움이 될 것이다.

여기에 나타난 일곱 교회는 현세대 전체를 포괄하는 모든 교회를 나타낸다.[71] "이제도 계시고 전에도 계셨고 장차 오실 이시며 … 은혜와 평강이 너희에게 있기를 원하노라"는 특이하고도 아름다운 내용의 문안 인사에 유의하라. '은혜' 란 받을 자격이 없는 자에게 주시는 하나님의 사랑의 표시이고 그들의 죄를 사하시고 영생의 선물을 주시는 것을 말한다. '평강' 은 예수 그리스도로 말미암아 하나님과 화목하게 된 성도들의 가슴속에 비춰진 하나님의 미소이며 은혜의 결실이다. 이 은혜와 평강은 하나님께서 예비하셨고, 성령이 이를 분배하였으며, 성자의 공로에 의한 것이다. 그러므로 이 삼위가 문안 인사에 언급이 된 것이다. 문자적으로 읽으면 "은혜가 너희에게 또한 평강이 전에도 계셨고 이제도 계시고 장차 오실 이로부터 있을지어다"인데 이는 헬라 원어로, 또한 우리말로도 매우 훌륭하다.[72] 이는 다시 언약에 있어서 불변하시는 하나님을 말한다(출 3:14 이하 참조). "일곱 영(靈)"이라는 표현은 세상과 교회에 영향을 끼치시고 역사하시는 충만한 성령을 말한다. 그리스도에 대하여는 먼저 그의

71) 제Ⅰ장, p.15와 제Ⅷ장, p.85, 113을 보라.

72) 요한의 문법을 너무 성급하게 비판해서는 안 된다. Moffat의 번역을 보고, A. Pieters, *op. cit.*, p.83을 참조하라.

지상에서 하신 일, 즉 충성된 증인으로 묘사되었고, 그 후에 그의 죽음과 부활에 대해서는 죽음에서 처음 난 자로 서술되었고, 마지막으로 땅의 임금들을 다스리는 분으로서 영광 중에 계시는 그리스도라는 말로 표현되어 있다.

여기 문안하는 내용 중 성부, 성령, 성자의 순서가 기록되어 있는데, 이런 순서를 둔 이유는 하나님께서 하늘의 장막 혹은 성전 안에 거하시는(계 7:15) 것을 보이심이라고 생각된다. 은혜와 평강은 지성소의 언약궤 위에 계시는 하나님 아버지로부터 오는 것이며, 성소의 일곱 등을 가진 촛대로 나타나는 성령으로부터 오며, 성전 안 번제의 제단 밑에 피를 흘린 대속자로 상징된 그리스도로부터 온다는 것을 표현하고 있다.

문안하는 편지의 서두에 예수 그리스도를 언급할 때면 그에 대한 찬양이 자연스럽게 나온다. "**우리를 사랑하사 … 그에게 영광과 능력이 세세토록 있기를 원하노라 아멘.**" 성도들은 그들의 죄가 씻겨졌을 뿐 아니라 죄의 속박에서 풀려났음을 명심해야 한다. 이를 받아들여 이해하는 데 바로 완전한 설교가 있다. 또한 '나라와 제사장'의 속성을 생각하여 보자. 이들은 전에 이스라엘 백성들에게만 해당한 것이었으나(출 19:6), 지금은 모든 성도, 즉 교회에 적용된다. 교회 안에서 이스라엘은 살아 있다. 아직도 그리스도가 교회의 왕이 아니라고 주장할 자가 있겠는가? 계시록 전체를 통하여 영광은 피조물이 받는 것이 아니고 그리스도 안의 하나님께 돌려졌다(1:6; 4:8, 11; 5:9, 13; 7:10, 12 등).

3. 그리스도의 재림 통고(7절)

1:7

7 볼지어다 그가 구름을 타고 오시리라 각 사람의 눈이 그를 보겠고 그를 찌른 자들도 볼 것이요 땅에 있는 모든 족속이 그로 말미암아 애곡하리니 그러하리라 아멘

7 보십시오. 예수님은 구름을 타고 오실 것입니다. 모든 사람이 그분을 보게 될 것이며, 그분을 창으로 찌른 자들도 보게 될 것입니다. 이 땅의 모든 민족들이 그분 때문에 크게 울 것입니다. 분명히 이 일은 일어날 것입니다! 아멘. _아가페 쉬운성경

그리스도 재림에 대한 통고가 이 계시록의 중심되는 주제는 아니다.[73] 그러나 환난 중의 성도들에게는 참으로 귀한 위로가 되는 소식이다. 주님의 재림은 모든 성도의 소망이며 교회의 대적자들에게는 깜짝 놀랄 일이다. 그가 **"구름을 타고 오심"**은 영광과(단 7:13; 막 14:62; 겔 1:4-28; 계 14:14), 고통과 진노와 심판으로(습 1:15; 시 97:2) 오심을 의미한다. 보이지 않게 또는 몰래 재림한다는 것을 성경에서 찾아볼 수 없다. 성경은 그렇게 가르치지 않는다. 오히려 **"각 사람의 눈이 그를 보겠고"**라고 하였다. 또한 그의 옆구리를 찌른 자들도 그를 볼 것이다. "그를 찌른 자들"이라는 표현은 그리스도에게 불순종하는 생활로 그의 마음을 아프게 한 자들을 가리킨다고 할 수 있다. 이 표현은 스가랴 12장 10절 하반절(요 19:34, 37; 20:25, 27 참조)에서 인용한 것이다.[74] 결국 그리스도를 배척하여 못박아 죽게 한 유대인들은, 그들이 죽인 나사렛 예수가 메시아임을 보게 될 것이다! **"땅에 있는 모든 족속이 그로 말미암아 애곡하리니"**는 회개의 애통이 아니라 절망의 애통이다. 마치 "장자를 위하여 통곡"(슥 12:10)함과 같은 것이다. 절망과 슬픔 속에서 가슴을 치는 애통이다. 불신자들은 그 재림의 때에 동굴이나 바위틈에 숨어서 "우리 위에 떨어져 보좌에 앉으신 이의 얼굴에서와 그 어린양의 진노에서 우리를 가리라"(6:16)라고 부르짖을 것이다.

4. 그리스도의 자기 칭호(8절)

---

73) 계시록의 가장 주된 특징과 주제가 그리스도의 재림이 아니라는 말은 다른 훌륭한 주석학자들의 주석과 일치하지 않는다. 이 책 p.12와 D. S. Clark, *The Message from Patoms*, p.25를 보라.

74) 그러나 이것은 4복음서와 계시록 사이의 다른 형식의 연결이다. 4복음서의 저자(요 19:37)와 계시록의 저자(계 1:7)가 스가랴 12:10의 인용을 맛소라(Massoretic Hebrew Text) 사본에서 했고, 70인역은 인용을 하지 않았다는 점에서 이 두 책의 저자가 동일인이라고 하는 유력한 증거가 된다.

1:8

8 주 하나님이 이르시되 나는 알파와 오메가라 이제도 있고 전에도 있었고 장차 올 자요 전능한 자라 하시더라

8 주 하나님께서 말씀하십니다. "나는 처음이며, 또한 마지막이다. 나는 지금도 있고, 전에도 있었으며, 앞으로도 계속 있을 것이다. 나는 모든 것을 할 수 있는 전능자이다."

_아가페 쉬운성경

이 영광스러운 칭호가 그리스도를 일컫는 것임은 의심할 여지가 없다. 바로 앞 구절에도 또 뒤따라오는 구절의 문맥 중에도 그리스도를 나타내고 있다(7절, 13절을 보라). "**나는 알파와 오메가라**"라는 표현은 17절에 약간 수식되어서 나타난다. "**나는 처음이요 마지막이니**"—곧 죽음에서 부활하여 영원히 사시는 분임을 나타낸다. 이와 병행하는 성구는 21:6-8과 22:13이다. 요한은 그리스도께서 스스로 자신을 일컬어 "나는 알파와 오메가라" 하신 말씀을 듣는다. 알파와 오메가는 헬라 알파벳의 첫 자와 끝 자이다. 그래서 그리스도는 스스로를 완전하시고 충만하시고 영원하신 하나님의 계시로 묘사하고 있다. 그리스도는 마치 우리들에게 "나는 처음에서 마지막까지 영원하니라. 용기를 가져라. 네 원수가 그리스도를 이기지 못하리라' 고 말하시는 것 같다. 그리스도는 또 스스로 말씀하시기를 그와 하나님 아버지와는 완전한 일체라고 하시며, "**이제도 있고 전에도 있었고 장차 올 자요 전능한 자**"라고 말씀하신다. 아버지가 곧 아들임을 나타낸다. 요한복음 10:30도 "나와 아버지는 하나이니라"고 하고 있다. 아마 이 음성이 요한을 '성령' 충만하게 하지 않았겠는가?

5. 계시록을 기록한 사도 요한의 임무(9-11절)

1:9-11

9 나 요한은 너희 형제요 예수의 환난과 나라와 참음에 동참하는 자라 하나님의 말씀과 예수를 증언하였음으로 말미암아 밧모라 하는 섬에 있었더니 10 주의 날에 내가 성령

에 감동되어 내 뒤에서 나는 나팔 소리 같은 큰 음성을 들으니 11 이르되 네가 보는 것을 두루마리에 써서 에베소, 서머나, 버가모, 두아디라, 사데, 빌라델비아, 라오디게아 등 일곱 교회에 보내라 하시기로

9 이 글을 쓰고 있는 나는 그리스도 안에서 형제된 요한입니다. 우리는 예수님 안에서 하나가 되었으며, 고난과 인내와 장차 누릴 왕국도 함께 소유한 자들입니다. 나는 하나님의 말씀과 예수님에 대한 진리를 전했다는 이유로 밧모 섬에 갇혀 있는 중입니다. 10
내가 주님의 날에 기도하는 중, 주님의 성령이 내게 임하며 내 뒤에서 나팔 소리 같은 큰 음성이 들려왔습니다. 11 그것은 "지금부터 네가 보는 것을 기록하여, 에베소, 서머나, 버가모, 두아디라, 사데, 빌라델비아, 라오디게아 일곱 교회에 보내어라"는 말씀이었습니다.

_아가페 쉬운성경

8절에서는 그리스도의 말씀이 있지만, 9절에서는 요한이 말하기 시작한다. 사도 요한이 그의 동역자들에게 말할 때 그들로부터 충분한 신임을 얻고 또 자신이 그들과 같은 입장에 있다는 느낌을 갖도록 친절하게 **"나 요한은 너희 형제요 예수의 환난과 나라와 참음에 동참하노라"**고 말하는 것에 유의하자. 요한은 "하나님의 말씀과 예수를 증언하였음으로 말미암아 밧모라 하는 섬에 있었다"고 한다. 요한이 밧모 섬에 유배된 것은 황제 숭배의 표시로 이교도의 제단에 분향하는 것을 거절함으로 처벌을 받은 것이라 하나 확실히는 알 길이 없다.[75] 어떻든 요한은 그리스도와 그의 복음을 위한 충성 때문에 추방을 당한 것만은 틀림없다.

주의 날, 즉 일곱째 날 중 첫날은 우리가 주님의 부활을 기념하는 날이다.[76] 요한은 에베소 교회와 소아시아의 다른 교회들을 깊이 생각하고 있

75) W. M. Ramsay, *op. cit.*, pp.85, 98.

76) 'the Lord's Day' 와 'the Day of the Lord' 를 동일시할 이유는 없다. 'the Lord's Day' 는 주님의 부활을 기념하는 뜻으로 지키는 것이며, 이것은 마치 고전 11:20에 진술된 바 주님께서 십자가상에서 죽으신 것을 기념하기 위해서 주님의 만찬을 지키는 것과 마찬가지이다. 그리고 'the Day of the Lord' 라는 용어는 히브리어의 '여호와의 날' (the Day of Jehovah)을 번역한 것이며, 이것은 완전히 그 의미가 다른 것이다(I. T. Beckwith, *op. cit.*, pp.20이하를 보라). 이 두 용어를 동일시하는 막연한 개념을 주장하기 위해서 요한이 성령으로 이끌림을 받아 그리스도 재림의 날로 옮겨졌다는 것은 사실상 근거가 없는 것이다.

었다. 갑자기 땅이 발 밑으로 꺼지고, 요한의 영혼은 시간과 공간을 벗어나는 듯했다. 요한은 둘러싸고 있던 물질세계로부터 오는 모든 접촉에서 풀려졌고 '영의 세계' 로 빠져들어 갔다. 실제로 보고는 있었으나 육신의 눈으로 본 것이 아니요, 듣고는 있었으되 육신의 귀로는 아니었다. 요한은 영계(靈界)를 통하여 주님과 직접 접촉하고 있었다. 그는 오직 홀로… 하나님과 함께였으리라!(단 8:2; 사 6:1; 겔 1:4; 행 10:10; 11:5와 참조). 요한의 영혼은 맑게 깨어 있었고 하나님께서 직접적으로 주시는 말씀을 향하여 넓게 열려 있었다. 이런 비몽사몽 같은 상태에서 요한은 나팔 소리같이 울리는 큰 소리가 위로부터 들려오는 것을 듣고 있었다. 구약시대에 하나님께서는 백성들에게 하시고자 하는 말씀이 계실 때 나팔 소리로 백성을 모이게 했다(출 19:16, 19; 레 25:9; 수 6:5; 사 58:1 등). 그러나 '나팔 소리 같은' 것임을 유의하라. 그 나팔 소리 같은 큰 음성은 **"네가 보는 것을 두루마리에 써서 일곱 교회에 보내라"**고 하신 것이다. 이는 예수 그리스도께서 친히 말씀하신 큰 음성이었다. 그리스도가 요한에게 본 바를 기록하고, 기록한 것을 교회들에게 보내라고 말씀하신다. 요한이 이 환상 중에 계시를 받고(10:4) 또 받은 후(1:19) 곧바로 이를 기록한 것으로 믿는다.

6. 인자의 환상(12–16절)

1:12-16

12 몸을 돌이켜 나에게 말한 음성을 알아 보려고 돌이킬 때에 일곱 금촛대를 보았는데
13 촛대 사이에 인자 같은 이가 발에 끌리는 옷을 입고 가슴에 금띠를 띠고 14 그의 머
리와 털의 희기가 흰 양털 같고 눈 같으며 그의 눈은 불꽃 같고 15 그의 발은 풀무불에
단련한 빛난 주석 같고 그의 음성은 많은 물 소리와 같으며 16 그의 오른손에 일곱 별이
있고 그의 입에서 좌우에 날선 검이 나오고 그 얼굴은 해가 힘있게 비치는 것 같더라

12 누가 내게 말하고 있는지 보려고 뒤돌아 보았을 때, 일곱 금촛대가 눈에 보였습니다.
13 그 촛대 사이에 '인자' 같은 분이 서 계셨습니다. 그분은 발끝까지 내려오는 긴 옷을
입고, 가슴에 금띠를 두르고 계셨습니다. 14 그분의 머리와 머리털은 양털처럼, 또한 눈
처럼 희고, 두 눈은 불꽃처럼 빛났습니다. 15 그분의 발은 용광로에서 제련된 청동 같았

고, 음성은 큰 물소리와도 같았습니다. 16 그분은 오른손에 일곱 별을 쥐고 계셨으며, 양쪽으로 날이 선 날카로운 칼이 그분의 입에서 나와 있었습니다. 나는 마치 강렬히 타오르는 태양을 보는 듯하였습니다. _아가페 쉬운성경

12절을 보면 "…돌이킬 때에 일곱 금촛대를 보았는데…"라고 되어 있다. 이 촛대 사이에서 요한이 본 것은 얼마나 놀랍고 가슴 벅차게 밀려든 황홀한 추억인가! 요한이 한때 마음속으로 의지하고 간구했던 주님이 거기 계신 것이다. 같은 주님이시지만 전에 세상에 계실 때와는 다르다. 요한은 인자의 환상을 묘사한다(13-16절).[77] 상징의 통일성을 무너뜨려서는 안 된다. 예를 들면, 그리스도의 입에서 나온 날선 검은 회개의 사명을 띤 복음의 부드러운 영향과 인자하심을 나타낸 것이라고 간주해서는 안 된다. 2:16에 "내 입의 검으로 그들과 싸우리라"고 되어 있음을 주목하자. 회개하기를 거부하는 사람들에게 말해진 것이다. 묘사된 모든 구절은 전체로 보고 또한 전체로 해석되어야 한다.[78] 여기 우리도 함께 상상해 보자. 촛대 사이에 인자가 권능과 존귀와 장엄함과 무서움의 옷을 발에 끌리게 입고 있다고 묘사되었음에 주목해 보자. 긴 옷을 입고, 그 위에 가슴에는 금띠를 띠고, 찬란하게 빛나는 머리털이 눈처럼 희고, 감춰진 것을 밝히고 모든 성도의 심령을 꿰뚫어 보는 불꽃 같은 눈과, 모든 악을 밟기 위해 단련된 빛난 주석 같은 발과, 크게 울려퍼지는 목소리는 밧모 섬의 해안에 부서지는 성난 파도 소리 같으며, 좌우에 예리하게 날이 선 무서운 장검을 들었고, 그의 얼굴은 '해가 힘 있게 비치는 것' 같아서 인간의 눈으로 바로 쳐다보기엔 너무 강한 모습을 하고 있었다. 이 장면들은 전체로 보아서 그리스도를 상징했는데, 즉 거룩하신 분, 그의 교회를 정화하고(2:16, 18, 23) 택한 백성들을 박해하는 무리를 징벌(8:5 이하)하시기 위해 오시는 그리스도의 모습이다.

77) 여기에서는 정관사를 숙고한 뒤에 사용한다. '인자' 라는 용어는 고유명사로 간주되며 원문에는 정관사가 필요하지 않다.

78) p.52이하를 보라.

7. 요한이 본 환상의 영향(17-20절)

1:17-20

17 내가 볼 때에 그의 발 앞에 엎드러져 죽은 자같이 되매 그가 오른손을 내게 얹고 이르시되 두려워하지 말라 나는 처음이요 마지막이니 18 곧 살아 있는 자라 내가 전에 죽었었노라 볼지어다 이제 세세토록 살아 있어 사망과 음부의 열쇠를 가졌노니 19 그러므로 네가 본 것과 지금 있는 일과 장차 될 일을 기록하라 20 네가 본 것은 내 오른손의 일곱 별의 비밀과 또 일곱 금촛대라 일곱 별은 일곱 교회의 사자요 일곱 촛대는 일곱 교회니라

17 그분을 보는 순간, 나는 죽은 사람처럼 그분의 발 앞에 쓰러졌습니다. 그러자 그분은 내게 오른손을 내밀며 말씀하셨습니다. "두려워하지 마라! 나는 처음과 마지막이다. 18 나는 살아 있는 자이다. 내가 전에 죽었으나, 이제는 영원히 살아 있으며, 죽음과 지옥의 열쇠를 가지고 있다. 19 그러므로 지금 네가 본 것과 현재 일어나고 있는 일들과 또 앞으로 일어날 일들을 기록하여라. 20 네가 본 일곱 금촛대와 지금 내 오른손에 있는 일곱 별의 비밀은 이것이다. 일곱 금촛대는 일곱 교회이며, 일곱 별은 일곱 교회의 천사들이다."

_아가페 쉬운성경

"내가 볼 때에 그의 발 앞에 엎드러져 죽은 자같이 되매"(창 3:8; 17:3; 출 3:6; 민 22:31; 수 5:14; 사 6:5; 단 7:15 등을 참고하라). 그러나 이 환상의 실제 목적은 요한에게 주는 공포가 아니라 위로이다. 하박국 3장에도 이와 매우 흡사한 예가 있다. 즉 여호와께서 시련과 위험을 주시는 모양으로 일단의 백성들 앞을 지나치신 후, "주께서 주의 백성을 구원하시려고 … 나오사"(13절)라고 기록되어 있는 것이 그것이다. 바로 여기에 같은 내용이 있다. "두려워하지 말라 박해받는 양 떼들아 내가 너희와 함께 있으리라" 하고 인자의 권능과 사랑으로 표현되는 오른손을 요한에게 얹으시니 피곤하고 지친 그의 몸이 소생하여 일어난다. 그리고 소생한 요한에게 **"두려워하지 말라 나는 처음이요 마지막이니 곧 살아 있는 자라 … 이제 세세토록 살아 있어 사망과 음부의 열쇠를 가졌노니"** 하며 부드럽게 위로의 말씀을 하신다. 그리스도께서는 죽으셨다. 그러나 그는 죽은 자들 가운데서 부활하셨으니, 죽기까지 박해를 받았던 성도들에게는 참으로 복되고 영광스러운 위로이다. 성도들의 살아 있는 영혼은 영원히 살아 계

신 그리스도와 연합할 것이다. 그리스도는 또한 죽음의 '열쇠'를 갖고 있다. 즉 죽음을 이기는 권세와 권능을 갖고 있으므로 죽음이 성도를 해치지 못할 뿐 아니라 오히려 하나님 나라와 성도들에게 유익한 것이 됨을 의미한다. 또한 그리스도께서는 죽음의 열쇠와 같이 음부의 열쇠도 갖고 계신다. 그가 음부에 가셨던 일이 있지 않은가!(행 2:27, 31을 보라)

여기서 말하는 '음부'는 무덤이나 지옥을 뜻하지는 않는다.[79] 이것은 육체를 벗어난 영혼의 상태가 존재하는 것을 뜻한다. 생명이 다해 몸과 영혼이 분리된 죽음의 상태를 말한다. 그래서 음부는 항상 죽음 후에 온다(계 6:8). 그러나 음부는 인자를 붙잡아 둘 수 없다. 인자는 영광스럽게 부활하셔서 죽음과 음부의 통치권을 갖고 계시면서 성도들을 이 죽음의 공포로부터 부활의 능력을 통하여 해방시키신다(20:13-14 참조). 인자가 죽음의 열쇠를 갖고 계신다는 사실을 성도들의 영혼이 천국에 올라올 때마다 환영하시는 것으로 보여 주시지 않는가! 인자가 재림하실 때에 이제는 영화롭게 변화된 성도들의 몸과 영을 재연합시키시는 것으로 증명하시지 않겠는가! 박해받는 성도들, 그중에는 복음을 위해 생명도 내놓아야 할 성도들에게는 얼마나 놀라운 위로의 말씀인가? 그리스도는 요한에게 그가 본 바 인자의 환상과 '지금 있는 일', 즉 소아시아 일곱 교회의 당시의 상황과 '장차 될 일', 즉 그 일을 이끌어 나갈 원칙들에 의한 모든 앞날에 일어날 일들을 기록하라고 지시했다.

전체 환상의 중심 의미와 조화하여 두 가지 더 상세하게 말할 필요가 있다. 그리스도는 자신에 대한 설명을 들려준다. 요한이 본 인자의 오른손에 들고 있는 일곱 별은 일곱 교회의 사자(使者)를 말한다. 사자란 목사나 교역자라는 뜻으로 이해해야 한다.[80] 이들은 주님께서 오른손으로 붙드시고 전권을 행사하시는 주님의 대사요 사신이다. 주께서 이들을 돌보시

79) *ISBE*(1929 ed.)의 'Hades'의 글을 보라. Lenski의 견해를 제3장 p.43의 주 34에서 찾아보라.

80) 스코필드 성경이 말했듯이, 이 '천사들'이 요한을 찾도록 보내어진 교회의 사자들이라고 한다면, "…교회의 사자에게 편지하기를"이라는 표현은 의미가 없어진다. 그리고 정말 하늘에 있는 천사라면 책이나 서적을 그들에게 전달하는 것은 보다 어

기 때문에 주님께 순종하고 열매를 맺을 때에는 안전하다. "…**일곱 촛대는 일곱 교회니라**"고 하신다. 교회는 촛대, 즉 빛을 소유한 자이다. 마태복음 5:14을 보면 "너희는 세상의 빛이라"고 하셨다(출 25:31; 슥 4:2 참조). 특히 흥미 있는 것은 마태복음 5:15-16에도 '등경(燈檠)' 이라는 말을 사용하고 있다. "사람이 등불을 켜서 말 아래에 두지 아니하고 등경(*λυχνία*, 계시록의 '촛대' 와 같음) 위에 두나니 이러므로 집 안 모든 사람에게 비치느니라 이같이 너희 빛이 사람 앞에 비치게 하여 그들로 너희 착한 행실을 보고 하늘에 계신 너희 아버지께 영광을 돌리게 하라"(막 4:21; 눅 8:16; 11:33; 참조. 히 9:2)고 말씀한 문맥에 주목하자. 성전 내에는 일곱 등을 가진 한 촛대만 있었다. 그러나 계시록에는 일곱 개의 촛대가 있다. 이처럼 다른 점은 구약시대에는 눈에 보이는 통일체의 상태-즉 유대교회-였지만, 이에 반하여 신약시대의 교회들은 성령을 통하여 성도들 가운데서 역사하시고 존재하시는 그리스도 안에서 그들의 영적인 연합체를 발견하는 데 그 이유가 있다. 그래서 그들은 두려워할 필요가 없었다. 주께서 '두세 사람이 내 이름으로 모인 곳에는 나도 그들 중에 있느니라"고 말씀하셨다(마 18:20).

렵게 된다. 또한 이 천사들이란 표현이 인격화된 교회나 '에베소의 영' 으로 언급된 교회들을 의미한다고 믿을 수 없다. 이처럼 해석된 표현은 계시록을 처음 읽고 듣는 자들이 이해했으리라고 믿기는 심히 의심스럽다. 여기의 천사들은 교회의 감독, 목사 또는 사역자를 말한다는 것을 잘 변호한 견해를 R. C. Trench, *op. cit.*, pp.53-58에서 보라.

제 Ⅷ 장
계시록 2-3장
일곱 촛대

계시록은 하나의 예술품으로, 놀랍고도 신성한 예술 작품이다. 계시록은 포착하기 어려운 세밀한 띠로 여러 부분들이 서로 묶여 있다. 1장을 읽지 않고는 2, 3장을 이해할 수 없다. 그리고 2장과 3장은 말하자면 계시록의 마지막 부분을 위해서 설정되어 있다. 이 두 장에 나오는 모든 약속들은 뒤에 오는 구절에 잘 설명되어 있다. 몇 가지 예를 들어보자.

"이기는 그에게는 내가 하나님의 낙원에 있는 생명나무의 열매를 주어 먹게 하리라"(계 2:7) 하신 말씀의 의미를 알고 싶은가? 계시록 22:2, 14을 보라. 또 "이기는 자는 둘째 사망의 해를 받지 아니하리라"(계 2:11)는 말씀 중에 '둘째 사망' 의 뜻을 알고자 한다면 계시록 20:14에서 볼 수 있다. 또한 2:17의 '새 이름' 은 '이기는 자' 에게 약속되었는데, 이는 3:12; 14:1; 22:4에 여러 차례 나타난다(19:12, 13, 16을 참조하라). 2:26의 '만국을 다스리는 권세' 는 12:5와 20:4에 상세하게 풀이된다. 2:28의 '새벽별' 은 22:16에 다시 나타나며, 기타 다른 모든 약속들도 이처럼 다시 나타나곤 한다.[81] 일곱 통의 편지가 계시록의 본질을 형성하고 있으며 계시록 한 권을 구성하고 있다. 그뿐만 아니라 일곱 통의 편지는 다소 차이는 있으나 단일한 형식을 보여 준다. 에베소, 버가모, 두아디라와 사데에 보내는 편지에서 이 형식은 더욱 분명해진다. 일곱 부분은 아래와 같이 구별

81) R. C. Trench, *op. cit.*, p.97; W. Milligan, *op. cit.*, p.841.

된다.

1. 인사

예 : “에베소 교회의 사자에게 편지하라”

2. 그리스도의 자기 칭호

예 : “오른손에 있는 일곱 별을 붙잡고…거니시는 이…”

3. 그리스도의 칭찬

예 : “내가 네 행위와 수고와 네 인내를 알고…”

4. 그리스도의 책망

예 : “그러나 너를 책망할 것이 있나니…”

5. 그리스도의 경고와 위협

예 : “그러므로…생각하고 회개하여…”

6. 그리스도의 권고

예 : “귀 있는 자는 성령이 교회들에게 하시는 말씀을 들을지어다.”

7. 그리스도의 약속

예 : “이기는 그에게는…생명나무의 열매를 주어 먹게 하리라.”

그리스도는 각 교회－라오디게아 교회는 제외－에서 칭찬할 만한 것을 발견하신다. 일곱 중 다섯 교회에서는 책망할 것을 찾으셨다. 훌륭하게도 책망을 받지 않은 교회는 서머나와 빌라델비아 두 교회이다. 이들 일곱 통의 편지는 두 그룹으로 나뉘어져 있는데, 첫 그룹에 셋과 다른 그룹에 넷으로 분류되어 편지가 보내졌다.[82] 처음 세 통의 편지의 내용 중에는 약속의 말씀에 이어 권고의 말씀이 기록되어 있는데, 나머지 네 통의 편지에는 그 순서가 뒤바뀌어 권고 다음에 약속이 있다. 이 일곱 교회가 교회사의 연속적인 일곱 시기를 말한다는 견해는 단호히 논박할 필요가 있다.[83] 사실 거론할 여지도 없지만－그렇게 심한 편은 아닐지라도－ 우스

82) p.36 하반절과 R. C. Trench, *op. cit.*, p.90을 보라.

83) W. J. McKnight, ‘The Letter to the Laodiceans’, *Biblical Review*, XVI, p.519; A. Pieters, *op. cit.*, pp.100ff.(an excellent discussion). 이와 반대의 견해는 Scofield Reference Bible에서 주장되어졌다.

꽝스러운 해석법이 그것인데, 예를 들면, 사데 교회가 죽었다고 되어 있는 것은 영광스러운 종교개혁이 일어났던 당시의 상황을 나타낸 것이라고 하는 식의 해석법이다. 그러나 교회의 역사를 임의로 분리하고, 또 그 기간을 계시록 2장과 3장에 끼워 맞추는 식의 해석법에 성서가 어떤 확증할 만한 요소도 주지 않는다는 것을 성서를 공부하는 성도들은 분명히 알고 있어야 한다. 이 계시된 편지들은 교회사의 어떤 특정한 한 시대의 상황만을 말하는 것이 아니고 역사에 되풀이되는 시대와 상황을 나타낸 것이다.

1. 에베소 교회에 보내는 편지(2:1–7)

2:1-7

1 에베소 교회의 사자에게 편지하라 오른손에 있는 일곱 별을 붙잡고 일곱 금촛대 사이
를 거니시는 이가 이르시되 2 내가 네 행위와 수고와 네 인내를 알고 또 악한 자들을 용
납하지 아니한 것과 자칭 사도라 하되 아닌 자들을 시험하여 그의 거짓된 것을 네가 드
러낸 것과 3 또 네가 참고 내 이름을 위하여 견디고 게으르지 아니한 것을 아노라 4 그
러나 너를 책망할 것이 있나니 너의 처음 사랑을 버렸느니라 5 그러므로 어디서 떨어졌
는지를 생각하고 회개하여 처음 행위를 가지라 만일 그리하지 아니하고 회개하지 아니
하면 내가 네게 가서 네 촛대를 그 자리에서 옮기리라 6 오직 네게 이것이 있으니 네가
니골라당의 행위를 미워하는도다 나도 이것을 미워하노라 7 귀 있는 자는 성령이 교회
들에게 하시는 말씀을 들을지어다 이기는 그에게는 내가 하나님의 낙원에 있는 생명나
무의 열매를 주어 먹게 하리라

1 "에베소 교회 지도자에게 이렇게 써서 보내어라. '오른손에 일곱 별을 쥐고, 일곱 금
촛대 사이를 걸어다니시는 분의 말씀이다. 2 나는 네 행위를 알고 있다. 그 수고와 인
내, 또 네가 악한 자들을 그대로 두지 않고, 스스로 사도인 척하는 자들을 시험하여 그
들이 가짜인 것을 밝혀낸 일도 잘 알고 있다. 3 너는 나를 위해 고난을 참고, 낙심하지
않으며, 잘 견뎌 주었다. 4 그러나 너를 책망할 일이 한 가지 있다. 그것은 네가 나를 처
음만큼 사랑하지 않고 있다는 사실이다. 5 이전에 네가 나를 어떻게 사랑했는지 그때를
돌이켜 보아라. 어디서 잘못되었는지 생각하고, 회개하여, 예전처럼 행하도록 하여라.
만일 네가 회개하지 않으면, 내가 가서 네 촛대를 그 자리에서 치워 버릴 것이다. 6 그
러나 니골라파가 하는 짓을 미워한 것은 잘한 일이다. 나도 그것을 미워한다. 7 귀 있는
자는 성령께서 교회에게 하시는 말씀을 잘 들어라. 승리하는 자에게 하나님의 동산에
있는 생명나무의 열매를 먹게 하겠다.'" _아가페 쉬운성경

에베소는 매우 번창하고 웅대하며 아주 부유한 도시였다. 더구나 다이아나[달(月)의 여신으로 처녀성과 사냥의 수호신]의 신당이 있는 곳으로 유명하였다. 소아시아의 서해안과 가이스텔 강 하구 가까이에 에게 해를 면한 곳에 위치한 항구였다. 이 항구는 그 전성시대에 당시의 초대형 선박들이 드나들었으며, 소아시아의 중요 도시들과 육로 소통이 가장 잘 되는 곳이었다. 그래서 오랫동안 상업의 중심 도시였다. 다이아나 신당은 보화의 전당이요 박물관이었으며, 신전 구내는 신성불가침이라 죄인들의 피난처도 되었다. 많은 금, 은 세공업자들이 장인들을 고용하여 다이아나 여신의 작은 신상을 만들어 바치는 업이 성행했다.[84] 바울이 고린도에서 예루살렘으로 가는 도중에 이 도시에 들른 적이 있다(행 18:19-21). A.D. 52년경에 있었던 2차 전도여행 때였다. 여기서 바울은 브리스길라와 아굴라를 작별하였고(행 18:26), 아볼로가 열심히 예수에 관해 말하며 가르쳤던 곳이다(행 18:25). 바울의 3차 전도 여행 때는 3년간 여기에 머물렀다(행 20:31). 바울의 활동은 에베소뿐 아니라 주변의 여러 지역에서 많은 성과를 올렸다. A.D. 262년에 다이아나 신전은 불탔으며 은신상의 판매는 폭락했고 그 후 신전은 다시 복구되지 않았다. 바울이 3차 전도 여행에서 돌아오는 길에 에베소 교회의 장로들과 매우 인상 깊은 작별을 하였는데(행 20:17-38) 이는 A.D. 57년경의 일이다. A.D. 60-63년, 바울이 처음 로마의 옥에 갇혔을 때, 에베소 교회의 성도들에게 편지를 보내었다.[85] 그가 출옥 후 다시 에베소에 들렀었고 그곳 교회를 돌보도록 디모데를 남겨 놓았다(딤전 1:3). 몇 년 후, A.D. 66년경 유대 전쟁이 있은 지 얼마 되지 않아 사도 요한이 에베소에 있었음을 알 수 있다.[86] 도미티아누스(A.D. 81-96년) 통치하에서 요한은 밧모 섬으로 추방되었다. 후에 요한

---

84) W. M. Ramsay, *op. cit.*, pp.210-236.

85) 서신이 회람 편지이든 아니든 간에 하등의 영향이 없다. R. C. Lenski는 "에베소에 있는"(엡 1:1)란 말의 순수성을 다음의 저술에서 잘 변호하고 있다. *Interpretation of St. Paul's Epistles to the Galatians, to the Ephesians, and to the Philippians*, pp.329ff..

86) F. Godet, *Commentary on the Gospel of John*, pp.43ff.를 보라.

은 유배에서 풀려나 트라야누스 통치하에 죽었다. 전통에 따르면 요한이 노쇠하여 걷지도 못하고 설교도 못할 때에도 성도들이 그를 예배당에 모셔다 놓으면 "소자들아, 서로 사랑하라"고 가르쳤다고 한다.

이 (계시된) 편지를 기록하라고 그리스도께서 요한에게 말씀하셨을 때는 에베소 교회가 생긴 지 40년이 이미 넘었었다. 그래서 설립 당시와는 다른 세대가 온 것이다. 교회에 봉사하는 성도들은 그들의 부모가 이 교회를 설립했을 당시에 가졌던 열렬한 열의와 그들의 부모가 처음 복음과 접했을 때 보여 주었던 그러한 감격과 자발적인 활동의 기쁨을 경험하지 못하였다. 그뿐만 아니라 그들의 선대가 가졌던 그리스도를 위한 사명감도 없었다. 여호수아와 장로들의 후대에도 이와 비슷한 일이 있었다(삿 2:7, 10, 11).[87] 에베소 교회는 그들의 첫사랑을 잃어버린 것이다.

그리스도의 자기 칭호를 유의하자. **"오른손에 일곱 별을 붙잡고 일곱 금 촛대 사이를 거니시는 이"**라고 호칭하신 이유가 무엇인가? 여기서 일곱 별은 그리스도의 참된 대사(大使)인 교회의 목사들을 말하는 것이다. 당시 에베소 교회는 '거짓 사도들'에 의해서 참된 목자들의 사역을 거스르고 대항하는 등 매우 혼란했다(2:2). 그래서 영광 중에 들리신 그리스도께서 목사들을 주관하시며 교회에 일어나고 있는 모든 일들을 죄다 알고 계시다는 확증을 에베소 교회에 주신 것이다. 그리스도께서는 별을 손에 들고 촛대 사이를 걷고 계신다. 모든 경우에 있어 그리스도의 자기 칭호는 서신을 보낸 교회와 관련이 있음을 알 수 있다.[88]

에베소 교회는 그의 수고와 활동과 인내로 칭찬을 들었다. 이러한 점에서 이상의 것들은 세상의 어둠 속을 비치는 구주의 빛인 한 촛대를 말한다. 또한 이 교회가 **"악한 자들을 용납하지 아니한 것'**에 대하여 칭찬을 받은 것은 특히 주목할 만하다. 이 교회는 소위 사도라고 사칭하는 자들을 시험하여 그들이 거짓임이 드러났을 때 이들을 배척하고 용납하지 않았던 것이다. 많은 시련을 겪으면서도 참된 교리에 열심과 충성을 다하였고

87) R. C. Trench, *op. cit.*, p.80을 보라.

88) 모든 주석가들이 이 사실을 주목하고 있다.

이 일을 해내는 데 지칠 줄을 몰랐다. 에베소 교회는 바울의 권면을 충실하게 받아들였던 것이다(행 20:28, 29. 참조. 요일 4:1).

그런데 칭찬에 이어 곧 책망의 말이 나온다. **"그러나 너를 책망할 것이 있나니 너의 처음 사랑을 버렸느니라"**고 한 신랄한 책망의 의미는 이미 설명한 바 있다. 물론 에베소 교회는 행위와 수고, 인내가 있었다. 그런데 이런 행위나 수고 그리고 인내는 사랑이 없는 곳에서도 있을 수 있다는 것이다. 예를 들어, 한 아내가 남편을 내조하는데 소문이 날 정도로 충성과 열의를 다한다 해도 거기에 사랑의 결핍은 있을 수 있는 것이다. 남편에 대한 세밀한 부분까지 깊이 내조하는 것은 아내로서의 임무에 대한 책임감으로서도 가능한 것이다. 이와 마찬가지로 한 성도가 교회에 잘 출석하고 헌금과 기타 교회의 모든 규례를 잘 지킬 수 있는 것은 첫 믿음 때 가졌던 주님께 대한 헌신의 열심이 없어도 가능한 것이다.

에베소 교회는 열심이 떨어진 것에 대해 반성하고 '마음을 돌이키고' 첫사랑의 열정을 회복하라고 권고를 받았었고 **"그리하지 아니하고 회개하지 아니하면 내가 네게 가서 네 촛대를 그 자리에서 옮기리라"**고 하신 주님의 경고도 이루어졌다. 오늘날 에베소에는 교회가 없다. 그곳은 황폐되었다.[89] 책망 이후 주님께서는 아주 부드럽게 칭찬의 말씀을 계속하신다. **"오직 네게 이것이 있으니 네가 니골라당의 행위를 미워하는도다 나도 이것을 미워하노라."** 니골라당은 "발람의 교훈을 지키는 자"(2:14)일 것이며, 또한 음녀 이세벨을 추종하는 자들(2:20)이고, 일반적으로 이단을 가르치는 학파나 무리를 나타낸 것임이 틀림없다. 이 점은 다음에 설명할 때가 올 것이다. 그들은 이방 종교에서 행하는 우상 섬기는 제사의 행사에 참여하는 것이나 그 부도덕한 것에서의 이탈을 거부할 뿐 아니라 그들의 죄된 행위를 오히려 정당화하려고 하였다.[90] 주님은 세상과의 어떠한 타협도 용납하지 않으신다. 에베소 교회가 이런 니골라당의 행위에 대해 완강

---

89) E. L. Harris의 논문, "Some Ruined Cities of Asia Minor", in *The National Geographic Magazine*, Dec. 1908을 보라.

90) 버가모와 두아디라에 보낸 서신에 대한 해석 p.94-95, p.100-101을 보라.

히 대적한 것을 주께서 높이 칭찬하신 것이다. 그리고 권면의 말씀, **"귀 있는 자는 성령이 교회들에게 하시는 말씀을 들을지어다"**(2:29)라고 하신다. 여기 '교회들'이라는 복수에 주목하자. 이는 모든 계시된 서신은 보내어진 한 교회에만 해당되는 것이 아니라 모든 교회들이 다 읽고 그 교회에 적용해야 한다는 것을 뜻한다.[91]

"이기는 그에게"라는 표현은 '이기는 자에게'라는 뜻이다. 이는 6:2의 "(그가) 나아가서 이기고 또 이기려고 하더라"고 기록된 말과 같다. 이기는 자는 죄, 마귀, 그리고 모든 권세 가진 대적자들과 싸우며 그리스도에 대한 사랑으로 끝까지 인내하는 자다. 이런 승리자에게는 우상 따위에게 바쳐진 제물, 즉 선한 성도들을 음탕한 이방신의 제사에 끌어들이려고 유혹하는 음식보다 훨씬 좋은 것이 약속되어 있다. 그 약속은 이기는 자에게 생명나무의 열매를 먹도록 한 것이니(창 3:22; 계 22:2, 14 참조), 이는 천국의 낙원에서 영생을 기업으로 받는 것이다. 이처럼 약속은 본서의 공통적 성격과 잘 상응하며 일곱 교회에 보내는 모든 편지에도 역시 그러하다.

2. 서머나 교회에 보내는 편지(2:8-11)

2:8-11

8 서머나 교회의 사자에게 편지하라 처음이며 마지막이요 죽었다가 살아나신 이가 이르시되 9 내가 네 환난과 궁핍을 알거니와 실상은 네가 부요한 자니라 자칭 유대인이라 하는 자들의 비방도 알거니와 실상은 유대인이 아니요 사탄의 회당이라 10 너는 장차 받을 고난을 두려워하지 말라 볼지어다 마귀가 장차 너희 가운데에서 몇 사람을 옥에 던져 시험을 받게 하리니 너희가 십 일 동안 환난을 받으리라 네가 죽도록 충성하라 그리하면 내가 생명의 관을 네게 주리라 11 귀 있는 자는 성령이 교회들에게 하시는 말씀을 들을지어다 이기는 자는 둘째 사망의 해를 받지 아니하리라

---

91) 이 사실은 거의 모든 주석학자들에 의해 강조되고 있다.

8 "서머나 교회 지도자에게 이렇게 써서 보내어라. '처음과 마지막이며, 죽었다가 다시 살아나신 분의 말씀이다. 9 네가 당하는 고난과 가난한 사정을 내가 알고 있다. 하지만 사실 네가 참 부자이다! 너를 욕하고 비난하는 자들이 있다는 사실도 안다. 그들은 자기들 스스로를 유대인이라고 하지만 사실은 사탄에게 속한 자들이다. 10 그러니 앞으로 일어날 일들을 두려워하지 마라. 악마가 너희들을 시험하려 너희 중 몇몇을 감옥에 가두고 십 일 동안 고난을 겪게 할 것이다. 그러나 죽음이 눈앞에 다가오더라도 끝까지 충성하여라. 그러면 생명의 면류관을 네게 줄 것이다. 11 귀 있는 자는 성령께서 교회에게 하시는 말씀을 잘 들어라. 승리하는 자는 두 번째 죽음으로 말미암아 해를 당하지 않을 것이다.'"
_아가페 쉬운성경

에게 해를 끼고 있는 서머나는 '아시아 제일의 도시' 메트로폴리스라는 칭호를 에베소, 버가모와 더불어 다투던 도시였다. 실제로 서머나 시민들은 그 크기와 아름다움에 대하여 아시아 제일임을 자부하고 있었다. 루디아와 더불어 서방 무역의 요지였으므로 일찍부터 부요했다. 그림처럼 풍광이 수려한 이 도시는 바다를 향하여 경사가 져 있으며 파고스 언덕의 찬란한 건물들은 '서머나의 면류관'으로 알려졌다. 바다로부터 불어오는 미풍은 사철 신선하고 시원한 기후를 갖게 한다. 로마가 그 세력이 커지기 전부터 서머나는 로마의 충실한 동맹 도시였고, 그 후 이 일로 로마로부터 인정을 받았다. 서머나인의 신실성과 충성심은 세상에 널리 알려져 있다.[92)]

서머나 교회는 사도 바울의 3차 전도 여행시 그에 의해 세워졌다는 설이 가장 유력하다(A.D. 53-56). 물론 이것이 확실한 것은 못 되나, 행 19:10에 "…아시아에 사는 자는 유대인이나 헬라인이나 다 주의 말씀을 듣더라" 한 것을 미루어 볼 때 바울에 의해 서머나 교회가 설립됐다는 것을 무난한 결론으로 본다. 폴리캅이 이때에 서머나 교회의 감독이었을 가능성은 충분히 있다. 플리캅은 요한의 제자였다. 죽기까지 충성한 이 존경할 만한 지도자는 A.D. 155년에 빌라델비아의 성도 11인과 함께 불에 타 순교했다. "가이사가 주(主)다"라고 고백하도록 강요당하였으나 폴리캅은 이를 거부하였다. 원형경기장에 끌어다 놓고 많은 군중이 모인 가운

92) W. M. Ramsay, *op. cit.*, pp.251-267.

데 서머나의 로마 총독은 "지금이라도 늦지 않으니 그리스도를 비난하고 그를 모른다 하라. 그러면 내가 맹세코 너를 놓아주리라"고 했다. 그러나 폴리캅은 의연하게 "내가 86년간 예수 그리스도를 섬기고 믿어 왔는데, 그는 나에게 아무런 피해도 주지 않으셨다. 하물며 나의 주인이시며 왕이요 구세주이신 그분을 어떻게 배반할 수 있겠는가?"라고 대답했다. 그리고 다시 한 번 독촉하는 총독에게 노(老)감독 폴리캅은, "그대는 헛수고를 하고 있소. 내가…가이사의 운명을 걸고 맹세하노니, 내가 누구이며, 무엇을 하는 자인가를 그대가 모른 척하지 마시오. 내가 지금 하는 말을 똑똑히 들어 두시오. 나는 그리스도인이오." 잠깐의 침묵이 흘렀다. 총독은 당황과 분노를 누르고 다시 한 번 협박과 회유를 하였다. "그대의 운명은 내 손아귀에 있다. 그대가 그 결심을 돌이키지 않으면 준비해 둔 사나운 짐승을 풀어 너를 찢게 할 줄을 알면서도 두려워하지 않음을 보았으니, 이제는 화형에 처하겠다." 그러나 폴리캅은 이에 굴하지 않고 총독을 향하여 단호하게 "그대는 한 시간 정도면 타다가 꺼져 버릴 불로써 나를 위협하고 있으나, 악인을 위하여 예비된 장차 올 심판과 형벌의 영원한 불은 모르고 있소. 뭘 주저하시오? 원하는 대로 곧 시행하시오"라고 말했다. 잠시 후 사람들이 장작더미를 쌓았으며 으레 그래왔던 것처럼 유대인들도 이를 열심히 도왔고 폴리캅은 불에 타 죽임을 당했다.[93]

폴리캅의 순교에 대한 역사적 사실을 여기에 장황하게 설명한 것은 여러 성도들로 하여금 A.D. 1-2세기경의 교회가 당하던 실제의 형편을 잘 이해하게 하기 위함이다. 바로 이 서머나 교회에 그리스도께서 **"처음이며 마지막이요 죽었다가 살아나신 이가 이르시되"**[94] 하고 말씀하신다. 이는 그가 잠시 죽으셨던 중에도 살아 계시고 영원히 살아 계신 분임을 뜻한다. 다른 편지처럼 여기서도 그리스도의 자기 칭호는 본 계시록 전체의 공통적인 성격에 잘 조화되고 있다. 죽음을 이기시고 영원히 살아 계신

---

93) *Ante-Nicene Fathers*. I, pp.37이하.

94) W. M. Ramsay, *op. cit.*, p.269를 보라. 부정과거형의 의미를 가지고 그의 입장을 증명하려는 듯하다.

그리스도가 이 편지에서 하셨던 것처럼 "네가 죽도록 충성하라 그리하면 내가 생명의 관을 네게 주리라"(2:10)고 말씀하실 수 있다.

"내가 네 환난과 궁핍을 알거니와" 이 말씀은 극심한 빈곤을 뜻한다. 성도들은 이방 종교에서 그리스도교로 개종했다는 이유로 일자리에서 쫓겨났고, 처음부터 그들은 세상의 물질면에서 대개가 빈곤하였다. 세상적으로 볼 때, 그리스도인이 된다는 것은 확실히 희생이었다. 그리고 그리스도인이 된다는 그 자체는 빈곤, 굶주림, 투옥, 때로는 사나운 짐승이나 불에 태워[95] 죽임을 당하는 것을 의미한다. 이러한 상황에 처해 있는 서머나 교인들에게 주님께서는 비통해하거나 비참해하지 않도록 말씀하신다. 궁핍한 것 같으나 실상은 부요한 자, 즉 영적 소유, 그 은혜와 은혜의 열매(마 6:20, 19:21, 눅 12:21)가 풍성하다는 것이다. 그들의 주인 되신 그리스도께서 이 모든 형편을 '잘 아신다'는 사실이 박해당하는 성도들에게 얼마나 큰 위로이겠는가?

"자칭 유대인이라 하는 자들의 비방도 알거니와 실상은 유대인이 아니요 사탄의 회당이라." 많은 유대인들이 서머나에 거주하고 있었는데 아마 서머나가 상업도시였기 때문일 것이다. 유대인들은 메시아를 비방했을 뿐 아니라 로마의 법정에다 그리스도인들을 열심히 고소하였다. 평소 그래왔던 것처럼 유대인들은 그리스도인들에게 늘 해를 끼치는 적개심으로 가득 차 있었다(행 13:50; 14:2, 5, 19; 17:5; 24:2). 소위 유대인이라 하는 자들은 스스로 '하나님의 회당'이라 자처하고 있었으나, 사실은 성도들을 고발하는 데 으뜸가는 '사탄의 회당'을 구성하고 있었다. 오늘날의 유대인들이 아직도 그들이 특별하고 우수하며 영광된 하나님의 백성이라고 누가 말할 수 있을는지 모르겠다. 구주를 거역하고 참된 성도들을 박해하는 이들을 '사탄의 회당'이라고 하나님께서 친히 말씀하셨으니 그들은 더 이상 하나님의 백성이라 할 수 없다.

"마귀가 장차 너희 가운데에서 몇 사람을 옥에 던져 시험을 받게 하리니." 로마가 성도들을 박해한 그 배후에는 성도들을 미워하고 성도들에게

95) E. H. Plumptre, *op. cit.*, p.91.

질투와 증오의 마음을 갖고 있고 이들을 로마 법정에 열심히 고소하는 유대인들이 있음을 우리는 볼 수 있다. 사실 이 유대인들은 마귀의 도구였다. 마귀가 성도들을 옥에 갇히게 했는데, 옥에 갇힌다는 것은 죽음을 의미하는 것이었다. 그러나 하나님께서는 사탄이 성도들을 박해할 때 용기와 인내를 얻도록 하시며 '이로 인하여 연단되게' 하시는 것이다. 이 시련과 환난은 **"십 일 동안"** 아주 뚜렷하고 완전한, 그러나 짧은 기간 동안 지속될 것이다.[96] 환난이 '짧은 기간' 동안만 있다는 것은 인내할 용기를 주기 위함으로 가끔 있어 왔다(사 26:20; 54:8; 마 24:22; 고후 4:17; 벧전 1:6). **"죽도록 충성하라"**는 '네가 죽을 때까지만 충성하라' 는 것만 의미하지 않고 '생명이 없어지는 한이 있더라도 충성하라' 는 뜻이다. 폭풍우 속에서 위험한 항해를 하는 배의 선장이 위기에 처한 배의 안전을 위해 부르짖기를 "해신이시여! 당신이 하시고자 하면 우리를 구할 수도 있고 침몰시킬 수도 있습니다. 그러나 어떠한 일이 일어날지라도 키만은 바로 잡고 있으렵니다." 이와 같은 자세가 요구되는 것이다. 어떠한 일이 일어날지라도 키를 바르게 잡겠다는 자세가 죽도록 충성하는 데 필요한 것이다. 이처럼 충성하는 성도들에게는 하늘나라의 영광된 생명인 승리의 화관(생명의 관)이 약속되어 있다.[97]

비록 성도들이 죽음에 내던져짐(첫째 사망)을 당할지라도 후에 주님께서 재림하실 때는 그들의 영과 육이 불못에 던지움(둘째 사망)을 당하지 않을 것이다(계 20:14).

서머나 교회는 빛을 비치는 사명에 충실하였다. 유대인과 이방인 앞에서 보여 준 폴리캅의 증언은 많은 성도들의 본이 되었다.[98]

96) W. Milligan, *op. cit.*, p.845를 보라.

97) E. H. Plumptre, *op. cit.*, note on p.97을 보라. 이것은 왕관이 아니고 승리의 관이다.

98) 서머나의 현황에 대해서는 주 89)에서 언급한 E. L. Harris의 논문을 보라.

3. 버가모 교회에 보내는 편지(2:12-17)

2:12-17

12 버가모 교회의 사자에게 편지하라 좌우에 날선 검을 가지신 이가 이르시되 13 네가
어디에 사는지를 내가 아노니 거기는 사탄의 권좌가 있는 데라 네가 내 이름을 굳게 잡
아서 내 충성된 증인 안디바가 너희 가운데 곧 사탄이 사는 곳에서 죽임을 당할 때에도
나를 믿는 믿음을 저버리지 아니하였도다 14 그러나 네게 두어 가지 책망할 것이 있나
니 거기 네게 발람의 교훈을 지키는 자들이 있도다 발람이 발락을 가르쳐 이스라엘 자
손 앞에 걸림돌을 놓아 우상의 제물을 먹게 하였고 또 행음하게 하였느니라 15 이와 같
이 네게도 니골라당의 교훈을 지키는 자들이 있도다 16 그러므로 회개하라 그리하지
아니하면 내가 네게 속히 가서 내 입의 검으로 그들과 싸우리라 17 귀 있는 자는 성령이
교회들에게 하시는 말씀을 들을지어다 이기는 그에게는 내가 감추었던 만나를 주고 또
흰 돌을 줄 터인데 그 돌 위에 새 이름을 기록한 것이 있나니 받는 자밖에는 그 이름을
알 사람이 없느니라

12 "버가모 교회 지도자에게 이렇게 써서 보내어라. '양쪽에 날이 선 날카로운 칼을 가
진 분의 말씀이다. 13 나는 네가 살고 있는 곳이 어떤 곳인지 알고 있다. 사탄이 권세를
쥐고 있는 그런 도시에서, 너는 나를 향한 믿음을 굳게 지키고 있다. 나의 신실한 증인
안디바가 그곳에서 순교할 때도, 너는 나를 믿는 믿음을 저버리지 않았다. 14 하지만 몇
가지 네게 책망할 일이 있다. 너희 가운데 발람의 가르침을 따르는 무리들을 왜 그대로
보고만 있느냐? 발람은 발락을 시켜, 이스라엘 백성들이 죄를 짓도록 부추겼다. 이스라
엘 백성들이 우상에게 바친 제물을 먹고, 음란한 죄를 지었던 것을 알고 있지 않느냐?
15 또 니골라파의 가르침을 따르는 자들도 너희 가운데 보인다. 16 회개하고 태도를 고
쳐라! 그렇지 않으면, 내가 속히 가서 내가 갖고 있는 칼로 그들을 칠 것이다. 17 귀 있
는 자는 성령께서 교회에 하시는 말씀을 잘 들어라. 승리하는 자에게는 숨겨진 만나와
흰 돌을 줄 것이다. 그 돌 위에는 그것을 받는 사람 이외에는 알 수 없는 새 이름이 새겨
져 있다.'"

_아가페 쉬운성경

버가모는 해안에서 깊숙이 들어간 가이거스 골짜기의 두 시내가 합류되는 높은 언덕에 자리잡고 있었다. 로마는 이 도시를 아시아 지방의 수도로 정했다. 이곳에는 의료의 신 애스클라피우스의 신당이 있어 그리스도인들이 사탄으로 여기는 뱀의 형상을 만들어 숭배하고 있었다. 또한 많은 이교도의 제단과 제우스의 제단이 있었다.[99] 그리스도가 "사탄의 권좌

가 있는 데"라고 하신 것은 이 모든 상황을 염두에 두신 것이다. 그리고 더욱 요한이, 버가모가 아시아의 수도이며 황제 숭배의 중심지였다는 사실에 주목하라고 하는 것 같다. 여기서 로마 정권은 그 정치를 폈고 가이사를 섬기기 위한 신당들이 세워졌다. 성도들은 이 신당에서 가이사의 흉상 앞에 향을 피우고 "가이사가 주(主)다"라고 부르짖을 것을 강요당했다. 여기에는 사탄의 권좌가 있었고 사탄이 마음대로 하는 독무대였다. **"좌우에 날선 검을 가진 이가 이르시되…"** 여기 다시 한 번 그리스도 스스로의 자신에 대한 묘사는 본 계시록의 서신이 갖는 일반적인 논조와 조화가 됨을 볼 수 있다. 그리스도는 좌우에 날선 검을 갖고 계신다고 했고, 니골라당이 회개하지 않으면 그들과 싸울 것이라 했다(16절).

사탄의 권좌가 이곳에 있고, 안디바가 주님께 충성했다는 이유로 죽임을 당했음에도 불구하고, 버가모의 성도들은 끈질기게 그들의 신앙과 그리스도에게 매달리는 것을 고수하였다. 그러나 한편으로 그들이 큰 과오를 범했는데, 그것은 전반적인 교회 번영에 관련되는 그리스도인의 의무를 희생시키고 개인적인 구원을 강조했다는 사실이다. 즉, 그들은 교회 내의 징계를 등한히했다.[100] 성도들 중 몇몇은 우상 섬기는 장소에 찾아갔고, 또 그 제물도 먹었으며 행음까지 했다. 구약의 발람 당시에도 이런 비슷한 일들이 있었다(민 25:1, 2; 31:16). 이스라엘처럼 버가모에도 니골라당이 있었다. 이 유혹들을 가볍게 생각하지 말아야 한다. 우상의 음식을 먹지 않은 것, 특히 이방인의 큰 제사 잔치에 불참한다는 것은 당시로서는 사회 생활의 큰 부분을 포기한다는 것을 의미한다. 한 가지 예를 들면, 성도들의 생업을 잇는 사업의 고객들 대부분은 그들의 수호신들을 다 가지고 있었다. 이 수호신들을 섬기는 잔치에 참석하지 않으면 고객들의 미움과 배척을 받게 되는데, 이는 거래의 단절과 사업에서 따돌림을 받는다는 것을 말했다.[101] 이래서 성도들 중 몇몇은 제사 잔치에 참석하고 우상

99) W. M. Ramsay, *op. cit.*, pp.281-290.
100) W. Milligan, *op. cit.*, p.846을 보라.
101) 제Ⅷ장, p.100-101을 보라.

에 바쳤던 음식을 먹고 우상을 향하여 분향을 해도 마음속으로는 우상이 없다고 하면 그만이라고 자신을 합리화했다. 심지어 이 생각들을 비약시켜 '사탄과 싸워서 이기려면 사탄의 활동 방법을 잘 알아야 하지 않겠는가?' 라고까지 하였다.

버가모 교회는 이런 성도들의 타협주의적 태도들을 밝히고 바로잡지 못했기에 마치 세상과 교회가 절반씩 절충된 셈이었다. 교회는 이런 그릇된 성도들을 징계했어야 했다. 징계를 당하고 회개하지 않으면 그리스도께서 입의 날선 검으로 그들을 대항하여 싸울 것이다. 이것은 단순히 말로만 정죄하는 것이 아님을 우리는 믿는다. 물론 계시록은 말에 의한 정죄가 그 내용으로 되어 있다. 그러나 여기서는 그 말이 파멸을 뜻한다. 그리스도께서 세상적인 행실을 고집하는 자들을 멸하실 것이다. 주께서 그의 정죄 선언을 곧 이행하실 것이다. 반면에 이기는 자는 **"감추었던 만나"**, 즉 그리스도의 충만함(요 6:33, 35)을 받게 될 것이다. 이는 세상에는 숨긴 바 되지만 믿는 성도들에게는 이 세상에서도 보인 바 되었고 특히 내세에서는 더욱 분명하게 보일 것이다. 다시 말하면, 이방인의 우상 숭배의 잔치와 우상에게 바쳤던 음식을 먹고자 하는 유혹을 물리친 승리자, 곧 이기는 자는 주님으로부터 풍성한 양식을 얻게 된다. 비록 눈에 띄지 않고 영적이고 감추인 것이긴 하지만, 이 양식은 매우 참되고 매우 복된 것이다. 이기는 자, 승리한 성도들은 이 양식을 먹게 된다.[102)]

"또 흰 돌을 줄 터인데 그 돌 위에 새 이름을 기록한 것이 있나니 받는 자밖에는 그 이름을 알 사람이 없느니라." 이 구절이 주는 뜻에 대하여 많은 주석가들은 전혀 다른 여러 가지 견해를 갖고 있다. 오랜 연구 끝에 신중하게 고려해 볼 가치가 있는 것은 단 두 가지의 해석뿐이라는 결론에 도달하였다. 기타는 외관상으로도 반대되는 것들이다.[103)] 우리가 취할 두

---

102) W. Milligan, *op. cit.*, p.846을 보라.

103) 다음은 받아들일 수 없는 견해 중 몇 가지이다.

a) 계시록에 나타나는 흰 돌은 *tessera* 혹은 대왕이 개설한 큰 연회에 초대받아 그 연회장에 들어갈 수 있는 입장권이다. 이 견해를 위한 변증을 E. H. Plumptre, *op. cit.*, pp.127이하에서 보라. 이 설을 반박한 유명한 이론은 M. Stuart의 'The

학설은 각기 장점들을 갖고 있기 때문에 어느 것을 택해야 할지 선택이 쉽지는 않다. 그러므로 이 학설들의 내용을 간단히 소개하고 각기의 학설을 뒷받침하는 논리를 서술함으로써 독자 스스로 취사선택하도록 하겠다.

첫 번째 해석에 의하면, 돌은 이것을 받는 자를 말하는데 이것은 마치 이스라엘의 열두 지파가 대제사장의 흉패에 박혀 있던 보석으로 표현되었던 것과 같다(출 28:15-21). 이 돌은 희다. 돌은 거룩함, 아름다움, 영광(계 3:4; 6:2)을 나타낸다. 그리고 돌 자체는 오래 남을 수 있다는 것으로 불멸을 상징한다. 그러므로 흰 돌은 죄에서부터의 자유와, 온갖 죄가 깨끗하게 씻음을 받음과, 깨끗해진 그 상태에서 영원토록 사는 존재를 가리킨다. 돌 위에 쓰인 새 이름은 돌을 받을 사람이 표시되어 있다. 그 사람의 진정한 내면적인 인격과 뚜렷한 개성을 나타내고 있다. 복된 사람마다 그 개성이 독특하고 유일한 의식을 갖고 있으며, 지식은 받는 자만이 갖는 것이다.[104)]

다음의 논거들은 이상의 견해를 보충한다.

a. "받는 자밖에는 그 이름을 알 사람이 없다"는 '그 이름(돌을 말하는 것이 아님)을 받는 자 외에는 알 수 없다' 라는 뜻이다. 성도는 이 이름을 받게 되는데, 이 이름이 그의 새 이름이 될 것이다. 이 점은 계시록 19:12

White Stone of the Apocalypse", *in Bibliotheca Sacra*, O, pp.461-477에 있다.

b) 흰 돌은 법정에서 사용된 속죄의 자갈이다. 방금 언급한 M. Stuart의 논문이 이 견해를 또한 반박하고 있다.

c) 이름이 기록된 흰 돌은 구약의 우림과 둠밈을 말한다는 것이다. 이 견해는 R. C. Trench(*op. cit.*, pp.132이하)에 의해서 훌륭하게 논증되었고, A. Plummer (*op. cit.*, p.64)의 이론도 매우 설득력이 있다. 이 주장은 Plumptre(*op. cit.*, pp.126ff.)의 결정적인 반론이 있었으나 정정되지 않았다.

d) R. H. Charles, *Revelation(International Critical Commentary)*, pp.66ff.에서는 이 상징의 참된 근거를 널리 알려진 미신에서 찾아볼 수 있다고 했다. 이것은 일고의 가치도 없다. 여러 다른 견해들은 다음의 *The Speaker's Commentary*; art. 'Stones' in Smith's *Dictionary of the Bible* 등에서 찾아볼 수 있다.

104) (가장 널리 알려진) 이 견해는 매우 변화가 있지만 J. P. Lange, *op. cit.*, p.120에서 변호되었다. 그러나 그는 흰 돌은 석방을 나타내는 것이라고 보았다. 이는 R. C. H. Lenski, *op. cit.*, p.113에서와 기타 다수의 학자들도 그러하다.

와 완전하게 일치한다. 그리스도께서 "이름 쓴 것이 하나가 있으니 자기 밖에 아는 자가 없고"라고 하였다. '이름' 이란 그것을 받는 자를 말한다.

b. 만일 이 새 이름이 하나님 또는 그리스도의 이름을 말한다면 다른 경우에도 분명히 언급이 되었을 것이다(예. 3:12; 14:1; 22:4).

c. 이 설명은 구약의 유사한 성구들에 근거를 두고 인용되었는데, "너는 여호와의 입으로 정하실 새 이름으로 일컬음이 될 것이며"(사 62:2), "내 종들은 다른 이름으로 부르리라"(사 65:15) 등에서 그 예를 볼 수 있다.

d. 성서에 의하면 이 이름은 칭함을 받는 사람의 성격이나 직위를 말한다. 그렇기 때문에 흔히 한 사람의 성격에 변화가 올 때에는 새로운 이름이 이에 맞도록 주어진다. 영광 중에 우리는 새로이 거룩함과 새로운 환상(통찰)을 갖게 될 것이다. 그러므로 우리는 새 이름을 받게 된다.

두 번째 해석에 의하면 투명한 보석－다이아몬드(?)－에는 그리스도의 이름이 새겨져 있다. 새 이름이 기록된 이 돌을 받는다는 것은 승리자가 영광 중에 그리스도와 친밀한 교제를 갖는 계시를 받는다－중보자로서 새로운 관을 쓰시게 되는 그리스도의 새 성품을 받게 된다－는 것인데, 이 교제는 받는 자만이 알게 된다.[105]

이를 뒷받침하기 위해 다음과 같은 설들이 제시되어 왔다.

a. 계시록의 다른 모든 구절들은 단 한 구절의 예외도 없이 새 이름은 하나님이나 그리스도를 나타낸다. 이 이름은 성도들의 이마에 쓰여 있다고 말한다(3:12; 14:1; 22:4).

b. 이 이름이 그리스도를 말한다는 견해를 다음 전후의 문맥이 입증하고 있다. 즉, '감추었던 만나' 는 그리스도가 신자들에 대해 무엇하시는 분인가 하는 것을 나타내며, 나아가서 계시록 중의 일련의 편지들 중에 병행 구절(3:12)들이 발견되는데, 그곳에는 이름이 비록 신자들에게 기록되어 있으나 분명히 그리스도에게 속한 것이다.

c. "그것을 받는 자밖에는 아는 자가 없더라"는 '그 이름을 받는 자' 를

105) 이 해석의 변호를 위해서는 M. Stuart, "The White Stone of the Apocalypse", *Bibliotheca Sacra*, O, pp.461-477을 보라.

의미하지만, 이 이름이 성도들의 새로운 명칭을 입증하는 것은 아니다. 성도가 그리스도의 이름을 갖게 되었음을 말하는 것은 그리스도의 이름이 성도의 이마에 기록된 까닭이다. 이와 관련해서 흥미 있는 사실은 마치 성도가 그리스도의 이름을 갖고 있는 것처럼(14:1), 불신자도 이와 같이 마귀의 새 이름을 받는데 '이마에 표를 받는 자'(20:4)라고 기록되어 있다. 그러나 이 '표'는 '다른 것'을 의미하는데, 즉 짐승이다. 불신자가 받는 것은 짐승의 표이다. 그러나 성도들은 본문 2:17의 말씀대로 그리스도의 새 이름, 즉 그의 이름이 그들의 이마에 기록되어짐을 받는다. 다음의 d에 그 뜻하는 바가 설명되어 있다.

d. 위의 견해는 계시록의 여러 구절들이 내포하고 있는 구약의 상징과 잘 조화를 이루고 있다. 대제사장의 이마 위—정확히 말하면 모자의 앞면—에 이름이 기록되어 있었다. 이 이름은 대제사장의 이름이 아니고 여호와의 이름이었다. 이 이름은 대제사장이 여호와께 속한 여호와의 종임을 나타낸 것이다. "너는 또 순금으로 패를 만들어 도장을 새기는 법으로 그 위에 새기되 '여호와께 성결'이라 하고 그 패를 청색 끈으로 관 위에 매되 곧 관 전면에 있게 하라"(출 28:36-37)고 기록된 것을 볼 수 있다. 이 의미는 다음과 같다. 구약시대에는 여호와의 이름을 대제사장의 이마에 써서 그가 여호와의 특별히 성별된 종이라는 것을 표시했었다. 이와 마찬가지로 계시록에서는 끊임없이 제사장들이라고 불린 성도들도 이름, 즉 그리스도의 새 이름이 이마 위에 기록되는 것이다. 이 이름은 순금패에 기록되지 않고 더 좋은 보석에 기록된다. 이는 이기는 자는 그리스도를 소유하며, 그의 종으로 그와 교제를 즐기며, 그의 새로운 영광과 통치에 참여하는 것을 의미한다. 구약시대에 대제사장만이 여호와를 말할 줄 알았으며 그 이름이 갖고 있는 숨은 뜻을 배웠던 것처럼, 성도들만이 이 복된 주 예수 그리스도의 이름의 뜻을 안다. 오직 그들만이 주님과의 교제가 무엇인지를 안다. 대체로 성도들은 이 땅에 살면서 이것을 알고 있지만, 그러나 하늘나라에서는 이 땅에서 하나님의 인치심을 이마에 받아 그리스도의 소유가 된 성도들이 영원토록 살며, 성도들을 위해 간직된 이 이름의 의미의 계시를 충분히 받게 된다. 그들은 그리스도의 이름, 즉 그

의 새 이름을 그들의 이마 위에 받는다.

이 두 견해의 차이점을 과장하지 말자. 첫째 견해는 성도는 새 이름을, 즉 영광스러운 분으로 변화되신 구주와 새로운 관계를 맺는다는 것을 의미하며, 둘째 견해는 그리스도께서 그의 새 이름을 성도들에게, 특히 내세에 계시하신다는 것이다. 그러므로 "그리스도의 새 이름—성도의 새 이름을 포함하여—을 그가 분명히 받은 성도는 장차 다시 받게 될 것이 아닌가?"라고 묻고 싶다.

4. 두아디라 교회에 보내는 편지(2:18–29)

2:18-29

18 두아디라 교회의 사자에게 편지하라 그 눈이 불꽃 같고 그 발이 빛난 주석과 같은
하나님의 아들이 이르시되 19 내가 네 사업과 사랑과 믿음과 섬김과 인내를 아노니 네
나중 행위가 처음 것보다 많도다 20 그러나 네게 책망할 일이 있노라 자칭 선지자라 하
는 여자 이세벨을 네가 용납함이니 그가 내 종들을 가르쳐 꾀어 행음하게 하고 우상의
제물을 먹게 하는도다 21 또 내가 그에게 회개할 기회를 주었으되 자기의 음행을 회개
하고자 하지 아니하는도다 22 볼지어다 내가 그를 침상에 던질 터이요 또 그와 더불어
간음하는 자들도 만일 그의 행위를 회개하지 아니하면 큰 환난 가운데에 던지고 23 또
내가 사망으로 그의 자녀를 죽이리니 모든 교회가 나는 사람의 뜻과 마음을 살피는 자
인 줄 알지라 내가 너희 각 사람의 행위대로 갚아 주리라 24 두아디라에 남아 있어 이
교훈을 받지 아니하고 소위 사탄의 깊은 것을 알지 못하는 너희에게 말하노니 다른 짐
으로 너희에게 지울 것은 없노라 25 다만 너희에게 있는 것을 내가 올 때까지 굳게 잡으
라 26 이기는 자와 끝까지 내 일을 지키는 그에게 만국을 다스리는 권세를 주리니 27 그
가 철장을 가지고 그들을 다스려 질그릇 깨뜨리는 것과 같이 하리라 나도 내 아버지께
받은 것이 그러하니라 28 내가 또 그에게 새벽별을 주리라 29 귀 있는 자는 성령이 교회
들에게 하시는 말씀을 들을지어다

18 "두아디라 교회 지도자에게 이렇게 써서 보내어라. '불꽃같이 빛나는 눈과 빛나는
청동 같은 발을 가지신 하나님의 아들이 하시는 말씀이다. 19 나는 네 행위를 알고 있
다. 또한 너의 사랑과 믿음과 봉사와 인내에 관해서도, 그리고 처음보다 훨씬 더 열심
히 이와 같은 일들을 행하고 있음도 알고 있다. 20그러나 한 가지 책망할 일은, 스스로
예언자라고 칭하는 여자 이세벨을 그대로 두고 보고만 있는 일이다. 그 여자는 내 백성

> 을 거짓된 가르침으로 잘못 인도하고 있으며, 우상에게 바친 제물을 먹게 하고 음란한 죄를 짓도록 부추기고 있지 않느냐? 21 내가 그 여자에게 회개할 기회를 주었으나, 그녀는 뉘우치지 않았다. 22 그러므로 내가 그녀를 고통 중에 내던져 신음하게 하고, 똑같이 음란한 죄를 짓는 자들에게도 그러한 고통을 줄 것이다. 만약 지금 바로 잘못을 뉘우치고 돌아오지 않으면, 즉시 이 일을 행할 것이다. 23 그 여자의 가르침을 따르는 모든 자들을 죽게 하여, 내가 사람들의 마음과 생각의 깊은 곳까지 살피는 자임을 온 교회가 알도록 할 것이다. 나는 너희가 행한 대로 갚을 것이다. 24 그러나 두아디라 교회 안에 그녀의 가르침을 좇지 않고 사탄의 깊은 비밀을 배우지 않은 사람들에게는 내가 다른 짐을 지우지 않을 것이다. 25 내가 갈 때까지 지금 가고 있는 길을 꾸준히 걸어가거라. 26 마지막까지 내 뜻대로 행하고 승리하는 자에게는 모든 나라를 다스릴 권세를 줄 것이다. 27 쇠막대기로 그들을 벌하여 너희 앞에 복종케 하여 질그릇같이 그들을 깨뜨릴 것이다. 28 이것은 내가 아버지께로부터 받은 권세와 똑같은 권세이다. 또한 새벽별도 네게 주겠다. 29 귀 있는 자는 성령께서 교회에 하시는 말씀을 잘 들어라.'"
>
> _아가페 쉬운성경

두아디라는 두 계곡이 서로 연결되는 곳에 위치한 상업도시이다. 도시가 천연의 요새가 없이 노출되어 있어서 수비대가 이 도시를 방어도 하고 또 수도 버가모로 적군이 침입하는 것을 막기 위해 항시 주둔해 있었다. 두아디라는 많은 사람들이 왕래하는 교통의 중심지였으며, 이로 인해 번창한 상업도시가 되었다. 당시 두아디라는 없는 동업조합이 없을 정도로 여러 가지 직종의 조합이 있었는데 모직, 직조, 염색, 모물, 제혁, 도기 등이었고, 특히 자주색 염색 천으로 유명했다.[106] 이 동업조합들은 우상 숭배와 관련되어 있었는데, 이는 각 조합마다 우상(수호신)들을 갖고 있었기 때문이다. 그러므로 당시의 사회 상황은 출세하기 위해서는 조합에 가입해야 하고, 조합 회원이 되려면 우상을 숭배하도록 되어 있었다. 조합 회원들은 조합에서 거행하는 제사의식에 참여해야 했고 그 우상에게 바쳐진 음식물을 우상이 내린 선물로 먹어야 했다. 그리고 식사를 끝내면 이내 즐거운 행사-문란한 음행-가 벌어지는데, 조합 회원들의 박해와 조소의 대상이 되지 않으려면 이 좌석에서 퇴장해서는 안 된다.

이렇듯 어려운 상황에서 그리스도를 믿는 성도가 무엇을 할 수 있었겠

106) W. M. Ramsay, *op. cit.*, pp.316-326.

는가? 그가 동업조합에서 탈퇴한다면 일시에 직장과 사회적 지위를 잃고 만다. 그리고 이내 빈곤과 배고픔, 박해를 받게 될 것이다. 그러나 그가 조합의 일원으로 남아 문란한 행음의 축연에 참여하고 우상에게 제물로 바쳤던 음식을 먹는다면, 이는 그리스도를 부인하는 것이 된다.

이 어려운 상황 속에서 여선지자 이세벨은 이 문제의 실제 해결, 즉 난국을 모면할 방책을 그럴듯하게 제시하였다. 그녀는 명백히 이렇게 주장했을 것이다. 즉 사탄을 이기기 위해서는 사탄을 잘 알아야 한다. 죄란 어떤 것인가 실제로 경험해 보지 않고는 죄를 극복할 수가 없다. 간단히 말하자면 성도들은 '사탄의 은밀한 일들을 배워서 알지 않으면 안 된다' 는 것이다. 즉 '우상 숭배나 음행에 참석하고 행음도 해라…그러면서도 그리스도인으로 머물면서 보다 나은 성도가 되라는 것이다. 그러나 성도들이 이것은 옳은 길이라고 스스로를 타일러도 '불꽃 같은 눈' 을 가지시고 악인을 발에 밟으실 그분만은 속이지 못할 것이다. 주님은 칭찬할 만한 것은 무엇이든지, 즉 충성된 행위, 사랑, 믿음, 봉사—형제들에 대한 오랜 봉사— 그리고 인내를 칭찬하신다. 그리고 또한 **"네 나중 행위가 처음 것보다 많도다"**라고 칭찬하셨다. 이 모든 것을 미루어 볼 때 두아디라는 진정 빛을 발하는 하나의 촛대였다. 그러나 이것이 세상과 타협하는 성도들을 징계하지 않은 것에 대한 변명은 될 수 없다. 그래서 우리는 **"그러나 네게 책망할 일이 있노라…여자**— '너희의 아내' 가 아닌— **이세벨을 네가 용납함이니"**라고 책망하신 말씀을 읽을 수 있다. 그 여자의 이름 이세벨은 음행과 우상 숭배에의 유혹과 동의어이다(왕상 16:31; 18:4, 13, 19; 19:1, 2). 만약 이 여자 이세벨이 회개하지 않으면—회개할 기회를 주신 하나님은 얼마나 자비로우신가!— 침상에 던져질 것이다. 즉 이세벨은 병에 걸리게 될 것이고, 그 자녀는 참혹한 죽임을 당할 것이며, 그 무리는 형벌을 받게 될 것이다. 그렇게 함으로써 온 교회가, 그리스도는 그를 따르는 자들의 마음과 행위를 감찰하시는 분이라는 것을 알게 될 것이다. 그리스도의 날카로운 눈은 이세벨을 용납하고 따르는 자들의 숨은 동기, 즉 그리스도를 위하여 박해받기를 바라지 않는 마음까지 꿰뚫어 보신다.

그리스도에게 충성하기로 남아 있는 성도들에게는 아무 짐도 지우지 아니하신다(행 15:28, 29 참조). 성도는 세상과의 관계에 있어서 음행을 피하고 우상의 제물을 먹지 않도록 조심해야 한다. 점차로 판도는 뒤바뀐다. 오늘날 세상은 깨끗한 양심을 갖고자 하는 성도들을 억압한다. 주님께 계속 충성한 성도는 최후 심판 때 그리스도와 연합함으로 죄인을 정죄하고 세상을 다스리게 될 것이다. 성도는 열방을 다스리는 그리스도의 권세를 공유할 것이며 – 이것은 그리스도께서 아버지로부터 받은 것이다 – 반대로 악인은 최후의 심판날에 '질그릇같이 부숴질' 것이다(시 2:8–9). 두아디라의 토기장이들은 이 상징의 의미를 이해할 수 있었을 것이다.

"내가 또 그에게 새벽별을 주리라." 또한 여기서도 가장 중심적 내용은 그리스도 자신에 관한 것이다(계 22:16). 새벽별이 새벽 하늘을 다스리는 것처럼 성도들도 그리스도와 더불어 다스릴 것이며 그의 빛나는 왕권과 통치를 함께 나눌 것이다. 별은 항상 규(圭)와 연결된 왕권의 상징이다(민 24:17; 마 2:2 참조).

5. 사데 교회에 보내는 편지(3:1–6)

3:1-6

1 사데 교회의 사자에게 편지하라 하나님의 일곱 영과 일곱 별을 가지신 이가 이르시되 내가 네 행위를 아노니 네가 살았다 하는 이름은 가졌으나 죽은 자로다 2 너는 일깨어 그 남은 바 죽게 된 것을 굳건하게 하라 내 하나님 앞에 네 행위의 온전한 것을 찾지 못하였노니 3 그러므로 네가 어떻게 받았으며 어떻게 들었는지 생각하고 지켜 회개하라 만일 일깨지 아니하면 내가 도둑같이 이르리니 어느 때에 네게 이를는지 네가 알지 못하리라 4 그러나 사데에 그 옷을 더럽히지 아니한 자 몇 명이 네게 있어 흰옷을 입고 나와 함께 다니리니 그들은 합당한 자인 연고라 5 이기는 자는 이와 같이 흰옷을 입을 것이요 내가 그 이름을 생명책에서 결코 지우지 아니하고 그 이름을 내 아버지 앞과 그의 천사들 앞에서 시인하리라 6 귀 있는 자는 성령이 교회들에게 하시는 말씀을 들을지어다

1 "사데 교회 지도자에게 이렇게 써서 보내어라. '일곱 영과 일곱 별을 가진 분의 말씀이다. 나는 네 행위를 알고 있다. 사람들은 네가 살아 있다고 하나, 사실은 죽은 자와 다름없다. 2 깨어나라! 완전히 죽기 전에, 아직 조금이라도 남은 힘이 있을 때에 네 자신

을 일으켜 세워라. 네 행동이 하나님 보시기에 선하지 않다. 3 네가 받은 것과 들은 것을 기억하여 뉘우치고 순종하라! 회개하지 않고 내게 돌아오지 않으면, 내가 도둑같이 너희를 찾아갈 것이다. 네가 생각지도 못할 때에 네게 갈 것이다. 4 그러나 죄악에 물들지 않고 깨끗하게 살아가는 자들이 몇 사람 남아 있다. 그들은 흰옷을 입고 나와 함께 다닐 것이다. 그들은 그럴 만한 자격이 있다. 5 승리하는 자는 그들처럼 흰옷을 입을 것이며, 나는 생명책에서 그의 이름을 지우지 않고, 아버지와 천사들 앞에서 내게 속한 자라고 분명히 말할 것이다. 6 귀 있는 자는 성령께서 교회에 하시는 말씀을 잘 들어라.'"

_아가페 쉬운성경

사데는 헐머스 계곡이 굽어 가파른 언덕 위에 위치한 난공불락의 옛 루디아 왕국의 수도였다. 이곳 사람들은 거만하고 지나치게 자부심이 강했다. 그들은 자신하기를—너무도 자신하기를, 그러나 가엽게도!—그 어떤 적들도 이 도시를 둘러싸고 있는 절벽을 기어오를 수는 없다고 생각했다. 이곳에 접근할 수 있는 지점은 오직 한 군데였는데, 남쪽으로 나 있는 지극히 협소한 곳으로 이곳은 쉽게 방어할 수 있었다. 그러나 사데는 B.C. 549년과 218년에…적군에게 점령당했다. 한 지점, 잘 살피지 않았고 지키지 않았던 한 취약 지점인 바위 벽의 비스듬하게 벌어진 틈으로 일천분의 일의 기회를 포착한 능란한 등반 특공대에 의해 밤중에 공격받아 함락되었는데, 이 지점이 사데 사람들의 거만과 수도로서의 자만과 자부심을 파괴하는 데 필요했었다. 사데가 위치한 언덕은 발전해 가는 도시가 자리잡기로는 너무나 협소했다. 그 때문에 고대 사데 성 근방은 황폐해지기 시작했고 주변에 새로운 도시가 생기기 시작했다. 계시록이 기록될 당시 사데는 서서히 퇴락해 갔으며 거의 멸망 상태에 있었다.[107] A.D. 17년에 있었던 지진 때문에 도시는 부분적으로 파괴되었다. 그래서 늘 장담하고 과장을 일삼던 사데 주민들은 갑자기 '밤의 도둑처럼' 예기치 않은 재앙으로 도시가 파괴되고 망해 가는 것을 지켜보았다.

사데 교회는 영적 무기력에 빠져 있었다. 이는 그리스도의 자기 칭호, 곧 "**일곱—생명을 주는— 영을 가지신 이**"로 설명한다. 그리스도는 그의 오른손에 일곱 별을 갖고 있다. 이는 말씀의 사자들과 죽은 교회를 회생

---

107) *Ibid.*, pp.354–368.

시킬 수 있는 생명을 주는 메시지를 뜻한다.

"내가 네 행위를 아노니 네가 살았다 하는 이름은 가졌으나 죽은 자로다." 사데는 좋은 평판을 누리고 있었으나 그것을 받을 만한 자격이 없었다. 버가모와 두아디라의 성도들은 일부 소수가 세상의 유혹에 빠져들었지만 사데에서는 성도 전체가 '옷을 더럽혔다'. 사데도 또한 세상에 속해 있었다. 세상 안에 있는 사데 교회는 마땅히 세상의 빛의 역할을 했어야 했다. 그런데 사데 교회는 그 의무를 이행하지 않았다. 다른 지역처럼 주민들이나 유대인들이 성도들을 심하게 괴롭힌 것 같지는 않았다. 사데에 있는 사데 교회는 '평온한' 교회였다. 이 평화를 누리고 있었으나, 그 평화는 공동묘지의 평화였다! 그리스도께서 이 죽은 성도들에게 깨어 있어 지금 바야흐로 죽어 가는 것들을 굳게 붙잡으라고 말씀하신다. 등경 위의 등불은 점점 희미하게 그 빛이 잦아들기 시작했고, 이내 이 아주 작은 불꽃은 완전히 꺼지고 말 것이다.

"내 하나님 앞에 네 행위의 온전한 것을 찾지 못하였노니." 사데 교회에는 외형, 의식, 종교, 풍습, 전통, 예배 등은 있었으나 실제의 내용과 본질은 결핍되어 있었다. 모든 형식들은 공허하게 텅 비어 있었고 내용이 전혀 없었다. 믿음, 소망, 그리고 순수하고 진실한 사랑이 거기에는 없었다. 내용도, 실제도 없었다. 인간의 육안으로 볼 때, 사데 교회는 훌륭한 교회처럼 보일 것이다. 그러나 사데 교회는 '내 하나님 앞에' 죽어 있었다. 그러므로 사데 교회의 성도들은 과거를 돌이켜 반성해야 한다. 열정과 신실함으로 복음을 받았으니, 그들이-성도들의 선조들- 받고 전파한 복음에 순종하는 생활로 되돌아가야 할 것이다.[108]

"만일 일깨지 아니하면 내가 도둑같이 이르리니 어느 때에 네게 이를는지 네가 알지 못하리라." 사데 교회는 이 말씀이 주는 경고의 뜻을 분명히 알았을 것이다. "그러나 사데에 그 옷을 더럽히지 아니한 자 몇 명이 네게 있어 흰옷을 입고 나와 함께 다니리니 그들은 합당한 자인 연고라." 여기서 말하는 '몇 명'은 하늘 아버지께서 그들의 이름을 알고 계시는 자들이다.

108) 특히 에베소 교회에 보낸 편지를 참조하라. 제Ⅷ장, p.85이하.

이들은 개인적으로 하나 하나 하나님에 의해 기억된 자들이다. 하나님께서는 그들이 누구이며 어떠한 자들인지를 알고 계셨다. 하나님은 자기의 소유를 아신다. 그들은 어두운 이 세상에서 빛을 발하는 등(燈)과 같다. 이 땅에서 옷을 더럽히지 아니하고 은혜의 옷을 입은 몇 명은 앞으로 영광의 흰옷을 입게 될 것이다. 흰색은 거룩함, 깨끗함, 완전함, 그리고 제례(祭禮)를 나타낸다(사 61:10; 계 19:8).

사람들이 세상을 하직할 때 그들의 이름은 호적에서 삭제되나 영적으로 승리한 자들의 이름은 하늘 생명책에서 없어지지 아니하고 그들의 영화로운 생명은 지속될 것이다. 그리스도께서 이 성도들이 그의 소유임을 친히 공적으로 시인하실 것이다. 하나님과 천사들 앞에서 그렇게 하실 것이다(마 10:32; 눅 12:8-9 참조).

6. 빌라델비아 교회에 보내는 편지(3:7-13)

3:7-13

7 빌라델비아 교회의 사자에게 편지하라 거룩하고 진실하사 다윗의 열쇠를 가지신 이
곧 열면 닫을 사람이 없고 닫으면 열 사람이 없는 그가 이르시되 8 볼지어다 내가 네 앞
에 열린 문을 두었으되 능히 닫을 사람이 없으리라 내가 네 행위를 아노니 네가 작은
능력을 가지고서도 내 말을 지키며 내 이름을 배반하지 아니하였도다 9 보라 사탄의 회
당 곧 자칭 유대인이라 하나 그렇지 아니하고 거짓말 하는 자들 중에서 몇을 네게 주어
그들로 와서 네 발 앞에 절하게 하고 내가 너를 사랑하는 줄을 알게 하리라 10 네가 나
의 인내의 말씀을 지켰은즉 내가 또한 너를 지켜 시험의 때를 면하게 하리니 이는 장차
온 세상에 임하여 땅에 거하는 자들을 시험할 때라 11 내가 속히 오리니 네가 가진 것을
굳게 잡아 아무도 네 면류관을 빼앗지 못하게 하라 12 이기는 자는 내 하나님 성전에 기
둥이 되게 하리니 그가 결코 다시 나가지 아니하리라 내가 하나님의 이름과 하나님의
성 곧 하늘에서 내 하나님께로부터 내려오는 새 예루살렘의 이름과 나의 새 이름을 그
이 위에 기록하리라 13 귀 있는 자는 성령이 교회들에게 하시는 말씀을 들을지어다

7 "빌라델비아 교회 지도자에게 이렇게 써서 보내어라. '거룩하고, 참되며, 다윗의 열
쇠를 가지신 분의 말씀이다. 그분께서 열면 닫을 자가 없고, 닫으면 열 자가 없다. 8 나
는 네 행위를 알고 있다. 네가 결코 강하지 않으나, 내 가르침에 순종하고, 담대히 내 이
름을 말하기를 두려워하지 않았다. 내가 네 앞에 문을 열어 두었으니, 아무도 그 문을

> 닫지 못할 것이다. 9 주의하라! 사탄에게 속한 무리들이 보인다. 그들은 자기들이 유대인이라고 하지만 그것은 거짓말이다. 그들은 참유대인이 아니다. 내가 그들을 네 앞으로 끌고 와, 네 발 앞에 무릎 꿇게 할 것이다. 내가 너희를 얼마나 사랑하는지 그들에게 보여 주겠다. 10 포기하지 말고 인내하라는 내 명령을 지켰으니, 이 세상에 사는 사람들을 시험하기 위해 다가올 고난의 때에 내가 너를 지켜 줄 것이다. 11 내가 속히 갈 것이다. 지금 가진 것을 굳게 잡아, 아무도 너의 면류관을 빼앗지 못하도록 하여라. 12 승리하는 자에게는 하나님의 성전 기둥이 되게 할 것이다. 그는 결코 성전을 떠나지 않게 될 것이다. 나는 그에게 하나님의 이름과 하늘로부터 내려올 새 예루살렘, 곧 하나님의 성 이름을 기록할 것이다. 또한 나의 새 이름도 그에게 기록할 것이다. 13 귀 있는 자는 성령께서 교회에 하시는 말씀을 잘 들어라.'"
>
> _아가페 쉬운성경

빌라델비아는 계곡 안의 중요한 도로상에 위치하고 있었다. 빌라델비아라는 도시 이름은 버가모 왕 아탈루스 2세, 즉 필라델푸스가 이 도시를 세웠으므로(B.C. 159−138) 그 이름을 따랐다. 아탈루스 2세는 그의 형 유메네스에게 지극히 충성을 하였기에 '형을 사랑하는 자' 라는 별명을 얻었다. 이는 루디아와 브루기아에 헬라의 언어, 풍습 등의 문화를 퍼뜨리는 중심지를 삼으려고 건설된 도시여서 처음부터 선교 도시가 되었으며 그 목적에 매우 성공적이었다.[109]

이곳 교회에 대해서 그리스도께서 스스로 거룩하고 진실한 분이라고 말씀하신다. 거짓되고 불순한−즉 믿지 않는− 유대인들은 그리스도를 기쁘게 하지 않았다. 그리스도께서 홀로 **"다윗의 열쇠"**를, 즉 하나님 나라의 지고의 능력과 권위를 갖고 계신다(사 22:22; 마 16:19; 28:18; 계 5:5 참조). 비록 빌라델비아 교회가 미약하여 성도들의 수도 적고 부요치 못했지만 복음에는 계속 충성스러웠고 주님의 이름을 부인하지 않았음을 그리스도께서는 알고 계셨다.

"볼지어다 내가 네 앞에 열린 문을 두었으되 능히 닫을 사람이 없으리라." '열린 문' 은 첫째로 복음을 전파하는 놀라운 기회를 말하며, 둘째로 복음을 듣고자 하는 귀와, 이를 받아들이려는 갈급한 심령을 만드시는 하나님의 은혜의 역사를 말한다(고후 2:12; 골 4:3; 행 14:27을 참조). 빌라델비

109) W. M. Ramsay, *op. cit.*, pp.391−400을 보라.

아 교회가 인간의 눈에는 작고 보잘것없었으나 하나님 보시기에는 크고 훌륭했다.

유대인의 고발와 조롱을 무릅쓰고 그리스도의 "인내의 말씀을 지켰은즉," 이는 십중팔구 그리스도의 수난에 대한 인내가 보여 준 십자가의 복음을 의미한다. 이미 빌라델비아 교회는 굳게 지키라는 권고의 말씀을 지켜 시련을 이겨내고 승리의 면류관을 받은 것이다. 하나님의 보호하심-"내가 또한 너를 지켜"-과 인간의 노력-"네가 가진 것을 굳게 잡아"-이 늘 붙어 다닌다는 점에 유의하라. 빛을 발한다는 것이 무엇인지를 합당한 방법으로 세상에 보여 준 빌라델비아 교회에 네 가지 영광스러운 상급이 약속되었다.

첫째, 유대인들의 고발와 조롱을 이기고 극복했을 뿐 아니라-서머나 교회같이- 성도들의 회개를 통하여 공유하게 될 승리를 얻을 것이다! 둘째, 환난과 시련 중에 안전하게 지키실 것이다(사 43:2; 막 13: 20을 참조). 셋째, 승리하는 자는 하나님 성전에 '기둥'이 되게 하실 것이다. 기둥은 영원한 것을 말한다. 다윗이 갈망하던 한 가지 일-그가 성전 즉, 여호와의 집에 살면서 여호와의 아름다움을 바라보며 그의 성전에서 사모하게 되기를 원했던 것-을 성취할 것이다(시 27:4). 지진이나 기타 어떠한 천재지변도 그들을 공포에 떨게 하거나 하늘의 도성에서 밀어낼 수 없을 것이다. 그들은 하나님 성전에 거하게 될 것이다. 마지막으로, 그리스도께서 하나님의 이름과 하나님의 성, 새 예루살렘…그리고 그리스도 자신의 새 이름을 승리자들 위에 기록할 것이다. 다시 말하면, 승리자는 하나님께 속하게 되며 새 예루살렘과 그리스도를 소유하게 되는, 이 세 가지 사실로부터 오는 모든 특권과 복을 영원토록 누릴 것이라는 보증을 주실 것이다. "하늘에서 내 하나님께로부터 내려오는"의 구절의 해석에 대해서는 이 책 p.291-292를 보라.

7. 라오디게아 교회에 보내는 편지(3:14-22)

3:14-22

14 라오디게아 교회의 사자에게 편지하라 아멘이시요 충성되고 참된 증인이시요 하나
님의 창조의 근본이신 이가 이르시되 15 내가 네 행위를 아노니 네가 차지도 아니하고
뜨겁지도 아니하도다 네가 차든지 뜨겁든지 하기를 원하노라 16 네가 이같이 미지근하
여 뜨겁지도 아니하고 차지도 아니하니 내 입에서 너를 토하여 버리리라 17 네가 말하
기를 나는 부자라 부요하여 부족한 것이 없다 하나 네 곤고한 것과 가련한 것과 가난한
것과 눈먼 것과 벌거벗은 것을 알지 못하는도다 18 내가 너를 권하노니 내게서 불로 연
단한 금을 사서 부요하게 하고 흰옷을 사서 입어 벌거벗은 수치를 보이지 않게 하고 안
약을 사서 눈에 발라 보게 하라 19 무릇 내가 사랑하는 자를 책망하여 징계하노니 그러
므로 네가 열심을 내라 회개하라 20 볼지어다 내가 문 밖에 서서 두드리노니 누구든지
내 음성을 듣고 문을 열면 내가 그에게로 들어가 그와 더불어 먹고 그는 나와 더불어
먹으리라 21 이기는 그에게는 내가 내 보좌에 함께 앉게 하여 주기를 내가 이기고 아버
지 보좌에 함께 앉은 것과 같이 하리라 22 귀 있는 자는 성령이 교회들에게 하시는 말씀
을 들을지어다

14 "라오디게아 교회 지도자에게 이렇게 써서 보내어라. '아멘이시요, 신실하시고, 참
된 증인이시며, 하나님께서 창조하신 모든 것을 다스리시는 분의 말씀이다. 15 나는 네
행위를 알고 있다. 네가 차지도 않고 덥지도 않으니, 차든지 덥든지 어느 한 쪽이 되어
라! 16 네가 미지근하여 어느 쪽도 아니니, 내가 너를 내 입에서 뱉어 내겠다. 17 네 스
스로 부자라고 생각되어 아무 부족함이 없는 것같이 느껴지겠지만, 실제로는 불쌍하
고, 비참하고, 가난하고, 눈멀고, 벌거벗은 자임을 모르고 있다. 18 내가 충고한다. 내게
와서 불 속에서 제련된 금을 사거라. 그러면 네가 참된 부자가 될 것이다. 또 흰옷을 사
라. 그것으로 너의 벌거벗은 부끄러움을 가릴 수 있을 것이다. 네 눈에 바를 안약을 사
라. 참된 것을 볼 수 있을 것이다. 19 나는 내가 사랑하는 자일수록 가르치고 벌할 것이
다. 옳은 일을 하기에 힘쓰며, 마음으로 회개하고 바르게 행동하여라. 20 보아라! 내가
문 앞에 서서 이렇게 두드리고 있다. 만일 누구든지 내 음성을 듣고 문을 열면, 내가 그
에게로 들어가 그와 함께 먹고, 그도 나와 함께 먹을 것이다. 21 내가 승리한 후, 내 아
버지의 보좌 곁에 앉은 것처럼, 승리하는 자는 내 보좌 곁에 앉게 될 것이다. 22 귀 있는
자는 성령께서 교회에 하시는 말씀을 잘 들어라.'" _아가페 쉬운성경

라오디게아는 부근에 온천이 있는 곳에 위치하고 있었다. 입에서부터 토하여 나오는 미적지근한 물이라는 표현은 라오디게아 시민들에게는 쉽게 이해할 수 있는 것이었다. 시력이 약한 데에 바르는 약을 비롯하여 여

러 가지 약품을 제조 · 생산하는 의학교가 번창하고 있었다. 또한 이곳에서는 계곡에 검은 양(羊)이 있어 그 털이 염색할 필요가 없을 정도로 까맣고 광택이 나며 부드러워서 이 모직으로 여러 가지 옷을 만들었다. 라오디게아가 특히 유명했던 것은 그 부(富)에 있었다. 버가모와 에베소로 가는 삼거리의 대로상에 위치했기 때문에－지도를 꼭 참고하라－ 상업과 경제 중심지로 급속히 발전했다. 이곳은 백만장자들의 본거지였다. 이곳에는 물론 극장, 경기장, 목욕탕이 설치된 체육관도 있었다. 또한 이 도시는 은행가와 재벌들의 도시였다. 이 도시가 부요했던 증거는 지진으로 무참히 파괴되었을 때 로마에서 보내 온 재건 보조금을 거절한 것을 보아도 알 수 있다.[110)]

라오디게아 시민들은 부유하였고－자기들도 이것을 알고 있었다!－ 또한 그들은 이 사실을 자랑하지 않고는 못 견디었다. 라오디게아 교회 성도들까지도 이들과 똑같이 자만과 교만, 그리고 거만한 태도를 지니고 있었다. 아마 성도들은 그들이 누리는 부요가 하나님의 특별한 은총의 표시로 생각했던 것 같다. 어떻든 그들은 '부족함이 없다' 고 생각하기 시작했다. 성도들도 라오디게아 시민 전체가 갖는 이런 특성에 동화되어 있었다. 성도들은 그들의 영적 부를 자랑하고 있었다.[111)] 만일 라오디게아에 사는 사람들이 그들의 생각을 말했다면 그들은 다음과 같이 했을 것이다. 이들을 대변하는, 자랑하고 싶어 못 견뎌 하는 자의 이야기를 신중히 들어 보라. "나는 영적 부에 있어서 얼마나 부자인가! 그리고 나는 점점 부유해 가고 있다. 과거에 얻은 것을 아직도 갖고 있으며 아무것도 부족한 것이 없다"(17절 참조).

이 성도들은 죄의식에 대해 아무런 가책도 받지 않고 있음을 쉽게 알 수 있다. 그들은 멀리 떨어져 서서 눈을 감고 또 머리를 숙이고 가슴을 치면

---

110) *Ibid.*, pp.413－423. 또한 W. J. McKnight을 보라. 위에 인용한 논문 pp.519ff.도 보라.

111) 그들은 영적 풍요함으로 거만하였으며, 물질적인 소유를 제일로 치지 않았다는 것이 거의 모든 주석가들의 견해였다. 그러나 W. Milligan은 이와 반대 입장을 취하였다.

서 "오! 나의 하나님이시여, 나를 불쌍히 여기소서. 나는 죄인입니다."라고 뉘우치는 것을 한 번도 생각조차 하지 않았다. 그러나 그들에게도 '기회가 왔다!' 그래서 그들은 스스로 생각하기를 어떠한 충고도 필요치 않다고 하였고 여하한 권고나 훈계에도 미적지근하였던 것이다. '미지근하다'는 말은 그들에게 적합한 말이다. 라오디게아 사람들은 이 말의 뜻을 정확하게 알고 있었다. 미지근함, 미온적인 태도, 무기력, 망설임, 나약함, 언제나 적당히 타협하고 무관심하고 게으른, 즉 '여기 라오디게아에 사는 우리는 모두 착한 사람이다'라고 하는 태도이다. 계시록의 저자는 성도들 중 일부가 위와 같은 태도를 갖고 있다는 것을 잘 알고 있었다. 이런 태도를 갖고 있는 성도들에 대해서 교회가 아무런 대책도 세우지 않았다. 한 번도 복음과 어떠한 접촉도 하지 않은 사람들, 따라서 '찬(cold)' 사람들, 즉 이방인들에게는 오히려 어떤 대책이 있다. 신실하고 겸손한 성도들은 기꺼이 이들과 함께 일할 수 있다. 그러나 '여기 라오디게아에 사는 우리들은 모두 착한 사람들이다.'라고 자만하는 자들에게는 어찌해 볼 방도가 없다. 그리스도께서도 그들과 동조하지 않으셨다. 성경 어디서고 예측할 수 없었던 그리스도의 감정이 여기에 나타나 있다. 우리는 주님의 이 감정을 그들로 인해 주께서 슬퍼하시는 것으로 읽지는 않는다. 또한 주께서 그들에게 분노하신 것도 아니다. 그렇다. 주께서 이들 기회주의자들에게 싫증이 나신 것이다. 싫증 나신 정도가 아니라 아주 진저리를 치셨던 것이다. "네가 이같이 미지근하여 뜨겁지도 아니하고 차지도 아니하니 내 입에서 너를 토하여 버리리라"고 하신 것이다. 그들의 종교적인 태도 자체가 다분히 기만과 허위투성이며, 또 다분히 위선적임을 너무도 잘 아셨기 때문에 주께서는 자신이 그들과 정반대의 성격자임을 소개하신다. "아멘이시요 충성되고 참된 증인이시요 하나님의 창조의 근본이신 이가 이르시되." 다시 말해서 주께서는 자신을, 라오디게아 사람들의 중심에 일어나는 모든 것을 명확히 보고 헤아릴 뿐 아니라, 친히 보신 사실 그대로 그의 입술로써 밝히시는 분이심을 나타내 보이고 있다. 그뿐만 아니라 주께서는 "하나님의 창조의 근본"이라고 말씀하시는데, 이는 그가 모든 피조물의 근원이시기 때문이다(계 21:6; 22:13; 요 1:1; 골 1:15-18). 주께서는 "라오디게아 사람들아, 새로운 피조물이 되어라. 새로운 심령을 가져라. 나에게 돌아오라. 그리하면 너희가 구원을 얻으리라"고 말씀하신다. 비록 주께서는 빛의 역할을 다 못한 이 라오디게아 교회에 실망과 싫증을 느꼈지만, 그러나 여기 주님의 크고 놀라운 사랑과 부드러운 훈계의 은혜가 있음을 본다. 그리스도께서 책망하신 말씀의 참뜻은 "내가 너를 내 입에서 토하여 **내칠 것이다**(I *will* spew thee out)"가 아니라 "내가 지금 막 너를 내 입에서 토하여 **내치려고 하고 있다**(I *am about to* spew thee out)"라는 것이다. 주께서는 아직도 기다리고 계신다. 그 미적지근한 심령을 없애기 위해서 이 편지를 라오디게아 교회에 보내신다. 주께서 정죄하실 때에는 매우 엄격하신데 이는 그가 매우 온화하고 친절하시며 사랑과 자비가 많으시기 때문이다. 회중에게 그리고 전형적인 성도들에게 "**네가 말하기를 나는 부자라 부요하여 부족한 것이 없다 하나 네 곤고한 것과 가련한 것과 가난한 것과 눈먼 것과 벌거벗은 것을 알지 못하는도다**"라고 말씀하셨다. 이 교회가 '가련하다' 할 정도가 아니라 '비참한' 상태였음을 주목하자. 본인은 스스로 잘 믿는 훌륭한 그리스도인이라고 생각하나 실제 그리스도께서 합당히 여기지 아니하시고 싫증을 느끼는 그런 사람보다 더 비참한 사람이 누구이겠는가! 다음의 말-곤고하고, 가련하고, 가난하고, 눈이 멀고, 벌거벗은 등의 다섯 낱말-을 천천히 음미하면서 이상과 같은 다섯 가지 특징을 모두 지니고 있는 사람의 모습을 그려보도록 하자.

"**내가 너를 권하노니**" 주께서 얼마나 부드럽게 말씀하시는가! '내가 명하노니' 라 아니하시고 '내가 권하노니' 라고 하신다. 그리스도께서 이 교회에게 권고하시기를 그리스도께 와서 사라(buy)고 하시는데-'내게서(of me)' 는 매우 강조적인 말이다- 불로 연단한 금과 흰옷과 안약을 사라고 하신다. 간단히 말하면 '내게서 구원을 사라' 고 하신 말씀이다. 구원은 불로 연단한 금처럼 우리를 부요하게 하고(고후 8:9 참조), 흰옷은 죄로 벌거벗은 우리의 몸을 가리며, 주 안에서 기쁨과 거룩함과 의로움으로 입히시고, 또한 안약으로써 우리가 이것을 소유할 때 더 이상 영적 맹인 노릇을 하지 않게 된다. 구원은 사야 한다. 즉 우리가 정당한 방법으로 그것을 소유해야 한다. 그러나 가난하고 나약한 우리들이 이것을 어떻게 소유할 수 있겠는가? 이사야 55:1 하반절을 보라. "너희는 와서 사 먹되 돈 없이, 값없이 와서 … 사라." 거기에서 영광스러운 해답을 얻게 될 것이다.

주께서 이처럼 진저리를 치셨던 이 미적지근한 성도를, 즉 그가 입에서 토하여 버리려고 했던 이들에게 **"무릇 내가 사랑하는 자를 책망하여 징계하노니 그러므로 네가 열심을 내라 회개하라 볼지어다 내가 문 밖에 서서 두드리노니"**라고 친히 말씀하신 것보다 더 놀랍고도 감격스러운 사실을 성경 어느 곳에서 찾아볼 수 있겠는가!

주께서 문을 열도록 간절히 기대하신 것을 주목하자. 그뿐 아니라—다음 구절에서 분명해진다— 계속해서 문을 두드리시며 죄인을 또한 부르신다. **"누구든지 내 음성을 듣고"**의 구절을 유의하자. 문 안에 있는 자가 솔선하여 문을 열어 주는 것이 아니다. 실로 본문은 성경이 가르치는 주권적 은혜와 완전히 일치한다. 주께서 문 밖에 서서, 아니 오히려 문에 기대어 서서 아무도 그를 청하지 않았는데도—한 번이 아니다— 여러 번 반복해서 문을 두드리며 우리를 부르시는 이가 또한 주님이시다. 이 주님의 음성은 복음 안에서 구원에 이르는 하나님의 능력으로써 성령에 의해서 우리 심령에 작용한다. 이러한 방법으로 이 구절이 하나님의 신성하고 지고한 은혜와 인간의 책임의 한계를 충분히 정의하고 있다.[112]

"누구든지 내 음성을 듣고 문을 열면 내가 그에게로 들어가 그와 더불어 먹고 그는 나와 더불어 먹으리라." 여기에서 '누구든지…' 라는 구절에 주목하자. 주께서 친히 각자 개개인에게 말씀하신다. 구원은 절대 개인적인 문제이다. "…내 음성을 듣고 문을 열면," 주님의 음성을 듣고 마음의 문이 열려지게 될 때, 성령의 힘에 의하여 중생한 개인이 그 심령의 문을 열고 그리스도를 영접하는 중생의 원리가 실현된다. 여기에 '문을 연다' 라고 함은 보통 회개라고 불린다. 중생과 회개(요 3:3–5; 행 16:14)를 혼동

---

112) 물론 분명하게 하나님이 아니고 인간이 문을 여는 것으로 표현되어 있다. 회개는 인간이 한다. 따라서 문을 연다는 것은 회개를 말하며, 하나님의 전적 역사인 중생을 말하지는 않는다. 회개란 인간이 해내야 할 역할인 것이다.

해서는 안 된다. "누구든지 문을 열면"이라는 표현은 회개를 말하는 것이며, 문맥이 분명하게 보여 주는 것처럼 예수께 회개하고 그를 믿는 것이다. 그러면 주께서 그에게 오신다(요 14:23). 이 얼마나 놀라운 일인가! 이처럼 가난하고 초라한 한낱 개인과 함께 식사하시려고 주께서 그의 영광된 보좌를 떠나서 내려오시는 것이다. 그리스도와 그를 믿는 성도가 함께 식사를 한다는 것은 특별한 우정과 언약의 관계를 의미한다. 다시 말하면, 성도는 그의 구주이시요 주인이신 분과 더불어 복된 교제를 갖는다(요 14:23; 15:5; 요일 2:24)는 것이다. 이 교제는 금세에서 시작하며, 이기는 자가 그리스도와 함께 그의 보좌에 앉으며 동시에 승리자이신 그리스도께서 그의 아버지와 함께 보좌에 앉을 때인 내세에 완전하게 된다. 이기는 자가 점차로 다스리게 될 뿐 아니라 그리스도와 지극히 친밀한 교제를 가지며 영원토록 다스리게 될 것이다(계 20:4).

"귀 있는 자는 성령이 교회들에게 하시는 말씀을 들을지어다."

일곱 가지 유형의 교회들의 상태가 그 당시 실제로 존재했다. 이런 모양의 교회들이 오늘날에도 존재한다. 이런 교회들은 어느 시대를 막론하고 존재해 왔으며, 이 일곱 교회는 전 세대를 통해서 존재한 교회 전체를 나타낸다. 이제 이들 교회가 그들이 맡은 바 사명에 충성했는가 하는 문제가 명백하게 제기된다. 교회는 이 세상의 어둠 가운데서 주님의 이름을 굳게 붙잡고 있는가?(계 1:20 참조) 다시 말하면 교회가 빛을 발하는 촛대의 역할을 감당해 냈는가? 사데와 라오디게아에서는 세상이 승리한 것처럼 보였다. 우리는 이곳에서 아직 완전히 꺼진 것은 아니지만 거의 꺼져가는 극히 작은 불빛을 본다. 에베소에서는 아직 빛을 발하고 있지만 그 불꽃은 점점 잦아들고 있다. 세상으로부터 매우 실리적인 유혹을 받고 있는 버가모와 두아디라는 빛을 발하고는 있지만 충분할 정도로 밝은 것은 아니었다. 참된 교회의 성격을 보여 준 서머나와 빌라델비아는 빛을 발함으로써 그리스도께 충성됨을 나타내었고, 세상에 선한 영향력을 끼치고 있었다. 이 교회가 빛을 발한 교회가 아니겠는가? 세상 가운데서 이 교회가 주께 충성한 것이 아니겠는가? 이 점이 전체 편지에서 다룬 근본 문제이다. 그들의 주께서 세상 가운데에 계심이 사실이 아니겠는가?

세속화되고 그리스도를 부인하게 하는 유혹은 세 가지 경향에서 생겨났다.[113] 첫째는 적그리스도의 박해, 검, 사나운 짐승, 화형, 투옥(2:10, 13; 2:9, 3:9)과 로마 법정에 그리스도인들을 항상 고발하는 유대인들에게서였다. 둘째는 첫째 유혹과 매우 밀접한 관계가 있는데, 로마의 종교, 즉 황제 숭배(2:13)로부터 온 것이다. 첫째 유혹의 근원과 둘째 유혹의 근원은 서로 분리될 수 없는 것이지만 구별은 되어야 한다. 셋째는 육적(肉的)인 유혹인데, 사회적 지위의 안정과 세상의 향락을 즐기고자 하는 이교도의 음란한 잔치에 참여하도록 끊임없이 초청하는 그것이다. 앞서 살펴본 바와 같이, 이런 형태의 유혹은 둘째 종교적인 형태의 유혹과 매우 밀접한 관계가 있다. 교회는 세상 속에 있다. 그때에도 사실 그러했다. 오늘날에도 역시 그러하다. 교회는 어둠 가운데서 빛을 발해야 한다. "너희는 세상의 빛이라(마 5:14). 일곱 촛대는 일곱 교회니라(계 1:20)."

113) 제XI장, p.210과 제XIII장, 242이하를 보라.

제 IX 장
계시록 4-7장
일곱 인(印)

역사의 어느 때를 막론하고, 교회가 소명에 충실하고 진리에 대해서 증언할 때 환난과 시련은 으레 따라온다. 이런 사실 외에도 교회는 세상 안에 존재한다. 따라서 교회는 세상과 함께 수난을 당한다. 하나님의 자녀라 해서 질병이나 기근, 그리고 전쟁의 공포에서 벗어나게 되는 것은 아니다. 교회도 이러한 시련이 필요하다. 또한 교회는 세상으로부터 직접적인 반대와 이 세상에서 죄의 결과로 생기는 일반적인 재앙에 연관되는 것도 필요하다. 교회에도 물론 죄가 있다. 그래서 항상 성결과 정화가 필요하다.

이 환난과 시련은 우리 자신의 영적 성장을 위한 도구로 주께서 우리에게 사용하신다. 우리는 하나님의 발등상을 바라본다. 하나님의 보좌도 잊지 말자! 실로 하나님을 사랑하는 자에게는 모든 것이 합력하여 선을 이룬다. 그러나 우리가 과연 이것을 믿는가? 때때로 우리는 세상의 운명과 사건들이 하나님의 장중에서 주관되어지는 것이 아니고 마치 인간의 손에 의해 주관되는 것처럼 말하고 행동한다.

계시록 4장과 5장은 이런 그릇된 생각을 고치도록 해주며, 온 우주를 주관하고 다스리시는 보좌의 환상을 우리에게 가져다준다. 시련과 환난 중에서 우리의 시선은 왕 중의 왕이시며 만주의 주이신 그분에게 향해야 한다.

1. 보좌의 환상(4:1-6)

4:1-6

1 이 일 후에 내가 보니 하늘에 열린 문이 있는데 내가 들은 바 처음에 내게 말하던 나팔 소리 같은 그 음성이 이르되 이리로 올라오라 이후에 마땅히 일어날 일들을 내가 네게 보이리라 하시더라 2 내가 곧 성령에 감동되었더니 보라 하늘에 보좌를 베풀었고 그 보좌 위에 앉으신 이가 있는데 3 앉으신 이의 모양이 벽옥과 홍보석 같고 또 무지개가 있어 보좌에 둘렸는데 그 모양이 녹보석 같더라 4 또 보좌에 둘려 이십사 보좌들이 있고 그 보좌들 위에 이십사 장로들이 흰 옷을 입고 머리에 금관을 쓰고 앉았더라 5 보좌로부터 번개와 음성과 우렛소리가 나고 보좌 앞에 켠 등불 일곱이 있으니 이는 하나님의 일곱 영이라 6 보좌 앞에 수정과 같은 유리 바다가 있고 보좌 가운데와 보좌 주위에 네 생물이 있는데 앞뒤에 눈들이 가득하더라

1 그 후에 나는 하늘로 통하는 문이 내 앞에 열리는 것을 보았습니다. 그리고 내가 처음 들었던 그 음성, 나팔 소리와 같은 그 음성이 다시 들려왔습니다. "이리로 올라오너라. 앞으로 일어날 일들을 네게 보여 주겠다." 2 그러자 성령께서 즉시 나를 이끄시어 하늘로 올라갔습니다. 내 앞에는 한 보좌가 있었고, 그 보좌에 어떤 분이 앉아 있었습니다. 3 앉으신 분의 모습은 벽옥과 홍옥처럼 밝게 빛나고, 그 보좌는 에메랄드처럼 무지개 빛으로 둘러싸여 있었습니다. 4 또한 스물네 개의 보좌가 그 주위에 있었고, 그 보좌에는 흰옷을 입고 머리에 금관을 쓴 스물네 명의 장로가 앉아 있었습니다. 5 번개와 천둥소리가 보좌에서 울려 퍼졌습니다. 보좌 앞에는 일곱 개의 등불이 켜져 있었는데, 이 등불은 하나님의 일곱 영이었습니다. 6 또 보좌 앞에는 수정과 같이 맑은 유리 바다가 펼쳐져 있었습니다. 보좌 중앙과 주위에는 눈이 가득한 네 생물이 서 있었습니다.

_아가페 쉬운성경

"이 일 후에 내가 보니 하늘에 열린 문이 있는데"(4:1). 일곱 교회에 보내는 편지의 내용을 하늘로부터 들은 후, 요한은 잠시 평상시의 마음 상태로 돌아갔다. 이 기간이 얼마 동안 지속되었는지는 알 수 없다. 그 후에 요한은 어떤 환상을 보았다. 그러나 그는 아직 '성령에 감동' 되어 있지 않다. 사람은 환상을 보는 중에도 주변에 대하여 감지할 수 있다. 이의 실례로, 스데반은 자기를 돌로 치는 악한 무리들 앞에 서 있다는 사실을 잘 알고 있었다. 사실 스데반은 하늘의 문이 열리고 인자가 하나님 우편에 서 계시는 모습을 환상으로 보면서 돌로 치는 군중들에게 외쳤던 것이다(행 7:54-60, 참조. 마 3:16). 이와 마찬가지로 요한은 환상 중에 하늘문이 열

리는 것을 경이에 가득 찬 눈으로 바라본다(겔 1:1 참조). 요한이 바라볼 때 전에 말씀하시던 바로 그 음성이(1:10) 그에게 말씀하신다. 그것은 그리스도의 음성인데, 요한에게 **"이리로 올라오라"**고 분부하시는 음성이다. 환상을 보는 선견자는 곧 성령에 감동되어 그의 영(靈)이 하늘의 보좌로 올라오라는 청함을 받는다. 물론 환상 중에 나타난 보좌를 뜻한다. 오직 우리의 환난(6장)을 포함한 만사를 보좌의 관점에서 바라볼 때라야만 비로소 우리는 역사를 올바르게 해석할 수 있게 된다.

"이후에 마땅히 일어날 일들을 내가 네게 보이리라". 이 말씀이 '이 시대가 지나간 후에 되어질 일들을 내가 너희에게 보이겠다'[114]는 것을 분명히 의미한다고 볼 수는 없다. 1:19에서와 마찬가지로 '이후에' 란 '장래' 를 의미한다.

"내가 곧 성령에 감동되었더니". 이는 요한이 들은 그 음성의 결과가 아니었겠는가? 단순히 하나의 환상만을 보는 상태에서 요한의 영은 '성령에 감동' 되는 더욱 높고 황홀한 경지로 들어간다. 요한이 보려고 하는 것은 분명히 하나의 환상이다. 만약 이것이 환상이 아니라면 하늘은 문자 그대로 스물네 개의 눈에 보이는 보좌들로 둘러싼 실제의 보좌와 문자 그대로 일곱 뿔과 일곱 눈을 가진 어린양이 있다고 생각하지 않을 수 없다. 물론 그것은 터무니없는 말이다. 요한은 환상을 받는다. 이는 "하늘에 열린 문이 있는데"의 연속이다. 그러나 그것은 환상보다 더욱 깊은 황홀한 '성령에 감동' 된 상태에 들어간다. 위에서 언급한 바와 같이 성령의 감동 없이도 스데반의 경우처럼 환상을 볼 수 있다. 그러나 '성령에 감동' 된 상태에서 환상을 볼 때에는 주위의 물리적 환경과의 의식 접촉은 중지하게 된다. 그래서 요한의 육신의 눈은 더 이상 볼 수 없었고 육신의 귀는 더 이상 들을 수 없게 됐다. 요한의 영혼은 그를 둘러싼 모든 주위의 물리적 상황에서 완전히 격리되었고, 환상 속에서만 보이는 것들에 고정되었다. 요

114) 어떻든 이 표현은 많은 전천년주의자들에 의해 지지를 받고 있다. Scofield Reference Bible의 서론의 주를 보라.

115) C. A. Auberlen, *The Prophecies of Daniel and the Revelation of St. John*, pp.76이하를 참조하라.

한의 영혼은 환상 속에서 그에게 나타난 그 보좌의 주위로 '옮기어졌다' (17:3 참조).[115)]

그러나 요한이 환상으로 본 여러 가지 대상들이 우리가 만질 수 있는 물질적인 형태로 존재하지 않는다고 해도 매우 중요한 영적인 진리를 설명하고 있다. 그것들은 한 가지 근본적인 교훈을 우리에게 가르친다. 세밀한 부분의 해석에 몰두한 나머지 실제로 있지도 않는 '깊은 의미' 를 찾으려고 노력하지 말자. 4장과 5장은 단 한 가지 교훈을 가르친다는 것을 거듭 강조하고 싶다. 광경도 하나요, 또한 그 교훈도 하나이다.

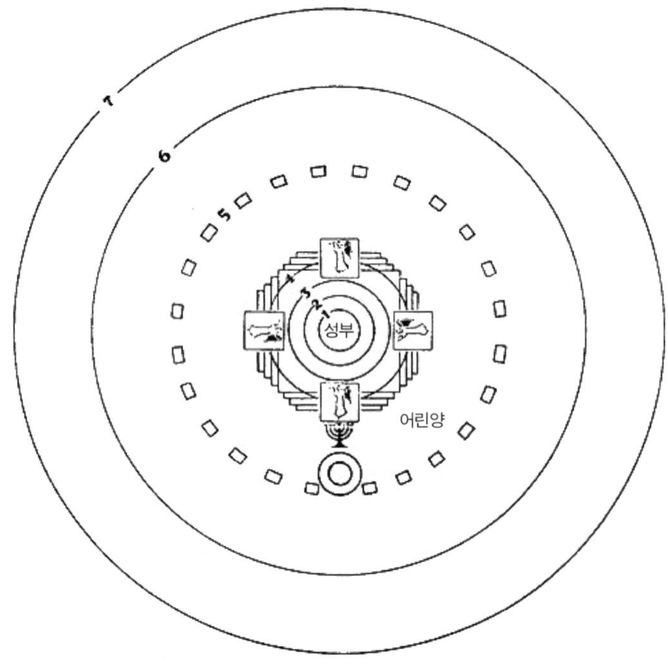

계시록 4, 5장에 묘사된 환상의 도표

보좌에 의해 통치되는 우주

이 환상은 한 장면으로 구성되어 있고 하나의 중요한 교훈을 가르쳐 준다. 그림 가운데 사각형은 올라가는 계단이 있는 보좌를 표시한다. 보좌의 중심에는 성부께서 앉아 계신다(계 4:2).

한가운데로부터 동그라미 1은 반짝이는 금강석(4:3), 2는 홍보석(4:3), 3은 무지개(4:3), 4는 네 생물 또는 그룹(cherubim)(4:6), 5는 이십사 보좌와 장로들(4:4), 6은 많은 천사들(5:11), 7은 온 우주 안에 있는 피조물들(5:13)을 표시한다.

일곱 촛대와 유리 바다는 보좌 앞에 놓여 있다(4:5-6). 어린양은 보좌와 네 생물과 이십사 장로들 사이에 서 있다(5:6).

그러나 후에 어린양은 보좌 앞에 나아와서(5:7) 아버지와 함께 앉아 계신다(22:1).

보좌는 모든 것을 다스리신다. 이 교훈을 마음에 새겨라!

그뿐만 아니라 4장과 5장은 우리가 보는 하늘의 모습이다. 천국의 관점에서 본 우주 전체를 묘사한다. 이 환상의 목적은 보좌에 앉으신 주님에 의해 모든 것이 다스림을 받는다는 아름다운 상징을 우리에게 보여 주는데 있다. '모든 것' 은 우리의 시련과 환난도 포함한다. 그 요점은 바로 이것이다. 그렇기 때문에 보좌에 대한 묘사가, 교회가 이 땅에서 반드시 치러야 할 환난과 시련의 상징적 예언보다 앞서 나온다. 이것은 6장에 기록되어 있다.

계시록 4, 5장에 관한 도표를 그 설명과 함께 신중히 공부하자.

4장과 5장은 한 가지의 근본 교훈을 가르쳐 준다. 이 점을 명확하게 파악하지 않는 한, 계시록의 훌륭한 통일성은 결코 찾아볼 수 없을 것이며 우리는 비유와 상징 속에서 방황하게 될 것이다. 그 한 가지 근본 교훈은 시편에 "여호와께서 다스리시니 만민이 떨 것이요 여호와께서 그룹 사이에 좌정하시니 땅이 흔들릴 것이로다"(시 99:1)라고 표현되어 있다. 이 진리의 확신은 불과 같은 시련 가운데 있는 성도들에게 위안을 줄 것이다. 그렇기 때문에, 6장에 나오는 교회가 당할 시련의 상징적 묘사보다 보좌에 앉으신 여호와에 의해 전 우주가 통치되는 환상이 먼저 나오는 것이다. 이것은 매우 아름다운 배열이다. 도표의 도움을 받아서 이 환상을 연구해 보자.

'볼지어다, 한 보좌가 있는데!' 보좌는 우주의 중심인데 지형학상의 중심이 아니라 영적인 중심이다. 천문학의 참된 기초도 여기에 있다. 성경이 말하는 우주는 지구 중심이 아니요 태양 중심도 아니며 별자리 중심도 아닌, 바로 하나님이 그 중심인 것이다.[116] 도표를 보라. 여기 또한 참된 역사 철학이 있다. 신문이나 라디오는 주요 제목 또는 특보를 알려 준다. 잡지들은 설명을 해준다. 그러나 이 여러 설명들은 결국 이차적인 원인에 대해서 말할 뿐이다.

모든 개체의 자유와 의무를 충분히 유지하면서 이 우주를 통치하는 힘은 바로 전능하신 하나님의 의지 곧 그분의 마음이다! 하나님의 주권 앞에서는 아무것도 존재하지 않는다. '보좌' 란 말이 이 두 장에 열일곱 번 나타난다. 그 보좌는 지상에 있지 않고 하늘에 있다. 마치 언약의 법궤가 지상의 장막이나 성전의 지성소에 있었던 것처럼(출 25:22), 보좌는 하늘 성전의 지성소에 있다. 이 환상 중에 장막이나 성전의 장면을 분명히 볼 수 있다.[117] 하나님은 왕이시며 또한 왕으로서 성전 안에 거하신다. 하나님의 보좌가 성전 안에 있는 것은 성소의 상징에 근거하였다는 것을 표시한다(사 6:1; 렘 3:17; 14:21; 겔 1:26; 8:4; 43:7).

"…보좌 위에 앉으신 이가." 보좌에는 존귀하신 성부 하나님께서 앉아 계신다. 요한이 묘사한 것은 하나님이 아니라 그의 광채와 그의 광휘이다. 왜냐하면 하나님은 묘사될 수 없는 분이시기 때문이다(출 20:4). 환상 중의 하나님은 번쩍번쩍 광채가 나는 금강석이고, 수정같이 맑고(21:11), 투명하고 강렬한데(consuming),[118] 이는 하나님의 거룩하심을 상징한다. 그리고 피와 같이 붉은 홍옥수는 심판으로 표현되는 여호와의 성격을 나타낸다. 보좌로부터 번개와 음성과 우렛소리가 나오고 보좌 앞에 일곱 등불을 켠 것은(4:5) 하나님께서 죄를 용납할 수 없다는 것을 설명한다. 하나님은 이처럼 거룩하신 분이시다. 그의 존귀한 보좌도 역시 거룩하다. 그의 앞에서 두려워 떨지니 온 땅과 그 안에 거하는 자들이여!

---

116) 우주 형태론(Cosmography)의 역사상 지구, 태양과 달 그리고 별은 우주의 중심에 위치하고 있는 것으로 인식되어 왔다.

117) 이와 반대의 견해는 R. C. H. Lenski, *Interpretation of St. John's Revelation*, p.171을 보라.

118) '벽옥' (jasper, 녹색)이라는 번역은 계시록 21:11에 적합하지 않다.

그러나 보좌는 반투명의 녹색 무지개빛으로 둘러싸여 있는데, 이것은 하나님의 자녀들에게는 폭풍우가 지나갔다는 것을 상징한다. 그리스도께서는 가엾은 죄인의 자리에 섰다. 해가 오랫동안 가려져서 구름 속에서 비치고 있다. 하나님의 거룩하심은 죄를 못 견디시며, 이는 심판을 설명한 것이긴 하지만, 이 재앙들은 죄인을 구원하고 더욱 성화하도록 촉진하는 데 그 목적이 있다. 하나님을 사랑하는 자 곧 그의 뜻대로 부르심을 입은 자들에게는 모든 것-죽음, 빈곤, 전쟁, 기근, 질병을 포함-이 합력하여 선을 이룬다(롬 8:28 참조).

"그 허리 아래의 모양도 불 같아서 사방으로 광채가 나며 그 사방 광채의 모양은 비 오는 날 구름에 있는 무지개 같으니"(겔 1:27-28).

2. 장로들과 생물들(4:7-11)

4:7-11

7 그 첫째 생물은 사자 같고 그 둘째 생물은 송아지 같고 그 셋째 생물은 얼굴이 사람
같고 그 넷째 생물은 날아가는 독수리 같은데 8 네 생물은 각각 여섯 날개를 가졌고 그
안과 주위에는 눈들이 가득하더라 그들이 밤낮 쉬지 않고 이르기를 거룩하다 거룩하다
거룩하다 주 하나님 곧 전능하신 이여 전에도 계셨고 이제도 계시고 장차 오실 이시라
하고 9 그 생물들이 보좌에 앉으사 세세토록 살아 계시는 이에게 영광과 존귀와 감사를
돌릴 때에 10 이십사 장로들이 보좌에 앉으신 이 앞에 엎드려 세세토록 살아 계시는 이
에게 경배하고 자기의 관을 보좌 앞에 드리며 이르되 11 우리 주 하나님이여 영광과 존
귀와 권능을 받으시는 것이 합당하오니 주께서 만물을 지으신지라 만물이 주의 뜻대로
있었고 또 지으심을 받았나이다 하더라

7 첫 번째 생물은 사자 같고, 두 번째 생물은 송아지 같고, 세 번째 생물은 사람의 얼굴
을 가지고 있었고, 네 번째 생물은 날개를 편 독수리 같았습니다. 8 네 생물은 각각 여
섯 날개가 있었는데, 날개 안팎으로 눈이 가득하였습니다. 그것들은 밤낮으로 쉬지 않
고 이렇게 외치고 있었습니다. "거룩하시다, 거룩하시다, 거룩하시다, 전능하신 주 하
나님, 전에도 계셨고, 지금도 계시며, 장차 오실 분이다." 9 이 생물들은 영원히 살아 계
시고 보좌에 앉아 계신 분께 영광과 존귀와 감사를 드리고 있었습니다. 10 이 생물들과
함께 이십사 명의 장로들은 보좌에 앉으신 분께 엎드려 경배하였습니다. 보좌 앞에 자
기들이 쓰고 있는 금관을 내려놓으며, 이렇게 말하였습니다. 11 "우리 주 하나님! 주님

은 영광과 존귀와 능력을 받으시기에 합당한 분이십니다. 주님의 뜻에 따라 온 세상이 창조되고 또한 존재하고 있습니다." _아가페 쉬운성경

중심 보좌 주위에는 이십사 보좌들이 있는데, 요한은 그 보좌들 위에 구약과 신약의 전 세대를 포함한 전체 교회를 표시하는 이십사 장로들이 앉아 있는 것을 본다. 열두 지파와 열두 제자들을 생각해 보라(계 21:12-14 참조). 그들은 거룩한 옷을 입었으며 머리에는 승리의 금관을 쓰고 있다. 이들 이십사 장로들이 먼저 언급된 것은 그들이 하늘의 모든 피조물 중에서 가장 중요하고 영화롭기 때문이다(창 1:26; 히 2:8). 그러나 우리는 이 이십사 보좌들과 거기 앉아 있는(점유하고 있는) 자들이 여기에 언급된 참된 이유가 중심 보좌의 영광을 더욱 높이는 데 있다는 사실을 간과해서는 안 된다. 그 보좌는 하나님의 주권을 표시한다. 이십사 장로들은 보좌에 앉으신 이 앞에 엎드려 세세토록 경배를 드린다. 이처럼 보좌는 위대하다! 이 장로들은 누구에게 경배하는가? 성부에게만 하는가? 아니다! 삼위의 하나님께 경배를 드린다. 계 1:4-5에서도 살펴보았듯이 여기에서도 삼위일체가 성전의 상징으로 서술되어 있다. **성부**는 보좌 위에 앉아 계시며 이 보좌로부터 번개와 음성과 우렛소리가 나온다. 성부는 하늘의 지성소에 거하시는 분으로 여기에 묘사되어 있다.[119] 그뿐만 아니라 요한은 지상의 성전 성소에 있던 것과 같은 일곱 등불 촛대를 본다. 이 촛대들이 보좌 앞에서 타고 있는 것을 본다(도표를 보라).

촛대들은 사악한 것에는 충분한 심판의 불이다. 또한 촛대들은 하나님을 섬기는 자를 성별하는 충분한 능력인, 항상 활동하며, 최상의 지혜이고 모든 것을 감찰하시는 **성령**을 상징한다. 더욱이 지상의 성전 뜰에 물두멍, 혹은 바다(놋대야, 대하 4:2-6 참조)가 놓여 있듯이, 요한은 여기서도 청동 세숫대야를 본다. 이것은 수정과 같은 유리인데 성화하는 능력을 나타낸다. 우리는 상징적으로 성자 그리스도의 깨끗하게 하는 피, 즉 성도들이 "그 옷을 씻어 희게 한(7:14)" 것을 생각해야 한다.

---

119) 주 117)을 보라.

"보좌 가운데와 보좌 주위에 네 생물이 있는데 앞뒤에 눈들이 가득하더라(4:6)". 이들 '생물들' 은 보좌로 올라가는 계단의 중앙부에 면하여 서 있는데, '한 생물' 이 보좌의 각기 한 면을, 그리하여 네 생물이 보좌를 둘러싼다(도표를 보라). 이들 네 '생물' 은 사방의 어디서든지, 즉 우주의 어느 부분도 모든 '생물' 로 진술되는, 마치 이십사 명의 구원받은 장로들이 구속받은 모든 무리를 의미하는 것처럼 하나님께 경배드리려고 준비하고 서 있다. 그러나 누가 이 '생물들' 인가?

이에 대한 해답을 위해서는 이 보좌의 환상과 에스겔 1장과 10장 사이에 밀접한 관련이 있다는 것을 명심해야 한다. 독자들은 에스겔 1장과 10장을 신중히 연구해 주기를 바란다. 다음과 같은 현저한 유사점에 유의하라.[120] 이 두 경우에도 이들은 '생물' 이라고 불린다(겔 1:5과 계 4:6을 비교). 상징적 숫자인 4도 이 둘이 같다(겔 1:5과 계 4:6을 비교). 또한 이 두 경우, 그들의 얼굴을 사람, 사자, 소 그리고 독수리에 비유하였다(겔 1:10과 계 4:7을 비교). 두 경우 모두 보좌와 밀접한 관계를 갖는다(겔 1:26과 계 4:6을 비교). 또한 둘 다 생물들 사이에서 오고 가고 한다(겔 1:13과 계 4:5 '불에서부터 번개가 나오더라' 와 비교). 두 경우 다 생물들이 눈(目)으로 전신을 장식했다고 말한다(겔 1:18; 10:12과 계 4:8을 비교). 무지개가 보좌를 둘러쌌으며 생물들이 이와 관련되어 있다(겔 1:28과 계 4:3을 비교). 생물들에 관한 묘사에서 차이가 있다는 것에 그리 놀랄 필요는 없다. 실제로 그렇게 기대해야 한다. 이 작은 차이점들이 계시록과 에스겔의 저자들이 각기 마음에 품고 있는 뚜렷한 목적과 잘 조화가 된다.[121]

그러나 에스겔 10:20은 '생물' 이 그룹들이라고 말한다. 그러므로 우리는 계시록에 나오는 '생물' 역시 그룹들임을 충분히 믿을 수 있다.[122] 그

120) 대조되는 여러 가지 조목들을 하나씩 열거한 R. H. Charles(*op. cit.*, I, pp.118이하)를 참조하라.

121) 예를 들면, 에스겔에 나타나는 그룹들이 각기 네 얼굴을 갖고 있어서 사방으로 동시에 얼굴을 돌릴 수 있는 것은, 그들의 임무, 즉 보좌에 앉으신 이가 원하시는 방향으로 보좌를 옮기는 일과 너무나 잘 조화가 된다. 계시록에서는 이들 그룹들이 보좌를 옮기지 않는다.

들은 매우 높은 지위에 있는 천사들, 즉 가장 존귀한 천사들이다. 이 결론은 극히 논리적이다. 그룹들은 하나님의 거룩한 물건들을 보호하는데(창 3:24; 출 25:20), 여기 계시록에도 환상 중에 이들이 보좌 가까이 있음을 발견하는 것이 극히 자연스럽고 타당하다. 그뿐만 아니라 이들이 꼭 있어야 하리라고 기대되는 곳, 즉 하늘의 지성소에 있는 것을 본다(출 25:20). 또한 이 생물들의 노래가 천사의 노래임을 알아야 한다. 이사야서에 보면 스랍들이 노래를 불렀다(사 6:1-4). 그렇다면 그룹들이 왜 노래를 부르지 않겠는가?

이의 결론은 '생물' 은 사자처럼 강하고, 소처럼 일할 수 있으며, 사람처럼-통찰력이 있는 지능을 나타내는 많은 눈들에 유의하라- 지혜롭고, 하나님의 명령을 순종하고, 그를 섬길 준비가 늘 되어 있는 날랜 독수리 같은 것으로 생각하면 더욱 명확해진다. 힘, 봉사, 지혜, 민첩한 성격을 언제나 천사에게 돌리는 것은 주목할 만한 가치가 있다(시 103:20, 21; 단 9:21; 눅 12:8; 15:10; 히 1:14 등을 참조하라).

5:11에서 '많은' 천사가 이십사 장로들을 둘러싸고 있음을 읽을 때, 이들이 보좌의 계단에 있는 '생물'인 그룹이라는 결론에 하등의 모순이 없다.[123] 그리고 7:11에 '모든' 천사들이 이십사 장로들을 둘러섰다고 했는데, 여기 '모든' 은 물론 5:11의 '많은' 천사들이 이십사 장로들을 둘러섰다의 '많은' 에서 인용한 것이다.

이들 그룹들에게 어떤 깊은 의미가 있다고 믿지는 않는다. 또한 그들이 모든 피조물들을 대표한다고도 믿지 않는다. 선견자 요한이 모든 피조물에 대해서 언급할 때에는 분명한 말로 했다(5:13).

그러면 왜 그룹들이 거기 있는가 하는 문제가 제기된다. 그것은 이십사 장로들과 마찬가지로 중요성을 더욱 증가시키는 데 있다.[124] 모든 영광과 거룩한 그룹들도 경외, 겸손, 두려움으로 우주를 통치하시는 분의 뜻을 수행할 준비가 항상 되어 있는 모습으로 자신들을 보좌의 주위에 배열

122) A. Pieters, *op. cit.*, p.112.

123) 이와 반대의 견해를 R. C. H. Lenski, *op. cit.*, p.182에서 보라.

124) 보좌(하나님의 주권)는 만물을 지배하고 통치하는데, 이것이 이 환상의 중심이다.

할 만큼 이 보좌는 위대하다. 이들은 보좌에 앉으셔서 세세토록 살아 계시는 이에게 영광과 존귀와 감사를 돌린다(7:12 참조). 이들은 이것을 한두 차례에 그치는 것이 아니라 항상 그렇게 한다. 그들은 끊임없이 **"거룩하다 거룩하다 거룩하다 주 하나님 곧 전능하신 이여 전에도 계셨고 이제도 계시고 장차 오실 이시라"**라고 말한다. 이처럼 그룹들은 삼위를 대표하는 성부 하나님을 영화롭게 하고 있다(사 6:3 참조). 그들이 하나님의 보좌 가까이에 거하는 것은 그렇게 놀라운 일이 아니다. 그들은 하나님의 영광을 본다. 그룹들은 역사가 하나님의 뜻과 지혜에 의하여 운영되는 것을 이 죄 많은 세상에서 우리가 보는 것보다 더 잘 본다. 그래서 그들은 경배의 행위로 엎드린다(5:8).

"거룩하다, 거룩하다, 거룩하다" 하는 그들의 찬양 뒤에는 장로들의 찬송이 즉시 따른다. 이는 창조주이신 성부에 대한 찬양의 노래이다. 구속받은 만민을 상징하는 장로들은 엎드려서 하나님께 지극한 겸손으로 경의를 표하고(5:14; 7:11), 경배하고 절하며, 자기의 관을 보좌 앞에 던지며, 그들의 승리가 그 보좌 때문임을 충분히 깨달으면서, **"우리 주 하나님이여 영광과 존귀와 권능을 받으시는 것이 합당하오니 주께서 만물을 지으신지라 만물이 주의 뜻대로 있었고 또 지으심을 받았나이다"**라고 말한다(참조. 계 7:12). 이것은 창조의 노래이다. 만물이 존재하는 이유는 하나님의 주권의 뜻이다. 만물이 '있었고'라는 것은, 즉 영원 전부터 하나님의 의중에 있었던 것이다. 그들은 '지으심을 받았다.' 즉 그들의 실질적인 존재는 하나님의 의중에 있는 이상적인 것을 따른 것이다.

3. 어린양이 인봉된 두루마리를 취함(5:1-7)

5:1-7

1 내가 보매 보좌에 앉으신 이의 오른손에 두루마리가 있으니 안팎으로 썼고 일곱 인으로 봉하였더라 2 또 보매 힘있는 천사가 큰 음성으로 외치기를 누가 그 두루마리를 펴며 그 인을 떼기에 합당하냐 하나 3 하늘 위에나 땅 위에나 땅 아래에 능히 그 두루마리를 펴거나

보거나 할 자가 없더라 4 그 두루마리를 펴거나 보거나 하기에 합당한 자가 보이지 아니하
기로 내가 크게 울었더니 5 장로 중의 한 사람이 내게 말하되 울지 말라 유대 지파의 사자
다윗의 뿌리가 이겼으니 그 두루마리와 그 일곱 인을 떼시리라 하더라 6 내가 또 보니 보좌
와 네 생물과 장로들 사이에 한 어린양이 서 있는데 일찍이 죽임을 당한 것 같더라 그에게
일곱 뿔과 일곱 눈이 있으니 이 눈들은 온 땅에 보내심을 받은 하나님의 일곱 영이더라 7
그 어린양이 나아와서 보좌에 앉으신 이의 오른손에서 두루마리를 취하시니라

1 나는 보좌에 앉으신 분의 오른손에 두루마리 하나가 있는 것을 보았습니다. 그 두루
마리는 안팎으로 글이 씌어 있었고, 일곱 개의 도장이 찍혀 봉해져 있었습니다. 2 힘 있
는 한 천사가 큰 소리로 외쳤습니다. "누가 이 봉인을 떼고 두루마리를 펼 수 있겠는
가?" 3 그러나 하늘에도, 땅에도, 지하에도 그 두루마리를 펴서 읽을 만한 사람은 없었
습니다. 4 나는 그 두루마리를 펴 읽을 사람이 없다는 것을 알고 울고 말았습니다. 5 그
러자 장로 가운데 한 사람이 내게 말하였습니다. "울지 마시오! 유다 지파의 사자가 승
리하였습니다. 그분은 다윗의 뿌리입니다. 그분께서 일곱 군데 봉인을 떼고 두루마리
를 펴실 것입니다." 6 그때, 나는 네 생물에 둘러싸여 보좌 가운데, 어린양이 서 계신 것
을 보았습니다. 장로들 역시 어린양 주위에 서 있었습니다. 어린양에게는 전에 죽임을
당한 듯한 흔적이 있었습니다. 그 어린양은 일곱 뿔과 일곱 눈이 있었는데, 그것은 세
상에 보내진 하나님의 일곱 영을 가리키는 것이었습니다. 7 어린양은 앞으로 나아와 보
좌에 앉으신 분의 오른손에서 두루마리를 받았습니다. _아가페 쉬운성경

"내가 보매 보좌에 앉으신 이의 오른손에 두루마리가 있으니 안팎으로 썼고 일곱 인으로 봉하였더라."

성부의 오른손에 두루마리가 있다(6:14 참조). 이것은 모든 것을 포함한 하나님의 뜻과 불변하는 계획을 표시한다. 영원까지 이르는 모든 세대의 피조물과 온 역사를 통한 전 우주에 관련된 하나님의 목적을 상징한다. 이것이 두루마리의 안팎에 가득 써 있다. 이 책은 일곱 인으로 봉해졌다고 되어 있다. 이들 인(印)들은 십중팔구 두루마리의 외부에 순서적으로 인쳐졌을 것이다. 두루마리의 봉합 부분을 인쳤음으로 그렇게 보인다.[125] 그 의미는 닫힌 두루마리는 계시되지 않고 시행되지 않는 하나님의 계획임을 뜻한다. 만일 두루마리가 봉한 대로 남아 있다면 하나님의 목적이 실현되지 않았음을 나타낸다. 하나님의 계획이 수행되지 않았다는 것이

125) R. C. H. Lenski, *op. cit.*, p.194 참조.

다. 인을 떼고 두루마리를 편다는 것은 하나님의 계획을 계시한다는 것뿐 아니라 그것을 실현한다는 것을 의미한다. 이 때문에 한 힘있는 천사가 큰 음성으로 **"누가 그 두루마리를 펴며 그 인을 떼기에 합당하냐?"**라고 외친다. 이 음성은 온 우주 만물이 다 들을 수 있을 만큼 크고 강하다. 온 우주－하늘, 땅, 땅 아래－의 그 누구도 두루마리를 열 수 없었고, 내용을 볼 수 없었다. 그 때문에 요한은 소리내어 울었다.[126] 만일 이 두루마리에 인친 것을 떼어 내어 두루마리를 펴는 것이 하나님의 계획의 이행을 뜻한다는 이 아름다운 환상을 늘 마음에 둔다면, 요한이 흘린 눈물의 의미를 이해할 수 있을 것이다. 두루마리가 열리고, 인친 것이 떼어질 때는 교회의 이익을 위해서 우주가 통치되는 것이다. 그러면 하나님의 영광스러운 구원의 목적이 실현되며, 하나님의 계획이 수행되어 두루마리의 내용이 우주의 역사 속에서 이루어진다. 그러나 만일 이 두루마리가 열리지 않는다면, 하나님의 자녀가 시련 중에 보호받지 못하며, 성도를 박해하는 세상에 대한 심판도 없으며, 성도들의 최후의 승리도 없고, 새 하늘과 새 땅도 없게 되며, 장래의 유업도 얻지 못함을 뜻한다. **"장로 중의 한 사람이 내게 말하되 울지 말라 유대 지파의 사자 다윗의 뿌리가 이겼으니 그 두루마리와 그 일곱 인을 떼시리라 하더라."**

장로 중 한 사람이 이야기할 차례가 왔다. 강하고 능력 있는 천사가 아니라 구원의 효험을 자신의 영혼에 체험한 장로가 요한에게 용기를 주는 놀라운 메시지를 전할 차례가 온 것이다.

"다윗의 뿌리가 이겼으니…". 그리스도는 십자가상에서 죄를 이기셨다. 큰 장애물은 제거되었다. 피가 흘려졌고, 죄, 사탄, 죽음 등으로부터 승리하셨다. 그리스도는 '유대 지파의 사자'라고 불리는데 이는 창세기 49:9-10에 언급되어 있다. 사탄을 정복하고, 극에 달한 하나님의 진노를 모두 담당하신 그는 참으로 사자라는 것이 증명되었다. 그리스도는 또한

---

126) J. H. Thayer's *Greek-English Lexicon*에서 *Klaio* 항의 동의어를 참조하라.

127) 이것은 사 11:1, 10에 대해 언급한 것으로서 완전히 설명된 것은 아니다. 메시아는 다윗의 주(主)(마 22:41-45)이시다. 육신을 입지 않으신 성자는 육신으로 그의 아버지(조상)인 다윗을 지으셨다.

다윗의 주님, 즉 다윗 자신의 근원을 그로부터 받은 뿌리(마 22:41-45)인 것이다.[127] 십자가상에서 이 유대의 사자인 다윗의 뿌리가 이겼기 때문에, 인을 떼고 두루마리를 펴는, 즉 하나님의 계획대로 우주를 통치할 수 있는 권세를 얻은 것이다.

"내가 또 보니 보좌와 네 생물과 장로들 사이에 한 어린양이 서 있는데 일찍이 죽임을 당한 것 같더라 그에게 일곱 뿔과 일곱 눈이 있으니 이 눈들은 온 땅에 보내심을 받은 하나님의 일곱 영이더라 어린양이 나아와서 보좌에 앉으신 이의 오른손에서 두루마리를 취하시니라."

이 환상에서 요한이 보는 것은…무엇인가? '사자'를 볼 것으로 기대되었는데 '사자' 대신 우리는 '어린양'을 보았음을 읽게 된다. 그리스도께서 고난과 죽음을 통하여 양과 사자의 두 가지 성격을 보여 주셨다. 그리스도는 참된 사자이며, 참된 양이다. 어린양처럼 그는 도살자에게 끌려가서 희생되었다. 사도 요한은 이 어린양이 그룹들이 둘러선 보좌와 이십사 장로들 사이에 서 있는 것을 본다(도표를 보라). 어린양(요 1:29; 행 8:32; 벧전 1:19; 출 12:3; 사 53장 참조)이 '죽임을 당한 것' 같이 서 있다. 그의 죽음은 영속적인 가치가 있다. 이 어린양, 즉 우리 주 예수 그리스도는 그의 능력과 권위를 상징하는 일곱 뿔과, 그의 성령으로 충만하다는 것을 나타내는 눈을 갖고 계신다.

어린양이 나아와서 보좌에 앉으신 이의 손에서 두루마리를 취하신다. 이것은 그리스도께서 중보자로서 승천하여 하나님의 영원한 뜻에 의해 우주를 다스릴 권세를 받으셨다는 사실을 명백하게 언급한 것이다.[128] 또 이것은 승천하신 그리스도의 대관식(히 2:8-9)을 말하는데, 우리는 예수께서 영광과 존귀로 관을 쓰신 것을 본다. 그리스도의 구속 사업의 상급으로 하늘에 오르사 구약시대를 통하여 예언되고 약속되었던(시 2편, 110편; 단 7:9-14) 것처럼 자신 스스로 왕국을 받으셨다(눅 19:12; 히 2:8, 9; 빌 2:6-11). 이것은 하나님, 곧 성부께서 보좌를 떠난다는 뜻은 아니다. 그리스도이신 중보자께서 성부와 함께 보좌에 앉으신다는 것을 뜻한다.

---

128) C. Hodge, *Systematic Theology*, II, pp.635이하를 참조하라.

지금 이 순간에도 보좌는 하나님과 어린양이 앉아 계신 곳이다(22:1). 하나님은 어린양을 통하여 우주를 다스리신다. 이것이야말로 그리스도의 상급이며 우리의 위로이다. 새로운 시대가 하늘과(20:4) 또한 땅에서 (20:2-3)[129] 시작되었음을 의미한다. 역사상 가장 중요한 순간이 바로 이 대관식이니, 이는 중보자께서 우주를 주관하시는 왕의 직무를 위임받으신 순간이다.

4. 어린양을 경배함(5:8-14)

5:8-14

8 그 두루마리를 취하시매 네 생물과 이십사 장로들이 그 어린양 앞에 엎드려 각각 거문
고와 향이 가득한 금대접을 가졌으니 이 향은 성도의 기도들이라 9 그들이 새 노래를 불
러 이르되 두루마리를 가지시고 그 인봉을 떼기에 합당하시도다 일찍이 죽임을 당하사
각 족속과 방언과 백성과 나라 가운데에서 사람들을 피로 사서 하나님께 드리시고 10
그들로 우리 하나님 앞에서 나라와 제사장들을 삼으셨으니 그들이 땅에서 왕노릇 하리
로다 하더라 11 내가 또 보고 들으매 보좌와 생물들과 장로들을 둘러선 많은 천사의 음
성이 있으니 그 수가 만만이요 천천이라 12 큰 음성으로 이르되 죽임을 당하신 어린양
은 능력과 부와 지혜와 힘과 존귀와 영광과 찬송을 받으시기에 합당하도다 하더라 13
내가 또 들으니 하늘 위에와 땅 위에와 땅 아래와 바다 위에와 또 그 가운데 모든 피조
물이 이르되 보좌에 앉으신 이와 어린양에게 찬송과 존귀와 영광과 권능을 세세토록 돌
릴지어다 하니 14 네 생물이 이르되 아멘 하고 장로들은 엎드려 경배하더라

8 그러자 네 생물과 이십사 명의 장로들이 어린양 앞에 엎드렸습니다. 장로들의 손에는
거문고와 향이 가득한 금대접이 들려 있었습니다. 이 향은 하나님의 백성들이 드린 기
도들입니다. 9 그들은 어린양에게 새 노래로 찬양하였습니다. "주님은 봉인을 떼고, 두
루마리를 펴기에 합당한 분이십니다. 주님은 죽임을 당하셨고, 그 흘리신 보혈의 대가
로 모든 민족, 언어, 나라를 넘어서 하나님의 백성을 사셨습니다. 10 피로 산 그들을 하

129) 하늘에서 영혼들이 부활하시고 승천하신 그리스도와 더불어 다스리는데 물론 이것은 구약시대에는 불가능했다. 땅에서는 사탄이 지금 결박되었다(제14장을 보라). 성경은 내세의 생활을 시간의 용어로 항상 이야기하고 있다(엡 2:7과 계 10:6의 설명을 참조하라).

나님 나라와 제사장으로 삼으셨으니, 그들이 이 땅을 다스릴 것입니다." 11 그 후, 나는
수많은 천사들의 음성을 들었습니다. 천사들은 보좌와 네 생물과 장로들을 둘러싸고
있었습니다. 그 수가 너무 많아 셀 수조차 없었습니다. 12 천사들은 큰 소리로 외쳤습니
다. "죽임을 당하신 어린양은 능력과 부귀와 지혜와 힘, 존귀와 영광과 찬양을 받으실
분이십니다!" 13 하늘과 땅과 땅 아래, 바다에 있는 모든 것들이 외치는 소리도 들었습
니다. "보좌에 계신 분과 어린양께 찬송과 존귀와 영광과 능력을 영원무궁히 올려 드립
니다." 14 그러는 동안, 네 생물은 "아멘!"으로 합창하고 장로들은 엎드려 경배하였습
니다. _아가페 쉬운성경

어린양이 그 두루마리를 취하자마자, 즉 그가 우주를 다스리는 왕의 지위를 위임받은 즉시 세 가지 찬양으로 넘치는 기쁨과 승리의 노래가 크게 퍼진다.[130] 보좌에 가장 가까이 있는 그룹들과 이십사 장로들이 먼저 시작한다. 그들은 어린양 앞에 엎드려 경배를 드린다. 장로들은 각각 기쁨의 악기인 거문고(18:22)를 가졌으며 향이 가득한 금대접을 가졌는데, 이는 극히 총괄적인 의미로 감사와 기도를 상징한다. 그들은 새 노래를 부른다. 이 노래는 새로운 것인데, 이전에 이처럼 위대하고 영광된 구원의 역사가 성취된 일이 없으며, 또 어린양이 이렇게 큰 존귀를 받은 적이 없기 때문이다. 새 노래의 가사는 다음과 같다. "**두루마리를 가지시고 그 인봉을 떼기에 합당하시도다 일찍이 죽임을 당하사 각 족속과 방언과 백성과 나라 가운데에서 사람들을 피로 사서 하나님께 드리시고 그들로 우리 하나님 앞에서 나라와 제사장들을 삼으셨으니 그들이 땅에서 왕노릇 하리로다**".[131] 이것은 구속의 노래이다.

여기 분명하게 중보자의 우주 통치와 다스리심은 그가 당한 수난과 죽음의 보상이라고 말한다. 특수 구원과 일반 구원의 성격이 여기에 잘 결합되어 있다. 어린양은 모든 사람의 구원을 성취하지는 않았다. 그는 택한 자들만, 즉 족속과 방언 등에서 가려 뽑은 사람들만 구원하셨다. 그러

130) A. Pieters, *op. cit.*, p.117를 보라.

131) AV에서 "Thou wast slain, and hast redeemed us."라고 번역한 것은 잘못된 것이다.

132) 그리스도의 구속 사업의 특수성과 일반성에 대하여는 L. Berkhof, *Vicarious Atonement Through Christ*, pp.165이하를 보라.

나 이 구원이 편협하거나 국가적인 것으로 한정된 것은 아니다. 이는 범세계적인 것으로, 인종(족속), 언어(방언), 정치(백성), 또한 사회(나라)[132]를 망라한 것이다. 구속받은 모든 사람들로 나라와 제사장(1:6 참조)을 구성한다. 그들의 기도의 향으로써 지금도 성도들은 땅 위에서 다스린다.

이십사 장로들이 네 생물의 주위에 원형으로 도열한 것처럼 천사들도 장로들을 향하여 원형을 지어 둘러서 있다(도표를 보라[133]). '천사' 라는 말은 여기의 그룹이나 7:11의 천사를 포함한 것은 아니다. 모두 다른 천사들을 뜻한다. 사도 요한은 그들을 매우 많은 무리, 천천과 만만의 무리로 본다. 큰 음성으로 "죽임을 당하신 어린양은 능력과 부와 지혜와 힘과 존귀와 영광과 찬송을 받으시기에 합당하도다"라고 외친다. 하늘과 땅의 모든 뛰어난 것들과 모든 덕을 나타내는 일곱 가지 탁월함이 다 나타나 있다(7:12 참조). 먼저 찬송을 부르는 자는 구원을 체험한 장로들이다. 그 후에 장로들에 의해서 구원의 비밀을 알게 된 천사들이 노래를 부른다(엡 3:10 참조).

마지막으로(13절), 모든 피조물과 전 우주가 이 찬양의 노래에 함께한다(도표를 보라). 이 한 구절에서 4장과 5장에서 발견되는 그 절정을 볼 수 있다.

4장은 하나님과 창조에 관하여, 5:1-12은 어린양과 구원에 관해서 이야기한다. 그러므로 여기 5:13-14의 두 구절은 하나님과 어린양에게 함께 영광과 경배를 드리는 것을 말한다.[134] 그리스도의 우주적인 구속 사역에 대해서 온 우주가 찬미한다. 만물을 창조하시고 구원하심으로 하나님과 어린양을 온 우주가 찬양한다. 모든 피조물이 찬송을 올리고 나면, 이 네 생물은 '아멘' 이라고 합창한다. 또한 장로들은 삼위일체의 하나님뿐만 아니라 특히 어린양에게 엎드려 경배하고 경의를 표한다. 지극히 영광스러운 교창(交唱)이다!

이처럼 온 우주는 보좌, 즉 하나님과 어린양에 의하여 다스려진다. 어

---

133) 가장 바깥쪽의 원(圓)뿐만 아니라 4~7번 순위의 원도 보라. 우주 전체가 찬양을 드린다.

134) R. H. Charles, *op. cit.*, I, p.151을 보라.

린양이 하늘에 오르사 하나님의 우편에 앉으시고 "모든 통치와 권세와 능력과 주권과 이 세상뿐 아니라 오는 세상에 일컫는 모든 이름 위에 뛰어나게 하시고 또 만물을 그(그리스도)의 발 아래에 복종하게 하시고 그를 만물 위에 교회의 머리로 삼으셨느니라 교회는 그(그리스도의)의 몸이니 만물 안에서 만물을 충만하게 하시는 이(하나님, 성부)의 충만"(엡 1:21-23)이 되셨다. 만물은 결국 하나님께 영광을 돌리게 되는데, 그의 뜻이 우주 안에서 실현되기 때문이다. 하나님이 보좌에서 통치하신다. 또한 어린양이 다스린다. 그 결과 환난, 박해, 고통 중에서도 성도들은 두려워할 필요가 없게 된다.

5. 네 말과 그 탄 자들(6:1-8)

6:1-8

1 내가 보매 어린양이 일곱 인 중의 하나를 떼시는데 그때에 내가 들으니 네 생물 중의 하나가 우렛소리 같이 말하되 오라 하기로 2 이에 내가 보니 흰말이 있는데 그 탄 자가 활을 가졌고 면류관을 받고 나아가서 이기고 또 이기려고 하더라 3 둘째 인을 떼실 때에 내가 들으니 둘째 생물이 말하되 오라 하니 4 이에 다른 붉은 말이 나오더라 그 탄 자가 허락을 받아 땅에서 화평을 제하여 버리며 서로 죽이게 하고 또 큰 칼을 받았더라 5 셋째 인을 떼실 때에 내가 들으니 셋째 생물이 말하되 오라 하기로 내가 보니 검은 말이 나오는데 그 탄 자가 손에 저울을 가졌더라 6 내가 네 생물 사이로부터 나는 듯한 음성을 들으니 이르되 한 데나리온에 밀 한 되요 한 데나리온에 보리 석 되로다 또 감람유와 포도주는 해치지 말라 하더라 7 넷째 인을 떼실 때에 내가 넷째 생물의 음성을 들으니 말하되 오라 하기로 8 내가 보매 청황색 말이 나오는데 그 탄 자의 이름은 사망이니 음부가 그 뒤를 따르더라 그들이 땅 사분의 일의 권세를 얻어 검과 흉년과 사망과 땅의 짐승들로써 죽이더라

1 나는 어린양이 일곱 봉인 가운데 하나를 떼는 것을 보았습니다. 네 생물 중의 하나가 천둥과 같은 소리로 "오너라!" 하고 말하는 것을 들었습니다. 2 내 앞에 흰말 한 마리가 보였고, 활을 든 자가 그 말 위에 앉아 있었습니다. 그는 면류관을 받아들고는 적을 쓰러뜨리고, 승리를 얻기 위해 달려 나갔습니다. 3 어린양이 둘째 인을 떼어 내자, 둘째 생물이 "오너라!" 하고 외쳤습니다. 4 그러자 다른 말이 나오는데, 이번에는 붉은 말이었습니다. 말 탄 자는 이 세상의 평화를 없애고, 서로를 헐뜯고, 죽이는 권세를 받은 자

였습니다. 그의 손에는 큰 칼이 들려 있었습니다. 5 어린양이 셋째 인을 떼어 내자, 셋째 생물이 "오너라!" 하고 외쳤습니다. 검은 말이 내 눈 앞에 보였고, 손에 저울을 든 자가 말 위에 타고 있었습니다. 6 내 귀에 한 음성이 들려 왔습니다. 그것은 네 생물 사이에서 나는 소리였습니다. "하루 품삯으로 밀 1리터, 아니면 보리 3리터밖에 사지 못할 흉년이 될 것이다. 그러나 올리브 기름과 포도주에는 해를 입히지 마라!" 7 어린양이 넷째 인을 떼어 내자, 넷째 생물이 "오너라!" 하고 외치는 소리가 들렸습니다. 8 창백한 말이 한 마리 보이는데, 그 말을 탄 자의 이름은 죽음이었습니다. 죽음의 세계가 바로 뒤를 따라오고 있었습니다. 이들에게는 전쟁과 기근과 질병과 짐승으로 세상 사람의 사분의 일을 죽일 수 있는 권한이 주어져 있었습니다. _아가페 쉬운성경

6장에 기록된 인들은 고통과 환난의 시대에 관한 상징들이다. 어린양이 그 두루마리를 취하시고 즉시 인을 떼기 시작한다. 떼어지는 대로 각 인들은 그들의 상징을 말한다. 첫 번째 네 인(印)들은 스가랴 1:8 이하, 6:1 이하에서의 말과 그 탄 자들의 상징을 연상하게 한다. 성경에서 말(馬)은 대체로 힘, 두려움, 전쟁, 정복 등의 의미와 관련해서 말해진다(사 30:16; 31:1; 욥 39:22-28). 계시록에서도 이와 같은 의미와 관련지어져 언급된다(9:7; 14:20; 19:11).

네 '생물'은 각기 차례로 말 탄 자를 소개한다. 우레 같은 소리로 "오라"고 한다. 이 부름은 어떤 경우든지 말 탄 자에게만 한다.

a. 흰말

"이에 내가 보니 흰말이 있는데 그 탄 자가 활을 가졌고 면류관을 받고 나아가서 이기고 또 이기려고 하더라." 흰말은 그리스도를 상징한다고 한 유명한 주석가들의 견해에 동감이다. 매우 신중하게 연구하고 다음과 같이 고찰한 것을 기반으로 이런 결론에 도달하였다.

첫째로, 이 견해는 문맥상 조화가 된다. 첫 세 장에서 우리가 그리스도께서 세상 속에서 빛을 비치는 교회에 임재하심을 본 것을 기억하라. 분명히 촛대 사이에 나타나신 인자의 생생한 모습을 기억할 것이다(1:13 이하). 그리스도가 나타나실 때마다 사탄은 분주해지고 하나님의 자녀들에게 재앙이 마련된다. 우리가 공부하는 부분 4-7장에서 바로 이 동일한 그

리스도께서 어린양으로 하나님의 뜻이 담긴 두루마리를 취하시고 펴시는 것을 우리는 이미 보았다. 이 어린양에 대해서 "유대 지파의 사자 다윗의 뿌리가 이겼으니…"라고 기록되어 있다. 이 말은 5:5에 언급되어 있다. 첫 세 장 다음의 나머지 장은 어린양의 찬양에 대한 진술로 구성되어 있다. 그런데 6장은 "이기고 또 이기려고" 나아가는 말 탄 자의 상징과 더불어 시작한다. 이 두 장에서 '이기는 자'가 동일인이라고 결론짓는 것이 적절하지 않겠는가?

둘째로, 이 견해는 세밀한 말씀 연구와 잘 조화가 된다.

1) 이 말(馬)은 '희다'. '흰' 색은 언제나 거룩하고 성스러운 것을 나타낸다. 흰 세마포, 흰 구름, 흰 보좌, 흰 돌 등을 생각해 보라. 그러므로 흰말을 탄 자가 마귀나 적그리스도가 될 수 없는 것은 명백하다.[135)]

2) 말을 탄 자가 면류관을 받는다. 이것은 14:14와 잘 조화가 되는데, 거기에 그리스도께서 금 면류관을 쓰고 계심을 읽을 수가 있다.

3) 끝으로, 여러 곳에 "이기고"란 말이 나오는데, 두 경우를 제외하고는[136)] 이는 그리스도와 성도가 이기는 것을 말한다. 극히 가까이 서로 접근한 두 성구들을 잠시 생각해 보면 3:21 하반절과 5:5이다. 이 두 경우에 있어서도 승리는 그리스도라고 단언하고 있다. 요한이 그의 복음서에서 단 한 번 이 말을 사용했는데(요 16:33), 여기서도 또한 그리스도를 말한다. 이들의 네 성구들을 다음과 같이 차례로 인용해 보자.

요 16:33, "세상에서는 너희가 환난을 당하나 담대하라 내가 세상을 **이기었노라**."

계 3:21, "내가 **이기고** 아버지 보좌에 함께 앉은 것과 같이 하리라."

계 5:5, "유대 지파의 사자 다윗의 뿌리가 **이겼으니**."

계 6:2, "나아가서 **이기고** 또 **이기려고** 하더라."

이 기세당당한 구절을 숙고해 보자. 결코 어떠한 다른 해석을 가함이 없이 즉각 '흰말 탄 자는 이기시는 그리스도이시다'라고 말하게 될 것임

---

135) Scofield Reference Bible, 계 6:2의 마지막 주(註) f항을 보라.

136) 계 11:7; 13:7.

을 우리는 확신할 수 있다.

셋째로, 이 해석은 계시록 안의 병행하는 구절에 의해 요구되어진 것이다. 19:11에서 흰말을 탄 자의 경우를 보게 된다. 이 구절에서 말 탄 자는 분명히 그리스도로, '신실하시고 참되신 분'이요, '하나님의 말씀'이신 분이다. 그의 이름은 "만왕의 왕이요, 만주의 주"(19:16)이시다. 아무리 유명한 주석학자들이라도 이 논리의 우세를 회피할 수는 없을 것이다.[137] 19:11 하반절의 흰말을 탄 자는 6:2의 흰말을 탄 자와 동일하지 않는데 이는 두 구절의 기술이 세세한 부분에서 차이가 있기 때문이라고 말하는 것은 요점에서 벗어난 이야기이다. 세세한 부분에서 다를 수도 있다고 생각한다. 이 점은 우리의 견해에 반대되는 것이 아니고 우리의 입장을 확증하게 해 준다. 계시록 5:5에 그리스도께서 "이겼으니"라고 하였음을 읽는다. 이것은 골고다의 십자가상에서 성취하신 구원을 말한다. 6:2에서는 흰말 탄 자가 "이기고 또 이기려고 하더라"고 소개하고 있다. 이 승리는 지금 이행되고 있다. 19:13에서는 흰말을 탄 자가 '피 뿌린 옷', 즉 그의 원수의 피가 묻은 옷을 입고 있다고 묘사되었다. 이처럼 대심판의 날에 그가 이길 것이다. 또한 그가 면류관을 쓰고 계신다(6:2)고 기록된 것을 본다. 곧 그는 그의 머리 위에 많은 관을 쓰실 것인데(19:12), 그것은 그가 장차 모든 것들을 정복할 것이기 때문이다. 솔직히 말해 6:2의 흰말을 탄 자와 19:11의 흰말을 탄 자가 서로 다른 사람이라고 어떻게 말할 수 있을는지 우리로서는 알 수가 없다. 계시록의 상징 자체가 설명하도록 해야 하지 않겠는가?

넷째로, 흰말을 탄 승리자가 그리스도라는 견해는 계시록의 목적 및 특징과 잘 조화가 된다. 앞서 말한 바와 같이 계시록의 주제는 그리스도와 그의 교회의 승리이다. 그러므로 누누이 우리 주 예수 그리스도는 이기셨고, 이기시고, 이기실 분으로 나타나 있다(다음의 구절들을 자세히 읽어보라. 계 1:13이하; 2:26, 27; 3:21; 5:5; 6:16; 11:15; 12:11; 14:1이하; 14:14이하; 17:14; 19:11). 승리하는 그리스도의 개념은 계시록의 첫머리

---

137) W. Milligan, *op. cit.*, VI, p.855.

부터 마지막까지 연결하는 실과 같다. 이것을 믿기에 주저하는 자들은 위에 제시한 성구들을 자세히 읽고 연구하기를 바란다. 이들 성구 중에서 한 구절을 택하여 충분하게 인용하고자 하는데, 바로 17:14이다. "그들이 어린양과 더불어 싸우려니와 어린양은 만주의 주시요 만왕의 왕이시므로 그들을 이기실 터이요 또 그와 함께 있는 자들 곧 부르심을 받고 택하심을 받은 진실한 자들도 이기리로다."[138] 그러므로 6:2에 기록된 흰말을 탄 자가 그리스도라고 말하는 것은 성경 전체와 완벽히 조화되는 개념의 표현이다.

다섯째, 6:2의 흰말을 탄 자가 그리스도라는 견해는 마태복음 10:34에 나타나는 것과 잘 조화가 된다. 바로 이 구절에서 검을 갖고 오시는 이는 그리스도이시며, 검과 그리스도는 앞뒤로 나란히 나오는데, 계 6:2, 3에서도 흰말을 탄 자가 붉은 말을 타고 검을 가진 자보다 앞서 나온다.[139]

여섯째, 이 해석은 시편 45:3–5 중 서로 유사점이 이를 강하게 뒷받침하고 있다. "용사여 칼을 허리에 차고 왕의 영화와 위엄을 입으소서 왕은 진리와 온유와 공의를 위하여 왕의 위엄을 세우시고 병거에 오르소서 왕의 오른손이 왕에게 놀라운 일을 가르치리이다 왕의 화살은 날카로워 왕의 원수의 염통을 뚫으니 만민이 왕의 앞에 엎드러지는도다."

70인역에는 "존귀 중에 말을 타고 화살을 당기고 이기고 다스리리라…"고 하였다.

이 뚜렷한 유사점을 주목하라. 계시록 6:2은 말 탄 자가 이기고 또 이기려고 나아가는 것을 묘사하고 있으며, 시편 45편에서도('위엄을 세우시고 병거에 오르소서') 역시 그렇다. 계시록 6:2에서 말 탄 자는 활을 가지고 있으며 시편 45편(70인역)에서도 또한 활을 지니고 있다. 그렇다면 시편 45편에서 언급된 분이 그리스도가 아니겠는가? 이 점에 있어서는 의심의 여지가 없다. 성경 스스로가 시편 45편의 말 탄 자에 대한 기록을 인

138) 원문이 *νικάω*라고 기록되었을 때마다 '승리한다' 라는 의미로 번역해 왔다. 예를 들면, 계 5:5가 6:2와 동일한 용어를 사용하였음을 알 수 있다.

139) K. Schilder, *Christ on Trial*, p.381을 참조하라.

용하고, 이는 '아들'을 나타낸 것이라고 말하고 있다(히 1:8).

그러므로 구약-계시록에는 구약의 상징이 스며들어 있다는 것을 기억하라[140]-에서 메시아가 활(계 6:2 참조)과, 검(계 19:15 참조)으로 무장을 하고 말을 타고 순조롭게 나아가는 것을 본다. 그렇다면 여기 계시록 6:2의 흰말을 탄 자도 마땅히 그와 동일인으로 보아야 하지 않겠는가?[141]

일곱째, 우리의 견해를 뒷받침하기 위해 응용할 수 있는 또 다른 유사성구는 스가랴 1:8 이하이다. 스가랴의 환상 중에 첫째 말을 탄 자는 그리스도로 간주하는 것이 타당하다(하박국 3:8, 9; 사 41:2 참조).

우리 주 예수 그리스도는 지금 이기고 있으니, 즉 현세에서 그의 목적이 진행되고 있는데, 이는 그가 영과 우주의 임금 되시는 권한을 행사하고 있기 때문이다. 말씀(복음, 마 24:14)과 성령, 그의 제자들의 증언과 눈물, 그의 중재와 제자들의 기도, 하늘의 천사와 땅 위의 군대, 심판의 나팔과 진노의 대접의 방법으로 우리 주님께서 말을 타고 승리를 얻도록 나아가 이기고 또 이기려고 하신다. 이것이 바로 흰말을 탄 자의 참된 의미일 것이다.[142]

이제 다른 말들과 그 탄 자들이 소개된다. 이 상징들의 해석은 신중해

140) 제Ⅵ장, p.59-64를 보라.

141) 주 137)을 보라.

142) 그리스도께서 인봉을 떼시면서 동시에 첫째 인의 내용이 되실 수 없다는 이론이 가끔 제기되었다. 그러나 이것이 왜 불가능하다고 간주되어야 하는가? 이와 같은 논리로는, 그리스도께서 그의 오른손을 요한의 머리 위에 얹으셨기 때문에(계 1:17), 그 오른손으로 일곱 별을 잡으실 수 없으며(계 1:16), 어린양-일곱 뿔과 일곱 눈을 가진-이 하나님의 손에서 두루마리를 어떻게 취하실 수 있겠으며(계 5:6, 7), 별이 열쇠를 어떻게 받을 수 있겠는가(9:1) 등의 결론에 도달할 수밖에 없지 않겠는가? 계시록에 나타나는 상징들은 계속해서 우리를 놀라게 한다. 요한은 생물(Lion)을 쳐다보도록 명령을 받았는데…일찍 죽임을 당한 것 같은 어린양이 서 있는 것을 본다(계 5:6). 또 요한은 한 신부를 보리라고 예언했는데 한 성, 거룩한 성 예루살렘을 보게 된다(21:9, 10). 이처럼 모순같이 보이는 것들을 접할 때, 여기에는 각기 훌륭한 의미가 있음을 알게 된다. 상징으로서는 불가능하지만 그 상징이 말하는 실재에 있어서는 아주 이치에 맞고 참된 것이다. 그리스도께서는 늘 그의

야 한다. 계시록의 네 마리 말의 상징에 대해 널리 행해지는 해석은 계시록 6장과 마태복음 24장을 병행해 놓고 보는 것이다.[143] 그렇게 놓고 보면 마태복음 24장은 계시록 6장의 완전한 주석으로서 나타난다. 이것은 지극히 단순한 해석이다. 물론 마태복음 24장과 계시록 6장은 매우 흡사한 점이 있으나 반면에 다른 점도 있다.[144] 계시록의 상징들은 구약성경에 그 근거를 두고 있음을 기억하자.[145] 말들과 탄 자들의 상징을 위해서는 다음과 같은 성구, 즉 겔 5:17; 14:21; 슥 1:8 하반절 등의 구절들을 생각하게 된다.

그러면 계시록 6장의 의미를 설명하는 구약성경의 구절들에서 우리는 무엇을 배우는가?

에스겔서를 보면 유대를 괴롭히는 것은 바벨론이었다. 그런데 이 바벨론은 예루살렘을 깨끗하게 하고 그의 백성을 성화하기 위해 시련을 내리시는 하나님 장중의 도구이다(특히 겔 11:19; 33:11 참조). 이와 비슷하게

오른손에 일곱 별을 잡고 계시지 않는가? 즉 그리스도께서 그의 권위와 보호를 그의 사자들에게 시행하시는 것이 아니겠는가? 그와 동시에 요한의 머리에 오른손을 얹고 계시지 않는가? 실제 어린양은 책을 취할 수가 없다. 그러나 어린양으로 지칭된 분, 즉 그리스도께서는 이 책을 취하실 수 있으며 이 일은 그가 하나님의 보좌 우편에 앉아 계실 때 행하신 것이다. 역시 신부가 성(城)이 될 수는 없다. 그러나 하나님의 교회-신부 및 성으로 표현되는-는 성이 될 수 있고 또한 신부일 수 있다. 이런 이유로 예수 그리스도께서는 실제로 인봉을 떼시는데, 이는 그가 하나님의 계획을 세계 역사 중에서 이행하시는 것이다. 또한 그리스도께서는 이기고 또 이기시려고 말을 타고 나아가시는 분으로 세계사 중에 나타나신다. 그리스도는 첫째 인을 떼시는 분이시며 그 첫째 인의 내용이 되신다.

143) R. H. Charles, *op. cit.*, p.158과 널리 알려진 논문이나 논평 등을 참조하라.

144) 마태복음은 계시록 6장에 언급되지 아니한 여러 가지 '징조'에 대해 진술하고 있다. 예를 들면 거짓 선지자, 거짓 그리스도, 멸망의 가증한 것, 무관심(노아의 시대처럼) 등이다. 동시에 계시록 6장(요약을 보라)에서는 마태복음 24장에 없는 여러 징조를 보여 주고 있다. 계시록 6장에서는 그리스도의 초림에 따르는 일들을 말하고 있으며, 마태복음 24장은 그의 재림 이전에 있을 일에 대해서 진술하고 있다. 실제로 그 출발점, 즉 전체의 방향은 다르다.

145) 제Ⅵ장, p.59-64를 보라.

스가랴에서도 둘째, 셋째 그리고 넷째 말을 탄 자들이 첫째 말을 탄 자와 연관지어졌는데 이들은 첫째 말 탄 자의 수종들이다.

계시록 6장에 나오는 말 탄 자들에 관한 기술도 이와 같은 의미로 볼 수 있겠다. 구약의 성구들을 근거로 하여 여기에서도 둘째, 셋째, 그리고 넷째 말을 탄 자들이 첫째 말을 탄 자의 수종자, 즉 그의 백성을 강하게 하고 또한 청결케 하기 위한 그리스도의 도구로 보는 것은 그렇게 놀라운 일이 아니다. 사실 교회를 박해하는 것은 이 악한 세상이다.[146] 그러나 역시 이 세상도 두루마리를 취하신 이의 장중에 있는 한 도구에 지나지 않는다. 사탄은 그들의 무기에 의해서 자멸하고 마는데, 믿는 성도와 교회를 멸절하려는 사탄의 도구는 교회를 강하게 하고 하나님 나라와 그의 백성을 구원하는 데 쓰이는 도구가 된다.[147]

다음 말세에 대한 그리스도의 말씀이 마태복음 24장, 마가복음 13장 그리고 누가복음 21장에 기록된 것을 살펴보자. 비록 위의 장들이 계시록 6장에 대해 완전하고 단순한 설명을 해 준다고 할 수는 없어도 고려할 필요는 있다. 우리 주 예수 그리스도의 말씀을 읽는 자는 재림을 알리는 징조들 중에 전 인류와 또한 더욱 직접적으로 성도들에게 하신 강화가 있음을 즉시 관찰하게 된다(마 24:6-10; 막 13:7-9 참조).

누가복음 21:10-13을 응용해 보자.

1) 인류 전체에 대한 언급

"또 이르시되 민족이 민족을, 나라가 나라를 대적하여 일어나겠고 곳곳에 큰 지진과 기근과 전염병이 있겠고…" 등.

2) 성도들에게 직접적 언급

"이 모든 일 전에 내 이름으로 말미암아 너희에게 손을 대어 박해하며 회당과 옥에 넘겨주며 임금들과 집권자들 앞에 끌어가려니와…."

비록 인류 전체에게 속한 재앙과 다른 사람들과 더불어 재앙을 당하는 성도들이 여기에 중요한 양상으로 예언되어 있지만, 이 두 모양의 무리

146) 둘째 말과 셋째 말 탄 자들의 해석, 제IX장, p.140-145를 보라.

147) A. Plummer, *op. cit.*, p.184.

사이에는 뚜렷한 차이가 있다.

계시록 6장의 상징이 이와 비슷한 차이점을 내보인다면, 다시 말해서 둘째 말 탄 자와 셋째 말 탄 자는 하나님께 계속 충성을 다하는 성도들에게 특별하게 언급하고 있고, 넷째 말 탄 자는 하나님의 자녀가 세상과 더불어 남아 있어 고난을 겪는다는 것을 묘사했다면 이는 전혀 놀랄 일이 아니다. 계시록 6장이 마태복음 24장, 마가복음 13장, 그리고 누가복음 21장과 어떠한 관계가 있다면 여기에 다소의 차이점이 있음을 예상할 수 있다.

b. 붉은 말

계시록 6장의 배경을 구성하는 구절들을 공부하였으니 둘째 번 말과 그 탄 자들에 대하여 살펴보도록 하자. 둘째 '생물'이 둘째 말 탄 자에게 오라고 말한다. "**이에 다른 붉은 말이 나오더라 그 탄 자가 허락을 받아 땅에서 화평을 제하여 버리며 서로 죽이게 하고 또 큰 칼을 받았더라**(*μάχαιρα*)". 이 말(馬)과 그 탄 자는 나라와 나라들이 분쟁하는 것보다 하나님의 자녀들에게 가해지는 종교적 박해, 즉 싸움보다는 죽임을 당하고 희생되는 것을 의미하는 것이라고 우리는 생각한다. 성도들은 '그의 이름으로 말미암아' 죽임을 당한다. 이는 성도들에게 직접적으로 와 닿는 징조들의 범주에 속하는 것인데, 세상에 의해 박해를 받는 성도들을 말한다. 이 견해를 뒷받침하기 위해 다음의 논거를 제시한다. 무엇보다도 먼저 이 해석은 여기 문맥과 뚜렷한 일치점을 보인다. 둘째 말이 첫 번째 말의 뒤를 따르는데, 즉 그리스도가 복음과 성령 등으로 나타나실 때마다 박해의 검이 등장하여 뒤따른다. 이 구절은 또한 계시록 1:9과 일치한다.

둘째, 이 견해는 마태복음 10:34-39의 대응하는 구절과 일치하는데, "내가 세상에 화평을 주러 온 줄로 생각하지 말라 화평이 아니요 검(*μάχαιρα*)을 주러 왔노라 내가 온 것은 사람이 그 아버지와, 딸이 어머니와, 며느리가 시어머니와 불화하게 하려 함이니…또 자기 십자가를 지고 나를 따르지 않는 자도 내게 합당하지 아니하니라 자기 목숨을 얻는 자는 잃을 것이요 나를 위하여 자기 목숨을 잃는 자는 얻으리라"[148]가 그것이다.

셋째, 본문 중 "서로 **죽이게**(*slaughter*) 하고"란 말에 주목하지 않을 수 없다. 이것은 요한이 살인 혹은 전쟁을 이야기할 때 사용하는 일반적인 용어가 아니다. 단 한 번의 경우(계 13:3)를 제외하고는 이 용어를 요한은 그리스도의 죽음이나 성도들의 처형을 의미할 때만 사용한다. 요한에게 특별한 용어 형식인 이 말(slaughter)이 사용된 성경구절은 다음과 같다. "가인…그 아우를 죽였으니"(요일 3:12), 여기서 죽임 혹은 도살을 당한 자는 하나님의 자녀(아벨)이다. "…어린양이 서 있는데 일찍이 죽임을 당한 것 같더라"(계 5:6). 여기서는 죄를 위해서 희생제물이 된 그리스도를 말한다. "…일찍이 죽임을 당하사"(계 5:9), 여기서도 또한 그리스도를 말한다. "죽임을 당하신 어린양은 능력과 부와 지혜와 힘과 존귀와 영광과 찬송을 받으시기에 합당하도다"(계 5:12)는 분명히 그리스도를 가리킨다. "하나님의 말씀과 그들이 가진 증거로 말미암아 죽임을 당한 영혼들이"(계 6:9)는 성도들을 말한다. "죽임을 당한 어린양"(계 13:8)은 역시 그리스도를 말한 것이며, "선지자들과 성도들과 및 땅 위에서 죽임을 당한 모든 자의 피가 그 성 중에서 발견되었느니라"(계 18:24)는 명확하게 성도들을 가리킨다.

그러나 계 13:3에서 "그의 머리 하나가 상하여 죽게 된 것"은 그리스도의 능력과 존귀를 가로챈 짐승을 가리킨다.

따라서 나머지 한 구절, 지금 우리가 살펴보고 있는(계 6:4) 구절은 근본적으로 성도들을 말하는 것이 아니라고 할 수 없다. 일반적인 전쟁이 아니라 종교적 박해가 요점인 듯하다.

넷째로, 요한이 다섯째 인을 뗄 때, 하나님의 말씀을 위하여 "죽임을 당한 영혼들"을 보았다고 기록된 것을 본다. 앞서 지적했듯이 원문에서도 '죽임을 당한' 이라는 같은 말이 사용되었다. 그러나 여기에서 죽임을 당한 자들은 분명히 성도들이라고 말하고 있다. 그들은 하나님의 말씀을 위하여 죽임을 당했다. 두 번째 인을 뗄 때 **죽은 자들이** 다섯째 인을 뗄 때 **죽임을 당한 자**라고 생각하는 것이 이치에 맞다고 여겨지지 않는가?

---

148) 제Ⅲ장, p.37의 주 34)를 보라.

다섯째, "큰 칼(*μάχαιρα*)을 받았더라"에서 성경 용어 사전을 참조해 보면 분명해지는데, 여기 *μάχαιρα*라는 단어는 넓은 의미로 사용되었다. 이는 특히 제물을 드릴 때 쓰는 칼을 말하는데,[149] 이는 짐승 같은 것을 도살할 때 쓰는 기구로 알려졌다. 70인역의 창세기 22:6, 10의 이삭의 제사에 대한 부분에서 '죽이고, 제사하고' 라고 기록된 구절 중에 사용하였음을 볼 수 있다.[150]

마지막으로, 우리가 항상 명심해야 할 것은 이 환상이 처음 보여졌을 때 주께서 죽기까지 박해를 당할 성도들에게 말씀하신다는 사실이다. 전쟁보다 죽임을 당하는 성도들이 더욱 긴급한 문제였다.

흰말을 탄 자－그리스도－가 나타날 때마다 붉은 말을 탄 자가 뒤따른다(마 5:10, 11; 눅 21:12; 행 4:1; 5:17 등을 보라). 스데반과 바울, 보블리오와 폴리캅, 버베두아와 베리기다스, 종교재판과 성 바돌로메의 밤, 아르메니아와 러시아, 존과 베티 스탬[151]을 생각해 보라. 붉은 말을 탄 자는 어느 특정한 개인을 말하지 않는다. 어느 한정된 시대에 속하지도 않는다. 붉은 말을 탄 자가 없었던 시대는 없으니 세상은 항상 교회를 박해한다. 그리스도는 언제나 검을 갖고 오시며 이 땅에서는 화평이 떠났다(마 10:34).

그러나 하나님을 찬양하라! 제사의 칼 혹은 검이 말 탄 자에게 주어졌기 때문이다. 모든 것이 하나님의 장중에 있다. 어린양이 다스리신다.

c. 검은 말

셋째 '생물' 이 셋째 말 탄 자에게 '오라' 고 말하니 검은 말을 타고 나간다. 이 말 탄 자는 손에 저울, 즉 천칭을(겔 4:10 참조) 갖고 있다. 떡을 저울로 달아서 먹는다는 것은 경제적으로 곤궁한 상태를 말한다. 네 생물들

---

149) A. Plummer, *op. cit.*, p.185.

150) 또한 p.146의 둘째 단락을 보라.

151) N. L. Saloff-Ostakhoff, *Christianity and Communism; Real Russia 1905 to 1932.* Mrs. H. Taylor, *The Triumph of John and Betty Stam.*

사이로 어디선가 음성이 들리니 "한 데나리온에 밀 한 되요 또 한 데나리온에 보리 석 되로다…"라고 한다. 다시 말하면 하루 종일 일한 품삯은 밀 한 되인데, 이는 한 사람의 하루치 식량밖에 안 된다는 것이다(마 20:2 참조). 이 품삯의 양으로는 한 사람은 생활할 수 있지만 그 가정을 어떻게 꾸릴 수 있겠는가? 물론 가정을 위해서 삼분의 일 값인 좀 못한 곡식인 보리를 살 수 있겠다. 그러나 가정이 필요로 하는 것은 양식뿐이겠는가? 다른 필수품들은 어떻게 구할 것인가? 이 값의 품삯이 일당으로 주어진다면 식량과 필수품을 구하는 것이 극히 어렵게 된다. 여기에 언급된 것처럼 이 가격이 비록 높기는 하지만 물품들이 없어서 생긴 시세, 즉 품귀 시세(famine prices)를 말하는 것은 아니다.[152] 돈만 많다면 식량은 마음대로 구할 수 있는 것이다. 바로 이 점이 요점이다. 그러나 물가가 이처럼 높은데 돈을 많이 못 버는 영세민들이 어떻게 가족을 부양할 수 있겠는가? 일정한 어떤 계층의 사람들은 극히 곤란을 당하게 될 것이다. 이제 곧 이들이 어떤 계층의 사람을 말하는가를 알게 될 것이다.

그 음성이 계속해 말하기를 "또 감람유와 포도주는 해치지 말라"고 한다. 생활의 풍요와 안락을 보여 주는 술과 기름은 풍부하다. 그러나 가정을 위해서 싼 양식을 공급하기에도 벅찬 사람들에게는 엄두도 못 낼 식품이다. 이제 우리는 여기에서 뚜렷한 사실을 보게 된다. 부자는 충분한 양식과 생활의 안락을 즐기고 있는데 가난한 사람들은 영과 육을 함께 유지하기에도 어려울 정도인 것이다.

선견자 요한이 곤고를 당하고 있는 가난한 자에 대하여 진술할 때 누구를 염두에 두고 했겠는가라는 문제가 생긴다. 그 대답은 극히 명백하다. 타인들이 즐기는 안락과 행락이 없는 성도들은 가난하다는 사실이 계시록에서 분명하게 나타난다. 첫 독자들도 이 상징을 즉시 이해할 것이다. 계시록에서 우리는 당시 교회가 취했던 경제 상태에 대한 자료를 다음과 같이 찾아볼 수 있다.

첫째, 종교적 원칙과 신념을 희생하지 않는 한 각종 직업인들이 결성한

152) R. C. H. Lenski, *op. cit.*, p.227을 보라.

조합의 회원으로 남아 있을 수 없다.[153] 이러한 조직체에서 이탈한다면 어떻게 되는가? 조직체에서의 이탈은 물질적 손해와 이로 인한 육체적, 정신적인 괴로움을 초래한다는 것을 쉽게 상상할 수 있다. 그리고 또한 이 '짐승의 표' (계 13:17 참조)가 없는 사람은 사거나 팔 수가 없다는 것을 알게 된다.

이것은 어느 시대에나 있었던 일이 아니겠는가? 성도들을 억압하고 육체적 궁핍을 당하도록 하는 것이 인간 행위의 원리가 아니겠는가? 성도들이 자신의 신념에 충실하기를 고집하기 때문에 직장이나 사업, 또는 전문분야에서 쫓겨나는 사례가 얼마나 흔했던가? 예를 들어, 어떤 사람이 주일에 일하기를 거절하였기 때문에 직장에서 쫓겨났다. 그래서 그는 더 낮은 임금을 주는 다른 직장을 구하지 않으면 안 되었다. 그는 부양해야 할 가족이 있다. 그 가정에 사치나 행락이 있을 것으로 생각할 수는 없다. 다른 예로, 횡포를 일삼는 노조에 가입하기를 거절한 양심적인 노동자가 그 이유 때문에 직장에서 쫓겨났다. 그러나 억압하고 착취하는 기업주는 부요하고 풍부하다. 그의 기름과 술을 해칠 자는 아무도 없는 것이다.

둘째와 셋째 말 탄 자는 같은 부류에 속한다. 양자는 다 하나님의 백성인 성도들을 박해한다고 기술되어 있다. 어떤 성도들은 죽임을 당하였다. 그들의 피가 흘려졌다. 좁은 의미로 이들은 순교자들이었다. 둘째 말(붉은 말)과 그 탄 자들이 곧 그들을 묘사한 것이다. 그러나 모든 성도들이 실제로 전부 순교의 고통을 당한다는 의미는 아니다. 넓은 의미로 다른 성도들도 순교자라는 것이다. 그들은 빈궁과 고통을 당한다(고전 1:26 참조). 검은 말과 그 탄 자들은 교회가 존속하는 전 세대를 통하여 억압, 불법, 경제적인 압박 등을 가하는 재앙의 임무를 담당한다.

그러나 이런 형태의 박해는 하나님 나라를 세우는 것을 촉진시키는 그리스도의 장중에 있는 도구인 것이다. 그러므로 이 두 번째와 세 번째 말 탄 자들은 매우 특별한 방법으로 성도들에게 영향을 끼치는 진노에 대하여 진술한다. 세계의 어느 세대를 막론하고 세상은 할 수 있는 모든 방법

153) 계 2:18이하의 두아디라에 보낸 편지에 대한 해석을 보라.

으로 교회를 박해한다는 것을 상징한다. 여기에 진술된 두 가지 형태의 박해, 즉 죽이는 것과 불법 또는 경제적 압박은 모든 형태의 박해를 대표한다는 점을 명심하자.

d. 청황색 말

우리의 교회가 영원한 영광에 이르는 데 겪어 내야 할 고통과 시련이 이것뿐인가? 그렇지 않다. 마태복음 24장, 마가복음 13장, 누가복음 21장에 보면 여기에 다른 형태의 환난에 대해 언급하고 있다. 성도들이 세상에 살고 있다는 극히 단순한 이유 하나만으로 세상과 함께 당하는 시련과 재앙이다. 이런 종류의 환난에 대하여는 네 번째 말과 그 탄 자에게로 우리의 관심을 돌리도록 해 보자.

넷째 인이 떼어졌다. 넷째 생물이 '오라' 고 하였다. 다음에 납빛 혹은 검푸른 빛이 도는 말이 나타난다.[154] 이 말은 허약하고 소름 끼치는 색깔을 띠고 있는데, 질병과 죽음을 상징한다. 이 말 위에는[155] **사망**이라 이름하는 자가 타고 있다. 이 사망(죽음)은 일반적인 뜻의 사망, 극히 보편적인 형태의 죽음을 나타내는데, 즉 신자나 불신자에게 공통으로 영향을 끼치는 죽음의 도구들을 진술하고 있다. 사망 뒤에 재빨리 따라오는 것은 언제나 **음부**이다.[156] 죽음을 털어 버리고, 육신을 떠난 이후의 영혼이 존재하는 상태를 상징하는 음부는 죽음을 당한 영혼을 거두어 들인다.[157] 그러나 사망과 음부가 마음대로 하지는 못한다. 하나님이 허락한 것 외에는 그들이 할 수 있는 것은 아무것도 없다. 이것은 성도들의 위로를 위해서 강조된 것이다. 권세가 사망과 음부에 **주어졌다**라고 기록된 것을 우리는 본다. 거기에 사망과 음부의 행동 범위는 분명히 제한되어 있다. 비록 그 지역의 범위가 지구의 사분의 일을 덮는 넓이를 차지하고 있지만 어린양에 의해서 수행되는 거룩한 섭리 안에서 그 한계성은 분명히 그어져 있

154) 색깔에 대하여는 8:7; 9:4을 참조하라.

155) 여기에 사용된 전치사는 다른 경우에 사용된 것과는 다르다.

156) A. Pieters, *op. cit.*, p.122를 보라.

157) 제VII장, p.79-80을 보라.

다. 사분의 일, 그 이상은 없다!

그들은 "검과 흉년(혹은 기아)과 사망(혹은 흑사병)과 땅의 짐승들로써" 죽일 권세를 얻었다. 이것들은 둘째와 셋째 인에서 언급되지 않았던 네 가지 재앙이다. 이 구절은 분명히 에스겔 14:21에 그 근거를 두고 있다. "주 여호와께서 이같이 이르시되 내가 나의 네 가지 중한 벌 곧 칼과 기근과 사나운 짐승과 전염병을 예루살렘에 함께 내려 사람과 짐승을 그중에서 끊으리니 그 해가 더욱 심하지 아니하겠느냐 그러나 그 가운데에 피하는 자가 남아 있어…"라고 한 매우 비슷한 내용에 주목하자. 여기(계 6:8) 네 가지 재앙은 거의 똑같은 순서로 진술되어 있다.

첫째, 검으로 죽이는 것이 언급되어 있다. 여기 두 번째 인을 뗄 때처럼 서로 '죽이게(to slaughter)'로 읽지 않고 '죽인다(to kill)'로 읽는다. 또한 '검'이라고 번역된 말도 다르다. 이는 *μάχαιρα*(제사용 칼)가 아니고 *ῥομφαία*이다. 즉 제사용으로 쓰이는 칼이나 단검이 아니고 다윗이 골리앗의 머리를 자를 때 쓴 크고 길며 무거운 칼을 말한다. 70인역에는 에스겔 14:21에 나오는 검이 계시록 6:8에서 사용된 같은 검(*ῥομφαία*)으로 번역된 것을 발견할 수 있다. 여기에서는 **전쟁**을 말하는 것이다. 둘째 말과 그 탄 자는 전쟁을 나타내는 것이라고 주장하는 주석가들은 네 번째 말 탄 자를 설명할 때에는 상당히 곤란해질 것이다. 또한 인이 기근에 대하여 언급한 것이라고 해석한다면, 넷째 인을 뗄 때도 기근이 있으니 꽤 당황할 것이다. 이들 주석가들은 그들의 곤란을 피하려는 방법으로 두 번째와 세 번째 인의 재앙이 네 번째 인에서 다시 되풀이해서 언급되었으며— 있을 수도 없고 이해할 수 없는 반복— 또는 넷째 인에서 나타난 것의 대부분은 보충해 넣은 것이라고 가르칠 것이다.[158] 이것은 물론 문제를 처리하는 데 매우 편리한 방법이다. 이렇게 말하는 필자를 탓해 주기 바란다.

네 가지 인을 자세히 연구해 보면 재앙의 형태임이 쉽게 분별된다. 네 가지 인은 네 방향 즉, 전 세계에 미치는 재앙을 묘사한다.[159] 이 재앙들은 교회를 위한 중요한 형태로 고찰된다. 전쟁은 어느 특정한 전쟁이 아니라

158) R. H. Charles, *op. cit.*, p.169를 보라.

언제나 어디서나 전 세대를 통하여 나라와 나라 사이에 끊임없이 일어나는 분쟁을 우선 말한다. 여기의 검(ῥομφαία)은 전쟁을 뜻한다는 것이 계시록 2:16; 19:21에 근거해서 매우 분명하다.

다음에는 배고픔, 혹은 기근이 진술되었다. 이것 역시 성경에 빈번히 나타나는 일반적인 재앙이다. 한 도성이 전쟁 중에 포위되면 으레 기근이 따른다. 기근 또한 전염병과 연결이 되었는지 기근 뒤에는 반드시 질병이 따른다. 계시록과 70인역의 에스겔 14:21의 번역에도 질병은 '전염병'이라고 불린다. 오늘날에도 전염병(pestilence)이 흑사병(Black Death)이라고 불리는 것과 마찬가지이다. 기근과 더불어 여기에 언급된 이 유행성 질병 자체는 십중팔구 선(腺)페스트(bubonic plague)를 뜻한다.[160] 선페스트란 어떤 것인가 흥미를 느낀 성도가 있으면 사무엘상 5-7장에 기막힐 정도로 잘 설명된 것을 읽어 보라.[161] 기근과 질병이 서로 밀접한 관계를 맺고 있는 것에 대하여는 예레미야 21:6-9와 누가복음 21:11을 읽어 보라.

끝으로, 에스겔서처럼 여기에도 '사나운 짐승'이 나타난다(왕하 17:25 사자들 참조). 이 사나운 짐승은 믿는 성도나 불신자를 구별하지는 않는다. 로마의 투기장이거나 어디에서거나 잡히는 대로 그들은 갈기갈기 찢는다. 네 가지 – 전쟁·기근·질병·사나운 짐승 – 모두 일반적인 속성을 갖고 있다. 이들 넷은 또한 전 세계의 전 세대를 통하여 성도들이 불신자들과 더불어 공통으로 함께 당하는 재앙이다. 그러나 이들 재앙은 교회를 위

159) 이 숫자는 우주의 네 방향, 즉 동·서·남·북을 말한다.

160) R. C. H. Lenski, *op. cit.*, p.231를 참조하라.

161) 법궤를 탈취해 간 후 블레셋 사람들이 받은 질병은 선(腺)페스트(흑사병)로 보이는데 그 이유는 다음과 같다.

a) 이 두 경우 모두 '발진'이 생기거나 혹은 임파선염(炎)의 증세가 있다.

b) 두 경우 다 발진이 발생한 부위의 일부가 궁륭(穹窿)현상(가운데가 높고 주위를 돌아가면서 차차 낮아지는 현상)을 보이고 있다.

c) 두 경우 다 쥐와 밀접한 관계가 있다. 질병의 뚜렷한 매개체인 쥐–벼룩–사람이 나온다(H. Zinsser의 *Rats, Lice and History*를 보라).

d) 이 두 경우 급성 전염이 특징으로 되어 있다.

e) 많은 인명 피해를 가져오는 것도 이 두 경우의 특징이다. 이 질병은 아스돗 사람을 '멸절' 시켰으며 가드의 거주민들을 '멸망' 시켰다.

하여 특별한 의미를 갖는다. 우리 주 예수 그리스도께서는 이 재앙을 그의 교회의 성별(聖別, sanctification)과 하나님 나라의 확장을 위한 도구로 쓰신다.[162)]

계시록 중에 나타난 네 가지 말 탄 자의 의미에 대해서 우리는 아래와 같은 결론에 도달했다.

흰말 탄 자는 우리 주 예수 그리스도시다.

붉은 말 탄 자는 성도가 순교적 죽임을 당하는 것을 의미한다.

검은 말 탄 자는 불법과 비행에 의해 야기된 성도의 경제적 궁핍과 빈곤을 뜻한다.

둘째와 셋째 인은 세상이 교회에 가하는 직접적인 박해를 상징한다.

청황색 말 탄 자는 죽음, 검(전쟁), 기근, 질병, 사나운 짐승을 표시한다.

이들은 인류의 보편적인 공통 재앙인데, 하나님 나라에 유익과 도움을 주는 견지에서 묘사되어 있다.

6. 순교자의 부르짖음(6:9-11)

6:9-11

9 다섯째 인을 떼실 때에 내가 보니 하나님의 말씀과 그들이 가진 증거로 말미암아 죽임을 당한 영혼들이 제단 아래에 있어 10 큰 소리로 불러 이르되 거룩하고 참되신 대주재여 땅에 거하는 자들을 심판하여 우리 피를 갚아 주지 아니하시기를 어느 때까지 하시려 하나이까 하니 11 각각 그들에게 흰 두루마기를 주시며 이르시되 아직 잠시 동안 쉬되 그들의 동무 종들과 형제들도 자기처럼 죽임을 당하여 그 수가 차기까지 하라 하시더라

9 어린양이 다섯째 인을 떼어 내자, 몇몇 영혼들이 제단에 놓여져 있는 것이 보였습니다. 이 영혼들은 하나님의 말씀을 증언하고, 진실한 믿음을 지키다가 순교한 영혼들이었습니다. 10 이 영혼들은 큰 소리로 부르짖었습니다. "거룩하고 참되신 주님, 저희들을 죽인 자들을 어느 때에야 심판하시고 벌하실 것입니까?" 11 그러자 그들에게 흰옷

162) 대중(大衆) 회개, **그리고** 도덕과 종교적 붕괴 등은 둘 다 이와 같은 재앙의 결과로 나타난다(H. Zinsser, *op. cit.*, pp.86, 139를 보라).

한 벌이 각각 주어졌습니다. 그리고는 아직도 그리스도를 위해 순교할 형제들이 조금 더 있으니, 그때까지 조금만 더 기다리라는 말씀이 들려왔습니다. _아가페 쉬운성경

"다섯째 인을 떼실 때에 내가 보니 하나님의 말씀과 그들이 가진 증거로 말미암아 죽임을 당한 영혼들이 제단 아래에 있어 큰 소리로 불러 이르되 거룩하고 참되신 대주재여 땅에 거하는 자들을 심판하여 우리 피를 갚아 주지 아니하시기를 어느 때까지 하시려 하나이까?"

요한이 보고 있는 것은 하늘이나 우주 자체를 보는 것이 아니고 상징적인 환상이라는 것을 명심하라. 이 환상 속에서 요한은 제단을 보는데, 짐승들이 도살당하여 흘린 피를 번제단 위에 쏟아부은 그런 제단을 본다(레 4:7). 또한 이 제단 아래 죽임을 당한 성도들의 피를 본다. 요한은 "생명은 피에 있음이라"(레 17:11) 한 그 성도들의 생명을 본다. 이들 성도는 그리스도와 그에 의한 구원의 증거를 받아들이고 굳은 인내로 이를 지켰기 때문에 그들의 생명은 희생제물로 드려졌다. 이들이 둘째 인을 뗄 때에 죽임을 당한 영혼들이다.[163] 이 영혼들이 자기들을 죽인 자들에게 보복해 달라고 부르짖고 있다.

여기에 심판과 보복을 원하는 부르짖음을, 자기를 해친 원수를 위해 용서를 간구한 그리스도의 기도와(눅 23:34), 또한 "주여, 이 죄를 그들에게 돌리지 마옵소서"라고 기도한 스데반의 기도와 어떻게 일치시켜야 하는지의 문제가 생긴다. 우리는 이렇게 대답할 수 있겠다. 이들 순교자들은 자신들을 위하여 보복을 간구하는 것이 아니라 하나님을 위해서 간구하는 것이다. 이 성도들은 그들의 믿음과 신뢰를 하나님께 두었기 때문에 죽임을 당했다. 이들이 죽임을 당함으로써 세상은 하나님을 비웃었다! 하나님께서 그의 성도들의 피가 자기들을 죽인 자들에게 노를 발하여 보복해 주기를 호소하는 것임을 긍정하고 계시지 않는가?(창 4:10; 참조. 히 11:4). 땅 위에 사는 보잘것없는 인간들이 우주의 대주재이며 거룩하고 참

---

163) 제IX장, p.140-142를 보라.

되신 분을 멸시하고 그에게 반항했다. 하나님의 속성에 도전한 것이다. 하나님에 의한 충분한 보복이 있지 않는 한 하나님의 주권과 공의도 충분하고 완전한 빛을 발하지 못할 것이다. 이 땅의 성도들도 스데반이 그랬던 것 이상으로 원수들에 대한 보복을 원치 않는다. 다만 그리스도를 통하여 하나님의 존귀와 거룩한 주권과 공의가 공적으로 보여질 그 큰 날이 오기를 호소하는 것이다.

죽임을 당한 사람마다 희고 길게 늘어뜨려진 흰 두루마기를 받는데, 이는 의와 거룩함과 잔치를 상징한다. 이들의 기도가 응답될 것이라는 확신을 주지만 심판의 때가 아직 이르지 않았다고 한다. 이리하여 순교자의 영혼은 '잠시 동안' 하늘에서 휴식을 갖는데 이는 택함을 받은 많은 성도들이 그들처럼 죽임을 받아 그 수가 찰 때까지이다. 하나님께서만 그 정한 수를 아신다. 영원 전부터 하나님께서 예정하신 섭리 안에 정해져 있다. 그 수가 지상에서 실현되기까지는 최후의 심판의 날은 올 수 없다.

7. 최후의 심판(6:12-17)

6:12-17

12 내가 보니 여섯째 인을 떼실 때에 큰 지진이 나며 해가 검은 털로 짠 상복같이 검어
지고 달은 온통 피같이 되며 13 하늘의 별들이 무화과나무가 대풍에 흔들려 설익은 열
매가 떨어지는 것같이 땅에 떨어지며 14 하늘은 두루마리가 말리는 것같이 떠나가고
각 산과 섬이 제자리에서 옮겨지매 15 땅의 임금들과 왕족들과 장군들과 부자들과 강
한 자들과 모든 종과 자유인이 굴과 산들의 바위 틈에 숨어 16 산들과 바위에게 말하되
우리 위에 떨어져 보좌에 앉으신 이의 얼굴에서와 그 어린양의 진노에서 우리를 가리
라 17 그들의 진노의 큰 날이 이르렀으니 누가 능히 서리요 하더라

12 어린양이 여섯째 인을 떼어 내자, 큰 지진이 일어났습니다. 해가 검은 천같이 새카맣
게 변하고, 달은 온통 핏빛으로 변했습니다. 13 하늘의 별들은 태풍에 무화과나무의 열
매가 떨어지듯 땅에 떨어졌습니다. 14 하늘은 두루마리가 말리듯이 사라져 버리고, 산
과 섬들도 제자리에서 옮겨졌습니다. 15 모든 사람이 동굴과 산의 바위 틈으로 숨었습
니다. 이 땅의 왕들, 지배자, 장군, 부자, 권세자, 종, 자유인 할 것 없이 모두 숨어들었습
니다. 16 그들은 산과 바위를 향하여 "우리 위에 무너져 다오. 보좌에 앉으신 이의 얼굴

을 보지 않도록 우리를 숨겨다오. 어린양의 노여움에서 우리를 제발 지켜다오. 17 큰 진노의 날이 다가왔으니, 누가 그 진노를 견뎌 내겠는가?"라고 울부짖었습니다.

_아가페 쉬운성경

여섯째 인은, 거기에 응해서 심판날을 소개한다.[164] 이 세기말에 대파멸이 있을 것을 묘사하고 있다. 그날의 두려움, 위협, 놀라움, 당황은 파괴되는 우주와 완전히 공포에 싸인 인류의 양면을 보이는 상징으로 표현된다.

이 대 심판날의 두려움은 물론 악인들에게만 해당한다. 재림의 때에는 믿는 자가 극히 적을 것이므로(눅 18:8), 세상 전체가 불안에 사로잡히게 될 것이라 말할 수 있겠다. 이와 관련하여 매우 흥미 있게 관찰할 것이 있다. 거룩한 진노가 인류에게 최종적으로 쏟아지는 것은 여섯 번째 인－여섯, 혹은 육백육십육, 사람의 수(계 13:18)－과 피조물의 여섯 가지 대상에 영향을 주는 것으로 묘사된 것과 여섯 가지 계급으로 사람을 분류해 놓은 것이다.[165]

심판날의 공포를 상징적으로 묘사하여 열거된 여섯 가지 대상을 주목하자.

첫째, 큰 지진이 난다(특히 겔 38:19; 욜 2:10; 암 8:8; 마 24:29을 참조하라). 하나님의 능력과 분노를 나타내는 것으로써 땅이 뒤집혀 솟아오르고 꺼져 내리는 것을 스스로 그려 보자.

이 지진과 관련해서 해가 검은 털로 짠 상복같이 검어지고 달은 온통 피 같이 된다. 하늘이 어두워지는 것은 지진이 일어날 때면 으레 일어나는 현상이지만 이곳의 상징적인 묘사는 그 이상의 것을 이야기한다. 이는 단순한 어둠이거나 또는 일식도 아니다. 해가 그 빛을 잃고 달이 핏빛을 발하기 때문이다. 요한이 보는 이 광경은 모두가 실제이다. 그러나 결론을 내리는 데 있어서 극히 조심해야 한다. 이 광경을 전체적으로 살펴보도록 하자.[166] 이 진술을 근거로 해서 이 세상 끝날에 천체에 있을 변화에 대하

164) 제Ⅳ장, p.47을 보라.

165) R. C. H. Lenski, *op. cit.*, p.241을 참조.

여 결론을 이끌어 낼 권리는 우리에게 있지 않다. 여기에 말하는 것은 심판날의 공포를 이야기하는 상징적 장면(picture)인 것이다. 전체적으로 살펴볼 때 이 상징은 한 가지 교훈, 즉 교회를 박해한 세상에 대해 쏟아붓는 최종적이고 완전한 하나님의 진노는 실로 두렵다는 것을 가르쳐 준다.

세 가지 대상물, 즉 지진, 해, 달이 진술되었다. 네 번째는 겨울 무화과나무가 태풍에 흔들려 떨어지는 것같이 땅 위에 떨어지는 하늘의 별이다. 요한은 필경 겨울 무화과나무의 열매가 잎새들 틈에 달려 있다가 심한 바람이 가지를 흔들면 소나기처럼 땅에 떨어지는 것을 가끔 보았으리라 믿어진다. 이와 비슷하게 별들이 궤도를 벗어나 소나기처럼 떨어지는 것을 본다. 이들은 지상으로 쏟아져 내린다. 혜성이나 유성이 아닌 별들이다. 도대체 이런 일이 어떻게 있을 수 있느냐고 반문할 것이다. 별 하나 떨어지기에도 지구는 너무 좁다. 여기에서 다시 명심해야 할 것은 이는 생생한 묘사라는 점이다. 실제로 불가능한 것도 환상으로 그려 내는 데에서는 가능하다. 이렇게 이야기하는 것은 물론 이 세대의 종말과 더불어 천체의 완전한 변화와 우주의 새롭게 되는 회복이 있음을 부인하는 것은 아니다. 이는 성경이 매우 분명히 가르친다(벧후 3:10, 12 등). 또한 지금 우리가 공부하고 있는 본문이 이 사실을 부인하고 있다고 말하지 않는다(마 24:39 참조). 그러나 본문의 요점은 악한 자들에 대한 진노의 날의 두려움을 강조하는 것인데, 지진, 떨어지는 별 등이 풀어내는 요소들이 이 광경에 공포를 더한다.

매우 생생하고 공포감을 주는 광경이 묘사된 장면에서 요한은 하늘이 종이 축같이 말려 올라가는 것을 본다(사 34:4 참조). 여섯째 그리고 마지막 대상은 '각 산과 섬'이다. 이 산들과 섬들은 자기 자리를 떠나 완전히 옮겨졌다. 다시금 이 실제의 광경들을 전체적으로 상고하면서 요한이 본 바를 눈앞에 그려 보자. 하늘은 종이 축처럼 말려 떠나가고, 해는 그 빛이 가려져 슬픔에 잠긴 상가에서 입는 상복같이 보이고, 달은 온통 무시무시한 큰 핏덩이가 되고, 별들은 궤도를 벗어나 소나기처럼 땅 위로 쏟아지

---

166) 제Ⅴ장, p.50이하를 보라.

고, 땅은 지진으로 요동하며 모든 건물이 무너지고 모든 산과 섬들이 갑자기 사라진다. 이 얼마나 두렵고 절망적이며 혼란스럽고 당혹스러운 공포가 악인들에게 준비되어 있는가!

이 공포를 겪는 여섯 계급의 사람들을 주목하자.

첫째는 땅의 임금들, 이 지상에서 군림하는 독재자 또는 정치 최고 지도자들이며, 둘째는 왕에 버금가는 왕족들이다. 셋째는 고관들, 군부 독재자 또는 장군들, 넷째는 백만장자들, 상업과 산업의 지도자들, 이들은 재벌들이며 금융계의 거물들을 말한다. 다섯째는 강한 자들, 체육, 교육 등의 어느 부문에서나 강력한 영향력을 구사하는 강자들이며, 마지막은 종과 자유인, 즉 종노릇을 하든지 또는 종의 멍에를 벗은 자들로 구성된 하류 계층의 사람들을 나타낸다.

이처럼 여섯 계급의 상징 밑에서 요한은 갑작스러운 공포에 휩싸이는 사악한 세상을 본다. 산들이 무너지고 바위가 흔들려 쏟아 내리는 것보다 더 두렵고 무서운 사태로부터 공포에 휩싸인 채 도망치는 이들 무리를 본다. 그들은 죽음 가운데서 안전을 구하려고 한다. 요한은 죽음이 이들에게 임했을 때 이들로부터 터져 나오는 오만 가지 부르짖음을 듣는다. 왕들과 노예들, 군주들과 신하들, 이들은 모두 스스로 초래한 절망적인 고뇌 속에 사로잡혀 있다. 무시무시한 울부짖음이 들리는데, **"산들과 바위에게 말하되 우리 위에 떨어져 보좌에 앉으신 이의 얼굴에서와 그 어린양의 진노에서 우리를 가리라 그들의 진노의 큰 날이 이르렀으니 누가 능히 서리요?"** 한다. 그날이 이르면 은혜의 문은 영원히 닫히고 만다.

그러나 최종적이고 완전한 보복이 심판의 날이 올 때까지는 행하여지지 않을지라도 오늘날 심판은 이 땅에 내려지고 있는데, 이는 세상이 하나님의 자녀들을 박해하는 것이다. 역사를 통하여 박해의 인은 심판의 나팔을 울리게 한다. 이것이 하나님께서 이 땅을 그의 거룩한 덕성으로 다스리시는 원리이다. 우리는 이 원리에 비추어서 나날의 사건들을 읽을 수 있어야 하겠다.

8. 인침을 받은 무리(7:1–17)

7:1-17

1 이 일 후에 내가 네 천사가 땅 네 모퉁이에 선 것을 보니 땅의 사방의 바람을 붙잡아
바람으로 하여금 땅에나 바다에나 각종 나무에 불지 못하게 하더라 2 또 보매 다른 천
사가 살아 계신 하나님의 인을 가지고 해 돋는 데로부터 올라와서 땅과 바다를 해롭게
할 권세를 받은 네 천사를 향하여 큰 소리로 외쳐 3 이르되 우리가 우리 하나님의 종들
의 이마에 인치기까지 땅이나 바다나 나무들을 해하지 말라 하더라 4 내가 인침을 받은
자의 수를 들으니 이스라엘 자손의 각 지파 중에서 인침을 받은 자들이 십사만 사천이
니 5 유다 지파 중에 인침을 받은 자가 일만 이천이요 르우벤 지파 중에 일만 이천이요
갓 지파 중에 일만 이천이요 6 아셀 지파 중에 일만 이천이요 납달리 지파 중에 일만 이
천이요 므낫세 지파 중에 일만 이천이요 7 시므온 지파 중에 일만 이천이요 레위 지파
중에 일만 이천이요 잇사갈 지파 중에 일만 이천이요 8 스불론 지파 중에 일만 이천이
요 요셉 지파 중에 일만 이천이요 베냐민 지파 중에 인침을 받은 자가 일만 이천이라 9
이 일 후에 내가 보니 각 나라와 족속과 백성과 방언에서 아무도 능히 셀 수 없는 큰 무
리가 나와 흰옷을 입고 손에 종려 가지를 들고 보좌 앞과 어린양 앞에 서서 10 큰 소리
로 외쳐 이르되 구원하심이 보좌에 앉으신 우리 하나님과 어린양에게 있도다 하니 11
모든 천사가 보좌와 장로들과 네 생물의 주위에 서 있다가 보좌 앞에 엎드려 얼굴을 대
고 하나님께 경배하여 12 이르되 아멘 찬송과 영광과 지혜와 감사와 존귀와 권능과 힘
이 우리 하나님께 세세토록 있을지어다 아멘 하더라 13 장로 중 하나가 응답하여 나에
게 이르되 이 흰옷 입은 자들이 누구며 또 어디서 왔느냐 14 내가 말하기를 내 주여 당
신이 아시나이다 하니 그가 나에게 이르되 이는 큰 환난에서 나오는 자들인데 어린양
의 피에 그 옷을 씻어 희게 하였느니라 15 그러므로 그들이 하나님의 보좌 앞에 있고 또
그의 성전에서 밤낮 하나님을 섬기매 보좌에 앉으신 이가 그들 위에 장막을 치시리니
16 그들이 다시는 주리지도 아니하며 목마르지도 아니하고 해나 아무 뜨거운 기운에
상하지도 아니하리니 17 이는 보좌 가운데에 계신 어린양이 그들의 목자가 되사 생명
수 샘으로 인도하시고 하나님께서 그들의 눈에서 모든 눈물을 씻어 주실 것임이라

1 그 후에 네 천사가 땅의 네 모퉁이에 서 있는 것을 보았습니다. 그들은 사방에서 불어
오는 바람을 붙들어 땅 위, 바다, 나뭇잎 하나도 흔들리지 못하게 막고 있었습니다. 2
나는 또 다른 한 천사가 동쪽에서부터 오고 있는 것을 보았습니다. 그 천사는 살아 계
신 하나님의 도장을 가지고, 큰 소리로 네 천사에게 소리쳤습니다. 앞에 본 천사들은
이 땅과 바다를 해칠 수 있는 권한을 하나님께로부터 받은 자들이었던 것입니다. 그는
네 천사에게 말했습니다. 3 "하나님을 섬기는 자들의 이마에 도장을 다 찍기 전에는 땅
이든지, 바다든지, 나뭇잎 하나라도 건드려서는 안 된다." 4 그리고 나는 도장을 받게
될 사람들의 숫자가 십사만 사천 명이라는 소리를 들었습니다. 이들은 이스라엘의 열
두 지파에 속한 사람들의 숫자였습니다. 5 유다 지파 만 이천 명, 르우벤 지파 만 이천

명, 갓 지파 만 이천 명, 6 아셀 지파 만 이천 명, 납달리 지파 만 이천 명, 므낫세 지파
만 이천 명, 7 시므온 지파 만 이천 명, 레위 지파 만 이천 명, 잇사갈 지파 만 이천 명, 8
스불론 지파 만 이천 명, 요셉 지파 만 이천 명, 베냐민 지파 만 이천 명이었습니다. 9 그
후에 엄청난 군중이 모여 있는 것을 내 눈으로 보았습니다. 그 수가 너무 많아서 나는 셀 수조차 없을 정도였습니다. 모든 나라와 민족, 언어를 초월하여 모인 이 사람들은 하나님의 보좌와 어린양 앞에 섰습니다. 그들은 모두 흰옷을 입고, 손에는 종려나무 가지를 들고 있었습니다.
10 그들은 큰 소리로 외쳤습니다. "구원은 보좌에 계신 우리 하나님과 어린양에게서 옵니다."
11 장로들과 네 생물들도 그 곁에 있었고, 천사들이 다 나아와 보좌 앞에 엎드려 경배하였습니다.
12 천사들은 "아멘! 우리 하나님께 찬송과 영광과 지혜와 감사와 존귀와 능력과 힘이 영원토록 함께하소서! 아멘!" 하고 외쳤습니다.
13 그때, 장로들 가운데 한 사람이 내게 물었습니다. "이 흰옷 입은 사람들이 누구이며, 어디에서 온 사람들인지 아십니까?"
14 나는 "모릅니다. 가르쳐 주십시오"라고 말했습니다. 그 장로는 내게 대답해 주었습니다. "이들은 큰 고난을 겪은 자들입니다. 이들은 어린양의 피로 자신들의 옷을 씻어 희게 하였습니다.
15 이제 이들은 하나님의 보좌 앞에 나아와, 그의 성전에서 하나님을 늘 섬기고 있습니다. 보좌에 계신 분이 이들을 보호해 주고 있습니다.
16 이들은 결코 배고프거나 목마르지 않을 것입니다. 뜨거운 햇볕도 그들에게 해를 입히거나 상하게 못할 것입니다.
17 왜냐하면 보좌 가운데 계시는 어린양이 그들의 목자가 되셔서 생명수가 흐르는 샘으로 인도하실 것이기 때문입니다. 그리고 하나님께서는 그들의 눈에서 흐르는 눈물을 닦아 주실 것입니다."

_아가페 쉬운성경

일곱째 인을 뗄 때에 나타나는 심판의 나팔은 8장과 9장에 기록되어 있다. 그러나 7장이 시작하는 곳에서도 이미 이 심판이 이행될 모든 준비가 되어 있었다. 그렇다면 왜 불신자들에게 이 심판이 내리지 않았는가? 만반의 준비는 되어 있었다. 재앙의 바람은 자신의 임무인 파괴를 위해 불어 댈 준비가 되었고, 네 천사—이 땅을 멸할 특권을 동, 서, 남, 북 사방에서 관장하기 때문에 천사가 넷이다—는 땅과 바다를 해롭게 할 준비가 다 되어 있었다(계 7:2). 그런데 갑자기 요한은 매우 극적으로 동쪽에서 올라오는 다른 천사를 본다. 그는 살아 계신 하나님의 인을 가졌다. 그는 세상을 심판할 때 사방의 바람을 붙잡고 불지 못하게 조절하고 있는 네 천사를 향하여 "우리가 우리 하나님의 종들의 이마에 인치기까지 땅이나 바다나 나무들을 해하지 말라"라고 크게 외친다.

이 재앙은 악인과 박해하는 세상에 대응해 마련된 형벌이다. 하나님의

인으로 이마에 인침을 받은 자는 해하지 않는다. 하나님께서 그리스도에게 우리 모두의 죄악을 담당시키셨다(사 53:6). 그리고 "하나님을 사랑하는 자 곧 그의 뜻대로 부르심을 입은 자들에게는 모든 것이 합력하여 선을 이루느니라"(롬 8:28)고 평안이 보장되어 있다.

하늘 아래 가장 귀한 일이 인침을 받는 것이다. 성경은 인침을 받는 것을 세 가지 의미로 우리에게 가르친다. 첫째, 인은 그 내용물을 만지거나 변형시키는 것을 **방지**한다. 그래서 예수님의 무덤은 병사들에 의해서 봉하여지고 지킴을 받았다(마 27:66; 계 5:1 참조). 둘째, 인은 소유권을 **표시**한다. 그래서 아가서 8:6을 보면 "나를 도장같이 마음에 품고"라고 기록된 것을 본다. 셋째, 인은 진짜임을 **증명**하는 것이다. 전 유대인을 전멸시킬 칙서는 아하수에로 왕의 도장으로 인쳐 있었다(에 3:12).

성도는 이상의 세 가지 뜻의 인으로써 인침을 받았다. 성부께서 인쳤으니 성도는 성부의 보호와 방어 속에서 전 생애를 향유한다. 성자가 인쳤으니, 이는 그의 보혈로 우리를 사셨고 구원하심이다. 그리스도는 우리를 소유하신다. 성령이 인쳤으니(엡 1:13) 이는 우리가 하나님의 자녀임을 확증한 것이다(롬 8:15).

우리가 상고하고 있는 이 구절에서 강조하는 것은 소유권과 이에 따르는 보호이다. 하나님의 자녀들은 '그들의 이마에' 인침을 받았다고 한 것에 주목하자. 14장에 인침을 받은 같은 무리, 즉 십사만 사천이 다시 나타남을 본다. 그들의 이마에 어린양의 이름과 아버지의 이름이 있다고 기록된 것을 우리는 읽는다. 여기 기록된 이름은 틀림없이 인침을 말할 것이다[167](계 22:4도 참조).

요한은 인침을 받은 수를 듣는다. 그러나 요한은 그들을 보지는 못한다. 그것은 인침을 받을 자가 아직 이 땅에 있기 때문이다. 하나님께서만 그 수가 얼마나 있는지 아신다. 즉 십사만 사천이다. 물론 이 수는 상징적인 것이다. 먼저 삼위(三位)를 나타내는 숫자 셋은 넷과 곱하여졌는데 이는 모든 피조물을 말하며, 인침을 받은 자들이 동, 서, 남, 북에서 온다는

167) 계 2:17의 설명을 참조하라.

것을 뜻한다. 셋에다 넷을 곱하면 열둘이 된다. 이 숫자는 삼위(3)가 온 우주(4)를 경영하신다는 것을 나타낸다.[168] 성부께서 성자를 통하여 성령 안에서 그의 구원 사역을 이 땅에 이루시는 것－하나님(3)께서 온 우주(4)를 운영하신다－을 우리는 보는데, 구약에서는 열두(3×4) 족장과 신약에서는 열두 사도를 통하여 행하신다. 구약과 신약시대 교회의 의미를 파악하기 위해서 열둘에다 열둘을 곱해야 하는데 그 수가 백사십사이다. 이 설명과 완전히 조화가 되는 구절을 계시록 21장에서 우리가 읽을 수 있는데, 여기에 거룩한 성인 예루살렘이 열두 문과 열두 초석으로 되어 있음을 본다. 열두 문에는 이스라엘 자손의 열두 지파의 이름이 기록되어 있다. 열두 초석에는 어린양의 열두 사도의 이름이 새겨져 있다(21:9−14). 또한 성벽의 높이는 144규빗임을 알 수 있다(21:17).

그러므로 계시록 7장의 인치심을 받은 무리는 구약과 신약시대를 걸친 지상의 전체 교회를 상징함이 분명하다. 부분적인 교회를 말하는 것이 아니고 세상과 싸우는 전체 교회를 의미한다는 것을 강조하기 위하여 이 숫자 144는 1000으로 곱하여졌다. 일천은 10×10×10으로 완전한 입방체이며 이는 완전한 세제곱을 말한다[169](계 21:16을 보라). 문자 그대로 이스라엘의 열두 지파에서 나온 144,000은 영적 이스라엘, 즉 지상의 하나님의 교회를 상징한다. 이 상징이 궁극적으로 육신적인 이스라엘을 암시한다고 하는 것은 잘못이다. 사도 요한은 열두 지파 중 열 지파는 앗수르에서 소멸된 것을 확실히 알고 있었다. 적어도 앗수르에서 많은 수가 흩어졌으며, 예루살렘이 함락된 A.D. 70년에는 유다와 베냐민 지파는 그들의 민족으로서의 존재를 상실했다. 그뿐만 아니라 육적 이스라엘을 뜻한다면 단과 에브라임 지파는 왜 누락되었을까? 단 지파의 전부가 소멸되지는 않았을 것이다. 다시 한 번 이 지파들이 배열된 순서에 주목하여 보자. 르우벤이 아니고 유다가 먼저 진술되었다. 우리 주 예수 그리스도는 유다 지파였음을 기억하자(창 49:10).

---

168) C. F. Wishart, *op. cit.*, pp.22이하를 참조하라.
169) *Ibid.*, p.23.

각 지파에서 정확하게 일만 이천씩 인침을 받았다는 것은-다양 속의 조화- 이미 지적한 바와 같이 상징으로 취급함을 암시한다는 것이 분명해진다. 이 상징의 의미는 우리가 알 수 없는 것이 아니다. 첫째로 십사만 사천을 산출해 낸 바로 그 숫자는 이미 우리가 살펴보았듯이 계시록 21장에 충분히 설명되어 있다. 이 21장에 의하면 이 숫자는 신구약 전 세대의 교회를 나타낸 것이라고 할 수 있겠다. 그뿐만 아니라 14장에서 우리는 다시 이와 같은 무리 144,000을 볼 수 있다. 여기에서 이 사람들은 땅으로부터 노력과 희생을 치르고 인침을 받은 자들이라고 분명히 말했다. 그들은 어린양이 어디로 가든지 따르는 자들이고 세상과 싸우는 전체 교회(지상의 교회)를 나타낸 것이라고 계시록 20:4에서 명백히 가르친 바 있다.[170] 그리스도께서 그의 보혈로 사시고, 그들을 소유하시며, 아버지께서(그리스도를 통하여 성령 안에서) 그들을 보호하신다. 바람이 몰아친다 하여도 하나님의 자녀들을 해치지 못하며, 심판이 와도 하나님이 택하신 자녀들을 다치게 하지 못하리라!

이 일 후에 요한은 그 어떤 환상보다도 가장 영광스러운 환상을 본다. 그것은 교회가 승리자로서 영원 전부터 있었던 것처럼 하나님 앞과 그 보좌 앞에서 영원토록 거하게 되는 것이다. 비록 그 정확한 수는 주께서만 아실 터이지만(딤후 2:19), 우리 인간이 헤아릴 수 없을 만큼 큰 무리이다. 이들은 각 나라, 족속, 백성과 방언으로부터 모인 것이다.[171] 하나님께서 택한 이스라엘 백성들 중에서도 참석하고 이방인과 유대인도 뽑혀져 모였음이 분명하다. 그들은 지금 보좌와 그 위에 앉으신 어린양 앞에 서 있다(계 5:7). 보좌와 어린양 앞에 서 있다고 하는 것은 교제, 경배, 그리고 영광을 어린양과 더불어 나누는 것을 의미한다. 능히 셀 수 없이 큰 무리가 길게 끌리는 흰옷을 입고 있다. 길게 끌리는 옷은 예복으로 잔치와 복을, 흰색은 의와 거룩함(7:14 참조)을 상징한다. 이 복된 무리가 손에 종려

---

170) 전체 교회(유대인 특유의 교회가 아닌)를 뜻한다는 W. Milligan, *op. cit.*, pp. 861 이하의 견해가 대단히 유력한 논지이다.

171) 제IX장, p.130이하를 보라.

나무 가지를 들고 있는 것을 본다. 종려나무 가지는 구원을 상징한다(요 12:13). 또한 이들은 "구원하심이 보좌에 앉으신 우리 하나님과 어린양에게 있도다"라고 큰 소리로 외치는 것을 듣는다. 우리가 읽은 바 문자 그대로 그 '구원하심'은 일반적인 구원하심이 아니라, 정해진 구원-죄와 그 모든 결과에 의해서 결정되는-을 말한다. 이 구원받은 자들은 구원의 감격을 자신들의 지혜나 선행에 돌리지 않고 하나님과 어린양에게 돌린다.

'우리의 자랑이시요 능력의 영광되신 하나님
하나님의 주권적 은혜는 우리의 요새와 망대시라.
우리가 머리를 들지니 하나님은 우리 위의 방패이시라.
하나님의 임재가 우리 앞에서 가시나니
하나님을 통해서 오직 하나님 그분만으로
우리는 승리의 관을 쓰며, 원수의 해가 다시 없으며
우리의 왕, 이스라엘의 하나님으로 승리하리니,
그를 높여 찬양할지라.'

천사들이 구속받은 무리를 둘러싼다(p.118 도표 참조). 두 번의 아멘과 일곱 번의 찬양의 말로써 하나님께 경배한다(7:12).[172] 이것은 승리한 교회가 드리는 경배와 일치한다(5:11 참조). **"장로 중 하나가 응답하여 나에게 이르되 '이 흰옷 입은 자들이 누구며 또 어디서 왔느뇨?' 내가 말하기를 '내 주여 당신이 아시나이다.'"**

이제는 한 장로가 말한다(7:13; 5:5을 참조). 이 사람은 체험에 의하여 구원의 의미를 아는 자이다. 그가 요한에게 묻는데 요한에게 들어 알고자 함이 아니요, 요한의 주의를 능히 셀 수 없는 큰 무리에게 집중시키고자 한 것이다. 특히 그 놀라운 이적, 즉 죄인 되었던 자들이 지금은 의롭고 거룩하며, 길게 끌리는 흰옷을 입은 것에 더욱 관심을 갖도록 하기 위함이었다. 요한이 '주께서 아시나이다'라고 대답한 것은 이 큰 이적의 설명을 듣기 원함에서이다. 지극히 고상하고 아름다운 모양으로 장로에 의해 설명되어지는 이 부분이 4-7장의 끝이다. 이 부분의 주제는 **환난 중의 교회**

임을 늘 명심하자. 우리는 도살의 붉은 말, 비행과 궁핍의 검은 말, 죽음의 청황색 말을 보았다.

그들이 지닌 증거와 하나님 말씀 때문에 죽임을 당한 영혼들이 부르짖는 소리를 우리는 들었다. 이 모든 시련이 보좌에 앉으신 분에 의해 조정되고 있음이 명백하다. 또한 교회가 이 환난 가운데 있지 않다는 점을 분명하게 해 준다. 이 흰옷 입은 자들은 대환난에서 '나온' 자들로 구성되어 있다. 본문은 이렇게 말하고 있다. "그가 나에게 이르되 '이는 큰 환난에서 나오는 자들인데 어린양의 피에 그 옷을 씻어 희게 하였느니라 그러므로 그들이 하나님의 보좌 앞에 있고 또 그의 성전에서 밤낮 하나님을 섬기매 보좌에 앉으신 이가 그들 위에 장막을 치시리니 그들이 다시는 주리지도 아니하며 목마르지도 아니하고 해나 아무 뜨거운 기운에 상하지도 아니하리니 이는 보좌 가운데에 계신 어린양이 그들의 목자가 되사 생명수 샘으로 인도하시고 하나님께서 그들이 눈에서 모든 눈물을 씻어 주실 것임이라.'"

장로는 요한에게 흰옷을 입은 사람들은 '큰 환난에서 나오는' 자들이라고 말한다. 이 환난은 대 환난인데 이는 모든 시련과 재앙을 포함하고 있

---

172) 정관사가 일곱 찬양의 각 조목 앞에 나오는 것을 주목하라. 가장 충실하고 깊은 의미에서 이들의 탁월성은 하나님, 오직 그분에게만 해당한다는 것을 나타낸다. 이 일곱은 다음의 뜻이 있다.

a. ἡ εὐλογία : 이는 십중팔구 축복의 기원뿐만 아니라 우리의 구원의 기초가 되는 하나님의 속성의 복된 충만함을 실제로 소유하는 것을 뜻한다.

b. ἡ δόξα : 하나님의 속성(주권, 의, 사랑, 은혜 등)의 광휘를 인지할 때 그 결과에 의한 영광을 뜻한다.

c. ἡ σοφία : 구원 계획과 그 계획의 수행상 나타나시는 하나님의 지혜를 뜻한다. 하나님께서는 항상 최상의 목표에 도달하시기 위해 최선의 방법을 택하신다. 이 지혜는 외견상 서로 용납하지 않는 것들을 화해시키는 것을 말한다(앞서 나온 전체 문맥에 비추어 엡 3:10을 참조하라).

d.와 e. ἡ εὐχαριστία 그리고 ἡ τιμὴ : 감사와 존귀는 우리의 구원 가운데서 역사하시는 하나님의 지혜가 인지될 때 항상 일어나는 것이다.

f.와 g. ἡ δύναμις 그리고 ἡ ἰσχὺς : 하나님의 권능과 능력(권능은 능력을 포함한다)은 그의 지혜에서처럼 구원의 역사 속에서도 명백히 나타나신다는 뜻이다.

기 때문이다. 즉 인으로 상징된, 하나님의 백성을 대상으로 예정된 모든 환난과 박해가 포함된 것이다. 이 부분 모두 4-7장의 통일성을 보여 준다. 요점은 성도들이 이 모든 환난에서 나온다는 것이다. 네덜란드어에서 '죽는다' 라는 말은 '어려움을 극복한다(혹은 지나간다)' 라는 의미를 갖고 있다. 이는 성도들이 어느 때라도 죽을 때가 닥친다는 사실을 표현한 것이다.

환상 중에 요한이 본 사람들은 어린양의 피에 그 옷을 깨끗이 씻어 희게 하였다(요일 1:7; 히 9:14 참조). 다시 말해서 그들은 그들의 모든 믿음을 예수 그리스도의 구원의 피에 근거했다는 것을 의미한다. 우리 주님께서 흘리신 피는 완전한 구속을 나타내며 죄와 죄에 오염된 모든 심령을 씻어 주심을 말한다. 그리스도의 붉은 피가 그들을 희게 하였다.

그러므로 그들은 하나님의 보좌 앞에 서게 된 것이다. 그리스도와 그의 구속에 온전한 믿음을 쏟는 자만이 보좌 앞에 서게 된다. 그들은 하나님을 경배하는데 이는 자발적이며 기쁨이 넘치는 중에 마음속 깊은 곳으로부터 아낌없이 드리는 봉헌을 말한다. 이것은 쉬임없이 드리는 경배이다. 이처럼 구속받은 성도들은 영광 중에서 지극히 풍성하고 만족하며 친밀한 사귐을 그리스도로 말미암아 하나님과 갖게 되며, 하나님의 성전, 곧 그가 계신 곳에서 경배를 드리게 된다. 보좌에 앉으신 이가 구속받은 성도들을 자식 대하듯이 아끼며, 하나님의 임재하심을 마치 장막처럼 그들 위에 펴시며 그들을 품으신다. 소극적으로는, 성도의 구원은 모든 염려와 시련 그리고 모든 고난과 박해 받음에서부터 풀려나와 더 이상 주리지도, 목 마르지도, 덥지도 않은 것이다. 적극적으로는, 성도의 구원이 지극히 복된 상태, 즉 어린양이 그들의 목자가 됨을(시 23편; 요 10:11, 14 참조) 향유하는 것이다. 어린양이 목자가 되셨다는 사실을 생각해 보라! 이 어린양이 양 떼를 생명 샘가로 이끄신다. 물은 영생과 구원을 상징한다(사 55:1; 요 7:38, 39). 샘은 생명의 근원을 나타내는데 어린양으로 말미암아 구원받은 자들이 아버지와 함께 영원토록 끊임없는 교제를 갖는다는 것이다.

마지막으로 가장 아름답고 복된 말씀은 "하나님께서 그들의 눈에서 모든 눈물을 씻어 주실 것임이라"라는 말이다. 단순히 눈물을 닦아 주는 것, 닦고 씻어서 없어지는 것이 아니라 눈에서부터 완전히 제거하시는 것이며, 완전한 기쁨, 평안, 영광, 깊고 친밀한 사귐, 충만한 생명만이 남는다는 것을 의미한다! 그리고 하나님께서 바로 이 완전한 구원의 섭리자이시다.

제 X 장
계시록 8-11장
일곱 나팔

교회사의 역사적 전개는 우리의 경이적 시선 앞에서 두 차례 펼쳐졌다. 우리는 촛대 사이를 거니시는 인자를 보았다. 또 인자의 자애로운 경고의 말씀, 간곡한 책망, 그리고 관대한 약속의 음성을 들었다. 일곱 통의 편지 속에서 예수 그리스도가 바로 문 앞에 서서 두드리심을 볼 때, 우리에게 점점 가까이 다가오시는 것처럼 보였다. 예수께서 들어오셔서 우리와 함께 먹고 마시겠다는 약속이 실현되기를 열망할 무렵 환상은 끝났다. 그러나 이것이 우리의 심령에 남긴 인자의 인상은 지울 수 없다. 비통의 눈물 속에서 우리와 매우 가까이 계시는 주를 보며, 포근한 사랑과 붙들어 주시는 힘을 알게 된다. 주께서 세상의 빛이심을 보게 된다. 그 빛은 우리를 통하여 빛을 발하며 교회는 그 촛대이다(1-3장).

다시 시대가 잠시 과거로 돌아가…주께서 고난 받으신 후 승천하시던 순간으로 돌아간다. 눈을 부릅뜨고 하늘 위에 열려 있는 문을 본다. 이 문으로 들여다보니 우레 소리가 나고 천둥이 울리며, 번쩍이는 번개가 보좌로부터 쏟아져 나오는 것을 본다. 하늘을 둘러싼 모든 것들이 벽옥과 홍보석의 광채에 가려 보이지 아니하시는 분의 주권을 인정하는 감사의 찬송을 드린다. 갑자기 대행사가 벌어지는데, 그것은 보좌에 앉으신 하나님의 오른손으로부터 두루마리를 취하신 예수 그리스도의 대관식이다. 한 장로가 "울지 말라 유대 지파의 사자 다윗의 뿌리가 이겼으니"(계 5:5)라고 외치는 소리를 듣는다.

첫째 인을 떼며 바로 그 예수께서 당연히 이기고 또 이기려고 나아가는 것을 볼 때 놀랄 필요는 없다. 그런데 흰말을 탄 자 뒤에는 항상 붉은 말을 탄 자가 따르는 것을 보게 되는데, 언제나 우리 주 예수 그리스도가 영적 규(圭)를 휘두를 때 사탄이 검을 내두르기 시작한다. 인은 교회를 괴롭히는 세상의 박해뿐 아니라 모든 모양의 시련과 환난을 상징한다. 제단 아래 있는 영혼들의 환상에서 우리는 죽임을 당한 성도들이 그 보상을 받지 못하도록 내버려 두지 않는다는 확신을 얻는다. 물론 최종적이고 완전한 보복이 여호와의 큰 날을 위하여 예비되어 있지만, 오늘날에도 박해의 인은 수시로 심판의 나팔의 추격을 받는다. 그러나 이 나팔이 소개되기 전에 전투적 교회가 모든 해침으로부터 보호되는 인침을 받는다. 마지막으로 승리한 교회가 대 환난에서 벗어나고 직접 임재하시는 영광스러운 어린양과 영원토록 교제와 기쁨을 누리게 됨을 본다(4-7장). 이제 심판의 나팔에 대한 준비가 다 되었다.

심판의 나팔들(8-11장)은 사건의 **연속**, 이 세대에 끊임없이 일어나는 재앙을 상징한다.[173] 단일한 사건 또는 어떤 큰 사건에서 어느 부분만 분리해서 상징되어진 것이 아니고 이 땅의 어디서나 언제나 있을 수 있는 재앙에 대하여 말한 것이다. 그러므로 나팔은 인과 동시성을 갖는다. 또한 이 심판의 나팔은 분명히 보복을 한다는 특징을 갖는다. 이 보복의 무서운 재앙은 그리스도의 뜻을 거스르고 성도를 박해하는 악인들에게 내리는 것이다. 그러나 여기서 우리가 주목할 것은 하나님께서는 이러한 보복의 재앙을 통해서 악인들을 회개하라고 부르신다는 점이다. 이 재앙들이 하나님의 완전하고 최종적인 불만을 상징하는 것은 아니다. 오히려 하나님의 심판의 **시작**을 나타내는 것이다. 그들은 심각한 경고를 받고 있지만 최종적인 판결을 받은 것은 아니다. 나팔은 경고하고 대접은 진노를 쏟아붓는다는 것을 기억하자. 그러므로 나팔은 삼분의 일-전체가 아닌-의 땅, 바다, 강, 해, 달에게 경고한다. 나팔의 주요 임무와 책임은 경고하는 것이다(겔 33:3).

---

173) 제Ⅴ장, p.53이하를 보라.

또한 이 심판의 나팔은 전 우주의 여러 부분, 육지, 바다 등에까지 그 영향을 준다는 것을 기억하자. 악을 행한 자에게는 안전한 곳이 없다. 그러나 여기에는 명백한 어떤 순서가 있다. 첫 네 나팔은 악을 행한 자들에게 **육체적** 고통을 주고 마지막 셋은 **영적** 괴로움을 준다. 지옥이 그들 앞에 열린 것이다!

이 심판들은 애굽의 재앙들을 상기시키는 용어로 표현되었다. '우박과 불' (8:7), '어두워짐' (8:12), '황충' (9:3) 등이 그것이다. 그러나 계시록에 나타나는 재앙에 대한 묘사는 더욱 무섭다. 우박과 붉은 **피**가 섞여 쏟아지고 황충(메뚜기)은 풀이나 나무를 해하지 않고 **사람**을 해한다. 이 심판의 재앙들은 악을 행하는 자 곧 성도를 박해하는 세상(애굽), 즉 우리 주님께서 십자가상에서 못 박히신 곳(11:8)에 쏟아져 내린다. 이 심판의 재앙들은 성도들에게 내리지는 않는다.

1. 일곱째 인(8:1-6)

8:1-6

1 일곱째 인을 떼실 때에 하늘이 반 시간쯤 고요하더니 2 내가 보매 하나님 앞에 일곱
천사가 서 있어 일곱 나팔을 받았더라 3 또 다른 천사가 와서 제단 곁에 서서 금향로를
가지고 많은 향을 받았으니 이는 모든 성도의 기도와 합하여 보좌 앞 금제단에 드리고
자 함이라 4 향연이 성도의 기도와 함께 천사의 손으로부터 하나님 앞으로 올라가는지
라 5 천사가 향로를 가지고 제단의 불을 담아다가 땅에 쏟으매 우레와 음성과 번개와
지진이 나더라 6일곱 나팔을 가진 일곱 천사가 나팔 불기를 준비하더라

1 어린양이 일곱 번째 봉인을 떼어 내자, 반 시간쯤 하늘이 고요하였습니다. 2 그런 후,
일곱 명의 천사가 하나님 앞에 서 있는 것이 보였습니다. 그들은 하나님께로부터 일곱
나팔을 받았습니다. 3 다른 천사 하나가 제단 앞으로 나아왔습니다. 그 천사는 금향로
를 들고 있었습니다. 금향로에 향을 가득 채워 성도들의 기도와 함께 보좌 앞의 금제단
에 내려놓았습니다. 4 향의 연기가 천사의 손에서 하나님께로 올라갔습니다. 이 향과
함께 성도들의 기도도 하나님 앞으로 올라갔습니다. 5 그 후, 천사는 제단의 불을 향로
에 가득 담아 땅에 던졌습니다. 그러자 천둥과 번개와 지진이 일어나며, 큰 소리가 땅
을 뒤덮었습니다. 6 드디어 일곱 나팔을 손에 들고 있던 일곱 천사가 나팔을 불 준비를
하였습니다.

_아가페 쉬운성경

"일곱째 인을 떼실 때에 하늘이 반 시간쯤 고요하더니."

왜 고요한가? 이 땅에서 박해받는 하나님의 자녀들의 기도를 하늘에 들리도록 하기 위함인가?[174] 여기서 다시 구약의 상징들을 해석하는 견해에 주의를 기울이게 된다. 전능자가 심판하러 나가시는 것이 종종 구약의 예언서에서는 침묵으로 소개되는데, 예를 들면 하박국 2:20에서 "오직 여호와는 그 성전에 계시니 온 땅은 그 앞에서 잠잠할지니라."(스바냐 1:7, 스가랴 2:13 참조)가 바로 그것이다. 계시록도 이와 같은 곧 일어날 심판의 무서움을 예고하는데 침묵으로 이를 소개한다. 침묵은 하나님의 진노를 보다 인상깊게 한다. 이 심판의 계시는 악을 행한 자들에게는 그처럼 무섭고 놀라움이 될 것이기 때문에 하늘에 있는 모든 것들이 한동안 꼼짝않고 반(半) 시간쯤 멈추어서 숨도 못 쉬고 침묵과 놀라움에 넋을 잃고 서 있었다. 하나님께서는 '마음속으로' 부터 환난을 내리시지는 않는다. 이것도 하늘의 침묵으로 나타나 있다(눅 19:41; 애 3:33; 겔 33:11). 지금 요한은 하나님 앞에 서 있는 일곱 천사－아주 높은 지위의 천사－가 각기 나팔을 받아 들고 있는 것을 본다.[175] 그리고 다른 천사가 나타난다. 그는 금향로를 들고 금제단[176] 앞으로 나아온다. 금향로에는 향이 가득 채워져 있다. 그 향은 그가 받은 것인데 천사가 갖다 준 것은 아니다. 천사에게 주어진 많은 향은 하늘에 계신 구세주께서 지상에서 박해를 당하는 그의 교회를 위한 중재와 화해를 나타낸다고 결론을 끌어내는 것이 이 상징의 의미를 지나치게 과장한 것일까?[177] 구원을 전제로 한 중재가 우리의 기도를 깨끗하게 성화시키지 않겠는가? 다음 구절이 이렇게 위의 말을 해석해 준다. **"이는 모든 성도의 기도와 합하여 보좌 앞 금제단에 드리고자 함이라."**

박해와 환난 중의 성도들은 기도를 한다. 그러나 그들의 기도생활은 불완전하다.[178] 이 불완전한 기도는 그리스도의 중재와 화해의 기도로써 분

---

174) R. H. Charles, *op. cit.*, p.223 참조.

175) 계시록 전권을 통하여 하나님은 항상 우주의 주권자로 군림하신다. '주어지다, 받다' (given)라는 말이 얼마나 자주 나타나는가를 주목하여 보라.

176) 계 6:9에 나타나는 번제단처럼 보인다.

177) R. C. H. Lenski, *op. cit.*, p.269를 참조.

향되어야 한다. 요한은 이렇게 분향된 향기가 하나님 앞으로 피어오르는 것을 본다. 즉 성도들의 불완전한 기도가 분향의 연기와 함께 완전하게 되어 하늘에 상달된 것이다. 보좌에 앉으신 주께서 성도들의 한숨과 고통을 보신다. 환난 중에 있는 그의 자녀들의 간구와 감사를 들으신다. 천사들은 이러한 사실을 알고 있다. 성도들의 기도가 상달했음을 인식한 것이다. 그래서 천사는 향로를 취하여 그 향을 비우고 제단 위에 있는 불을 가득 담아다가 땅 위에다 쏟아붓는다. 즉 **하나님께서 성도들의 기도를 들으셨고 땅에 내리는 심판은 그 기도의 응답**인 것이다. 이는 천사의 이해나 관점에서뿐 아니라 하나님께서도 보시고 이해하시는 것이다. 본문을 보면 **"우레와 음성과 번개와 지진이 나더라"**고 기록되어 있다. 이런 까닭에 일곱 천사들이 나팔을 불 준비를 한다.

2. 첫 번째 네 나팔(8:7-13)

8:7-13

7 첫째 천사가 나팔을 부니 피 섞인 우박과 불이 나와서 땅에 쏟아지매 땅의 삼분의 일
이 타 버리고 수목의 삼분의 일도 타 버리고 각종 푸른 풀도 타 버렸더라 8 둘째 천사가
나팔을 부니 불 붙는 큰 산과 같은 것이 바다에 던져지매 바다의 삼분의 일이 피가 되
고 9 바다 가운데 생명 가진 피조물들의 삼분의 일이 죽고 배들의 삼분의 일이 깨지더
라 10 셋째 천사가 나팔을 부니 횃불같이 타는 큰 별이 하늘에서 떨어져 강들의 삼분의
일과 여러 물샘에 떨어지니 11 이 별 이름은 쓴 쑥이라 물의 삼분의 일이 쓴 쑥이 되매
그 물이 쓴 물이 되므로 많은 사람이 죽더라 12 넷째 천사가 나팔을 부니 해 삼분의 일
과 달 삼분의 일과 별들의 삼분의 일이 타격을 받아 그 삼분의 일이 어두워지니 낮 삼
분의 일은 비추임이 없고 밤도 그러하더라 13 내가 또 보고 들으니 공중에 날아가는 독
수리가 큰 소리로 이르되 땅에 사는 자들에게 화, 화, 화가 있으리니 이는 세 천사들이
불어야 할 나팔 소리가 남아 있음이로다 하더라

178) R. C. Trench, *Synonyms of the New Testament*, p.176를 보라.

계시록 8:7-13

7 첫 번째 천사가 나팔을 불자, 피 섞인 우박과 불이 땅으로 쏟아졌습니다. 그러자 땅의
삼분의 일이 불타고, 모든 나무의 삼분의 일과 풀들이 다 타 버렸습니다. 8 두 번째 천
사가 나팔을 불자, 불타는 큰 산과 같은 것이 바다로 떨어져 바다의 삼분의 일이 피가
되어 버렸습니다. 9 바다 속 생물의 삼분의 일이 죽고, 배의 삼분의 일도 파손되었습니
다. 10 세 번째 천사가 나팔을 불자, 횃불처럼 타고 있던 큰 별 하나가 하늘에서 떨어져
강의 삼분의 일과 샘들을 뒤덮었습니다. 11 그 별의 이름은 쑥이었는데, 이로 인해 물의
삼분의 일이 쓰게 되어, 그 쓴 물을 마신 수많은 사람들이 죽었습니다. 12 네 번째 천사
가 나팔을 불자, 해와 달과 별의 삼분의 일이 충격을 받아 어두워졌습니다. 이로 말미
암아 낮의 삼분의 일이 빛을 잃었고, 밤의 삼분의 일도 그렇게 됐습니다. 13 내가 지켜
보는 동안, 독수리 한 마리가 공중으로 높이 날아가며, 큰 소리로 외치는 것을 들었습니
다. "재난이다! 재난이다! 세상에 사는 사람들에게 재난이 온다! 남은 세 천사가 나팔
을 불 때, 그 재난은 시작될 것이다." _아가페 쉬운성경

첫째 천사가 나팔을 부니 우박과 불이 비바람처럼 내린다. 우박과 불은 피가 섞인 듯했다. 이는 우박과 불의 파괴적 특징을 강조하는 것이며, 우리는 또한 땅의 삼분의 일, 수목의 삼분의 일, 풀의 삼분의 일–풀 이파리도 포함하여–이 타 버리는 것을 본다. 십중팔구 이 첫째 나팔은 초림시부터 재림시까지 지금도 우주를 통치하시는 하늘에 계신 우리 주님이 지상의 여러 가지 재앙과 참사로 교회를 박해하는 자들을 쳐서 괴롭히실 것을 말한다. 어떤 형태나 특징을 가졌든지 이 재앙들은 하늘에 계신 주님의 조정을 받으며, 또한 분명히 우리의 통치하시는 주님에 의해 이 재앙들이 보내어짐을 받았다는 것이 다음의 **"땅에 쏟아지매"**란 구절에서 명확하게 나타나 있다.

둘째 천사가 나팔을 분다. 요한은 한 큰 산처럼 보이는 것이 이글이글 타면서 바다 속으로 던져지는 것을 본다. 요한은 정말 산을 본 것이 아니라 산처럼 **보이는 것**을 보았다고 한 점에 주목하자. 요한이 본 것은 바다에 내려지는 하나님의 심판의 무서움을 상징하는 것이다. 부활하여 하늘에 오르신 그리스도께서는 행악자들을 경고하고 처벌하시는 도구로 **육지**에 대한 재앙만을 내리시는 것이 아니라, 그들을 대항하는 도구로써 **바다**도 사용하신다. 바다에 쏟아져 내리는 재앙도 이렇게 보면서 해석해야 한다. 산이 바다로 던져진다는 광경은 최대의 어마어마한 해상의 재앙을 나

타내는 생생한 상징이며, 특히 산이 이글이글 타는 것은 더욱 그러하다. 이것은 큰 고통과 소동을 상징한다(시 46:2; 사 34:3; 54:10; 겔 38:20; 미 1:4; 나 1:5; 욥 9:5 등). 이 심판은 첫째 심판보다 더욱 가혹한데, 바다의 삼분의 일이 피가 되고, 바다 속의 생물이 삼분의 일이 죽으며, 선박 삼분의 일이 파손되고 선원과 선객이 죽는다.

셋째 천사가 나팔을 분다. 첫째 나팔 후에 하나님의 아들이 식물을, 둘째 나팔 후에는 바다를 사용하셨듯이, 이제는 주 예수 그리스도께서 바로 땅에 있는 물들을 악인을 치는 도구로 쓰신다. 꼭 전달되어야 할 메시지는 바로 이것이다. "핍박받는 하나님의 자녀들아, 주께서 너희의 눈물을 보시며, 너희 고통을 잊지 않고 계신다. 너희를 핍박하는 자들은 더 이상 평안이나 기쁨을 찾을 수 없을 것이다. 땅이나 바다뿐 아니라 전 세대를 통하여 강과 샘들도 이 행악자들을 대적하리라." 그 후에 요한은 횃불처럼 타는 큰 별이 하늘에서 떨어지는 것을 본다. 이보다 더 큰 공포를 주는 것이 어디 있겠는가? 인간의 심령에 이보다 더 큰 공포를 주는 상징이 또 어디 있겠는가? 그뿐만 아니라 이 큰 별이, 횃불처럼 타는 큰 별이 하늘에서 떨어지는데 육지의 물들(강이나 샘)에 내리는 심판은 하나님께서 하시는 일이라는 것을 기억하자. 이 사실은 자주 망각된다. 홍수나 전염병이 발생했을 때 그 여파에 대하여 신문들이 기사를 싣는 것을 볼 수 있는데, 이러한 기사가 하나님의 심판의 경고를 발하는 음성이라는 것을 지적해 내지는 못한다! 오하이오 대홍수의 공포를 기억하는가? 이런 재앙—세계 도처의, 어느 시대에 있었던 홍수도—을 회개하라고 부르는 하나님의 나팔 소리로 듣고 보는 자가 얼마나 될 것인가?

별의 이름은 쓴 쑥이라고 부르는데 이는 비통한 설움(애 3:19)의 상징이다. 그 의미는 이 재앙의 결과로 행악자들의 심령이 비참한 슬픔으로 가득해질 것임을 말한다. 그뿐만 아니라 많은 사람이 물로 인해 죽게 되는데, 그것은 물이 먹을 수 없도록 쓰게 되었기 때문이다.[179]

넷째 천사가 나팔을 분다. 해의 삼분의 일이 폭발하고, 달의 삼분의 일과 별들의 삼분의 일이 타격을 받아서 그 삼분의 일이 어두워지며, 낮 삼분의 일이 빛을 잃고 비추임이 없고 밤도 또한 그러하다. 그리하여 별들도 그 다니는 길에서 하나님의 교회의 원수를 대적하여 싸운다(삿 5:20). 해, 달, 별들이 생명에 끼치는 영향이 얼마나 클지 판단할 수가 없다. 천체의 비정상적인 기능에 의해서 일어났던 모든 시대의 재앙들이 여기 진술된다. 그리하여 하나님을 섬기지 않고 그의 교회를 박해하는 자들에게 경고로써 해, 달, 별까지를 포함한 전 우주가 주님에 의해 사용된다.

네 천사들이 나팔을 불었다. 그런데 잠깐 휴식이 있다.[180] 요한은 한 마리의 독수리를 보고 그 새가 지르는 큰 소리를 듣는다(8:13). 독수리는 높이 날아서 뜨기 때문에 어느 곳에서든지 볼 수 있다. 이 독수리는 불운을 예고해 주는 새인데, 그들의 먹이인 죽은 시체를 찾아다니는 새이다(마 24:28). 그래서 이 새가 큰 소리로 **"땅에 사는 자들에게 화, 화, 화가 있으리니 이는 세 천사들이 불어야 할 나팔 소리가 남아 있음이로다 하더라"**고 외친다. 그 소리는 크고 분명해서 어느 곳에서든지 들을 수 있었다. 이 의미는 너무도 분명한데, 그것은 남은 세 가지 재앙이 처음 네 가지보다 더 가혹하다는 것을 의미한다.

3. 다섯 번째와 여섯 번째 나팔(9:1-21)

9:1-21

1 다섯째 천사가 나팔을 불매 내가 보니 하늘에서 땅에 떨어진 별 하나가 있는데 그가 무저갱의 열쇠를 받았더라 2 그가 무저갱을 여니 그 구멍에서 큰 화덕의 연기 같은 연기가 올라오매 해와 공기가 그 구멍의 연기로 말미암아 어두워지며 3 또 황충이 연기

179) 이 재앙의 의미를 좀 더 확대해 본다면, 이 땅의 물을 써서 못 마시게 한 상징은 인간이 필요로 하는 것을 만족시키는 모든 수단을 이 재앙이 차단한다는 것을 나타낸다고 볼 수 있다. 그러므로 물은 인간이 필요로 하는 것, 예를 들면 산업이나 상업을 상징하는 것이 된다. 샘과 물을 사용하지 못하게 하는 것은 특히 산업과 상업 등의 혼란을 뜻하는 것이 되겠다.

180) 여기서 또다시 일곱을 두 그룹으로 즉 셋과 넷으로 배열한 것을 주목하도록 하자. 제Ⅱ장, p.30이하를 보라.

가운데로부터 땅 위에 나오매 그들이 땅에 있는 전갈의 권세와 같은 권세를 받았더라 4
그들에게 이르시되 땅의 풀이나 푸른 것이나 각종 수목은 해하지 말고 오직 이마에 하
나님의 인침을 받지 아니한 사람들만 해하라 하시더라 5 그러나 그들을 죽이지는 못하
게 하시고 다섯 달 동안 괴롭게만 하게 하시는데 그 괴롭게 함은 전갈이 사람을 쏠 때
에 괴롭게 함과 같더라 6 그 날에는 사람들이 죽기를 구하여도 죽지 못하고 죽고 싶으
나 죽음이 그들을 피하리로다 7 황충들의 모양은 전쟁을 위하여 준비한 말들 같고 그
머리에 금 같은 관 비슷한 것을 썼으며 그 얼굴은 사람의 얼굴 같고 8 또 여자의 머리털
같은 머리털이 있고 그 이빨은 사자의 이빨 같으며 9 또 철 호심경 같은 호심경이 있고
그 날개들의 소리는 병거와 많은 말들이 전쟁터로 달려 들어가는 소리 같으며 10 또 전
갈과 같은 꼬리와 쏘는 살이 있어 그 꼬리에는 다섯 달 동안 사람들을 해하는 권세가
있더라 11 그들에게 왕이 있으니 무저갱의 사자라 히브리어로는 그 이름이 아바돈이요
헬라어로는 그 이름이 아볼루온이더라 12 첫째 화는 지나갔으나 보라 아직도 이후에
화 둘이 이르리로다 13 여섯째 천사가 나팔을 불매 내가 들으니 하나님 앞 금제단 네 뿔
에서 한 음성이 나서 14 나팔 가진 여섯째 천사에게 말하기를 큰 강 유브라데에 결박한
네 천사를 놓아주라 하매 15 네 천사가 놓였으니 그들은 그 년 월 일 시에 이르러 사람
삼분의 일을 죽이기로 준비된 자들이더라 16 마병대의 수는 이만 만이니 내가 그들의
수를 들었노라 17 이 같은 환상 가운데 그 말들과 그 위에 탄 자들을 보니 불빛과 자줏
빛과 유황빛 호심경이 있고 또 말들의 머리는 사자 머리 같고 그 입에서는 불과 연기와
유황이 나오더라 18 이 세 재앙 곧 자기들의 입에서 나오는 불과 연기와 유황으로 말미
암아 사람 삼분의 일이 죽임을 당하니라 19 이 말들의 힘은 입과 꼬리에 있으니 꼬리는
뱀 같고 또 꼬리에 머리가 있어 이것으로 해하더라 20 이 재앙에 죽지 않고 남은 사람들
은 손으로 행한 일을 회개하지 아니하고 오히려 여러 귀신과 또는 보거나 듣거나 다니
거나 하지 못하는 금, 은, 동과 목석의 우상에게 절하고 21 또 그 살인과 복술과 음행과
도둑질을 회개하지 아니하더라

---

1 다섯 번째 천사가 나팔을 불자, 하늘에서 별 하나가 땅으로 떨어졌습니다. 그 별은 바
닥이 보이지 않는 깊은 구덩이를 여는 열쇠를 가지고 있었습니다. 2 그 구덩이를 열자,
마치 큰 용광로에서 내뿜듯이 연기가 솟아올랐습니다. 그 연기 때문에 태양과 하늘이
어두워졌습니다. 3 잠시 후, 그 연기 속에서 메뚜기 떼가 나와 모든 땅에 퍼졌습니다.
이 메뚜기 떼는 전갈처럼 쏘는 독을 갖고 있었는데, 4 땅의 모든 풀과 나무는 해치지 말
고, 오직 이마에 하나님의 도장이 찍히지 않은 사람들만 해치라는 명령을 받았습니다.
5 그러나 그들을 죽이지는 말고, 전갈에게 쏘인 것처럼 다섯 달 동안 아픔에 시달리게
하라고 하셨습니다. 6 사람들은 그 고통을 못 이겨 죽고 싶어 하지만, 마음대로 죽을 수
조차 없을 것입니다. 왜냐하면 죽음이 그들을 피해 멀리 달아날 것이기 때문입니다. 7
그 메뚜기 떼의 모양은 마치 전쟁 준비를 끝낸 말들처럼 보였습니다. 머리에는 금관 같
은 것을 쓰고, 얼굴은 사람의 얼굴 같았습니다. 8 여자처럼 긴 머리털을 하고, 이빨은
사자 이빨처럼 생겼으며, 9 쇠로 된 방패막이가 가슴을 덮고 있는 듯했습니다. 또 날개

소리는 많은 전차와 말들이 전쟁터로 달려가는 소리처럼 들렸습니다. 10 꼬리에는 전
갈처럼 쏘는 가시가 달려 있었는데, 그 꼬리에 다섯 달 동안 사람들을 괴롭힐 수 있는
힘이 있었습니다. 11 이 메뚜기들의 왕은 밑바닥 없는 구덩이의 수호자로, 히브리어로
는 아바돈, 그리스어로는 아볼루온이라는 이름을 가지고 있었습니다. 12 첫 번째 재난
은 지나갔지만, 아직도 두 번의 재난이 남아 있습니다. 13 여섯 번째 천사가 나팔을 불
자, 하나님 앞에 있는 금제단의 뿔에서 한 음성이 들렸습니다. 14 그 음성은 나팔을 가
진 여섯 번째 천사에게 말했습니다. "큰 유프라테스 강에 매여 있는 네 천사를 풀어 주
어라." 15 그 천사들은 바로 이 시간, 이날을 위해 준비해 놓은 자들이었습니다. 이제
그들은 풀려나 이 땅의 삼분의 일에 이르는 사람들을 죽일 것입니다. 16 나는 그들이 이
끌 기병대의 수가 이억이나 된다는 소리를 들었습니다. 17 환상 중에 나는 그 말들과 말
탄 자들을 보았습니다. 그들은 가슴에 타는 듯한 붉은빛, 푸른빛, 유황처럼 노란빛의 방
패막이를 하고 있었고, 말들의 머리는 사자의 머리와 같았고, 그 입에서 불과 연기와 유
황이 뿜어져 나왔습니다. 18 이 불과 연기와 유황으로 이 땅의 삼분의 일에 이르는 사
람들이 죽었습니다. 19 또한 말들의 입뿐 아니라 꼬리에도 힘이 있어, 머리 달린 뱀처럼
생긴 꼬리가 사람들을 물어 상처를 입혔습니다. 20 그러나 이 재앙에 살아남은 자들은
여전히 회개하지 않고, 손으로 만든 우상에게 가서 빌었습니다. 그들은 귀신을 섬기고,
금, 은, 돌, 청동, 나무로 만든 보지도, 듣지도, 걷지도 못하는 우상들을 향해 절하였습
니다. 21 또한 살인과 마술과 음란과 도적질하기를 계속하며 마음을 돌이키지 않았습
니다.

_아가페 쉬운성경

다섯째 천사가 나팔을 분다. 요한은 하늘로부터 한 큰 별이 떨어지는 것을 본다. 누가복음 10:18을 참조하면 "사탄이 하늘로부터 번개같이 떨어지는 것을 내가 보았노라"이다. 이것은 마귀의 현재 상태인데, 하나님을 거스름으로 인해 이전의 거룩함과 영광스러움과 하늘나라에서의 지위를 잃고 말았다. 환상 중에 요한은 암흑의 왕자가 무저갱의 열쇠를 받는 것을 본다. 즉 다시 말하면 무저갱의 닫힌 문을 열 수 있는 권리를 얻어서 귀신들을 나오도록 한다. 이 무저갱은 최후 심판 때까지의 지옥을 말한다(눅 8:31, 계 20:1, 3). 심판 후에 지옥은 '불못'이라고 불린다(계 20:14, 15). 사탄이 무저갱의 문을 열었다는 것은 악을 선동하고 악령과 악한 행위와 그 영향력을 세상에 퍼뜨려서 가득 채운다는 말이다. 요한은 그 무저갱의 자물쇠가 풀리자마자 큰 화덕의 연기 같은 연기와 검고 푸른색의 먼지 같은 것이 토하여 나오는 것을 본다. 이것은 기만과 미혹, 죄와 슬픔, 도덕적 흑암과 타락, 즉 지옥에서 늘 뿜어 나오는 연기인 것이다. 이 연기

가 이처럼 탁하고 악해서 햇빛을 가리고 대기가 어두워졌다.[181] 이렇게 행할 수 있는 능력이 마귀에게 '주어졌다' 고 하였는데, 이는 마귀가 인간의 심령 속에서 악행을 자행하도록 하는 것이 하나님에 의해 금지되지 않았다는 것과, 이 악은 하나님이 아닌 마귀가 책임을 져야 한다는 것을 의미한다. 이것이 또한 **나팔** 중의 하나임을 명심하자. 하나님께서는 행악자들의 회개를 위하여 사탄의 힘까지도 악인들에 대한 경고로 사용하시는 것이다(9:21).

또한 황충들이 그 연기로부터 나와 땅 위에 떨어진다. 이 황충의 재앙보다 더 무서운 것은 상상하기 어렵다. 이런 재앙에 대한 생생한 기록은 출애굽기 10:4-15과, 특히 요엘서에도 자세히 기록되어 있다.[182]

이 재앙이 식물과 인간에게 끼친 영향을 살펴보자(요엘 1:7-12).

> "그들이 내 포도나무를 멸하며
> 내 무화과나무를 긁어
> 말갛게 벗겨서 버리니
> 그 모든 가지가 하얗게 되었도다 …
> 밭이 황무하고 토지가 마르니
> 곡식이 떨어지며
> 새 포도주가 말랐고 …
>
> 밭의 모든 나무가 다 시들었으니
> 이러므로 사람의 즐거움이 말랐도다"

---

181) 해와 공기를 꼭 우화적으로 해석할 필요가 있다고는 생각지 않는다. 눈에 보이는 것처럼 문자적인 해와 공기가 환상으로 나타난 것을 뜻한다고 볼 수 있다. 환상 중에는 연기가 매우 짙고 검기 때문에 해와 공기도 따라서 검어졌다. 그러므로 이 광경을 총체적으로 살펴볼 때 악의 세력에 의한 극심한 도덕적·영적 암흑을 상징한 것임을 알 수 있다.

182) 요엘의 모든 예언은 다음의 세 가지 주제가 그 중점을 이루고 있다. 재앙 1:2-2:11, 회개 2:12-17, 약속 2:18-3:21. 그리고 2:2하-11의 황충(메뚜기)에 대한 생생한 묘사를 주목하여 보라.

파괴, 황폐, 황무지, 절망 등은 황충(메뚜기)의 횡포로 일어났는데, 이 피해는 보고 경험한 자만이 이해할 수 있을 것이다. 파괴력에 있어서 그 어느 것보다도 믿을 수 없을 정도로 위력을 발휘하는 황충들은 요엘서에서 말하는 황충보다 더 무섭고 몸서리나는 것들이다. 황충이 가져오는 재앙의 상징으로서 요한은 행악자들의 생활과 마음속에서 꿈틀대는 지옥의 힘과 그 영향을 묘사한다. 보통 황충이 아닌 이 황충들은 식물은 해치지도, 상하게 하지도 않으면서 인침을 받지 않은 자들을 해친다(계 7:1-8 참조). 그러나-하나님께 영광을!- 황충이 파괴하는 기간은 하나님의 허락하심 안에 분명하게 정해져 있는데 다섯 달 동안이다.[183] 이 흉악한 황충에 대한 생생한 묘사가 뒤따른다(계 9:6-10). 이 묘사는 전체적으로 해석해야 한다.[184] 이 황충은 싸움을 위하여 예비된 말(馬)들 같고, 승리나 할 것처럼 가짜 금으로 만든 관을 썼다. 황충의 얼굴은 파괴에 열중하는 사람의 얼굴을 닮았으며, 그 머리털은 복수의 여신의 머리털 같고, 이빨은 사자의 이 같고, 쇠로 된 무적의 호심경을 두르고 있었다. 또 날개들이 치는 소리는 많은 병거와 말들이 전쟁터로 달려드는 것 같으며, 심히 고통스럽고 타는 듯하지만 치명적인 타격은 아니면서 전갈의 쏘는 것 같은 공포로 사람의 심령을 찔렀다. 사람들의 영혼을 잠재적 위협과 절망으로 가득 채워서 죽고자 해도 죽을 수 없는, 현 세대에 행악자들의 영혼 속에 암흑 세력의 역사를 말하는, 이보다 더 무섭고도 떨리는 확실한 광경을 생각해 낼 수 있을까? 인간의 모든 빛, 즉 모든 참된 공의와 거룩함, 즐거움과 화평, 지혜와 이해를 훔치는 악한 귀신이 여기에 있다. 그 귀신의 왕은 '무저갱의 천사' 인데, 이들의 이름은 두 가지 말-히브리어와 헬라어-로 파괴자라는 뜻이다. 이 모든 상징적인 광경들은 한 가지 개념, 즉 공포와 파괴를 강조하는데 이는 사탄이 하는 일이기 때문이다.

하나님의 경고의 음성을 듣자. "첫째 화는 지나갔으나 보라 아직도 이후

183) '다섯 달' 에 대한 해설이 너무도 많이 나왔기 때문에 더 이상 거론하지 않는 편이 낫다고 생각한다.

184) 제 V 장, p.50이하를 보라.

에 화 둘이 이르리로다."

여섯째 천사가 나팔을 분다. 사람의 심령을 파괴해 오던 종전의 흑암 세력이 인간을 악마로 변모시킨다. 전쟁 때는 사악한 인간이 인간의 탈을 쓴 귀신처럼 보이기 때문이다. 여섯째 나팔은 전쟁을 말하는데 어떤 특별한 전쟁을 지칭한 것이 아니라 과거, 현재, 미래의 일반적인 모든 전쟁을 말한다. 그러나 여기 이 상징은 특히 이 세상 끝날에 있을 극히 무서운 전쟁을 나타낸다고 확신한다. 물론 우리는 전쟁이 넷째 인에서 상징되었음을 기억하고 있다. 넷째 인에서의 전쟁은 성도들이 세상과 함께 견디어야 할 시련과 고통을 말한다. 여기의 전쟁을 표시하는 나팔의 상징은 불신자들에게 내리는 경고의 음성으로 묘사된다. 이러한 환난을 겪는 세상의 모든 세대를 통하여 하나님께서는 수시로 핍박당하는 자녀들의 기도를 들으시는데, 이 기도는 그리스도의 구속의 공로와 중재로써 분향이 되었다. 분향된 제단으로부터 향연이 하늘로 올라가는 것을 본다(8:3, 4). 그 기도에 대한 응답이 9:13에 있는데 "하나님 앞 금제단 네 뿔에서" 나오는 것으로 표시되어 있다.

금제단 뿔에서부터 나오는 음성이 여섯째 천사에게 말하기를 "큰 강 유브라데에 결박한 네 천사를 놓아주라 하매"(9:14)라고 했다. 이 강은 앗수르와 바벨론, 즉 악한 세상을 대표한다. 이 네 천사들은 7:1에 나타난 천사와 같지는 않다.[185] 여기에 언급된 천사들은 전부 악한 천사들이다. 이들은 인간들을 전쟁에 몰아넣기를 즐기는 천사들이다. 그러나 하나님의 허락없이 아무것도 할 수 없다. 그리고—바로 이 점을 결코 잊지 말자!—하나님의 마지막 허락으로 그들을 풀어놓아 악인들에 대한 경고의 음성으로 전쟁을 사용하신다(9:20). 그러므로 전쟁도 하나님의 뜻인데 그 발발하는 연, 월, 일과 시까지도 다 정해져 있다.

이제 요한은 전쟁터에 있는 군사들을 본다. 헤아릴 수 없이 많은 기병대가 있다. 요한이 그 수(數)를 듣는데, 무려 이억이다! 물론 이것은 상징

185) 계 7:1의 네 천사는 땅의 '네 방향(東, 西, 南, 北)에' 서 있다. 계 9:14의 네 천사는 유브라데 강에 결박되어 있다.

적인 숫자이나 그만큼 거대한 무리를 뜻한다. 그뿐만 아니라 말 탄 자들과 말들은 한 가지 목적만을 갖고 있는데 그것은 곧 파괴이다. 말 탄 자들과 말들의 완벽한 조화를 나타내기 위해서, 말 탄 자들은 불빛과 자줏빛과 유황빛 호심경을 둘렀고, 말들의 입에서 불과 연기와 유황이 나온다고 진술되어 있다. 여기 말들은 여느 말들과는 다르다는 사실이 분명하다. 이는 분명히 각종 병거와 전쟁 무기를 상징한다. 이 무서운 전쟁 도구, 생명과 직결되는 살육과 파괴의 기계는 닥치는 대로 무너뜨리고 부수는데(19절), 이것은 이곳 '말들'의 상징에서 나타났다. 이들은 전 인류의 삼분의 일을 죽인다.

나팔에 대한 통상적인 의미는 명백하다. 전 세대에 걸쳐서, 즉 주님의 초림 때부터 재림시까지 하나님의 두루마리의 뜻에 따라 모든 것을 통치하시는 우리 주 예수 그리스도께서 육적, 영적 그리고 생의 모든 분야에 재앙을 내림으로써 교회를 박해하는 자들을 끊임없이 징벌하실 것이다. 주님께서는 순교자의 피를 제일 귀하게 보신다. 모든 성도들의 기도는 꼭 응답되었다. 하나님께서 그들의 눈물과 수난을 보신다. 그러나 이 모든 경고의 음성을 들었음에도 불구하고(재앙을 당하면서도), 대부분의 인간들은 회개하지 않는다. 어리석고 완악한 인간은 첫째(20절)와 둘째(21절) 계명을 계속해서 범한다. 핍박하는 세상은 회개하지 않는 세상이 된다. 회개하지 않는 세상은 최후 진노의 대접에 담긴 벌을 쏟도록 할 뿐만 아니라(15-16장) 최후 심판의 진노를 초래하게 한다. 더 이상 지체하지 아니하리라.

4. 작은 두루마리를 가진 천사(10:1-11)

10:1-11

1 내가 또 보니 힘센 다른 천사가 구름을 입고 하늘에서 내려오는데 그 머리 위에 무지개가 있고 그 얼굴은 해 같고 그 발은 불기둥 같으며 2 그 손에는 펴 놓인 작은 두루마리를 들고 그 오른발은 바다를 밟고 왼발은 땅을 밟고 3 사자가 부르짖는 것같이 큰 소리로 외치니 그가 외칠 때에 일곱 우레가 그 소리를 내어 말하더라 4 일곱 우레가 말을

할 때에 내가 기록하려고 하다가 곧 들으니 하늘에서 소리가 나서 말하기를 일곱 우레
가 말한 것을 인봉하고 기록하지 말라 하더라 5 내가 본 바 바다와 땅을 밟고 서 있는
천사가 하늘을 향하여 오른손을 들고 6 세세토록 살아 계신 이 곧 하늘과 그 가운데에
있는 물건이며 땅과 그 가운데에 있는 물건이며 바다와 그 가운데에 있는 물건을 창조
하신 이를 가리켜 맹세하여 이르되 지체하지 아니하리니 7 일곱째 천사가 소리 내는 날
그의 나팔을 불려고 할 때에 하나님이 그의 종 선지자들에게 전하신 복음과 같이 하나
님의 그 비밀이 이루어지리라 하더라 8 하늘에서 나서 내게 들리던 음성이 또 내게 말
하여 이르되 네가 가서 바다와 땅을 밟고 서 있는 천사의 손에 펴 놓인 두루마리를 가
지라 하기로 9 내가 천사에게 나아가 작은 두루마리를 달라 한즉 천사가 이르되 갖다
먹어 버리라 네 배에는 쓰나 네 입에는 꿀같이 달리라 하거늘 10 내가 천사의 손에서 작
은 두루마리를 갖다 먹어 버리니 내 입에는 꿀같이 다나 먹은 후에 내 배에서는 쓰게
되더라 11 그가 내게 말하기를 네가 많은 백성과 나라와 방언과 임금에게 다시 예언하
여야 하리라 하더라

---

1 그 후에 나는 또 다른 힘센 천사 하나가 하늘에서 내려오는 것을 보았습니다. 그는 구
름에 휩싸여 있었고, 머리 위로는 무지개가 떠 있었습니다. 얼굴은 마치 태양처럼 빛났
으며, 발은 불기둥 같았습니다. 2 그 천사의 손에는 펼쳐진 작은 두루마리 하나가 쥐어
져 있었습니다. 그 천사는 오른발로 바다를 밟고, 왼발로는 땅을 밟고 섰습니다. 3 그가
사자처럼 큰 소리로 부르짖자, 일곱 천둥의 음성이 들려왔습니다. 4 내가 천둥이 하는
말을 받아 적으려 하자, 하늘로부터 한 음성이 들려왔습니다. "일곱 천둥이 말하는 것
을 기록하지 마라. 그것을 비밀로 하여라." 5 바다와 땅을 밟고 있던 천사가 하늘을 향
해 오른손을 높이 들었습니다. 6 그는 영원히 살아 계시며, 하늘과 땅과 바다와 그 안에
모든 것을 지으신 하나님의 능력 앞에 맹세하며 이렇게 말했습니다. "더 이상 기다리지
않을 것이다! 7 일곱 번째 천사가 나팔을 부는 날, 하나님의 비밀스런 계획은 이루어질
것이다. 이 계획은 하나님께서 그의 종들과 예언자들을 통해 이미 말씀하신 것이다." 8
하늘로부터 같은 음성이 들려왔습니다. "바다와 땅을 밟고 서 있는 천사에게 가서, 그
손에 있는 두루마리를 받아라." 9 나는 천사에게 가서, 그 작은 두루마리를 달라고 하였
습니다. 천사는 내게 "이것을 받아 먹어라. 배에 들어가면 쓰겠지만, 네 입에서는 꿀처
럼 달 것이다" 하고 말했습니다. 10 나는 그 두루마리를 천사의 손에서 받아 먹었습니
다. 정말 입에서는 꿀처럼 달콤했지만, 먹고 나니 뱃속이 쓰라리고 아팠습니다. 11 그
때, "너는 많은 민족과 나라와 언어와 왕들에 대하여 다시 예언해야 한다"라는 음성이
들려왔습니다.

_아가페 쉬운성경

세 번째의 마지막 진노―최후의 심판―를 알리기 위하여 다른 천사가 나타난다. 요한은 그가 하늘에서 내려오는 것을 본다. 이 천사는 매우 크다. 그의 발은 불기둥과 같은데 왼쪽 발은 땅 위에 오른쪽 발은 바다에 걸쳐 딛고 서 있어서 한 걸음으로 육지와 바다를 건널 수 있을 만큼 거인이

다. 그 얼굴은 해 같고 구름이 그를 감싸고 있다. 해같이 빛나는 그의 얼굴은 구름 속에서 빛나며 그의 머리 위로 둥글게 무지개를 그리고 있다. 이 상징은 이 천사가 바로 그리스도임을 명백히 연상하게 한다(1:7, 17; 4:3 참조). 이 두 구절을 찾아서 그리스도와 천사 사이의 매우 닮은 점을 찾아보자. 물론 이 둘은 같은 인물은 아니다.[186] 하나님의 거룩하심이 천사의 얼굴로 상징되었고 그의 심판이 구름으로 표현되어 있다(습 1:15, 시 97:2). 그리고 그의 긍휼과 언약의 신실함은 무지개로 나타났다.

왜 이 천사는 육지와 바다를 딛고 서서 사자의 부르짖는 것같이 큰 소리로 외치는가? 그 이유는 그가 전하는 소식은 온 우주와 온 천하에 미치며, 또 모두가 들어야 하기 때문이다. 그의 부르짖음의 응답으로써 일곱 우레－시 29편 참조[187]－가 각각 일곱 가지의 다른 소식을 발한다. 요한이 각각 다른 일곱 가지의 내용을 기록하려는 순간에 하늘로부터 한 음성이 나서 듣게 되었는데, 그 음성은 **"일곱 우레가 말한 것을 인봉하고 기록하지 말라"**는 것이었다. 그 의미는 분명히, 미래를 결정하는 모든 원인과 섭리는 알 수도 묘사할 수도 없다는 것이다. 우리는 촛대, 인, 나팔, 대접 등의 의미는 알고 있다. 그러나 역사하시는 다른 어떤 힘, 즉 일곱 우레와 같은 전 우주를 경영하는 원칙이 있는데, 우리는 이것이 무엇인지 알 수 없다. 그러므로 우리는 미래를 예견하거나 예측하는 데 신중해야 한다. 그것은 매우 중요한 요소들을 빼놓을 가능성이 있기 때문이다. 영광이 재차 강조된 천사가 이제 하늘을 향하여 오른손을 들고(창 14:22; 단 12:7 참조) 영원하시고 전능하시며 온 우주를 창조하신 하나님을 가리켜 맹세하기를, 더 오래 지체하지 않을 것이라고 말한다. 더 이상 지체하지 아니하리라! 최후의 심판은 곧 내릴 것이다. 하나님의 비밀－전혀 알려지지 않기 때문에 비밀이 아니라 하나님께서 계시하지 않으시면 알 도리가 없기 때문에 비밀이다－ 즉, 하나님 뜻의 비밀은 세계사와 깊은 연관성이 있는

186) 그리스도는 계시록에서 '한 천사'로 불리지 않는다. 또한 요한은 그가 그리스도에게 경배하듯이 천사에게 경배한다고 본문에서 말하지 않는다(계 1:17).

187) '여호와의 음성'이라는 표현이 이 시편 중에 일곱 번이나 나타나는데, 이곳에서도 하나님의 크고 위대하심이 우레로 진술되어 있다.

데, 최후의 심판 때 그 절정을 이룰 것이다. 하나님의 백성들은 그들의 최후의 영광된 기업을 받게 될 것인데, 이는 하나님께서 그의 종, 선지자들에게 약속한 완전한 구원을 말한다.

이제 최후의 심판이 온다. 우리는 **"일곱째 천사가 소리를 내는 날 그의 나팔을 불려고 할 때"**라는 구절을 읽고 그렇게 기대한다. 우리는 심판날을 기대한다. 그러나 이 심판은 11:15 이하에 가서야 분명하게 진술된다. 여섯째 인 다음에 일곱째 인이 즉시 따르지 않고 극히 아름답고 위로에 찬 구절이 먼저 기록된 것처럼(7장), 또한 교회가 최후에 안전하고 승리할 것이라는 말이 먼저 언급되었던 것처럼, 이곳에서도 여섯째 나팔 뒤에 일곱째 나팔이 즉시 뒤따르지 않는다. 먼저, 수난과 능력, 임무, 그리고 교회의 최후의 승리가 진술되어야만 악인들에게 심판이 내릴 때 성도들이 위로를 받을 것이다. 또한 피할 수 없는 최후의 심판의 성격을 여섯 가지 재앙으로 나타낸 하나님의 경고의 음성에 악한 세상이 귀를 기울이지 않을 뿐아니라 오히려 '두 증인'의 분명하고 명백한 증거를 배척하였다는 것을 생각할 때 더욱 더 분명해진다(11장).

그렇다면 이것은 하나님의 지체하심을 말하는 것이 아닌가? 천사는 지체하지 않을 것이라고 엄숙하게 맹세하였는데 여기서는 지체할 것 같은 인상을 받는다. 그러나 그렇게 보이는 것뿐이다. 10:8-11:13에 여섯째 나팔과 일곱째 나팔 사이에 시간적인 간격이 있는 것이 아니다. 단순히 다른 면에서 본 현 세대, 즉 이미 진술한 바 있는 교회의 수난, 능력, 임무와 최후의 승리를 묘사한 것이다.

요한이 천사를 보았을 때 영광 중에 있는 그 천사가 손에 펴 놓인 작은 두루마리를 들고 있는 것에 주목했다(2절). 사도 요한은 이제 그 작은 두루마리를 가지라는 명령을 받았다. 그래서 요한은 그 천사에게 달라고 청하였다. 천사는 이 요구에 응하여 말하기를 **"갖다 먹어 버리라 네 배에는 쓰나 네 입에는 꿀같이 달리라"**(겔 2:9 이하; 3:1 참조)고 했다. 시편 119:103은 이 구절의 의미를 분명하게 밝혀 준다. 작은 두루마리는 하나님의 말씀, 즉 구원의 비밀이 설명되어 있는 복음이다. 복음은 영광스럽고 달다. 그러나 그 복음을 전파하는 데에는 항상 쓰디쓴 고난이 따른다.

이와 마찬가지로 첫째 흰말 탄 자, 즉 그리스도(6:2)는 언제나 둘째 말 탄 자, 곧 죽이는 자의 뒤따름을 받는다. 환상 중에 요한은 천사의 손에서 작은 두루마리를 갖다 먹어 버린다. 그 두루마리는 요한의 입에서는 정말 꿀처럼 다나 그것을 먹은 후에는 배에서 쓰게 되었다. 이 의미는 아주 분명하다. 요한은 복음을 단순히 이해하고 소화하였을 뿐 아니라 또한 단 것과 수난, 즉 이 복음을 충실하게 전하는 자의 몫인 십자가의 멍에를 걸머지는 것이다. 실제로 요한은 밧모 섬에 추방당하지 않았던가? 하나님의 말씀과 예수의 증거로 말미암아 수난과 박해를 당하는 성도들에게 편지를 기록하여 보내지 않았던가?(1:9 참조) 그러나 하나님은 그리스도를 위하여 하나님의 말씀을 전파하다가 당하는 수난을 성도들로 하여금 끝까지 이겨내도록 하신다. 이런 까닭에 하늘의 천사가 요한에게 많은 백성과 나라와 방언과 임금에게 거듭 예언의 메시지를 전하도록 이른다(계 17장 참조). 여기에서 요한은 실제로 나라와 임금에 대하여 예언하고 있다.

5. 성전을 측량함(11:1-2)

11:1-2

1 또 내게 지팡이 같은 갈대를 주며 말하기를 일어나서 하나님의 성전과 제단과 그 안에서 경배하는 자들을 측량하되 2 성전 바깥 마당은 측량하지 말고 그냥 두라 이것은 이방인에게 주었은즉 그들이 거룩한 성을 마흔두 달 동안 짓밟으리라

1 또 나는 지팡이처럼 생긴 잣대 하나를 받았습니다. 그때, 이런 말이 들려왔습니다. "가서 하나님의 성전과 제단을 재고, 그곳에서 예배드리는 사람들의 수를 세어라. 2 그러나 성전 바깥뜰은 재지 말고, 그대로 두어라. 그곳은 이방인들에게 내어준 곳이다. 그들은 마흔두 달 동안, 거룩한 성을 짓밟을 것이다. _아가페 쉬운성경

앞서 살펴본 10:8-11과 밀접한 관계가 있는 11장은 참된 교회가 구원의 '단[甘]' 복음을 전파하는 데 견디어 내야 할 '쓴[苦]' 인내에 대하여 진술하고 있다. 환상 중에[188] 어떤 사람이 요한에게 무겁고 굵은 지팡이 같은 갈대를 주었는데 이는 치수를 재는 자(尺) 막대기와 같았다. 요한은 하나

님의 성전과 그 제단과 거기에서 경배하는 자들을 측량하라는 말을 들었다. 성전 바깥 마당은 측량하지 말고 그냥 두라는 말도 아울러 들었다. 마당은 내버려둬야 한다. **"성전 바깥 마당은 측량하지 말고 그냥 두라 이것은 이방인에게 주었은즉 그들이 거룩한 성을 마흔두 달 동안 짓밟으리라."**

왜 측량을 하는가? 이 의미는 무엇인가? 가까운 문맥이나 유사한 표현(21:15), 그리고 구약의 배경(겔 40:5; 42:20; 슥 2:1)을 근거로 살펴보면, 성전 측량의 의미는 모든 재앙에서 보호하고 안전하도록 하기 위하여 세속적인 모든 것으로부터 분리한다는 뜻이다. 그러므로 성전은 '용납' 되지만 마당은 '배척' 된다.

여기서나 그 외 다른 곳에서도 요한은 환상을 보고 있다는 것을 명심함이 매우 중요하다. 그러므로 헤롯 성전이 아직도 예루살렘에 세워져 있고 계시록이 로마에 의해 유대가 멸망하기 전에 기록되었다고 상상하는 것은 전혀 근거가 없는 이야기이다. 환상 중에는 문자로 나타낼 수 없는 비실재의 사물도 볼 수 있는 것이다.

다시 한 번 이 문맥을 판단하여 볼 때, 요한이 환상 가운데 본 것은 십중팔구 예루살렘에 있는 헤롯 성전이 틀림없을 것이다. 어떻든 요한은 이 땅에 존재하고 있었던 유대의 한 성전을 본다. 그는 성전을 측량하라는 말을 들었는데 그것은 성소와 지성소를 포함한 성전의 일부이다. 성전 바깥 마당, 즉 이방인의 마당은 물리쳐야 한다. 이 마당은 측량해서는 안 된다. 물론 다른 마당이 여럿 있었지만 여기에 언급되지 않은 것을 보면 아마 그 마당들은 상징적인 중요성이 없었던 것 같다. 그런데 이방인의 마당 밖에는 마태복음 27:53에 나타난 '거룩한 성' 이라고 불린 예루살렘이 거기 있었다. 요한은 하늘의 예루살렘을 생각하는 것이 아니라 여기에서는 분명히 그리스도를 배척한 지상의 예루살렘을 생각하고 있다. 이 예루살렘은 이곳과 마태복음 27:53에서 '거룩한 성' 이라고 불리는데 그 까닭은 예전에는 거룩했기 때문이다. 오늘날에도 지상의 예루살렘을 가끔 '거

---

188) 이것은 모두 환상이며 상징이라는 점을 강조하고 있음을 보라. R. C. H. Lenski, *op. cit.*, p.325.

룩한 성' 이라고 부른다. 요한은 환상 가운데 지상의 예루살렘－곧, 지상의 한 성전－을 보는 것이 확실한데, 이는 "그들이 거룩한 성을 마흔두 달 동안 짓밟으리라"고 했기 때문이다. 그곳은 이교도들에 의해서 '짓밟힐' 예루살렘을 말한다. 이와 유사한 구절, 누가복음 21:24에 보면 이 예루살렘이 지상의 예루살렘을 뜻한다고 분명하게 지적되어 있다. 이것이 환상이요 상징이며 묘사된 광경이다. 이 점을 분명히 알도록 하자. 요한은 지상의 성전이 있는 지상의 예루살렘을 본다. 그는 성전 내부를 측량하지만 바깥 마당은 그냥 둔다. '거룩한 성' 인 예루살렘과 성전 바깥 마당까지도 이방인들에 의해 마흔두 달 동안 짓밟힐 것이다.

그러면 이상과 같이 묘사된 이 광경이 의미하는 것은 무엇인가? 이는 모든 보여지는 광경과 상징에 해당하는 질문이다. 궁극적이고 영적인 중요성은 무엇인가? 그런데 보여지는 여러 광경들과 궁극적인 상징의 중요성은 동일한 것이 아니다. 광경은 한 가지 사물을 보이고 설명하지만 상징의 궁극적인 중요성은 많은 의미를 지닌다는 데 있다. 이 두 가지는 항상 밀접하게 관계를 맺고 있지만 이들을 결코 혼동해서는 안 된다. 깊은 영적 의미는 가끔 지상의 상징으로 표현된다. 무엇을 의미하고 있는지 살펴보도록 하자. 1:12에 의하면 요한은 일곱 금촛대를 보았다. 환상 중에서도 이들 용어는 문자적으로 금촛대를 말한 것이다. 그러나 이 금촛대들은 의미를 갖고 있다. 이들은 환상적인 중요성을 갖는다. 즉 다른 무엇을 대신하고 있는 것이다. 이 촛대들은 '일곱 교회' 를 암시하거나 상징한다(1:20). 이와 마찬가지로 본 장에 나타나는 여러 광경과 환상도 그 어떤 것을 암시하거나 상징한다. 환상 중에서 요한이 실제로 본 것은 지상의 예루살렘, 지상의 성전, 지상의 성소, 지상의 바깥 마당 등이다. 그러면 이 모든 것들은 무엇을 상징하는가?

이는 '하나님의 성전' 은 참된 교회, 즉 중심에 그리스도께서 영으로 거하고 있는 성도들을 말한다. 하나님의 모든 자녀들, 영과 진리로 하나님을 예배하는 참된 자녀들은 측량이 되었으니 이는 보호되었다는 것이다. 심판이 악행하는 자들과 박해하는 세상에 임할 동안에도 하나님의 참된 자녀들은 안전하게 보호된다. 물론 성도들은 극심한 환난을 당할 터이지만 그들은 결코 멸망치 않고 영원한 파멸에서부터 보호받게 된다. 그러나 이 신성한 보호는 바깥 마당에까지는 미치지 않는데, 이는 비록 겉으로는 교회에 속하여 열심인 성도 같으나 참된 성도가 아닌 자들을 말한다. 환상 중에 이방인이 예루살렘과 성전 바깥 마당까지 짓밟은 것과 같이 세상은 명목뿐인 기독교단의 바깥 마당도 짓밟는다. 세상은 이 거짓된 교회를 침노하고 정복하고 그 소유로 삼는다. 세속적 교인들은 현세적인 것을 환영한다. 이들은 세상과 짝하여 그 안에서 살면서 세상의 친구들과 향락하고, 세속적인 사고방식에 자극받고 감동되어 정치가를 투표하고 선출한다. 한마디로 말하면 그들은 세상을 사랑한다. 이 상태가 마흔두 달 동안 계속되는데 이는 바로 복음 시대를 상징한다. 마흔두 달에 대해서는 다음에 다시 거론하도록 하자.

우리의 해석은 다음의 논리에 의해 지지를 받는다. 첫째, '하나님의 성전' 이라는 용어는 참된 교회를 나타내는 공통적인 이름이다(고전 3:16, 17; 고후 6:16, 17, 엡 2:21). 하나님은 성령을 통하여 그의 교회에 거하신다. 그러므로 교회는 그의 성전이요 그가 거하시는 지성소이다.

둘째, '하나님의 성소' 라는 개념은 본문에서 '제단과 [향로와] 거기서 예배하는 자들' 이라는 의미로서 정의되었다. 향은 제단의 향로에 헌정되었고 예배하는 자들은 기도로써 엄숙하게 머리를 숙인다. 그러므로 '하나님의 성소' 라는 용어는 사람들, 즉 기도의 향을 하나님에게 드리는 참된 모든 성도들을 상징함이 분명하다.

셋째, '성전 바깥 마당은…그냥 두라' 고 기록되었음을 보는데 이는 제명을 당해야 하고 내쫓겨야 마땅할 불성실한 교인들을 말하고 있다(요 9:34 참조). '하나님의 성소' 라는 용어는 내버림을 당하지 않고 보호받는 신실한 성도들을 말한다.

넷째, 계시록 7장에서 지상에 있는 모든 신실한 성도들이(22:4 참조) 헤아림을 받고 또한 그들의 이마에 하나님의 인을 친 것같이 여기 11장에서도 제단 앞에서 경배하는 모든 사람들, 즉 신실한 성도들은(8:3 참조) 측량되도록 진술되었다. 헤아리는 것이나 측량하는 것은 모두가 성도들의 보호를 말한다. 그뿐만 아니라 계시록 7장에서 세상과 싸우는 교회가 이스라엘의 지상의 지파로 상징된 것처럼, 여기서도 지상의 참된 교회가 이스라엘의 지상의 성전으로 상징되었다. 지상의 가시적 성전은 영적 성전을 상징하는데, 이는 하나님의 백성을 말하는 것이다.

다섯째, 이 해석은 구약의 상징과 조화를 이룬다. 에스겔의 성전은 교회를 상징한다(겔 43:4 이하; 47:1 이하).[189]

끝으로, 계시록 11장의 최선의 해석자는 계시록 11장 그 자체이다! 8절에 의하면 지상의 큰 성은 하나님의 참된 교회를 대적한다는 것을 상징함이 분명하다. 이곳은 적그리스도의 상징과 그 중심지인데 음란[소돔]과 하나님의 자녀를 핍박[애굽]하는 곳이었다. 이런 관점에서 볼 때 '하나님의 성소' 라는 용어는 상징적으로 간주되어야 하는데, 이는 하나님의 참된 백성 곧 그의 신실한 성도들을 가리킨다.

6. 두 증인(11:3-14)

11:3-14

3 내가 나의 두 증인에게 권세를 주리니 그들이 굵은 베옷을 입고 천이백육십 일을 예언하리라 4 그들은 이 땅의 주 앞에 서 있는 두 감람나무와 두 촛대니 5 만일 누구든지 그들을 해하고자 하면 그들의 입에서 불이 나와서 그들의 원수를 삼켜 버릴 것이요 누구든지 그들을 해하고자 하면 반드시 그와 같이 죽임을 당하리라 6 그들이 권능을 가지고 하늘을 닫아 그 예언을 하는 날 동안 비가 오지 못하게 하고 또 권능을 가지고 물을 피로 변하게 하고 아무 때든지 원하는 대로 여러 가지 재앙으로 땅을 치리로다 7 그들이 그 증언을 마칠 때에 무저갱으로부터 올라오는 짐승이 그들과 더불어 전쟁을 일으켜 그들을 이기고 그들을 죽일 터인즉 8 그들의 시체가 큰 성 길에 있으리니 그 성은 영적으로 하면 소돔이라고도 하고 애굽이라고도 하니 곧 그들의 주께서 십자가에 못 박히신 곳이라 9 백성들과 족속과 방언과 나라 중에서 사람들이 그 시체를 사흘 반 동안을 보며 무덤에 장사하지 못하게 하리로다 10 이 두 선지자가 땅에 사는 자들을 괴롭게 한 고로 땅에 사는 자들이 그들의 죽음을 즐거워하고 기뻐하여 서로 예물을 보내리라

189) 우리는 에스겔이 신약성경에서처럼 교회를 그리스도의 몸으로 표현하는 데까지 도달했다고는 생각하지 않는다.

하더라 11 삼 일 반 후에 하나님께로부터 생기가 그들 속에 들어가매 그들이 발로 일어서니 구경하는 자들이 크게 두려워하더라 12 하늘로부터 큰 음성이 있어 이리로 올라오라 함을 그들이 듣고 구름을 타고 하늘로 올라가니 그들의 원수들도 구경하더라 13 그때에 큰 지진이 나서 성 십분의 일이 무너지고 지진에 죽은 사람이 칠천이라 그 남은 자들이 두려워하여 영광을 하늘의 하나님께 돌리더라 14 둘째 화는 지나갔으나 보라 셋째 화가 속히 이르는도다

---

3 내가 두 증인에게 능력을 주어 천이백육십 일 동안 예언하게 할 것인데, 그 둘은 굵은 삼베옷을 입고, 그들의 슬픔을 나타낼 것이다. 4 이 두 증인은 바로 땅 위의 주님 앞에 서 있는 올리브나무 두 그루와 두 촛대였습니다. 5 누구든지 그들을 해치려고 하면, 그 입에서 불이 나와 원수들을 삼켜 버릴 것입니다. 이처럼 그들을 해치는 자는 죽고 말 것입니다. 6 이 증인들은 자기들이 예언하는 동안 하늘에서 비를 내리지 못하게 하고, 물을 피로 변하게 하며, 언제라도 온 땅에 온갖 재앙을 내리게 할 수 있는 능력을 가지고 있습니다. 7 두 증인의 예언이 끝나고 나면, 한 짐승이 나타나 그들과 싸우게 될 것입니다. 그 짐승은 끝이 보이지 않는 구덩이에서 올라와 싸움을 한 뒤, 그들을 죽일 것입니다. 8 두 증인의 시체는 큰 성의 길거리에 버려질 것인데, 이 성은 비유적으로 '소돔' 혹은 '이집트' 라고 불립니다. 그곳은 바로 그들의 주님이 십자가에 못 박히신 곳입니다. 9 모든 나라와 민족들이 그들의 시체를 땅에 묻지 않고, 삼 일하고 반나절 동안, 내버려 둔 채 구경할 것입니다. 10 이 땅에 살고 있는 사람들은 모두 그들의 죽음을 기뻐할 것입니다. 또 잔치를 하고, 서로 선물도 주고받으며 즐거워할 것입니다. 그것은 이 두 증인이 그들에게 너무나 많은 고통을 가져다 주었기 때문입니다. 11 그러나 삼 일하고 반나절이 지난 후, 하나님께서는 이 두 증인에게 생명의 영을 불어넣으셨습니다. 그들이 일어나자, 이 광경을 본 사람들은 무서워서 어찌할 바를 몰랐습니다. 12 그때, 하늘에서 큰 소리가 두 증인을 향하여 들려왔습니다. "이리로 올라오너라!" 그들은 원수들이 보는 앞에서 구름을 타고 하늘로 올라갔습니다. 13 바로 그 순간, 큰 지진이 일어났습니다. 그 성의 십분의 일이 무너지고, 칠천 명이 죽었습니다. 살아남은 자들은 매우 두려워하며 하늘에 계신 하나님께 영광을 돌렸습니다. 14 두 번째 재난이 끝났습니다. 이제 세 번째 재난이 곧 올 것입니다. _아가페 쉬운성경

위의 관점이 성립됐으니 이제부터는 나머지 문장을 이해하는데 과히 어렵지 않게 된다. 참된 교회는 이제 두 증인의 상징으로서 표현된다. 이들 두 증인은 전 세대를 걸쳐 성직자들이나 선교사들을 통하여 그리스도의 복음을 증거하며 세상과 싸우는 교회를 상징한다. 두 증인은 교회의 선교 사업을 강조함이 틀림없다(눅 10:1 참조). 주께서 이들 전도자들을 둘씩 둘씩 짝지어 내보내신 것은 한 사람에게 있을 수도 있는 부족한 면

을 다른 사람으로 하여금 보완하게 하기 위함이었다. 이제 교회는 선교사들과 목사들을 통하여 그 기능을 발휘하는 하나의 기관으로서 이 사업을 일천이백육십 일 동안 수행할 것이다. 이는 그리스도의 승천시로부터 거의 심판날까지의 기간을 말한다(계 12:5, 6, 14). 물론 일천이백육십 일은 마흔두 달이다. 이 마흔둘에 삼십을 곱하면 일천이백육십—곧 "한때와 두 때와 반 때"라고 표현된 삼 년 반(계 12:14)이 된다. 이것은 수난의 기간, 즉 지금의 복음 시대를 말한다. 그런데 왜 이 기간이 달(2절) 그리고 날(3절)이란 용어로 표현되었는가? 이에 대하여는 단순히 미루어 판단할 수밖에 없다. 2절에서 포위되고 결국에는 빼앗겨서 발에 짓밟힘을 당하는 도시의 모습을 본다. 도시가 포위되는 기간은 빈번히 달[月]이란 말로 표현된다. 3절에서는 두 증인이 예언하리라고 진술되었는데 이 두 증인은 하루하루[日] 예언을 한다. 전 세대에 걸쳐 그들은 매일매일 증언한다. 그들은 회개하라고 외치는데, 굵은 베옷을 입고 있는 것도 이 때문이다.

현 복음 시대를 통하여 강력한 선교기관으로서의 교회 모습을 분명하게 이해시킬 목적으로 다음과 같은 네 가지 상징이 기술되었다.

첫째, '두 감람나무와 두 촛대'는 스가랴 4장에서 유래한 개념으로, 여호수와 스룹바벨의 직분을 비유한 말이다. 여기서는 '두 증인'을 비유하는데, 두 증인은 신약시대의 교회를 상징한다. 복음 시대에는 하나님께서 그의 교회를 말씀의 전파와 성례의 시행이라는 직분을 통하여 복을 주신다.

둘째, 전도자들이 둘씩 둘씩 파송되었던 것처럼(눅 10:1), 현 복음 시대에도 교회는 복음을 전파하는 하나의 기관으로서 이 세상에 선교를 수행한다.

셋째, 심판과 정죄의 불이 예레미야의 입에서 나와 하나님의 원수들을 삼킨 것과 같이(렘 5:14), 오늘날의 교회도 그 직분을 통하여 하나님의 말씀을 근거로 해서 악행한 자들을 정죄하고 있는데 이는 악인들의 멸망으로 귀착된다(마 18:18).

넷째, 엘리야가 우로가 내리지 못하도록 하늘 문을 닫는 능력을 받았고(왕상 17:1), 모세가 물을 피로 변하게 하는 능력을 받은 것처럼(출 7:20) 오늘날 복음 시대에도 선포되는 말씀이 배척될 때 능력 있게 선교하는 교회가 세상을 정죄하고 심판할 권리를 갖는다.

이 능력은 상징적인 것이 아니라 실제적인 것이다. 주께서 핍박받는 성도들의 기도에 대한 응답으로 악한 세상에 끊임없이 재앙을 내리실 뿐만 아니라(8:3–5), 그의 교회가 하나님의 말씀에 대한 공적 사역에 종사하고 또한 말씀에 충실할 때에는 교회의 심판은 곧 그리스도의 심판이라는 확신을 준다(마 16:19; 18:18, 19; 요 20:21–23).

실로, 진정한 의미에서 교회는 지금도 모든 재앙으로 세상을 때린다!

악한 세상은 특히 조심해야 하는데, 누구든지 교회를 해롭게 하려고 결정하면 하나님의 증인의 입에서 불이 나온다. 또한 누구든지 참된 주님의 종인 목사나 선교사를 해치기를 즐기는 자가[190] 있다면 그도 역시 같은 모양으로 망할 것이다(5절).

이 복음 시대는 종말로 향하고 있다(마 24:14 참조). 교회는 능력 있는 선교기관으로서 그 증거를 끝마칠 것이다. 무저갱, 즉 지옥이 재촉하는 적그리스도의 세계에서 나온 짐승이 교회를 대적하여 싸우고 그 교회를 파괴할 것이다. 이것이 아마겟돈 전쟁이다.[191] 짐승은 모든 성도들을 죽이지는 않을 것이다. 비록 소수일망정 그리스도께서 재림하실 때도 지상에 성도들이 남아 있을 것이다(눅 18:8). 그러나 복음 전파와 말씀의 공식적 사역을 위한 강력한 기관으로서의 교회는 파괴될 것이다. 예를 들면 현재의 중국 치하를 생각할 수 있겠다. 물론 현 중국 내에 신실한 성도들이 있을 것이다. 그러나 공적이며 공개적이고 자유스러운 복음의 선포와 전도가 중국 내 어느 곳에서 행해질 수 있단 말인가! 이런 현상은 다른 나라 곳곳에까지 번져 가고 있지 않은가? 그리하여 주께서 재림하시기 직전에 공적이고 공개적인 복음 증거는 침묵하고 세상에 의하여 질식사한 교회의 시체들이 큰 도시의 대로상에 즐비하게 널려질 것이다. 적그리스도적인 예루살렘과 음행의 대로이다. 예루살렘은 주님을 십자가에 못 박았다. 그 음행과 성도를 박해한 것 때문에 영적으로 소돔과 애굽처럼 되어 갔다(사

190) 원문에서 두 형태의 동사의 차이점을 주목하라.

191) p.236–240, 267–268, 285를 보라.

1:10; 3:9; 렘 23:14; 겔 16:46 참조). 이는 바벨론과 음란하고 적그리스도적인 세상의 상징이다. 교회의 시체가 큰 도시의 대로상에 놓여 있다고 하는 것은[192] 이 세상 가운데서 교회가 죽었다는 것을 의미하는 것뿐이다. 교회가 더 이상 영향력 있고 능력 있는 선교기관으로 존재하지 못한다. 교회의 지도자들은 죽임을 당하고, 교회가 전하는 복음의 음성은 침묵하게 되었다. 이런 상태는 삼 일 반(三日半), 즉 극히 짧은 기간 동안 계속될 것이다(마 24:22, 계 20:1-6 참조). 세상에서는 복음을 증거하던 증인들의 시체를 땅에 묻는 것마저도 허락되지 않는다. 시체는 벌레나 독수리나 개들에게 뜯기도록 넓은 대로상에 방치될 것이다. 이때에 세상은 크게 잔치를 벌이고 축하연을 갖는다. 사람들은 서로 예물을 주며(에 9:22 참조) 증인들을 비웃고 만족하게 내려다보며 조롱할 것이다. 그들의 말은 더 이상 복음을 증거하는 증인들을 괴롭히지 못하리라. 어리석은 세상이여, 너희 즐거움은 시기상조이니라!

시체가 갑자기 움직이기 시작한다. 하나님으로부터 생명의 영이 그 속에 불어넣어진다. 증인들이 두 발로 우뚝 일어선다. 그리스도께서 재림하실 때 교회는 그의 생명, 존귀, 그리고 능력과 영향력이 회복된다. 세상을 위한 시간은 영원히 사라져 버렸다. 교회가 존귀와 영광으로 회복된 것을 보게 될 최후의 심판날에 세상은 두려워 떨게 될 것이다. 교회는—아직도 두 증인의 상징으로서— "이리로 올라오라"는 음성을 듣는다. 그리하여 교회는 구름을 타고 하늘로 올라간다. '이때 그들의 원수들도 구경하게' 된다. 절대로 숨겨서 비밀리에 올려가는 것이 아니다.

이제 다시 악을 자행하는 악한 세상을 주목하여 보자. 마지막 심판날과 그 후에 있을 교회사에 대한 개요를 잠시 살펴보았는데, 이제 이 마지막 날 직전에 있을 사건들을 상고해 보자. 이 모든 사건들은 예수의 재림을 중심으로 집중되어 있는 바와 같이 **"그때에"**란 말도 예수의 재림의 때를 나타낸 것이 분명하다. 환상 가운데 요한은 큰 지진이 나서 땅이 흔들리

192) '큰 성' 이란 용어는 언제나 바벨론을 지칭한 것이지, 새롭고 거룩한 예루살렘을 말한 것이 아니다.

는 것을 본다. 우리는 여기에서 6:12과 같은 광경을 살펴볼 수 있다. 6:12에서도 최후의 심판 직전에 지진이 일어난다. 도시의 십분의 일은 무너졌다. 다시 말하면 파괴 행위가 시작된다는 것이다. 그래서 이 가공할 지진이 칠천이나 되는 사람을 죽인다. 이것은 십중팔구 최후의 심판날 전날 밤에 있을 일들에 대한 경고를 나타내는 상징적인 표현일 것이다. "**죽은 사람이 칠천이라**"에서 숫자를 문자적으로 해석해서는 안 된다. 이는 지진에 의해 멸망이 예정된 완전수를 말하기 때문이다. 악인의 모두가 지진에 의해서만 멸망하지는 않는다. 살아남은 자들은 두려워 떨게 되며 "**영광을 하늘의 하나님께 돌린다.**" 그러나 이것은 그들이 회개하였다는 뜻은 전혀 아니다. 두려워 떨며 하나님께 영광 돌리는 행위는 회개하고는 너무나 거리가 먼 것이다! 그들은 다만 공포에 사로잡힌 것뿐이다. 느부갓네살 왕이 그의 생존시에 자주 하나님께 영광을 돌렸었다(단 2:47; 3:28; 4:1 이하, 4:34; 4:37). 그러나 이것이 그가 회개했다는 것을 의미하지는 않는다.

최후의 심판을 위한 모든 준비가 완료되었다. 경고를 발하는 모든 나팔 소리에도 불구하고 세상은 회개하지 않았으며, 오히려 두 증인－말씀을 선포하는 선교기관으로서의 교회－의 증거를 배척하였으며 또한 죽였다(7절). 그러므로 최후의 결산이 있을 수밖에 없다. 본문은 "둘째 화는 지나갔으나 보라 셋째 화가 속히 이르는도다"라고 말한다.

7. 일곱째 나팔(11:15-19)

11:15-19

15 일곱째 천사가 나팔을 불매 하늘에 큰 음성들이 나서 이르되 세상 나라가 우리 주와
그의 그리스도의 나라가 되어 그가 세세토록 왕노릇 하시리로다 하니 16 하나님 앞에
서 자기 보좌에 앉아 있던 이십사 장로가 엎드려 얼굴을 땅에 대고 하나님께 경배하여
17 이르되 감사하옵나니 옛적에도 계셨고 지금도 계신 주 하나님 곧 전능하신 이여 친
히 큰 권능을 잡으시고 왕노릇 하시도다 18 이방들이 분노하매 주의 진노가 내려 죽은
자를 심판하시며 종 선지자들과 성도들과 또 작은 자든지 큰 자든지 주의 이름을 경외

하는 자들에게 상 주시며 또 땅을 망하게 하는 자들을 멸망시키실 때로소이다 하더라
19 이에 하늘에 있는 하나님의 성전이 열리니 성전 안에 하나님의 언약궤가 보이며 또
번개와 음성들과 우레와 지진과 큰 우박이 있더라

---

15 일곱 번째 천사가 나팔을 불자, 하늘에서 큰 음성이 들려왔습니다. "우리 주님과 그
리스도께서 이제 이 세상을 다스리시며, 앞으로도 영원토록 다스리실 것이다." 16 그러
자 하나님 앞에 앉아 있던 이십사 명의 장로들이 엎드려 하나님께 경배하였습니다. 17
그들은 말했습니다. "지금도 계시고 전에도 계셨던 전능하신 우리 주 하나님께 감사를
드립니다. 이제 주님은 그 크신 능력으로 이 땅을 다스리실 것입니다. 18 온 세상 사람
들이 화를 내고 교만하였으나, 이제는 주님께서 진노를 내리시고, 죽은 자들을 심판하
실 때입니다. 또한 주님의 종들인 예언자들과 거룩한 백성들, 큰 자이든지, 작은 자이든
지, 주님을 경외하는 자들을 위해 상을 베푸실 때입니다. 그리고 이 세상을 망하게 하
는 자들을 멸망시키실 때가 왔습니다." 19 그러자 하늘에 있는 하나님의 성전이 열렸습
니다. 그 안에 하나님께서 그의 백성에게 주신 언약궤가 보였습니다. 그 순간 번개가
치고, 천둥과 지진이 일어나며, 큰 우박이 쏟아졌습니다.

_아가페 쉬운성경

일곱째 천사가 나팔을 분다. 여기서 다시 최후의 심판은 묘사되지 않고 소개만 된다.[193] 그뿐만 아니라 하나님과 그리스도와 성도들과 그리고 불신자들에 대한 심판날의 중요성이 지적된다. 하나님께 경배하며 찬양드리는 두 차례의 노래에 주목하자.

첫째, 천사들이 노래한다. 성령으로 감동된 요한은 천사들이 부르는 영화롭고도 열정적이며 고조된 찬양과 경배의 노래를 듣는다. **"세상 나라가[194] 우리 주와 그의 그리스도의 나라가 되어 그가 세세토록 왕노릇 하시리로다."**

물론 하나님께서는 언제나 다스리신다. 그러나 우리를 다스리는 능력과 주권의 행사는 항상 분명하게 나타나 보이지는 않는다. 그렇기 때문에 때때로 사탄이 세상의 최고 통치자처럼 보이기도 한다. 그러나 심판날에 이르러서는 하나님의 주권적 통치의 빛나는 광채가 드러날 것이며, 모든

---

193) 제Ⅲ장, p.42를 보라.

194) '왕국(kingdom)' 이라고 번역한 것은 흔히 왕의 지위, 통치, 지배, 주권을 의미한다. 저자의 *Sermon on the Mount*, p.31을 보라.

대적들은 없어질 것이다. 그러면 이 땅이 주님과 또한 그의 그리스도의 나라인 것을 모두가 분명히 알게 될 것이다. 그리고 그리스도께서 영원토록 왕노릇 하실 것이다. 만일 이 말의 뜻을 알고자 한다면 기회 있을 때 헨델의 '메시아'와 그중에 나오는 '할렐루야' 합창을 들어 보라. 왜냐하면 내가 지금 이 글을 쓰고 있는 이 순간에 극히 장엄하고 훌륭한 음악의 가사가 나의 심금을 울리고 있기 때문이다. 그러나 이 정도는 하늘나라를 잠깐 맛보는 것에 불과하다! 심판의 날이 이르면 시 2:7 이하, 단 7:14(눅 1:33 참조)의 모든 의미가 완전하게 나타날 것이다.

이십사 장로로 대표되는 구원받은 온 무리가 지극히 경건하고 겸손한 태도로 하나님께 경배를 드리니—장로들이 머리를 숙이고— 천사들이 노래로 화답하여 말하기를 "감사하옵나니 옛적에도 계셨고 지금도 계신 주 하나님 곧 전능하신 이여 친히 큰 권능을 잡으시고 왕노릇 하시도다 이방들이 분노하매 주의 진노가 내려 죽은 자를 심판하시며 종 선지자들과 성도들과 또 작은 자든지 큰 자든지 주의 이름을 경외하는 자들에게 상 주시며 또 땅을 망하게 하는 자들을 멸망시키실 때로소이다"(11:17–18)라고 한다. 이 찬양에서는 주께서 1:8에서처럼 "전에도 있었고 장차 올 자요 전능한 자"라고 더 이상 불리지 않는 것은 그가 오셨기 때문이다. 그리스도의 능력과 전능하신 권세가 절정에 달하였고, 이제는 공적으로 표명하게 된 사실로 말미암아 교회가 즐거워한다. 이방들은 분노하였다. 그들은 그리스도의 복음을 증거하는 증인들과 대적하여 싸웠으며, 이겼으며, 그들을 죽였고, 이 때문에 고통스러워하는 증인들을 내려다보고 비웃었었다(11:7 이하). 그러나 마지막 하나님의 진노는 확연하게 나타났으니, 즉 최후의 심판이 이제 이른 것이다. 그날에 주님을 경외한 자들은 그들의 상급을 받을 것이요 파괴자들은 멸망을 당할 것이다(마 25:31 이하).

11장의 마지막 구절의 이해를 위해 이 구절의 광경이 아직도 환상이라는 사실을 분명히 기억해야 한다. 요한이 하늘 그 자체를 본 것이 아니고 하나의 상징적인 광경을 본 것이다. 이 광경 중에서는 하늘에 있는 하나님의 성소가 활짝 열려 있다. 감춰진 것은 하나도 없다. 그 어느 것도 숨겨져 있거나 감추어져 있지 않다. 오랫동안 보이지 않던 언약의 법궤가 지금 보인다. 이 언약의 법궤는 최고의 실제적이며 친밀하고 완전한 하나님과 그의 백성들 사이의 교제를 상징하는데, 이 교제는 속죄에 근거한 것이다. 속죄소(贖罪所, the mercy-seat)를 생각해 보자. 출애굽기 25:22에 보면 "거기서 내가 너와 만나고 속죄소 위 곧 증거궤 위에…"라고 기록된 것을 볼 수 있다. 그러므로 이 법궤가 보여진, 즉 완전히 계시될 때에는 은혜의 언약(창 17:7)[195]이 하나님의 자녀의 생활과 심령 속에 완연하게 깨달아지게 될 것이다.

그러나 악인에게는 하나님의 보좌인 이 언약궤가 진노의 상징이다. 또한 이 진노도 이제 곧 확연히 보여질 것이다. 이러므로 번개와 음성들과 우레가 나고 지진과 큰 우박이 뒤따른다(4:5 참조).

195) 또한 저자의 *Covenant of Grace*를 보라.

제XI장
계시록 12-14장
그리스도 대(對) 용과 그 추종자들

앞서 나온 각 단원들처럼 여기서도 신약시대의 출발점으로 되돌아가 동일한 논제를 한 번 더 주의 깊게 고찰하게 한다. 각 환상은 그리스도의 초림부터 재림 때까지의 전 과정의 여정을 마련해 준다. 의심할 여지 없는 상징을 통하여 환상을 보는 선견자 요한은 그리스도의 탄생과 승천(12:1-5)의 순간으로 우리를 이끌어 간다. 이 환상은 우리가 "인자와 같은 이가 앉으셨는데 그 머리에는 금 면류관이 있고 그 손에는 예리한 낫을 가졌음"(14:14 이하)을 보기까지 끝나지 않는다. 심판날은 다시 이르렀다.

그러나 이미 지적한 바와 같이[196] 제12장은 다른 소단원, 즉 제4단원의 시작일 뿐 아니라 계시록의 제2부의 시작이기도 하다. 이 제2부는 12장에서부터 22장까지 하나의 대단원을 형성한다. 그리스도와 그의 교회를 대적하는 주요 등장인물들은 12-14장에 등장한다. 그들은 용, 바다에서 나온 짐승, 육지에서 나온 짐승, 바벨론, 그리고 짐승의 표를 가진 사람들이다. 연이어서 나오는 환상들은 적그리스도의 세력과 짐승의 표를 받은 사람들(15-16장), 음녀 바벨론과 두 짐승(17-19장), 그리고 끝으로 용(20-22장)에게 나타날 일들에 대해서 보여 준다.

그러므로 제1부(1-11장)의 중심 주제는 제2부(12-22장)에서도 계속된

196) 제Ⅱ장, p.30이하를 보라.

다는 것을 명백히 알 수 있다. 이 주제는 이미 앞서 진술한 바와 같이[197] 그리스도와 그의 교회가 용과 용의 동맹자들을 이기는 것이다. 제1부가 교회와 세상 간의 외적 싸움을 보여 주는 반면에, 제2부는 보다 깊은 내적 배경을 나타내 보인다. 이제 우리는 앞서 진술되었던 부분보다 더 분명한 것을 보게 되는데, 이는 교회와 세상 간의 투쟁은 그리스도와 사탄(용)과의 싸움에 대한 외적 표현에 불과했다는 사실을 보게 된다.

용이 그리스도를 죽이려는 시도(12:1–12)가 12장의 첫머리에 진술된 것은 주목할 만한 가치가 있다. 이 시도가 실패하자 용은 여자를 박해하게 되는데, 이는 여자가 그리스도를 낳았기 때문이다(12:13–17상). 역시 이 박해도 실패하게 되자 용은 여자의 남은 자손들과 싸움을 하게 된다(12:17하).

1. 여자와 아이와 용(12:1–6)

12:1-6

1 하늘에 큰 이적이 보이니 해를 옷 입은 한 여자가 있는데 그 발 아래에는 달이 있고 그 머리에는 열두 별의 관을 썼더라 2 이 여자가 아이를 배어 해산하게 되매 아파서 애를 쓰며 부르짖더라 3 하늘에 또 다른 이적이 보이니 보라 한 큰 붉은 용이 있어 머리가 일곱이요 뿔이 열이라 그 여러 머리에 일곱 왕관이 있는데 4 그 꼬리가 하늘의 별 삼분의 일을 끌어다가 땅에 던지더라 용이 해산하려는 여자 앞에서 그가 해산하면 그 아이를 삼키고자 하더니 5 여자가 아들을 낳으니 이는 장차 철장으로 만국을 다스릴 남자라 그 아이를 하나님 앞과 그 보좌 앞으로 올려가더라 6 그 여자가 광야로 도망하매 거기서 천이백육십 일 동안 그를 양육하기 위하여 하나님께서 예비하신 곳이 있더라

1 그리고 하늘에 아주 신기한 광경이 나타났습니다. 한 여자가 해를 옷인 양 입고, 달 위에 발을 딛고, 머리에는 열두 별이 달린 왕관을 쓰고 있었습니다. 2 그 여자는 아기를 배고 있었는데, 막 아기를 낳으려는 순간이어서 고통으로 신음하고 있었습니다. 3 하늘에 또 다른 신기한 광경이 나타났습니다. 크고 붉은 용이 보였습니다. 그 용의 머리는 일곱이고, 뿔은 열이며, 각각의 머리마다 왕관이 씌워져 있었습니다. 4 그 용은 꼬리로

197) 제 I 장, p.12이하를 보라.

하늘의 별 삼분의 일을 휩쓸어 땅에 내던졌습니다. 그리고는 막 아기를 낳으려는 여자 앞에 버티고 서서, 아기를 낳기만 하면 잡아 삼키려고 준비하고 있었습니다. 5 드디어 여자가 아들을 낳았습니다. 그 아기는 큰 권세를 가지고 장차 온 나라를 다스릴 분이었습니다. 그러나 아기는 하나님의 보좌 앞으로 들려 올라갔습니다. 6 그리고 여자는 하나님이 준비해 두신 광야의 한 곳으로 도망쳤는데, 그곳에서 천이백육십 일 동안, 보호받을 수 있게 하셨습니다.

_아가페 쉬운성경

위의 여섯 절은 첫 상징적 광경을 담고 있다. 이 장면이 펼쳐지는 곳은 하늘이다. 여기서 요한은 찬란하고 장엄하게 옷을 차려입은 한 여자를 본다. 해는 그 여자의 옷이요 달은 그 여자의 발등상이요 머리에는 열두 별의 관을 쓰고 있다. 이 여자가 해산하려고 한다. 아파서 울부짖는다. 이때 갑자기 요한은 여자 앞에 서 있는 불처럼 붉은 용을 본다. 날개가 돋친 뱀인데 그 머리는 뾰족하고 날카로운 발톱과 잔인하고 흉악하고 지독한 모습을 하고 있음을 생각해 보라. 그러나 이것은 하나의 모습이요, 상징인 것을 기억하자. 이 짐승은 머리가 일곱이요 뿔이 열 개가 달렸다. 이 용은 매우 커서 그의 꼬리로 하늘의 별 삼분의 일을 끌어다가 땅에 던진다! 그런데 이 가공할 괴물이 왜 해산하려는 여자 앞에 서 있을까? 이는 이 여자가 아이를 낳자마자 그 아이를 삼키고자 함이다! 그러면 용이 태어난 아이를 삼키었는가? 그는 삼키지 못했다. 여자는 한 남자아이를 낳았는데 이 아이는 만국을 철장으로 다스릴 전능한 목자이다. 그런데 갑자기 무슨 일이 일어났는가를 요한 자신의 이야기로 들어 보도록 하자. **"그 아이를 하나님 앞과 그 보좌 앞으로 올려가더라."** 아이를 죽이려고 했던 계획이 실패하자 용은 모든 영광 중에 있는 여자를 향하여 그의 분노를 터뜨린다. 그러나 여자는 하나님께서 먹을 것과 있을 곳을 미리 마련해 두신 광야로 피하여 일천이백육십 일 동안 숨어 지낸다. 용이 여자를 죽이려 했던 시도에 대하여는 다시 더 찾아볼 수 있다(13절을 보라).

요약하면, 이것은 중요한 장면이다. 그러나 여기 묘사된 장면의 의미는 무엇인가? 이곳에는 세 가지 성격의 특징이 등장한다.

첫째, 환히 빛나 보이는 한 여자가 등장한다. 이 여자는 교회를 상징한다(사 50:1; 54:1; 호 2:1; 엡 5:32). 구약시대와 신약시대를 통하여 교회는 하나라고 성경은 강조하고 있다. 이 교회는 그리스도 안에서 택함 받은 한 백성이다. 또한 장막이요, 한 포도원이요, 한 식구—할례자이든 무할례자이든 모든 성도의 아버지는 아브라함—요, 한 감람나무요, 선택된 한 족속이요, 고귀한 제사장이요, 거룩한 나라요, 하나님의 소유인 백성이요, 아름다운 신부요, 그리고 그 마지막은 열두 지파의 이름을 새긴 문과 열두 사도의 이름을 가진 초석이 있는 새 예루살렘이다(사 54장; 암 9:11; 마 21:33 이하; 롬 11:15–24; 갈 3:9–16, 29; 엡 2:11; 벧전 2:9[참조. 출 19:5, 6], 계 4:4; 21:12–14 참조).

지상에서는 이 교회가 보잘것없어 보이고, 또 가끔 비난과 조롱을 받을 것이다. 그러나 하늘에서 볼 때에 바로 이 교회는 지극히 영광스럽고, 또한 하늘에서 줄 수 있는 모든 영광과 찬란함으로 충만할 것이다.[198] 해를 옷인 양 입은 것은 그가 영광스럽고 고귀하기 때문이다. 발 아래 달이 있음은 그가 다스리는 권세를 가졌기 때문이요, 열두 별로 장식된 관을 머리에 쓴 것은 그가 승리자이기 때문이다. 여자가 아이를 밴 것은 "육신으로 하면 그리스도가 그들에게서 나심"(롬 9:5)이 그 여자의 임무이기 때문이다.

둘째, 어린아이, 즉 여자의 씨가 등장한다. 이 남자아이는 그리스도이다.[199] 그는 "장차 철장으로 만국을 다스릴 남자"이다. 이 표현은 분명히 그리스도를 읊은 시편 2:9에서 인용한 것인데[200] 계시록 2:27에도 그리스도에 대해 이야기하고 있다. '여자의 아들(씨)' 이라는 명칭은 성경 어느 곳에서나 그리스도를 나타내는 데 사용되었다(창 3:15; 갈 4:4 참조). 아직도 여자의 아들이 그리스도를 지칭한다는 것을 믿기 주저하는 성도가 있다면 5절과 10절을 비교해 보기 바란다. 어린아이가 하나님 앞과 그 보좌 앞에서 올려 가고 용이 땅으로 내쫓김을 당했을 때, 하늘에서 큰 음성

---

198) A. Pieters, *op. cit.*, p.161를 보라.

199) 모든 학파의 모든 주석학자들이 이 아이가 그리스도라는 사실에 의견의 일치를 보이고 있다.

200) 일반적 의미에서 빌려 온 것이 아니라 할지라도 그리스도께서 시편 2편을 기록하셨으며 계시록도 또한 보여 주셨다.

이 있어 노래하기를 "이제 우리 하나님의 구원과…또 그의 그리스도의 권세가 나타났으니"라고 함을 알 수 있을 것이다.

셋째, 용이 나온다. 이는 사탄(계 20:2)을 상징한다. 머리 일곱에 일곱 관을 쓴 것은 마귀가 세상을 통치함을 말한다(엡 2:2; 6:12 참조). 계시록 13:1과 17:9의 해석을 보도록 하자. 비록 이들이 일곱 관을 머리에 썼을지라도 이는 승리를 뜻하지 않고 다만 권세를 참칭(僭稱)한 것에 불과한 것이다. 사탄은 파괴력을 나타내는 열 개의 뿔을 가진 모습을 하고 여자의 아들을 삼키려고 그 앞에 서 있는 것이다. 사탄이 내쫓길 때 "하늘의 별 삼분의 일"을 끌어오는데 이것은 악령의 방대한 숫자이다(욥 38:7; 벧후 2:4; 유 6절 참조).

이제 중심 사상을 공부해 보도록 하자. 용이 해산하려는 여자 앞에 서서 아이가 태어나면 그 아이를 죽이려고 하는데 이는 사탄이 끊임없이 그리스도를 파괴하려고 시도하는 것이다. 이런 관점에서 보면 구약 전체의 역사적 사실은 여자의 씨와 용 사이의 투쟁이며 그리스도와 사탄 사이의 싸움이 되는 것이다. 물론 이 싸움에서는 그리스도가 승리하신다.

이런 방향에서 구약 전체의 역사적인 사실을 고찰해 보도록 하자.

① 첫 약속(창 3:15)

> "내가 너로 여자와 원수가 되게 하고 네 후손도 여자의 후손과 원수가 되게 하리니 여자의 후손은 네 머리를 상하게 할 것이요 너는 그의 발꿈치를 상하게 할 것이니라 하시고"

계시록 12장은 분명히 위의 구절에 그 근거를 두고 있다. 여기에서 동일한 특징이 창세기와 계시록의 양쪽에 나타난다. 동일한 진리가 양쪽에서 다 주장되어 있다. 이 언약의 말씀은 "내가 너로 여자와 원수가 되게 하고 네 후손도 여자의 후손과 원수가 되게 하리니 여자의 후손은 네 머리를 상하게 할 것이요 너는 그의 발꿈치를 상하게 할 것이니라"이다. 창세기 3장의 '뱀'은 계시록 12장의 '용'이다. 창세기 3장의 여자의 '씨'는 계시록 12장의 '아들, 남자아이' 이다. 또한 창세기 3:15에 표현된 '여자의 후손' 은 그리스도를 가리킨다. 창세기 3장에 이미 그리스도와 용의 투쟁이 나타나 있다.

② 셋(아담의 아들: 창 4:25)에서 홍수 때까지

아담과 하와는 가인과 아벨을 낳았다. 그런데 가인이 아벨을 살해했다. 그러고 나서 셋이 태어났다. 이후로 아담은 다른 아들들과 딸들을 또 낳았다. 그런데 셋의 가계에서 언약의 '씨' 인 메시아가 탄생될 것으로 예정된 것을 사탄이 알았겠는가? 마귀가 셋을 무너뜨리려고 수단과 방법을 가리지 않기 때문에 그렇게 생각하는 사람도 있을 법하다. 마귀는 셋의 아들들에게 가인의 딸들과 결혼하라고 속삭인다. 이는 셋의 가계를 파괴함으로써 메시아에 대한 언약을 파기하려는 시도이다. 용은 그의 목적을 달성하였겠는가? 확실히 용은 그의 목적을 달성한 것처럼 보인다. 창세기 6:12을 보면 사탄이 승리한다. 그러나 완전히 승리한 것은 아니다. 셋의 후손 중에는 여호와를 경외하는 한 가정, 즉 노아의 가정이 있었다. 하나님께서 이 땅을 홍수로 멸하실 때 구원한 한 가정이다. 이 한 가정을 통해 언약은 지속되었다.

③ 홍수 때부터 야곱까지

다시금 용은 어린아이를 죽이려고 여자 앞에 선다. 오실 메시아에 대한 언약은 이제 아브라함과 사라에게 주어진다. 인간의 판단으로는 이 언약이 실현될 수 없다. 그 이유는 아브라함은 늙었고 사라는 임신하지 못할 상태에 이르러 있었기 때문이다. 기적이 일어나고 이삭이 잉태될 무렵은 사탄이 거의 승리했을 때였다. 언약은 이제 이삭에게 주어졌다. 그런데 돌연 하나님께서 아브라함에게 아들 이삭을 번제로 바치도록 명령했다. 그래서 "아브라함이 손을 내밀어 칼을 잡고 그 아들을 잡으려 하니…"(창 22:10). 자, 하나님의 약속은 어떻게 될 것인가? 이제는 정말 용이 승리한 것처럼 보인다. 그러나 과연 사탄이 승리한 것인가? 우리는 그 해답을 알고 있다. 여호와의 사자가 하늘로부터 나타나서, 즉 그리스도께서 육신의 몸으로 태어날 것을 보장하기 위하여 스스로 나타나신다. 구약 세대를 통하여 그리스도께서는 끊임없이 그 자신의 탄생을 위한 모든 사항을 준비하였다. 주의 천사가, 즉 그리스도가 스스로 아브라함에게 말씀하시기를 "그 아이에게 네 손을 대지 말라 그에게 아무 일도 하지 말라 네가 네 아들 네 독자까지도 내게 아끼지 아니하였으니"(창 22:12) … 또 네 씨(여호와의 사자는 **내 자신**이라고 할 수도 있었다)로 말미암아 천하만민이 복을 받으리니…(창 22:18)"라고 한다.

뱀의 머리를 쳐서 진멸할 씨는 이삭과 리브가의 계통에서 태어나게 되었다. 그러나 리브가는 잉태하지 못한다. 다시금 여호와, 언약의 하나님께서 기적을 행하시어 리브가가 잉태하게 되고 이리하여 야곱의 혈통으로 언약이 계속되었다(창 25:21).

그러나 어떤 일이 생겼는가 보자. 야곱은 아버지를 속이고 아버지 이삭이 에서에게 주려고 했던 복을 빼앗아 받는다. 야곱은 멀리 피신할 수밖에 없었다. 오랜 세월이 지나 고향에 돌아온 야곱은 크게 두려워하였다. 그러나 에서는 야곱을 죽이지 않았다. 여자의 아들에 대한 언약은 계속 보존되게 되었다.

④ 야곱으로부터 광야의 유대 민족까지

다시 용은 여자 앞에 선다. 용은 야곱의 후손인 유대 민족을 공격한다. 여호와께서 자비와 긍휼로써 그의 백성들을 애굽으로부터 구출하셨으나 이들이 여호와를 배반하고 금 우상 앞에서 춤을 추고 있었기 때문에 이번에야말로 마귀가 그 목적을 달성한 것처럼 보인다.

"여호와께서 또 모세에게 이르시되…내가 하는 대로 두라 내가 그들에게 진노하여 그들을 진멸하고…"(출 32:9-10).

용이 실제로 승리할 것인가? 용은 분명히 모세와 같은 중재자가 없었다면 성공할 것이다. 그런데 거기에는 중재자가 있었다. 모세가 유대 민족을 위하여 기도하였고 언약은 다시 보존되었다. 그러나 더욱 위대한 중보자이신 그리스도께서 보다 약한 중재자인 모세의 심령 속에 중재의 영(靈)을 부어주셨다는 것을 명심하자.

⑤ 광야의 유대 민족에서 다윗 왕까지

역사는 다시 전진한다. 하나님께서 유대 지파에서 한 가정을 택하셨는데 곧 다윗의 가정이다. 약속된 메시아는 다윗의 후손으로 태어날 것이다(삼하 7:12 이하; 시 89:28, 35, 36; 렘 23:5; 행 2:30). 그래서 마귀는 다윗에게 화살을 겨눈다. 다윗은 마땅히 죽어야 한다. 우리는 "사울이 단창을 던져 다윗을 벽에 박으려" 하였음을 읽을 수 있다. 사울이 이렇게 한 것은 악령이 그에게 접하였기 때문이다(삼상 19:9-10). 그래서 용이 성공했는가? 아니다. 다윗은 사울의 면전에서 두 차례나 피하여 도망했다. 구약시대에도 그리스도께서는 자신에 대한 언약을 보존하기 위하여 땅 위에 오셔서 역사하신 것이다.

⑥ 다윗으로부터 아달랴 여왕까지

아달랴는 사악한 부모-아합과 이세벨-의 사악한 딸인데, 유다를 통치할 때 실권을 장악하기 위해 다윗의 모든 후손을 진멸할 것을 계획한다. 이 계획으로 또다시 인간의 몸으로 오실 중보자가 위협받게 된다. 여자 앞에 선 용이 아이에게 진노를 발한다. 드디어 사탄이 성공한다. 적어도 성공한 것처럼 보인다. 성경에는 "아하시야의 어머니 아달랴가 그의 아들의 죽은 것을 보고 일어나 왕의 자손을 모두 멸절하였으나"라고 기록된 것을 볼 수 있다. 물론 왕의 모든 후손이 멸절을 당했다면 그리스도께서 합법적인 다윗의 상속자로서 탄생할 수가 없게 된다. 그러면 하나님의 계획은 좌절되고 약속은 실패로 돌아갈 것이다. 아달랴는 왕의 모든 후손을 멸절하였다. 그러나 계속하여 다음 성구를 읽어 보면 "여호세바가 아하시야의 아들 요아스를 왕자들이 죽임을 당하는 중에서 빼내어 그와 그의 유모를 침실에 숨겨 아달랴를 피하여 죽임을 당하지 아니하게 한지라"라고 기록된 사실을 읽을 수 있다(왕하 11:1-2).

하나님의 방법은 어찌 그리 놀라우신가! 하나님의 섭리가 얼마나 오묘하신가!

우리는 요아스가 어떻게 되었는지를 안다. 그의 머리에는 왕관이 씌어졌다. 백성들이 '요아스 왕 만세!' 하고 외치는 소리를 듣는다. 또다시 언약은 보존되었다. 용이 더 이상 방해를 하지 않는다면 그리스도는 다윗의 혈통으로 탄생할 것이다.

⑦ 아달랴로부터 아하스 왕까지

이스라엘과 아람의 연합군이 유다를 치려고 모였다. 그들의 목적은 메시아에 대한 약속과 소망에 관련된 다윗의 가정을 멸하고 "유대인들 중에 다브엘의 아들"(사 7:6)인 이방인 왕을 세우고자 함이었다. 역사상 매우 심각한 위기의 순간이었다. 그리스도께서 과연 다윗의 상속자로 탄생하게 될 것인가? 여호와께서는 선지자 이사야로 유다의 아하스 왕을 만나 그에게 이르기를 삼가며 조용하라고 권고하였다. 선지자 이사야가 경고하였음에도 불구하고 아하스 왕은 여호와의 도움의 약속의 표징을 받아들이기를 거부하였다. 진정 용—창세기 3:15의 뱀—이 이제야 승리할 것이다. 아람과 이스라엘의 군대 그리고 아하스 왕 자신의 불의가 다윗의 가정을 대항하려고 모였기 때문이다! 사탄은 기뻐서 웃는다. 그런데 사탄의 웃음은 시기상조임이 곧 드러난다. 성경은 "그러므로 주께서 친히 징조를 너희에게 주실 것이라 보라 처녀가 잉태하여 아들을 낳을 것이요 그의 이름을 임마누엘이라 하리라"(사 7:14). 하나님의 약속은 마땅히 굳게 지켜져야 한다. 임마누엘은 다윗의 가계에서 태어나고야 말 것이다.

⑧ 아하스 왕으로부터 에스더까지

B.C. 5세기경 아하수에로 왕이 통치할 때 일이다. 아하수에로는 하만의 건의를 받아들여 그가 통치하고 있던 광대한 왕국 내의 모든 유대인들을 죽이라는 조서를 내렸다(에 3:15). 이 조서는 왕의 반지로 인쳐졌다. 그러나 마땅히 다윗의 후손으로 탄생하여야 하는 중보자에 대한 여호와의 언약은 왕 중 왕의 서약으로 인쳐졌던 것이다. 결과가 어떻게 되었는지를 여기서 밝힐 필요가 있겠는가? 에스더서를 읽어 보라. 유대인들은 또다시 구원받았다.

⑨ 에스더로부터 베들레헴까지

이 장엄한 드라마의 마지막 장면이 펼쳐진다. 장소는 베들레헴이다. 말구유 속에 아기 예수 그리스도가 누워 있다. 이제야말로 메시아 자신이 실제로 탄생하였는데도 마귀는 그를 살해하려 한다. 실상 계시록 12장은 사탄과 그리스도가 과거에 대립했던 싸움에 대하여는 짤막하게 언급했지만, 그리스도의 탄생과 관련하여 발생한 일에 대해서는 **"용이 해산하려는 여자 앞에서 그가 해산하면 그 아이를 삼키고자 하더니"**라고 직접적이고 구체적으로 진술하고 있다.

동방에서 온 박사들이 헤롯 왕을 접견하는 자리에서 박사들은 헤롯으로부터 "아기를 찾으면 꼭 내게 말해 주시오. 나도 가서 그에게 경배하겠소"라는 부탁을 받는다. 헤롯은 아기에게 경배하려는 것이 아니고 죽일 생각을 품는다. 그러나 동방박사들은 하나님의 지시를 따라 아기 그리스도를 경배한 후에 다른 길로 돌아가 버렸다. 그러나 용은 그의 패배를 인정하기를 거부한다. 베들레헴과 그 인근에 사는 두 살 미만의 아기들은 일제히 살해당한다. 그러나 헤롯은 실패하였다. 용도 역시 실패하였다. 아기 예수는 무사히 애굽으로 피하여 자라고 있었다(마 2:13). 하나님의 목적은 결코 실패할 수 없다. 베들레헴에서 예수 그리스도가 탄생하심은 용을 물리치신 하나님의 승리이다. 십자가상에서 그의 백성을 위한 죽으심은 그 위에 더한 승리이다. **"그 아이를 하나님 앞과 그 보좌 앞으로 올려 가더라."** 이것은 그리스도의 승천과 보좌에 앉으심을 말한다(계 5:7; 빌 2:9 참조). 그리스도를 대적하는 모든 것들은 '철장으로' 다스림을 받을 것이다. 이는 모든 세대를 통하여 사실로 나타나 있다. 그리스도는 승리하시며 천사들은 "지극히 높은 곳에 계신 하나님께 영광!" 하며 찬양한다.

2. 내쫓김을 당한 용(12:7-12)

12:7-12

7 하늘에 전쟁이 있으니 미가엘과 그의 사자들이 용과 더불어 싸울새 용과 그의 사자들
도 싸우나 8 이기지 못하여 다시 하늘에서 그들이 있을 곳을 얻지 못한지라 9 큰 용이
내쫓기니 옛 뱀 곧 마귀라고도 하고 사탄이라고도 하며 온 천하를 꾀는 자라 그가 땅으
로 내쫓기니 그의 사자들도 그와 함께 내쫓기니라 10 내가 또 들으니 하늘에 큰 음성이
있어 이르되 이제 우리 하나님의 구원과 능력과 나라와 또 그의 그리스도의 권세가 나
타났으니 우리 형제들을 참소하던 자 곧 우리 하나님 앞에서 밤낮 참소하던 자가 쫓겨
났고 11 또 우리 형제들이 어린양의 피와 자기들이 증언하는 말씀으로써 그를 이겼으
니 그들은 죽기까지 자기들의 생명을 아끼지 아니하였도다 12 그러므로 하늘과 그 가
운데에 거하는 자들은 즐거워하라 그러나 땅과 바다는 화 있을진저 이는 마귀가 자기
의 때가 얼마 남지 않은 줄을 알므로 크게 분내어 너희에게 내려갔음이라 하더라

7 그때, 하늘에서 전쟁이 일어났습니다. 미가엘과 그의 천사들이 용과 그의 부하들을
대항해 싸움이 일어난 것입니다. 8 그러나 용과 그의 부하들은 싸움에 패하여 하늘에서
쫓겨나고 말았습니다. 9 큰 용은 마귀 혹은 사탄이라고 불리는 바로 그 오래된 뱀이었
습니다. 그 용은 온 세상을 잘못된 길로 인도하는 자였습니다. 용과 그의 부하들은 땅
으로 내동댕이쳐졌습니다. 10 그때, 나는 하늘에서 큰 음성을 들었습니다. "우리 하나
님의 구원과 능력과 나라와 그리스도의 권세가 이제야 나타났다. 하나님 앞에서 밤낮
으로 우리 형제들을 고소하던 자가 이제야 쫓겨났구나. 11 어린양의 피와 그들이 증언
하던 진리의 말씀으로, 우리 형제들이 그를 이겼다. 그들은 죽음을 두려워하지 않고, 목
숨을 다해 싸웠다. 12 그러므로 하늘과 하늘에 있는 모든 자들아, 기뻐하여라! 그러나
땅과 바다에 있는 자들에게는 화가 미쳤구나. 머리 끝까지 화가 난 마귀가 그곳으로 내
려갔으니 자기에게 시간이 얼마 남지 않았음을 알고 날뛸 것이다." _아가페 쉬운성경

두 번째 상징적인 광경은 그리스도의 탄생과 구속 그리고 하늘 위에 오르사 보좌에 앉으심으로 그 결과가 어떠한가를 보여 준다. 지금까지 해왔던 방법대로 여기서도 이 광경들을 총체적으로 살펴보자. 하늘에 한 전쟁이 발발한다. 선한 천사의 지도자이며 하나님의 백성을 보호하는 천사 미가엘이(단 10:13, 21; 12:1; 유 9절), 악한 천사의 지도자이며 하나님의 백성의 대적자인 용과 싸운다. 두 장수와 두 군사가 서로 대적한다. 그러나 공격은 미가엘과 그의 군사가 일방적으로 우세하다는 점에 유의하자.

싸움의 결과, 용은 대패하였고 하늘로부터 땅으로 내쫓김을 당했다.

"큰 용이 내쫓기니 옛 뱀 곧 마귀라고도 하고 사탄이라고도 하며 온 천하를 꾀는 자라 땅으로 내쫓기니 그의 사자들도 저와 함께 내쫓기니라."[201]

요한이 본 광경은 그가 들은 말로써도 충분히 설명이 된다. 하늘의 전쟁과 용이 땅으로 내쫓김을 당한 것을 문자 그대로 이해해서는 안 된다. 사탄이 "내쫓김을 당하더라"는 형제를 고발하는(괴롭히는) 자의 위치를 잃었다는 뜻으로 보아야 한다. 그리스도께서 탄생하셨고 인간의 죄의 대가로 모든 것을 희생하셨기 때문에 사탄이 성도들을 고발하고 괴롭힐 정당한 이유를 상실하고 말았다. 그러나 사탄은 실제로 끊임없이 고발한다. 오늘날에도 여전히 그러하다. 그러나 사탄은 더 이상 구주가 구속 사역을 완성치 못했노라고 트집할 수 없을 것이다. 그리스도의 구속 사역은 충분하고 완전하게 성취되었으며, 그가 고난받은 후 승천하실 때에 죄의 값을 충분히 지불하셨던 것이다(롬 8:33 참조. "누가 능히 하나님께서 택하신 자들을 고발하리요", 또한 롬 8:1과 눅 10:18도 참조). 사탄과 그의 사자들의 실패가 준 세 가지 영향을 살펴보도록 하자.

첫째, 이 실패로 인하여 그리스도 안에서 하나님으로 말미암아 이루어질 구원이 천명되었으니, 이는 하나님의 능력의 입증이요 그의 백성들 심령 속에 그의 권세가 성취되고 그의 위엄이 나타나 보인 것이다(10절).

둘째, 이 실패 때문에 하나님의 백성들, 즉 그들의 신앙에 대한 증거－어린양의 피에 대한 증거－를 지니고 죽기까지 인내하고 순종함으로써 그 신앙의 순수성을 증명한 백성들(성도들)이 승리한다(11절). 따라서 하늘과 하늘에 거하는 자들이 기뻐하고 즐거워한다.

셋째, 이 실패 때문에 사탄은 크게 분을 낸다. 사탄은 자기의 때가 얼마 남지 않았음을 알게 된다. 사탄의 두 번째 실패는 이후에 올 일들, 즉 역사의 종말에 있을 최후의 좌절을 예고한다(12절). 그 결과 하늘은 환호로 가득 차게 된다.

---

201) 사탄의 이름에 대해서는 계 20:2, 제XIV장, p.273의 설명을 보라.

3. 용의 최후의 발악(12:13-17)

12:13-17

13 용이 자기가 땅으로 내쫓긴 것을 보고 남자를 낳은 여자를 박해하는지라 14 그 여자
가 큰 독수리의 두 날개를 받아 광야 자기 곳으로 날아가 거기서 그 뱀의 낯을 피하여
한 때와 두 때와 반 때를 양육 받으매 15 여자의 뒤에서 뱀이 그 입으로 물을 강같이 토
하여 여자를 물에 떠내려 가게 하려 하되 16 땅이 여자를 도와 그 입을 벌려 용의 입에
서 토한 강물을 삼키니 17 용이 여자에게 분노하여 돌아가서 그 여자의 남은 자손 곧 하
나님의 계명을 지키며 예수의 증거를 가진 자들과 더불어 싸우려고 바다 모래 위에 서
있더라

13 용은 자기가 땅에 내던져진 것을 알고, 남자아이를 낳은 그 여자를 찾아 나섰습니다.
14 그러나 여자는 큰 독수리의 두 날개를 받아, 이미 광야의 마련된 곳으로 날아갔습니
다. 그곳에서 여자는 삼 년 반 동안, 뱀의 공격을 피하여 안전하게 지낼 수 있었습니다.
15 그러자 뱀은 여자를 휩쓸어 버리려고, 입에서 물을 홍수같이 뿜어내었습니다. 16 그
때, 땅이 입을 벌려, 용의 입에서 나오는 물을 다 삼켜 여자를 도와주었습니다. 17 화가
머리끝까지 치민 용은, 하나님의 명령을 지키고 예수님이 가르쳐 주신 진리를 굳게 간
직하고 있는 여자의 남은 자손들을 공격하려고 나섰습니다. 18 용은 바닷가 모래 위에
섰습니다.

_아가페 쉬운성경

이 세 번째 상징적인 광경에서 땅으로 내쫓김을 받은 용은 남자아이를 낳은 여자를 박해하기 시작한다. 이는 여자를 죽이려는 시도와 또한 실제로 아기에 대한 분노를 설명하는 것이다. 이 점을 특히 주목하도록 하자. 여자는 큰 독수리의 두 날개를 받아(출 19:5; 신 32:11; 사 40:31) 광야로 피신한다. 하나님께서 광야에 여자를 위한 처소를 예비해 두셨다(6절). 이곳에서 여자는 한 때와 두 때와 반 때, 즉 일천이백육십 일 동안(6절) 양육을 받는다. 여기서 여자는 **"그 뱀의 낯을 피하여"** 있게 된다. 그러나 용은 포기하지 않고 여자를 물에 떠내려가게 하려고 입으로 물을 강같이 토해내니, 땅이 여자를 도와 그 입을 벌려 용이 토한 강물을 삼킨다. 그래서 용은 여자에게 크게 분노한다. 남자아이를 죽이려고 시도했던 계획이 실패로 돌아갔을 뿐 아니라 여자도 해치지 못하게 되자, 용은 여자의 남은 자손, 곧 하나님의 계명을 지키며 예수의 증거를 가진 자들과 더불어 싸우

려고 슬며시 돌아간다.

우리는 위의 광경을 다음과 같이 해석한다. 그리스도에게 패한 사탄은 계속해서 교회를 공격한다. 사탄이 교회를 향하여 분노를 발하는 것은 교회가 그리스도를 낳게 하기 때문이다. 그러나 주께서는 자기 백성을 보호하시며, 독수리의 날개로 품으신다. 주께서는 수난의 광야인 이 땅에 머무르시며 교회를 위하여 처소를 예비하시며 말씀의 만나로 양육하신다. 여기서 교회는 "뱀의 낯을 피하여" 거하는데, 이는 교회가 사탄의 맹렬하고 직접적인 공격으로부터 멀리 피하여 있음을 말한다. 마귀는 여자를 멸할 수 없다. 이것이 계시록 20장의 천년왕국이다. 물론 마귀는 끊임없는 거짓말, 현혹, 종교의 '-주의', 철학적 허구, 정치적 이상향, 그럴듯한 과학적 주장 등으로 교회를 삼키려고 애를 쓰지만, 참되고 신실한 교회는 속아 넘어가지 않는다. 그러나 이 세상 사람들은 이 모든 강물을 마시려고 한다! 교회를 기만하려 했던 계획의 실패는 마귀를 격노하게 한다. 마귀는 '그 여자의 남은 자손', 즉 성도 개개인에게 공격의 방향을 돌린다. 사탄의 박해와 교회를 공격하고 파괴하려는 시도를 좌절시키는 하나님의 특별한 돌보심을 교회가 체험하는 기간, 즉 하나님의 백성이 말씀의 만나로 양육을 받고, 지상에서의 일정한 인내와 안전을 향유하고, 하나님께서 광야에 처소를 예비해 둔 이 여명기(黎明期)를 '한 때와 두 때와 반 때'라고 진술하고 있다.

이때는 두 증인이 예언하는 때(11장)인데, 이 기간 동안 증인들이 죽임을 당하고, 그 시체가 큰 성읍의 대로에 놓이게 된다(계 11:7하). 이것이 아마겟돈 전쟁이다. 이 사흘 반은 심판의 바로 직전이다. 그러므로 '한 때와 두 때와 반 때'라고 서술된 기간은 그리스도의 초림의 때-그의 탄생과 사역, 십자가상의 고난, 보좌에 앉으심-로부터 시작함이 분명하고, 그리스도가 심판하러 오시는 재림 직전까지 연장된다. 계시록 20장을 자세히 연구해 보면 이 견해가 옳다는 확신을 갖게 될 것이다. 여기 20장에서도 역시, 교회가 "뱀의 낯을 피하여" 양육을 받는 긴 기간은, 사탄이 곡과 마곡의 군대를 모아 '성도의 진'과 대항해 싸우는 극히 짧은 기간이 시작되기 전의 사탄의 영향력이 잠시 억제되는 기간이라고 진술되어 있다. 여기서도 또한 짧은 기간 뒤에는 세상을 심판하러 오시는 그리스도의 재림이 바로 이어진다(20:11 이하).[202] 이들 여러 장(章)은 다음과 같은 순서로 정리된다.

① **오랜 기간**(복음 시대)

'마흔두 달', '1,260일', '한 때와 두 때와 반 때', '천 년'(계 11:2, 3; 12:6, 14; 13:5; 20:2–5)

② **짧은 기간** [삼 년 반](계 11:7, 9; 13:7; 20:7–10)

③ **심판날**(계 11:11, 12, 16–18; 14:14–16; 20:11–12)

이 기간을 나타내는 방법들이 계시록 11, 12장과 13장에서 조금씩 다르다는 것을 금방 알 수 있다. 사실상 마흔두 달은 1,260일이며, 또 '한 때와 두 때와 반 때'와 동일하다. 즉 '한 때'를 일 년으로 해석하고, '두 때'를 이 년으로 간주하면 그러하다. 이상 세 가지 경우에서 다 삼 년 반을 말하는 기간으로 다루고 있다.

이 오랜 기간을 왜 '삼 년 반'이라는 용어를 사용하여 묘사하였는가? 이에 대한 답변을 위하여 구약시대에 하나님의 백성이 결코 잊지 못할 삼 년 반이라는 기간이 있었음을 기억해야 한다. 그 기간은 수난과 고통의 기간이면서 또한 하나님의 말씀의 능력이 나타난 기간이다(왕상 17장, 약 5:17). 야고보서 5:17과 계시록 11:6을 서로 대조해 읽어 보면 아합과 엘리야의 고사(故事)를 요한이 생각하고 있음을 금방 알 수 있다. 삼 년 반 동안 하나님의 교회는 박해를 당했으나(왕상 18:10, 13), 파괴되지는 않았다(왕상 18:4; 19:18). 하나님의 말씀은 그 능력을 보여 주었다(왕상 17:1). 엘리야와 다른 선지자들은 기적적인 방법으로 여호와에 의해 먹여지고 양육되었다(왕상 17:4, 9 이하). 이와 마찬가지로 현재 복음 활동의 오랜 기간, 즉 그리스도의 초림부터 시작하여 그의 재림이 거의 이를 때까지 전 기간을 통해, 교회는 박해를 계속 받을 것이나 없어지지는 않고, 하나님의 말씀은 능력 있는 영향을 끼치며 하나님의 백성은 영적 양육을 받는다.

"한 때와 두 때와 반 때"라는 표현은 다니엘서 7:25; 12:7에서 처음으로 나타난다. 이는 적그리스도의 기간이다. 요한은 적그리스도의 영(靈)이

202) 계 11, 12장과 계 20장을 비교해 보라. 뚜렷이 병행한다.

이미 세상에 있었음을 강조한다(요일 4:3). 계시록에서 말하는 삼 년 반의 기간은 전(全) 복음 시대를 나타낸다. 이 '삼 년 반' 기간 후에는 무저갱으로부터 올라온 짐승-적그리스도 세상의 최후 모습-이, 복음을 전하는 증인들이 증언을 못하게 그들을 죽일 것이다(계 11:7-9 참조).

4. 용과 그 추종자들(13:1-18)

13:1-18

1 내가 보니 바다에서 한 짐승이 나오는데 뿔이 열이요 머리가 일곱이라 그 뿔에는 열 왕관이 있고 그 머리들에는 신성모독 하는 이름들이 있더라 2 내가 본 짐승은 표범과 비슷하고 그 발은 곰의 발 같고 그 입은 사자의 입 같은데 용이 자기의 능력과 보좌와 큰 권세를 그에게 주었더라 3 그의 머리 하나가 상하여 죽게 된 것 같더니 그 죽게 되었던 상처가 나으매 온 땅이 놀랍게 여겨 짐승을 따르고 4 용이 짐승에게 권세를 주므로 용에게 경배하며 짐승에게 경배하여 이르되 누가 이 짐승과 같으냐 누가 능히 이와 더불어 싸우리요 하더라 5 또 짐승이 과장되고 신성모독을 말하는 입을 받고 또 마흔두 달 동안 일할 권세를 받으니라 6 짐승이 입을 벌려 하나님을 향하여 비방하되 그의 이름과 그의 장막 곧 하늘에 사는 자들을 비방하더라 7 또 권세를 받아 성도들과 싸워 이기게 되고 각 족속과 백성과 방언과 나라를 다스리는 권세를 받으니 8 죽임을 당한 어린양의 생명책에 창세 이후로 이름이 기록되지 못하고 이 땅에 사는 자들은 다 그 짐승에게 경배하리라 9 누구든지 귀가 있거든 들을지어다 10 사로잡힐 자는 사로잡혀 갈 것이요 칼에 죽을 자는 마땅히 칼에 죽을 것이니 성도들의 인내와 믿음이 여기 있느니라 11 내가 보매 또 다른 짐승이 땅에서 올라오니 어린양같이 두 뿔이 있고 용처럼 말을 하더라 12 그가 먼저 나온 짐승의 모든 권세를 그 앞에서 행하고 땅과 땅에 사는 자들을 처음 짐승에게 경배하게 하니 곧 죽게 되었던 상처가 나은 자니라 13 큰 이적을 행하되 심지어 사람들 앞에서 불이 하늘로부터 땅에 내려오게 하고 14 짐승 앞에서 받은 바 이적을 행함으로 땅에 거하는 자들을 미혹하며 땅에 거하는 자들에게 이르기를 칼에 상하였다가 살아난 짐승을 위하여 우상을 만들라 하더라 15 그가 권세를 받아 그 짐승의 우상에게 생기를 주어 그 짐승의 우상으로 말하게 하고 또 짐승의 우상에게 경배하지 아니하는 자는 몇이든지 다 죽이게 하더라 16 그가 모든 자 곧 작은 자나 큰 자나 부자나 가난한 자나 자유인이나 종들에게 그 오른손에나 이마에 표를 받게 하고 17 누구든지 이 표를 가진 자 외에는 매매를 못하게 하니 이 표는 곧 짐승의 이름이나 그 이름의 수라 18 지혜가 여기 있으니 총명한 자는 그 짐승의 수를 세어 보라 그것은 사람의 수니 그의 수는 육백육십육이니라

1 또 나는 바다에서 한 짐승이 올라오는 것을 보았습니다. 그 짐승은 뿔이 열이고 머리
가 일곱이었는데, 각각의 뿔에는 왕관이 씌워져 있었습니다. 또 머리마다 하나님을 모
독하는 이름들이 쓰여 있었습니다. 2 그 짐승은 마치 표범처럼 생겼는데, 발은 곰의 발
같고 입은 사자의 입을 닮았습니다. 용은 그 짐승에게 자기의 힘과 왕좌와 권세를 주었
습니다. 3 그 짐승의 머리 하나가 큰 상처를 입고 죽은 듯하더니, 거짓말같이 그 상처가
나으며 살아났습니다. 사람들은 그 기적에 놀라며 그 짐승을 따랐습니다. 4 그 짐승에
게 이처럼 큰 능력을 준 용에게 경배하고, 그 짐승에게도 역시 경배하며, 이렇게 외쳤습
니다. "이 짐승보다 힘센 자가 어디 있겠는가? 누가 감히 이 짐승과 맞서 싸울 수 있겠
는가?" 5 용은 그 짐승에게 교만한 말과 하나님을 모독하는 말을 하게 하고, 마흔두 달
동안, 용의 힘을 빌어 사용할 수 있는 권세를 주었습니다. 6 그 짐승은 그 기간 동안, 하
나님을 모독하고, 하나님의 이름과 성전을 더럽히며, 하늘에 있는 모든 이들을 욕하고
다녔습니다. 7 또 하나님의 거룩한 백성을 쳐서 이기는 권세를 받아서, 이 땅의 모든 나
라와 민족을 다스리게 되었습니다. 8 세상이 창조된 이후, 죽임당하신 어린양의 생명책
에 기록되지 못한 땅에 사는 사람들은, 모두 이 짐승을 경배하게 될 것입니다. 9 누구든
지 귀 있는 자는 들으십시오. 10 "사로잡힐 사람이라면 사로잡힐 것이며 칼로 죽임을
당할 사람이라면 칼에 죽임을 당할 것입니다." 이 말은 하나님의 거룩한 백성에게는 인
내와 믿음이 필요하다는 뜻입니다. 11 그 뒤에 나는 또 한 짐승이 땅에서 올라오는 것을
보았습니다. 그 짐승은 어린양처럼 뿔이 두 개 있었는데, 용처럼 말했습니다. 12 이 두
번째 짐승은 첫 번째 짐승 앞에 서서 첫 번째 짐승과 똑같은 힘을 행사하였습니다. 그
힘으로 치명적인 상처를 입었다가 살아난 첫 번째 짐승에게, 이 땅의 살아 있는 모든
사람들이 무릎 꿇도록 강요했습니다. 13 두 번째 짐승은 큰 기적을 행하였는데, 사람들
이 보는 앞에서 불이 하늘에서부터 땅으로 내려오게 하기도 하였습니다. 14 이 짐승은
이런 기적들을 행하여서 사람들을 현혹시켰습니다. 이 모든 것은 첫 번째 짐승을 경배
하게 하기 위한 수단이었습니다. 또 사람들에게 칼에 맞고도 죽지 않은 첫 번째 짐승의
우상을 만들어 섬기도록 명령하였습니다. 15 두 번째 짐승은 그 우상에게 생명을 불어
넣어 우상이 말을 하게 하고, 그 우상에게 절하지 않는 사람들은 다 죽이라고 명령하였
습니다. 16 그 짐승은 높은 자나 낮은 자나, 부자나 가난한 자나, 노예나 자유인이나 다
그들의 오른손이나 이마에 표를 받게 하였습니다. 17 그래서 이 표가 없는 자는 아무것
도 사거나 팔 수 없게 하였는데, 이 표는 짐승의 이름이나 그 이름을 뜻하는 숫자입니
다. 18 지혜가 있는 자는 이 숫자의 의미를 알 수 있을 것입니다. 그 숫자는 사람의 숫자
이며, 육백육십육입니다.

_아가페 쉬운성경

계시록 13장은 용이 교회를 공격하는 데 사용하는 하수인, 즉 수단 혹은 도구를 보여 준다. 첫 번째 나온 괴물은 말이나 글로 다 표현하기 어려운 흉측한 모습을 하고 있다. 둘째 짐승은 무해하게 보이지만 그렇기 때문에 첫 번째보다 더 위험하다. 첫째 짐승은 바다에서 나온다. 둘째 짐승

은 땅에서 올라온다. 첫째는 사탄의 손이요, 둘째는 마귀의 심상이다. 첫째 짐승은 이 땅의 나라들과 그 나라의 정부를 통하여 작용하는 사탄의 박해의 권능을 나타낸다. 둘째 짐승은 이 세상의 거짓 종교와 거짓 학문을 상징한다. 둘 다 이 세대를 통하여 교회를 대적하는데, 요한은 이 짐승들을 A.D. 1세기의 마지막 십 년 동안에 이들이 취한 박해의 형태를 의미하는 용어로 묘사한다.[203]

14:8에 셋째 하수인이 언급되는데 곧 음녀인 바벨론이다. 이리하여 지상을 공격하는 데 이용되는 세 하수인들이 사탄에 의해 기용되었다. 이들은 적그리스도의 핍박, 적그리스도의 종교, 그리고 적그리스도의 유혹이다.

요한은 용이 하수인들의 협조를 구하기 위해 이들을 출두시키려고 바닷가로 내려가는 것에 주목한다. 따라서 용은 해안, 즉 바다와 육지가 만나는 곳에 서 있는 것으로 보아야 한다. 첫 추종자는 바다로부터 나온다. 요한은 형용하기 어려우리만큼 무시무시한 짐승이 바다로부터 나오는 것을 바라본다. 아주 서서히 물에서부터 솟아오른다. 처음에는 뿔밖에 볼 수 없었다. 왕관을 쓴 열 개의 뿔이었다. 다음에는 머리가 나타난다. 이 짐승은 머리가 일곱이었는데 그 머리들에는 신성을 모독하는 이름이 있었다. 이제는 몸이 보이기 시작한다. 그것은 표범 같고, 거대하며, 사나우며, 먹이를 덮치기에 날쌘 모습이었다(참조. 단 7:6; 호 13:7; 합 1:8). 이제 이 짐승은 물에서 밖으로 나온다. 요한은 그 짐승의 발을 본다. 곰의 발이다. 새끼를 빼앗긴 곰이 울부짖는 모습을 상상해 보라(삼하 17:8; 잠 17:12; 호 13:8). 이 발은 상대방을 찢고, 갈기갈기 갈라 버리며, 박살내 버릴 준비가 되어 있는 크고 무시무시한 것이다. 이 괴상한 모습의 가장 중요한 부분은 입인데 이는 마지막으로 언급되었다. 이 무시무시한 짐승은 사납게 으르렁거리고 먹을 것을 노리며 삼키려 하는 사자의 입을 갖고 있었다(시 17:12; 호 5:14; 벧전 5:8). 용은 이 괴물과 같은 짐승에게 자기의 권세를 준다. 가까이 보면 일곱 머리 중 한 머리가 치명적 상처를 입은 것 같았는데, 이 상처가 치료가 되었음을 요한은 경고하고 있다. 온 세상은

---

203) 제VI장, p.57-58을 보라.

놀라움과 신기함에 싸여 이 짐승을 따르며 찬양과 경배를 드리는 식으로 "누가 이 짐승과 같으냐? 누가 능히 이와 더불어 싸우리요?"라고 한다. 짐승에게 경배할 때는 짐승에게 권세를 준 용에게도 경배를 드리고 충성을 바친다. 이제 짐승이 입을 열어 말하기 시작하는데 오만하고 신성을 모독하는 소리를 한다. 이들의 활동은 마흔두 달 동안 계속된다. 하나님을 향하여 비방하고 그의 이름과 그의 장막 곧 하늘에 사는 자들을 비방한다. 땅에 사는 자들은 "또 권세를 받아 성도들과 싸워 이기게 되고 각 족속과 백성과 방언과 나라를 다스리는 권세를 받으니 죽임을 당한 어린양의 생명책에 창세 이후로 이름이 기록되지 못하고 이 땅에 사는 자들은 다 그 짐승에게 경배"(13:7–8)하게 된다.

이 광경은 다음과 같이 해석된다. 바다는 세상 나라들과 그 정부를 가리킨다(참조. 사 17:12. 여기에 백성의 부르짖음은 바다의 파도 소리와 비교되었고, 나라가 서로 충돌하는 것은 큰 물이 몰려온 것으로 묘사되었다).[204] 계시록 17:15은 이 점을 증명하고 있다. 바다에서 나온 짐승은 땅[무저갱]에서 올라온 짐승과 밀접한 관계가 있다(11:7). 또 다른 짐승은 나중에 거짓 선지자로 정체가 밝혀진다. 바다가 낳은 짐승은 전 역사의 무대 위에 세상의 여러 나라와 정권으로 나타난 사탄의 박해하는 세력을 상징한다. 인류 역사상 어디서나 언제나 하나님을 거스르고 대항한 지상의 정권은 짐승이다. 이 짐승은 다니엘이 본 네 짐승의 특징을 모두 결합시킨 모습으로 머리가 일곱이었다. 일곱 머리는 구 바벨론, 앗수르, 신 바벨론, 메대와 바사, 마게도니아, 로마 등의 세속 정부를 가리킨다. 비록 형태는 각기 다르지만 이 세상 정부와 정권들이 하나님을 거스르고 교회를 박해한 그 본질은 서로 동일하다. 이 짐승에게서 사탄의 박해하는 권세를 보게 된다. 용과 짐승 사이에 큰 유사점이 설명되었는데, 이 둘은 다 잔인한 괴물이며, 열 뿔과 일곱 머리를 갖고 있음을 볼 수 있다. 이 짐승의 경우에는 왕관이 뿔 위에 있고 머리에 있지 않음에 주목하도록 하자. 그러나 용은 그 머리에 권위를 참칭하는 왕관을 쓰고 있다. 다시 말하면 용, 즉

---

204) 또한 K. Schilder, *op. cit.*, p.141을 보라.

사탄이 통치하며, 그의 계획과 목적하는 바가 세상의 정권에 의해서 이행되고 있다는 것이다. 사실 백성을 다스리는 세상의 왕들은 왕관을 쓰고 있는데, 왕관을 쓴 뿔은 관을 쓴 잔인한 통치자를 상징한다는 점을 생각하자. 이 지상의 잔악한 통치자들은 사탄에게 예속되어 있으며, 또한 사탄으로부터 모든 행위의 영감을 받고 있다! 이는 실로 교회를 박해하는 모든 지상의 통치자들을 일컫는다. 이 통치자들과 정권들은 하나님을 신성모독 하고 하나님을 비방하며 하나님의 거룩한 칭호를 자신들이 참칭하려고 한다. 그리하여 요한 당시에 로마 황제들은 자신을 '주님' 또는 '구주' 라고 부르도록 명령하였다. 이 짐승은 어느 시대 어느 곳에서나 역사상에 무수히 나타난 바 있는 교회를 박해하는 여러 형태의 세상 정권을 나타낸다. 13:2의 짐승의 특징을 살펴보면, 다니엘이 그 환상 중에 본 네 짐승(단 7장)의 특징이 합성되어 한 짐승으로 나타났다고 보는 것이 타당하다. 다니엘서에서는 이 네 짐승이 연달아 일어난 세상 나라들을 나타낸다.[205] 그러나 여기의 합성된 동물은 한 나라 또는 일개의 정부를 상징할 수는 없다. 이는 적그리스도의 성격을 갖는 모든 세속 정부를 가리킨다.

일곱 머리 중 하나가 치명적인 부상을 입었으나 그 상처는 곧 고침을 받았다. 이 구절의 올바른 해석을 위해서 일곱 머리는 역사상 계속해서 발생한 적그리스도적인 성격을 갖는 나라들을 상징한다는 것을 명심해야 한다(17:10 참조). 그러므로 머리 하나가 치명적인 타격을 받았다가 고침을 받았다는 것은 일곱 나라 중 한 나라가 극심하게 박해하는 그 박해를 잠시 중단하였다가 후에 다시 원상으로 회복되었다는 것을 의미한다. 따라서 가장 합리적인 해석은 다음과 같은 것이다. 요한이 말한 바, 그 머리는 당시의 로마를 나타낸다. 잔인한 독재자 네로가 황제 재위시(A.D. 54-68년), 로마 대화재의 주동자라는 의심을 피하기 위해 그 화재는 자기가 저지른 것이 아니고 기독교인들의 범행이라고 거짓말을 하면서 기독교인들을 박해하도록 선동하였다. 당시 성도들은 극심한 시련을 당했다. 로마 당국은 관중들의 흥미를 위하여 성도들을 십자가상에서 처형을

205) 제Ⅵ장, p.60을 보라.

시키고 끓는 물이나 기름을 끼얹어 죽이거나 기둥에 못 박기도 하였고 장작더미 위에 앉혀 놓고 태워 죽이기도 하였다.[206] 이렇게 기독교를 박해하던 네로 황제는 후에(A.D. 68년) 자살하고 말았다. 핍박자로서의 로마가 죽을병이 든 것이다. 그러나 도미티아누스 황제 때 성도들에 대한 박해가 재발하였다. 죽을병이 고침을 받은 것이다. 다시 로마는 사탄의 사주를 받은 교회의 핍박자로서 등장한다.[207] 일반적으로 사도 요한의 시대에 세상은 로마를 숭배하였고 황제를 경배하였다.

전체 복음 시대—앞서 상고한 바 있는 마흔두 달[208]—를 통하여 이 땅의 모든 나라들은 스스로 보좌 위에 앉아 하나님께 속한 권세를 도둑질하여 참칭하고(현대의 전제주의 정권을 생각해 보라) 하나님과 천국을 비방한다. 이 상황이 결국은 힘 있고 영향력 있는 복음을 선포하는 기관으로서의 교회를 완전히 붕괴시키는 결과를 초래한다. 그리하여 마지막에는 각 족속, 백성, 방언과 국가는 적그리스도적인 정부를 섬기게 될 것이다(계 13:7과 11:7을 비교하라).[209] 그리스도 재림 직전에 있을 이런 무서운 상황 속에서도 그 이름이 어린양의 생명책에 영원 전부터 기록된 성도들이 이 땅에 있게 될 것이다(17:8 참조).[210] 하나님께서 영원 전부터 우리를 택하시어 성령의 거룩하게 하심과 진리를 믿음으로 구원을 받게 예정하셨기 때문에(살후 2:13), 성도 개개인은 결코 멸망할 수가 없다. 적그리스도의 정부가 성도들의 육체는 죽일 수 있을지언정 영혼은 죽일 수 없다. 성도들이 이 극심한 환난 중에도 인내함으로 기다리는 것은, 모든 것이 하나님의 섭리 가운데 포함되어 있고 세상이 교회를 대적하는 싸움에서 무력을 사용할 경우 하나님께서 친히 이 과오를 보복해 주실 것을 알기 때문이다. 이것을 아는 성도는 인내하게 될 것이며 믿음 안에서 참고 이겨낼 것이다. 귀 있는 자는 이 충고의 말씀을 듣고 가슴에 간직할지어다(9–

206) P. Schaff, *History of the Christian Church*, I, p.381을 보라.
207) A. Pieters, *op. cit.*, p.236을 보라.
208) p.205–207이하를 보라.
209) 11:7 이하의 설명을 보라.
210) '창세(創世) 이후로' 라는 말은 ASV의 번역처럼, '기록된' 이란 의미를 수식한다.

10절). 최고의 통치자는 사탄이 아니고 하나님이시다. 이후에 요한은 다른 짐승을 본다. 이 짐승은 땅에서 나온다. 야고보서 3장 15절에 의하면 '지혜' 는 땅에서부터 나온다고 하였다(빌 3:19 참조). 이 광경을 먼저 살펴보도록 하자. 이 짐승은 열 뿔이 있지 않고 어린양처럼 단지 두 개의 작은 뿔을 갖고 있다. 그러나 용처럼 말한다! 이 둘째 짐승은 첫째 짐승의 종으로 첫째 짐승에게 적극 협조하는 짐승이다. 대중을 기만하기 위하여 많은 요술과 엉터리 이적을 행한다. 불을 하늘로부터 땅에 내려오게도 하는데, 이는 사람들을 미혹하려고 마치 불이 하늘로부터 땅으로 내리는 것처럼 보이게 하는 것이다. 그리고 첫째 짐승을 숭앙하는 동상을 세우거나 우상을 만들라고 명령한다. 더군다나 둘째 짐승은 이들 짐승의 우상이 말하도록 만든다. 드디어 사람들은 무지와 미신에 혹하여 이 짐승의 우상이 정말로 말하는 줄 믿게 된다. 그리고 또 이 둘째 짐승은 첫째 짐승의 우상을 경배하지 않는 자는 그 수효를 불문하고 다 죽이도록 명령한다. 끝으로 이들에 대한 충성의 표시로 충성하는 모든 자들에게 그 오른손에나 이마에 짐승의 표를 받도록 명령한다. 이 표 받기를 거부한 자들은 배척당하게 된다. 사고 파는 모든 상거래가 허락되지 않으며 여하한 다른 사업도 벌일 수 없게 한다. 이 짐승의 표는 곧 짐승의 이름이나 그 이름의 수와 같다. 지혜 있고 총명한 사람이면 누구든지 이 수를 설명할 수 있을 것이다. 이는 사람의 수인데 666이기 때문이다.

아마도 이 부분이 계시록 전반에 걸쳐서 그 의미를 해석하기 가장 어려운 구절에 속할 것이다. 세밀한 부분은 알기 어렵지만, 그러나 그 중심 개념은 분명하다. 많은 해석들 중에 다음의 해석이 가장 타당하다고 생각한다. 어떻든 세밀한 부분의 설명에 너무 집착하다 보면 전체적인 명확성을 잃게 된다는 점을 강조하고 싶다.

둘째 짐승은 거짓 선지자이다(19:20). 모든 세대를 통하여 여러 형태로 나타나는 거짓 종교와 거짓 철학을 상징한 것이다. 이 짐승이 겉은 양처럼 보이나 속은 용을 숨기고 있다.[211] 다시 말하면 눈에 뜨이는 부분은 마음에 끌리도록 번지르르하다는 것이다. 그 짐승은 아무 흠도 없고 순결하게 보인다. 마치 귀여운 작은 양처럼 어린아이라도 귀여워할 만큼 생겼다. 그런데 이 짐승이 하는 말은 겉과 전혀 다른 그 속이 지니고 있는 생각과 생활, 그의 본질, 또한 성격의 일면을 보여 준다. 이 양은 마치 마귀가 말하듯 한다. 둘째 짐승은 결과적으로 진실을 가장한 사탄의 거짓인 것이다. 사탄이 광명의 천사로 가장한 것이다(고후 11:14). 이는 이 세대의 어떠한 때에도 출현하는 거짓 선지자들을 상징한다. 이들은 양과 같이 꾸미고 나타나지만 그 속은 노략질하는 이리이다(마 7:15).

두 짐승—적그리스도적인 정부와 적그리스도적인 종교—은 완벽하게 서로 협동하여 일을 한다. 이 경우는 결코 변하지 않는다. 이미 사도 요한의 시대에도 이방 종교의 제사장은 총독과 절친한 사이였다. 성도들을 박해하는 세상 권세를 보조하고 협조하는 데 제사장은 지대한 영향을 주었다. 이방 종교와 이방 정권은 교회를 대항하는 싸움에 있어서 서로 협조하였다. 이교도 신당의 제사장은 '가이사가 신(神)이다!' 라는 사탄의 거짓을 사람들의 심령 속에 심는 데 노력을 아끼지 않았다. 사람들을 미혹하기 위하여 요술과 거짓 기사와 이적까지도 행했다. 각 지역에 거주하는 사람들에게 황제 숭배를 강제하기 위해 황제의 조상을 만들도록 명령하였다. 앞서 공부한 버가모를 생각하여 보라.[212] 이런 조각상들 앞에서 경배하기를 거부하든가 또는 '황제는 신이다' 라고 말하기를 거부하는 성도들은 죽임을 당하였다.[213] 요한은 실제로 우리에게 그가 생존했던 당시의 신당 제사장들이 그들의 국교와 황제 숭배 사상을 백성들의 심령 속에 확실하게 불어넣기 위해 아무런 화인이 없이도 불이 쏟아져 나오게 하고 복화술을 사용하여 황제의 조각상이 정말로 말하는 것처럼 꾸몄다는 것을 우리에게 말해 주려고 하는가[214] 아니면 이 세세한 부분은 상징적으로 해석해야 할 단순한 광경에 불과하다고 말하고 있는 것인가? 어떻든 궁극적

211) 이 짐승의 성격을 강조하기 위하여 정관사가 빠졌지만 이 괴물은 하나님의 참 어린양을 마귀가 모방했음을 금방 느낄 수 있게 한다. 실제로, 이 둘째 짐승은 '그' 용, 즉 사탄의 영감에 의해(inspired) 되어진 것이다.

212) 제Ⅷ장, p.93을 보라.

213) W. M. Ramsay, *op. cit.*, p.98을 보라.

214) *Ibid.*, pp.100이하를 보라.

의미는 모든 세대를 통하여 주님의 재림이 가까워 올수록 더욱 극성스러운 방법으로 큰 기사와 표적을(마 24:24) 행하는 거짓 선지자들이 많은 사람을 미혹하고, 또 이 땅의 정권이나 권세 잡은 자들이 교회를 억압하고 박해할 때에 이들의 손을 강하게 하도록 노력할 것임을 말하고 있다. 그러나 15절을 주목하여 읽어 보면 '주어졌다' 라고 했는데, 이는 하나님의 허락의 한도 밖에서는 사탄일지라도 아무것도 할 수 없다는 것이다.

이제는 모두-곧 작은 자나 큰 자, 부자나 가난한 자, 자유자나 종-에게 거짓 선지자가 표를 준다. 이는 첫째 짐승의 표이다. 여기에 나타나는 거짓 선지자는 겉으로는 어린양을 닮았다. 어린양을 따르는 무리들이 그들의 이마에 인침을 받지 않았던가?[215] 그러므로 짐승을 따르는 무리들도 이마나 오른손에 표를 받든가 낙인이 찍히든가 하였다. 그런데 이 '짐승의 표' 란 무엇을 뜻하는가? 여러 가지 흥미로운 대답이 있다. 이들 여러 학설들은 바로 다음과 같은 점에서 과오를 범한다. 즉 이 표는 하나의 개인적이며 외형적이고 가시적인 표인데, 역사의 한 특수한 기간에 오직 그때에만 출현한 악인들의 이마 또는 오른손에 나타나는 것으로 해석하는 것이다. 그러나 짐승은 항상 교회를 박해하며 성도들을 파멸시키려는 다양한 세상 권력을 상징한다. 어느 곳이나 어느 때든지 짐승이 나타나는 곳에는 짐승의 표가 발견된다. 이 둘은 언제나 동행하며 결코 분리될 수 없다.

'짐승의 표'[216]라는 표현을 이해하기 위해서 우리는 가축에다 낙인을 찍고 심지어 노예들에게까지 표식을 해서 구별하였다는 것을 기억해야 한다. 이 표는 노예나 가축의 소유자를 밝히는 구실을 한다. 즉 어느 주인에게 예속되었음을 말하는 것이다. '누구의 표를 받는다' 는 것은 누구의 소유, 또는 누구를 숭배하고 섬긴다는 의미를 지니고 있음을 곧 알게 된

215) 제Ⅷ장, p.95-96, 제Ⅸ장, p.155-156을 보라.

216) 이 짐승의 표는 미화(美貨) 10센트의 그림, 상품의 이름, 주소 등을 표시하는 약호(略號), 일주일의 첫날에 지키는 안식일 관습, 악인의 이마에 나타나는 적그리스도의 머릿글자 등으로 해석되어 왔다.

다. 이 점을 증명해 보도록 하자. 계시록 14:9에 보면 "누구든지 짐승과 그의 우상에게 경배하고 이마에나 손에 표를 받으면"이라고 기록되어 있다. 여기서 '짐승의 표를 받는다' 라고 하는 것은 '짐승을 경배한다' 는 것을 의미한다. 이와 같이 14:11에도 "짐승과 그의 우상에게 경배하고 그의 이름 표를 받는 자' (계 20:4도 참조)라고 다시 기록되었음을 본다. 그렇기 때문에 '짐승의 표를 받은 것' 은 '짐승에게 속하고 그를 경배한다' 는 것을 뜻하는 듯하다. '짐승의 표' 는 하나님을 대적하고 그리스도를 배척하며 교회를 박해하는 적그리스도의 정신을 말한다. 이 표는 이마나 오른손에 찍힌다(신 6:8 참조). 이마는 심령, 생활의 사상, 개인의 철학을 상징하며, 오른손은 인간의 행위, 활동, 직업, 생업 등을 말한다. 그러므로 이마나 오른손에 짐승의 표를 받았다는 것은, 받은 자가 교회를 박해하는 무리의 성격－그가 생각하는 것, 말하는 것, 쓰는 것이 두드러지거나, 그 위에 더 그가 행하는 바를 강조하며 중요하게 여기는－에 속한다는 것을 나타내며, 적그리스도의 정신을 더욱 명백하게 하는 것이다.

이 해석은 성도들이 이마에 받는 인(印)에 대한 설명과 대조적인 조화를 이룬다. 여기 신자가 받는 인은 그리스도의 소유이며, 그를 앙모하며, 그의 영을 산소를 들이마시듯 호흡하며, 그리스도께서 생각하고 가르치신 바를 자기의 것으로 삼는다는 표시이다. 이와 같이 짐승의 표도 불신자, 즉 그의 악행을 고집하는 사탄인 짐승에게 속했다는 표시이며, 사탄을 경배함을 상징하는 것이다. 그러나 여기에는 분명한 차이점이 있음을 주목하자. 성도들이 인침을 받은 것에 반해 불신자들은 단지 표만 받은 것뿐이다.[217] 요한의 시대를 통해 비추어 보아도 이것은 사실이었는데(두아디라를 생각해 보자)[218] 짐승의 표가 없는 자들은 짐승의 우상에게 경배하지 않았으며 이 때문에 이들은 생업에 막대한 지장을 받았다. 이들은 압력을 받았으며 추방을 당했다. 또한 이들이 지키는 바 신앙의 원리에 충성하는 동안에는 사거나 파는 행위까지도 하지 못하도록 억압을 받았다. 이러한 적대 행위는 어느 시대를 막론하고 끊이지 않을 것이며 세상의 종말이 가

217) R. C. H. Lenski, *op. cit.*, p.409를 보라.

까워 올수록 더욱 증가할 것이다. 그러나 그리스도를 구주로 믿는 성도들은 결코 낙심해서는 안 된다. 짐승의 수는 곧 사람의 수임을 기억하자. 이제 명백히 알아야 할 것은 사람은 제6일에 창조되었다는 사실이다. 여섯이란 숫자는 결코 일곱이 될 수가 없다. 일곱이 될 수가 없다는 것은 영원토록 완전에 도달할 수 없다는 것을 의미한다. 여섯은 목표에 미치지 못한다는, 즉 실패한다는 것을 나타낸다. 일곱이란 숫자는 어떠한가? 이 수는 완전, 완성 그리고 승리를 나타낸다. 하나님의 교회여, 기뻐하라! 승리는 우리 것이다! 짐승의 수는 666이니 이 숫자는 실패를, 그리고 실패 위에 실패를 더하는 것을 말한다.[219] 이것이 사람의 수인데, 짐승은 사람을 번영하게 하고 자랑스럽게 만들기는 하나, 결국은 실패하고 만다!

5. 하나님의 교회의 승리(14:1-16)

14:1-16

1 또 내가 보니 보라 어린양이 시온 산에 섰고 그와 함께 십사만 사천이 서 있는데 그들의 이마에는 어린양의 이름과 그 아버지의 이름을 쓴 것이 있더라 2 내가 하늘에서 나는 소리를 들으니 많은 물 소리와도 같고 큰 우렛소리와도 같은데 내가 들은 소리는 거문고 타는 자들이 그 거문고를 타는 것 같더라 3 그들이 보좌 앞과 네 생물과 장로들 앞에서 새 노래를 부르니 땅에서 속량함을 받은 십사만 사천 밖에는 능히 이 노래를 배울 자가 없더라 4 이 사람들은 여자와 더불어 더럽히지 아니하고 순결한 자라 어린양이 어디로 인도하든지 따라가는 자며 사람 가운데에서 속량함을 받아 처음 익은 열매로 하나님과 어린양에게 속한 자들이니 5 그 입에 거짓말이 없고 흠이 없는 자들이더라 6 또 보니 다른 천사가 공중에 날아가는데 땅에 거주하는 자들 곧 모든 민족과 종족과 방언과 백성에게 전할 영원한 복음을 가졌더라 7 그가 큰 음성으로 이르되 하나님을 두려워하며 그에게 영광을 돌리라 이는 그의 심판의 시간이 이르렀음이니 하늘과 땅과 바다

---

218) 제Ⅷ장, p.100-101을 보라.

219) C. F. Wishart, *op. cit.*, p.25를 보라. 네로 황제나 플라톤 등에 숫자적 가치를 부여해서 해석하려는 시도는 아무것도 이루지 못하게 된다. 계시록은 상징의 책이지 수수께끼의 책이 아니다!

와 물들의 근원을 만드신 이를 경배하라 하더라 8 또 다른 천사 곧 둘째가 그 뒤를 따라
말하되 무너졌도다 무너졌도다 큰 성 바벨론이여 모든 나라에게 그의 음행으로 말미암
아 진노의 포도주를 먹이던 자로다 하더라 9 또 다른 천사 곧 셋째가 그 뒤를 따라 큰
음성으로 이르되 만일 누구든지 짐승과 그의 우상에게 경배하고 이마에나 손에 표를
받으면 10 그도 하나님의 진노의 포도주를 마시리니 그 진노의 잔에 섞인 것이 없이 부
은 포도주라 거룩한 천사들 앞과 어린양 앞에서 불과 유황으로 고난을 받으리니 11 그
고난의 연기가 세세토록 올라가리로다 짐승과 그의 우상에게 경배하고 그의 이름 표를
받는 자는 누구든지 밤낮 쉼을 얻지 못하리라 하더라 12 성도들의 인내가 여기 있나니
그들은 하나님의 계명과 예수에 대한 믿음을 지키는 자니라 13 또 내가 들으니 하늘에
서 음성이 나서 이르되 기록하라 지금 이후로 주 안에서 죽는 자들은 복이 있도다 하시
매 성령이 이르시되 그러하다 그들이 수고를 그치고 쉬리니 이는 그들의 행한 일이 따
름이라 하시더라 14 또 내가 보니 흰 구름이 있고 구름 위에 인자와 같은 이가 앉으셨는
데 그 머리에는 금 면류관이 있고 그 손에는 예리한 낫을 가졌더라 15 또 다른 천사가
성전으로부터 나와 구름 위에 앉은 이를 향하여 큰 음성으로 외쳐 이르되 당신의 낫을
휘둘러 거두소서 땅의 곡식이 다 익어 거둘 때가 이르렀음이니이다 하니 16 구름 위에
앉으신 이가 낫을 땅에 휘두르매 땅의 곡식이 거두어지니라

---

1 그 후에 나는 어린양을 보았습니다. 어린양은 시온 산에 서 있었습니다. 그 곁에는 이
마에 그분의 이름과 아버지의 이름이 새겨진 십사만 사천 명이 서 있었습니다. 2 그리
고 폭포 소리 같기도 하고, 큰 천둥 소리 같기도 한 소리가 하늘로부터 들려왔습니다.
그것은 사람들이 거문고를 타는 소리 같았습니다. 3 그들은 보좌와 네 생물과 장로들
앞에서 새 노래를 불렀습니다. 그 새 노래는 이 땅에서 구원함을 받은 십사만 사천 명
외에는 아무도 부를 수가 없습니다. 4 이들은 여자와 더불어 죄를 짓지 않고, 자신을 깨
끗이 지킨 자들입니다. 그들은 어린양이 가는 곳이라면 어디든지 따라가는 자들이며,
하나님과 어린양에게 첫 제물로 바쳐진 이 땅의 사람들 가운데 구원받은 자들입니다. 5
그들에게선 거짓을 찾을 수 없으며, 흠 없는 자들입니다. 6 그 후, 나는 한 천사가 하늘
높이 날아가는 것을 보았습니다. 그 천사는 땅 위에 있는 모든 나라와 민족과 부족에게
전할 영원한 기쁜 소식을 가지고 가는 중이었습니다. 7 천사는 큰 소리로 외쳤습니다.
"하나님을 두려워하고, 그분에게 찬양을 드려라. 하나님께서 온 세상을 심판하실 때가
왔으니, 하늘과 땅과 바다와 샘을 만드신 그분을 경배하여라." 8 또 한 천사가 그 뒤를
이어 날아가며 외쳤습니다. "바빌론이 무너졌다. 큰 성 바빌론이 무너졌다. 모든 민족
에게 부도덕한 짓을 하게 하여 하나님의 진노를 사게 한 대가를 받았다." 9 두 천사의
뒤를 이어 세 번째 천사가 큰 소리로 외쳤습니다. "누구든지 짐승과 우상에게 경배하
고, 이마나 손에 짐승의 표를 받는 자는 10 하나님의 진노의 포도주를 마시게 될 것이
다. 그 진노의 포도주는 물을 타지 않은 독한 술이다. 그들은 거룩한 천사들과 어린양
이 보는 앞에서 유황불로 고통을 겪게 될 것이다. 11 그 고통의 연기는 밤낮 쉬지 않고
피어 올라서, 짐승과 우상에게 경배하고 짐승의 표를 받은 자들을 괴롭힐 것이다. 12 그

러므로 하나님의 거룩한 백성은 하나님의 명령을 지키고, 예수님을 끝까지 믿고 따르면서 참고 견뎌야 할 것이다." 13 또 나는 하늘에서 들리는 음성을 들었습니다. "이것을 기록하여라. 이제부터 주님을 믿고 주 안에서 죽은 자를 기뻐할 때가 왔다." 그러자 성령께서도 "그렇다. 그들은 괴로운 수고에서 벗어날 것이다. 이는 그들의 착한 행실이 영원히 남아 있기 때문이다" 하고 말씀하셨습니다. 14 눈앞에 흰 구름이 펼쳐지며, 그 구름 위에 한 분이 앉아 계신 것이 보였습니다. 그분은 '사람의 아들'이라고 불리는 예수님 같았습니다. 그분은 머리에 금관을 쓰고, 손에는 날카로운 낫을 들고 계셨습니다. 15 그때, 한 천사가 성전에서 나오더니, 구름 위에 앉아 계시는 분에게 외쳤습니다. "낫을 들어 추수를 시작하십시오. 곡식이 무르익어 거둘 때가 되었습니다." 16 그러자 그분은 땅 위로 낫을 휘둘렀고, 곡식은 추수되었습니다. _아가페 쉬운성경

14장은 세 부분으로 나뉘어진다. **"내가 보니"**라는 구절이 1절, 6절 그리고 14절에 나오는 데 이것이 세 부분으로 분류되는 각 부분의 시작이다.

① 구속받은 자의 복(1–5)

첫 부분에서는 어린양이 시온 산 위에 서 있는 모습을 보여 준다. 이 시온은 "흔들리지 아니하고 영원히 있는"(시 125:1) 것이다. 이는 하늘을 말하는데(히 12:22) 그 까닭은 **"내가 하늘에서 나는 소리를 들으니"**라고 기록되었기 때문이다. 요한은 이 어린양과 더불어 이마에 어린양과 그의 아버지의 이름을 쓴 십사만 사천의 무리가 서 있는 것을 본다. 이들이 앞서 7장에 기록된 인침을 받은 무리들이다. 7장에서는 성도들이 아직도 지상에 살고 있으며, 원수들에 의해 포위되어 있었다. 그러나 본 장에서는 최후의 심판 후에 하늘의 복을 누리고 있다. 비록 용이 성도들로 하여금 주님께 충성하지 못하도록 최선을 다하였고 또 자기를 조력하도록 두 짐승까지 기용하였지만, 십사만 사천이 '그들의 이름이 불릴 때' 단 한 명도 누락됨이 없었다.

요한은 하늘로부터 어떤 소리가 나는 것을 듣는데, 십사만 사천이 새 노래로 찬양하는 것이다. 이 새 노래 소리는 많은 물 소리와도 같고 우렁차고 큰 우렛소리와도 같았다. 떨어지는 물이 지면에 닿아 부서지고 흩어지면서 우레처럼 소리를 내고, 그 잔향이 점점 커져 멀리 퍼지는 거대한 나이아가라 폭포를 상상해 보라. 이들이 부르는 새 노래가 마치 이와 같

을 것이다! 경박하고 사소한 것들은 이곳에 있지 않다. 이처럼 새 노래로 찬양하는 소리가 웅장하고 위엄이 있으며 장엄할지라도 이 소리는 마치 '거문고 타는 자들이 그 거문고를 타는 것' 처럼 전에 들어 보지 못한 곡조와 가락으로 부드럽게 들린다. 장엄과 부드러움, 웅장함과 사랑스러움이 여기에서 잘 조화되어 있다. 이것은 새 노래인데 새로운 경험, 즉 십사만 사천이 이 땅으로부터 구원을 얻었음을 기록한 것이다. 구원받은 사람 각자가 보좌—하나님과 어린양이 앉아 계신 까닭으로 보좌인— 앞과, 그룹과 또한 영광 중에 있는 전체 교회 앞에서 이 노래를 부른다. 어린양의 흠 없는 보혈에 의해 지상으로부터 구원받은 체험을 기록한 노래로서, 이 노래는 체험한 사람만이 배울 수 있다. 이들 십사만 사천은 더럽히지 아니한 정절 있는 사람들이다. 이들은 그리스도에 대한 충성을 변절하지 아니하고 지킨 자들이다. 주가 어느 곳에 가시든지 따르는 자들이다(고후 11:2 참조). **"사람 가운데에서 속량함을 받아 처음 익은 열매로 하나님과 어린양에게 속한 자"**들이다. 그리스도께서 이들을 위하여 죽으셨다. 이들을 위해 그리스도께서 죽으신 그 결과의 하나로 이들의 심령 속에 성령의 깨끗하게 하는 역사가 있는데, 이로 인하여 이들은 죄에 가득 찬 생활과 세상과 짝하는 생활로부터 분리된다(고전 6:20 참조).

십사만 사천의 사람들은, 사람 가운데에서 속량함을 받아 처음 익은 열매로 하나님과 어린양에게 속한 자라고 한 것에 주목하자. 다시 말해서 구별되어 주님을 위한 첫 열매가 되었다. 이처럼 그들은 모든 사람들로부터 따로 떼어 놓임을 받았다(약 1:18 참조). 최후의 심판날을 향해 무르익어 가는 인간 세상은 가끔 추수하는 것으로 비유되었다(마 9:37; 13:30; 눅 10:2; 요 4:35). 이 상징이 본 장 14절에 있다(14:14 이하). 이곳에서도 첫 열매는 주님을 위한 것이며(14-16절), 그 나머지는 사탄의 것이다(17-20절). 이 상징은 첫 열매에 관한 구약의 율법에 그 근거를 둔 것이다. 모든 첫 열매는 하나님께 드렸으며 나머지를 이스라엘 백성들이 자유롭게 사용하였다(출 23:19; 민 18:12). 이와 마찬가지로 한 편은 첫 열매, 다른 편은 일반 사람들로 대조를 이루고 있다. 모든 구속받은 자들, 택함 받은 모든 성도들이 이 첫 열매에 포함된다. 첫 열매에 속하지 않은 모든 것은 무엇이든지 하나님의 소유가 아니며 또한 택한 자도 아니다. 이들 십사만 사천 명은 '첫 열매' 대(對) '다른 성도'가 아니다. 이들은 또한 하늘에서 선택할 집단이거나 또는 더욱 뛰어난 성도들로 구성되는 것도 아니다. 그들은 "사람 가운데에서 속량함을 받은" 첫 열매이다. 십사만 사천이 "어린양의 이름과 그 아버지의 이름"을 이마에 지녔다는 사실이 이를 명백하게 해준다. 이들은 "모든 자 곧 작은 자나 큰 자나 부자나 가난한 자나 자유인이나 종들에게 그 오른손에나 이마에 (짐승의) 표를 받게"(13:16) 된 자들과 반대되는 자들이다. 모든 성도들은 한 사람도 제외됨이 없이 하나님과 어린양의 이름으로 인침을 받았다. 이와 같이 타락한 자들, 불신앙과 죄에 굳어 버린 자들은 (짐승의) 표 또는 낙인을 받았다. 또다시 구속받은 모든 성도들은—단지 특출한 성도 몇몇만이 아니라— 영광 중에 새 노래를 부른다. 이들 외에는 그 누구도 이 노래는 배워 부를 수 없다. 7:1–8은 이 땅 위에서 싸우는 교회에 대해서 언급하고 있으며, 하늘의 승리한 교회의 모습은 7:9–17이 보여 주고 있다. 그리고 본 14장은 승리한 이 교회가 복받고 거룩한 모습으로 나타남을 진술하고 있다.[220] 십사만 사천은 사탄의 거짓을 용납하지 않는다. 따라서 그들은 그리스도 안에서 흠이 없는 자들이다(출 12:5; 레 1:3; 9:2; 마 5:48 참조).

② 인류에게 내리시는 경고(6–12절)

11:12에서는 두 증인이 부활하여 "구름을 타고 하늘로 올라간다"라고 기록되었는데 곧이어 다음 절이 심판날에 있을 지상의 여러 상황을 진술하고 있다. 마찬가지로 14장에서도 구속받은 성도들의 기쁨과 복에 넘친 모습이 그려진 뒤에 곧이어 재림 직전에 발생할 사건들을 기술한다. 6절과 8절, 그리고 9절에 나타나는 세 천사는 서로 떨어지지 않는다. 이들 세 천사는 오직 한 가지 목적, 즉 많은 사람들이 하나님께 대한 참 신앙으로 돌아오도록 장차 닥칠 심판에 대한 경고를 하는 것이다.

첫째 천사는 **"땅에 거주하는 자들"**에게 경고한다. 이는 심판날 전날 밤

220) R. C. H. Lenski, *op. cit.*, p.425를 보라.

에 이 땅에 남아 있는 모든 사람들을 말한다. 이들은 나태하고 무관심하며 냉담하고 열의가 없으며 경박한 자들이다. 한 마을과 주변의 경치를 그리려고 큰 바다 가운데 돌출한 바위 꼭대기 위에 편안히 걸터앉아 있는 화가를 상상해 보자. 그는 거센 밀물이 바위의 밑바닥을 흔들어 대고 있다는 사실을 까맣게 모르고 있다. 그림 그리는 데 깊이 도취하고 있기 때문에 파도가 계속해서 바위 밑을 치는 것을 깨닫지 못한다. 그는 이 경고의 소리에 주의를 기울이지 않는다. 그는 바위 꼭대기에 그냥 앉아서 그림에만 도취하여 몰두하고 있다. 점점 밀물은 차 올라와 그를 휩쓸어 갈 것이다. 이와 마찬가지로 최후의 심판 직전에 사람들은 세상의 향락에 도취되어 심판의 때가 점점 다가오는 것을 깨닫지 못한다. 그들은 자기들의 위험에 대해 너무 늦어 후회할 때가 이르도록 그 위험성을 깨닫지 못한다(눅 17:26하). 이처럼 무관심한 사람들 모두가 들을 수 있도록 천사가 나타나 공중에 날아가면서 큰 음성으로 "**하나님을 두려워하며 그에게 영광을 돌리라 이는 그의 심판의 시간이 이르렀음이니 하늘과 땅과 바다와 물들의 근원을 만드신 이를 경배하라**"고 한다. 그러나 하나님의 백성을 위하여서는 장차 올 최후의 심판날에 대한 이 예고는 '영원한 복된 소식' 인데, 이는 그들의 구원을 의미하기 때문이다(합 3:13 이하; 말 3:1 이하). 그뿐만 아니라 영원토록 있을 하나님의 모든 복된 약속들은 실현될 것이다.

둘째 천사가 이어서 "**무너졌도다 무너졌도다 큰 성 바벨론이여 모든 나라에게 그의 음행으로 말미암아 진노의 포도주를 먹이던 자로다**" 하고 말한다.

바벨론은 유혹의 중심지인 세상을 말한다. 이 바벨론이 장차 멸망할 사실이 벌써 있었던 것처럼 진술이 되었는데, 이는 이 사실이 꼭 있을 것임을 뜻한다. 그러므로 행악자들은 그들의 음행과 이단과 짐승 숭배를 회개해야 할 것이다. 용은 그를 협조하는 동맹자들인 바다에서 나온 짐승, 땅에서 나온 짐승, 그리고 바벨론을 부리고 있다는 점에 주목하자.

셋째 천사가 뒤따른다. 그는 매우 장엄한 음성으로(9절과 10절) 이 세상에 속한 자들은 이 세상과 더불어 멸망하리라고 예고한다. 사탄을 섬기기로 작정한 자들은 고통스러운 결과를 감수해야 할 것이다. 죄를 짓고서 그냥 달아나 버릴 수는 없다. 하나님의 진노는 짐승에게 경배하는 자에게 내릴 것이다. 지상에서의 진노는 아직도 은혜와 함께 섞여 있다. 하나님께서는 해를 악인과 선인에게 고루 비추시며 비도 의로운 자와 불의한 자에게 같이 내려 주신다(마 5:45). 곧 지옥에서는 하나님의 진노만이 있을 것이다. 지옥에서는 불과 유황불로 고통을 받게 된다. 이 심판이 너무나도 공정하기 때문에 천사나 어린양도 이 심판을 묵인한다. 11절에 생생한 어투로 진술된 대로 이 심판은 결코 끝남이 없다. 실로 이 끝남이 없는 심판은 교회를 박해하고 주님을 미워하는 자들을 기다리고 있으며, 성도들로 하여금 시련과 고통 속에서도 견디도록 용기를 북돋울 것이다(12절). 비록 성도들이 이 하나님의 계명과 예수를 믿는 신앙 때문에 죽임을 당한다 할지라도 그들의 축복은 확정된 것이다.

③ 세상 끝날의 추수(13-16절)

"또 내가 들으니 하늘에서 음성이 나서 가로되 기록하라 지금 이후로 주 안에서 죽는 자들은 복이 있도다 하시매 성령이 이르시되 그러하다 그들이 수고를 그치고 쉬리니 이는 그들의 행할 일이 따름이라 하시더라." 구속받은 자들의 복이 진술되어 있다(2장;3장;7장; 14:1-5를 보라). 주 안에서 죽은 자들은 지금부터는 그들 때문에 돌아가시고 그들을 위해 간구하시는 분과 얼굴을 마주하고 바라본다. 이제 그들은 죽임을 당한 어린양을 본다. 하나님께서 하늘로 올리워 간 그분의 인성의 영광을 본다. 그들은 죄와 죽음, 그리고 사탄을 이기신 분을 본다. 그들은 온갖 고난과 시련으로부터 벗어나 안식을 누린다. 이들의 수고에 보상이 뒤따른다. 이것은 실로 그들의 수고의 결과로 그들의 성격이 깨끗함을 입어 성화되고, 성화된 대로 하늘로 옮겨 간다는 의미에서뿐 아니라 은혜와 영광의 상급으로써 그들의 수고가 보장된다는 의미에서도 더욱 그렇다. 이와 같이 최후의 심판은 다시 이르렀다. 이는 두 가지 추수의 상징으로 묘사되어 있다.[221] 요한은 흰 구름을 본다. 흰색은 거룩함을, 구름은 심판을 말한다(1:7을 보라). 구름 위에는 "인자 같은 이", 즉 예수께서 앉아 계신다(단 7:13과 계 1:13의 본 주석의 해석을 보라). 그의 머리에는 가시관이 아니라 금 면류관,[222] 즉 승리의 면류관을 쓰고 있다. 그의 오른손에는 예리한 낫을 들고 있다. 추수할 준비는 끝났다. 이 추수는 그의 소유를 위한 것이며 추수의 상징으로 지칭된 사람들은 첫 열매이다. 최후의 심판이 왔을 때 한 천사가 성소, 곧 하나님의 거룩한 곳으로부터 나타난다. 그는 하나님의 메시지를 중보자이신 그리스도에게 전달한다. 큰 음성으로 천사는 외쳐 말하기를 **"당신의 낫을 휘둘러 거두소서 땅의 곡식이 다 익어 거둘 때가 이르렀음이니이다"**라고 한다. 마태복음 3:12의 "알곡은 모아 곳간에 들이고"가 이에 대한 충분한 주석이다. 땅의 곡식이 다 익었으므로 낫을 땅에 대어 추수를 한다. 하나님께서 택한 백성은 그리스도에 의해 거두어진다.

6. 악인의 심판(14:17-20)

14:17-20

17 또 다른 천사가 하늘에 있는 성전에서 나오는데 역시 예리한 낫을 가졌더라 18 또 불
을 다스리는 다른 천사가 제단으로부터 나와 예리한 낫 가진 자를 향하여 큰 음성으로
불러 이르되 네 예리한 낫을 휘둘러 땅의 포도송이를 거두라 그 포도가 익었느니라 하
더라 19 천사가 낫을 땅에 휘둘러 땅의 포도를 거두어 하나님의 진노의 큰 포도주 틀에
던지매 20 성 밖에서 그 틀이 밟히니 틀에서 피가 나서 말 굴레에까지 닿았고 천육백 스
다디온에 퍼졌더라

17 또 다른 천사가 하늘 성전에서 나왔습니다. 이 천사의 손에도 날카로운 낫이 하나 들
려 있었습니다. 18 그때, 제단에서 불을 관리하는 천사 하나가 나오더니, 낫을 들고 있
는 천사에게 외쳤습니다. "낫을 들어 포도를 수확하십시오. 포도밭의 포도송이들이 무
르익었습니다." 19 천사가 낫을 휘두르자, 땅 위의 포도가 거둬져, 하나님의 진노의 술
틀 속으로 던져졌습니다. 20 성 밖에 놓여진 포도주 틀 속에서 포도송이들은 으깨졌고,
피가 포도주 틀 밖으로 흘러넘쳤습니다. 그 피는 말굴레에까지 이르렀고, 천육백 스타
디온 밖까지 흘러나갔습니다.

_아가페 쉬운성경

221) 여기서는 '묘사되었다'가 정확한 말이다. 제Ⅳ장, p.47-48을 보라

222) R. C. Trench, *Synonyms of the New Testament* p.74에서 *στέφανος*와 *διάδημα*의 구별을 보라. *στέφανος*는 승리자의 면류관으로 말하지만 때로는 승리자가 왕으로 설명되기 때문에 이 두 용어의 구별이 항상 명확하지는 않다.

이 심판은 두 천사에 의해서 수행된다. 한 천사가 하늘에 있는 성전에서 나오는데, 이는 거룩한 하나님께로부터 명령을 받고 나온 것을 뜻한다. 그 손에는 포도를 거두는 날카로운 낫을 들고 있다. 다른 천사는 제단으로부터 나온다(6:9, 10; 8:3-5를 보라). 이 제단은 모든 성도가 향내 나는 기도로 하늘의 보좌까지 상달시킨 제단이다. 악인의 심판은 이 기도에 대한 최종적인 응답이다. 둘째 천사가 첫째 천사에게 말하기를 **"네 예리한 낫을 휘둘러 땅의 포도송이를 거두라 그 포도가 익었느니라"**(사 63:1-6를 참조). 땅의 포도나무는 전체 악인을 상징하며 포도송이는 불신자 각각을 말한다. 포도송이가 발에 짓밟히고 포도주 틀에 눌리는 것처럼 악인들은 죽임을 당하고 영원토록 형벌을 받을 것이다. 포도송이는 하나님의 진노의 큰 포도주 틀에 던져져서 터지게 될 것이다. 요한이 본 광경에서는 포도가 밟혀 터지자 커다란 피의 호수가 된다. 너무 깊어서 말(馬)이라 할지라도 헤엄을 칠 수가 없다. 그 길이는 사방으로 천육백 스다디온까지 뻗쳐 있다. 넷[四方]은 우주와 지구의 수임을 명심하자. 이는 악인의 심판이다. 열은 완전수이다.[223] 그러므로 천육백은 4×4, 10×10에서 나온 수인데, 이는 악인에 대한 세밀하고도 완전한 심판을 뜻하는 것으로 보여진다. 하나님의 진노의 틀은 거룩한 성 밖에서 밟힌다!

223) C. F. Wishart, *op. cit.*, p.23을 보라.

제 XII 장
계시록 15-16장
일곱 대접

세계사를 살펴보면 역사를 엮어 나가는 사건들의 순환 질서는 정확하고도 분명하다. 복음이 전파되어, 성령에 의해서 사람들의 심령에 심어지며 그리하여 교회가 세워진다. 이 일은 반복해서 계속된다. 이들 교회들은 빛을 지닌 자－촛대－로서 어둠에 싸여 있는 세상 가운데 서 있다. 교회들은 항상 임재하시는 그리스도의 영의 복을 받는다(1-3장). 하나님의 백성들은 끊임없이 세상으로부터 박해를 받는다. 그들은 많은 시련과 고난을 당한다(4-7장). 하나님의 심판은 성도를 박해하는 세상 위에 계속해서 내리고 있다. 이 심판은 악한 인간의 마음을 움직여 회개시키기 위해 계속해서 내리지만 인간의 마음을 회개시키는 데는 실패한다(8-11장).

교회와 세상과의 싸움은 그리스도와 사탄의 싸움이요, '여자의 씨' 와 '용' 과의 싸움인 보다 깊고 근원적인 싸움임을 지적하고 있다(12-14장).

여기에서 역사상 심판의 나팔들, 즉 초기의 재앙이 사람들을 회개시키고 돌이키는 데 실패했을 경우 어떠한 일이 발생할 것인가 하는 의문이 남는다. 하나님께서는 이처럼 회개하지 않는 심령들의 완악함을 심판의 때까지 벌하지 않고 그대로 두실 것인가? 하나님의 재앙이 그리스도의 재림 때까지 또는 14장에 기록된 수확의 시기까지 유보될 것인가? 이상의 물음들에 대한 답변이 지금 보여진 환상에 나타난다. 그 대답은 간단히 말해서 다음과 같다. 역사상 어느 때를 막론하고 악인들이 하나님의 진노의 표현인 재앙의 시초나 부분적 출현에도 회개하지 않으면, 항상 최후의 진노가 뒤따라왔다. 이는 심판날까지 완전하지는 않을지라도 최종적인 것이다. 또한 재앙도 최후의 것이다. 이 최후의 심판날에는 더 이상 회개할 기회도 없게 된다. 빈번히 하나님의 심판의 나팔로써 경고를 받았으나 악인들이 계속하여 그 마음을 완악하게 할 때에는, 진노하시는 하나님의 손에 붙여 최후로 죽임을 당하게 된다. 그러나 이들 악한 자들은 비록 죽기 전일지라도 이미 하나님의 인내와 진노 사이의 한계선을 넘어섰다(출 10:27; 마 12:32; 롬 1:24; 요일 5:16).

세계사를 통하여 하나님의 최종적인 진노는 여러 번 되풀이되어 나타나는데 도처에서 악인을 치신다. 회개하지 아니한 자들에게 재앙이 내린다(계 9:21; 16:9). 이처럼 나팔의 환상(8-11장)과 대접의 환상(15-16장) 사이에는 아주 밀접한 관계가 맺어져 있다. 나팔은 경고를 하며 대접은 진노를 쏟아붓는다. 그리고 또한 12-14장과 15-16장도 아주 밀접하게 연결되어 있다. 회개하지 아니한 자들은 짐승의 표를 받은 자들이다(13:16). 이들은 용을 경배하며 두 짐승과 음녀 바벨론의 추종자들이다. 이렇게 이해할 때, 진노의 대접을 보여 주는 환상은 다른 환상들과 병행하며 또한 다른 환상들처럼 모든 세대를 망라한다. 이제 이 점을 증명해 보자.

첫째, 나팔의 환상과 대접의 환상이 매우 유사한 것은 이미 지적한 바와 같이 이 둘이 동일한 때의 기간을 나타낸다는 것이다.[224] 나팔들의 환상이 현 시대를 말하고 있다면 대접의 환상도 또한 그러하다.

둘째, 대접의 환상은 앞서 나왔던 환상과 똑같은 식으로 끝마친다. 이것은 심판의 장면이다(계 16:15-21). 이는 먼저 나온 여섯 대접은 최후의 심판 전에 계속하여 발생하는 여러 가지 사건들에 대해 언급한다고 볼 수 있겠다.

셋째, 대접의 다섯째 환상은 넷째 환상이 시작되는 것과 거의 동일한 서두를 갖고 있음을 매우 흥미롭게 관찰할 수 있다(계 15:1과 계 12:1을 비교). 계시록 12장은 그리스도의 탄생과 승천의 순간을 우리에게 보여 준

224) S. L. Morris, *op. cit.*, p.96에서 인용된 Principal Fairburn의 훌륭한 논평을 보라.

다. 계시록 15-16장도 이와 같이 그리스도의 초림 때부터 재림 때까지의 전 기간을 나타내고 있다고 보는 것이 이치에 맞지 않겠는가?

넷째, 대접은 짐승의 표를 가진 자들에게 부어졌음을 주목하자. 이 진노의 특징은 이미 우리가 본 바와 같이 아주 보편적이며 또한 세계사의 전 기간을 통하여 용을 숭배한 자, 특히 전 세대 동안에 용을 경배하고 따른 자들에게 해당한다.

끝으로, 이 다섯 번째 환상은 네 번째 환상에 나타난 바와 같은 사탄의 세력에 대해 묘사하고 있다는 사실을 유의하자. 바다로부터 나온 짐승과 땅에서 나온 짐승 그리고 나팔들의 환상 가운데 나타난 용은 대접의 환상 중에 나타난 용, 짐승, 그리고 거짓 선지자와 동일하다(16:13). 이처럼 이들 두 환상은 확실히 같은 기간, 즉 그리스도의 초림과 재림의 때를 포괄한다. 이 독립된 사상은 세상의 종말이 가까올수록 분명하게 나타난다. 대접의 환상은 전 세대를 포괄하고 있지만 특히 심판날과 그 심판이 있자마자 발생될 모든 상태에 적용된다.

요한은 하늘에서 또 다른 크고 놀라운 표적을 본다. 한 광채 나는 여자와 그 여자의 아이에 대한 환상(12:1-2)을 보았고, 크고 붉은 용이 이들을 대적하는 환상(12:3-4)을 보았다. 이제 이 셋을 완결하는 다른 표적-하나님께서 용을 경배하는 자들을 멸망시키는 마지막 일곱 재앙-을 본다. 일곱 천사가 그 목표 대상에 내리는 하나님의 맹렬한 진노인 일곱 재앙을 퍼붓는다. 그 목표는 최후의 심판을 말한다. 일곱 천사는 일곱 재앙-일곱은 하나님의 완전성과 완성을 상징한다-을 이 목표로 이끈다. 하나님께서는 일단 악행한 자들로부터 그의 영을 거두시므로, 악인들의 심령이 완악하게 되면, 최후심판 때에 그들이 처할 운명을 정지시킬 수 있는 것은 아무것도 없다. 모든 세대를 포괄하는 하나님의 노(怒)는 일곱 재앙을 내리는 방법으로 그 궁극의 목적(*telos*) 또는 목표에 이른다.

1. 불이 섞인 유리 바다(15:1–4)

15:1-4

1 또 하늘에 크고 이상한 다른 이적을 보매 일곱 천사가 일곱 재앙을 가졌으니 곧 마지
막 재앙이라 하나님의 진노가 이것으로 마치리로다 2 또 내가 보니 불이 섞인 유리 바
다 같은 것이 있고 짐승과 그의 우상과 그의 이름의 수를 이기고 벗어난 자들이 유리
바다 가에 서서 하나님의 거문고를 가지고 3 하나님의 종 모세의 노래, 어린양의 노래
를 불러 이르되 주 하나님 곧 전능하신 이시여 하시는 일이 크고 놀라우시도다 만국의
왕이시여 주의 길이 의롭고 참되시도다 4 주여 누가 주의 이름을 두려워하지 아니하며
영화롭게 하지 아니하오리이까 오직 주만 거룩하시니이다 주의 의로우신 일이 나타났
으매 만국이 와서 주께 경배하리이다 하더라

1 나는 하늘에서 크고 놀라운 또 다른 신기한 광경을 보았습니다. 일곱 천사가 마지막
재앙인 일곱 재난을 내릴 준비를 하고 있었습니다. 이 재난이 끝나면, 하나님의 진노도
끝이 날 것입니다. 2 나는 불이 섞인 유리 바다 같은 것을 보았습니다. 짐승과 그의 우
상과 그의 이름을 상징하는 숫자와 싸워 이긴 사람들이 그 바다 곁에 서 있었습니다.
그들은 손에 하나님이 주신 거문고를 들고, 3 하나님의 종 모세와 어린양의 노래를 부
르고 있었습니다. "크고 놀라운 일을 행하신 주님, 주 여호와 만군의 하나님, 주님께서
하시는 모든 일은 올바르고 참되십니다. 모든 나라의 왕이신 주님, 4 만민이 주님을 경
배합니다. 주님을 찬양합니다. 오직 주님만이 거룩하신 분이십니다. 모든 백성이 주님
앞에 나와 경배합니다. 이는 주님은 의로우시고 공평하시며, 아무 흠도 없으신 신실한
하나님이시기 때문입니다."

_아가페 쉬운성경

요한은 일곱 천사와 그들이 가진 일곱 진노의 대접에 대하여 말하려 한다. 그러나 이보다 앞서 마지막 날 이후에 승리한 교회가 어떻게 되는가를 우리에게 보여 준다. 이 진노의 대접이 모두 쏟아진 후에 승리한 자들이 무엇이라고 말할 것인가? 요한은 바다를 본다. 바닷가에는 승리한 무리들이 서 있다. 이들은 거문고를 타며 모세의 노래와 어린양의 노래를 부른다. 이 환상은 분명하게 애굽 바로의 군대가 홍해에서 수장된 사실에 근거한다. 그리하여 승리한 무리들이 바닷가에 서서 구원과 승리의 노래를 부른다.

"내가 여호와를 찬송하리니 그는 높고 영화로우심이요
말과 그 탄 자를 바다에 던지셨음이로다"(출 15:1)

애굽을 넘어뜨려 승리한 것은 하나님의 구원을 받은 모든 백성이 짐승과 짐승의 우상 그리고 짐승의 추종자들을 이긴다는 예표이다. 그러므로 승리한 교회가 부르는 노래는 모세와 어린양의 노래라고 일컫는다. 이 양쪽의 경우, 승리하게 하신 이가 어린양이다. 모세는 단지 하나님의 뜻을 행하였을 뿐이고 그래서 하나님의 종이라고 불렸다.

한편 요한이 본 바다는 불이 섞인 유리 바다임에 유의하자. 이는 악인에게 내릴 심판에 나타나는 하나님의 분명하고도 솔직한 공의를 상징한다(15:4하, "주의 의로우신 일이 나타났으매"를 참조). 이스라엘 백성들이 그들의 승리를 하나님께 돌린 것처럼 여기 요한이 본 사람들도 하나님께서 자기 백성에게 승리를 주셨다고 큰 소리로 외친다. 이들이 갖고 있는 거문고도 하나님의 것으로, 승리한 무리들에게 하나님께서 주신 것이다. 따라서 그들은 하나님의 심판의 역사와 이를 행하시는 방법-그 사역의 기초를 이루는 원리- 그리고 하나님의 이름과 계시를 찬양하는 것이다.

그뿐만 아니라 세상 끝날에 있을 하나님의 심판은 공의로운 것임을 전 우주가 알게 되도록 그들이 선포하는 것이다. 악인들은 심판의 나팔로서 경고를 받아오지 않았던가? 이 경고에도 불구하고 악인들이 회개하지 아니하고 그들의 마음을 완악하게 한 것은 그들의 잘못이다. 하나님의 최후 심판의 공의인 진노의 대접은 이와 같이 나타나게 된다. 최후의 심판 후에 승리한 교회는 이 사실을 분명하게 보고 하나님을 영화롭게 할 것이다.

2. 성전의 열림(15:5-8)

15:5-8

5 또 이 일 후에 내가 보니 하늘에 증거 장막의 성전이 열리며 6 일곱 재앙을 가진 일곱 천사가 성전으로부터 나와 맑고 빛난 세마포 옷을 입고 가슴에 금띠를 띠고 7 네 생물 중의 하나가 영원토록 살아 계신 하나님의 진노를 가득히 담은 금 대접 일곱을 그 일곱 천사들에게 주니 8 하나님의 영광과 능력으로 말미암아 성전에 연기가 가득 차매 일곱 천사의 일곱 재앙이 마치기까지는 성전에 능히 들어갈 자가 없더라

5 이 광경 후에 나는 하늘의 성전인 언약의 장막이 열리는 것을 보았습니다. 6 그 안에서 일곱 가지 재난을 내릴 일곱 천사가 나왔습니다. 그들은 깨끗하고 빛나는 모시옷을 입고, 가슴에는 금띠를 두르고 있었습니다. 7 그때, 네 생물 중 하나가 일곱 천사에게 금대접을 하나씩 주었습니다. 그 대접에는 영원히 살아 계신 하나님의 진노가 가득 담겨 있었습니다. 8 성전은 하나님의 영광과 능력에서 나오는 연기로 가득 찼습니다. 어느 누구도 일곱 천사의 일곱 재난이 끝나기까지는 성전에 들어갈 수 없었습니다.

_아가페 쉬운성경

실로 하나님의 최후의 재앙들은 여러 면으로 공의로우신 까닭에 회개하지 아니한 자들에게 내리시는 정당한 심판, 즉 공정하고 명백한 공의의 결과이다. 이에 승리한 교회로부터 하나님께서 찬양을 받게 되는데, 요한은 장차 승리하는 무리를 떠나서 다시 요한 당대의 시점으로 되돌아온다. 이제 요한은 무엇을 보는가? 그의 눈앞에 증거의 장막의 성전이 열린다. 이곳은 언약의 법궤, 즉 '증거판' 을 갖고 있는 법궤가 들어 있는 성전이다(출 25:16, 21). 이 성전이 열려져 있으니 이제 보여질 진노는 하나님의 진노라는 것을 이해하도록 하자. 문이 열린 성전 밖으로 일곱 천사가 나온다. 이들 천사들은 맑고 빛난 세마포 옷을 입고 가슴에 금띠를 띠고 있는 네 그룹 중 한 그룹이 일곱 천사 각자의 손에 대접을 준다. 이 대접은 금으로 되었는데 이것은 하나님을 섬기는 데 사용되었다. 대접들은 가득 채워져 있는데 이는 하나님의 진노의 맹렬함과 경감되지 않는 특징을 나타낸다. 이 진노는 영원히 살아 계신 하나님으로부터 오는 진노이기 때문에 또한 영원하다. 성전은 연기로 가득 찼다. 하나님의 거룩한 진노의 철저

하고 충분한 효력을 상징한다(사 6:4; 시 18:8). 일곱 천사의 일곱 재앙이 끝날 때까지 아무도 성전 안에 들어가지 못하는데 이제는 중재도 불가능하다. 하나님께서 노하심으로 그의 긍휼을 그치신 것이다(시 77:9).

3. 진노의 일곱 대접(16:1-21)

16:1-21

1 또 내가 들으니 성전에서 큰 음성이 나서 일곱 천사에게 말하되 너희는 가서 하나님의
진노의 일곱 대접을 땅에 쏟으라 하더라 2 첫째 천사가 가서 그 대접을 땅에 쏟으매 짐
승의 표를 받은 사람들과 그 우상에게 경배하는 자들에게 악하고 독한 종기가 나더라 3
둘째 천사가 그 대접을 바다에 쏟으매 바다가 곧 죽은 자의 피 같이 되니 바다 가운데 모
든 생물이 죽더라 4 셋째 천사가 그 대접을 강과 물 근원에 쏟으매 피가 되더라 5 내가
들으니 물을 차지한 천사가 이르되 전에도 계셨고 지금도 계신 거룩하신 이여 이렇게 심
판하시니 의로우시도다 6 그들이 성도들과 선지자들의 피를 흘렸으므로 그들에게 피를
마시게 하신 것이 합당하니이다 하더라 7 또 내가 들으니 제단이 말하기를 그러하다 주
하나님 곧 전능하신 이시여 심판하시는 것이 참되시고 의로우시도다 하더라 8 넷째 천
사가 그 대접을 해에 쏟으매 해가 권세를 받아 불로 사람들을 태우니 9 사람들이 크게
태움에 태워진지라 이 재앙들을 행하는 권세를 가지신 하나님의 이름을 비방하며 또 회
개하지 아니하고 주께 영광을 돌리지 아니하더라 10 또 다섯째 천사가 그 대접을 짐승의
왕좌에 쏟으니 그 나라가 곧 어두워지며 사람들이 아파서 자기 혀를 깨물고 11 아픈 것
과 종기로 말미암아 하늘의 하나님을 비방하고 그들의 행위를 회개하지 아니하더라 12
또 여섯째 천사가 그 대접을 큰 강 유브라데에 쏟으매 강물이 말라서 동방에서 오는 왕
들의 길이 예비되었더라 13 또 내가 보매 개구리 같은 세 더러운 영이 용의 입과 짐승의
입과 거짓 선지자의 입에서 나오니 14 그들은 귀신의 영이라 이적을 행하여 온 천하 왕
들에게 가서 하나님 곧 전능하신 이의 큰 날에 있을 전쟁을 위하여 그들을 모으더라 15
보라 내가 도둑같이 오리니 누구든지 깨어 자기 옷을 지켜 벌거벗고 다니지 아니하며 자
기의 부끄러움을 보이지 아니하는 자는 복이 있도다 16 세 영이 히브리어로 아마겟돈이
라 하는 곳으로 왕들을 모으더라 17 일곱째 천사가 그 대접을 공중에 쏟으매 큰 음성이
성전에서 보좌로부터 나서 이르되 되었다 하시니 18 번개와 음성들과 우렛소리가 있고
또 큰 지진이 있어 얼마나 큰지 사람이 땅에 있어 온 이래로 이같이 큰 지진이 없었더라
19 큰 성이 세 갈래로 갈라지고 만국의 성들도 무너지니 큰 성 바벨론이 하나님 앞에 기
억하신 바 되어 그의 맹렬한 진노의 포도주 잔을 받으매 20 각 섬도 없어지고 산악도 간
데 없더라 21 또 무게가 한 달란트나 되는 큰 우박이 하늘로부터 사람들에게 내리매 사
람들이 그 우박의 재앙 때문에 하나님을 비방하니 그 재앙이 심히 큼이러라

1 나는 또 성전에서 일곱 천사에게 이렇게 외치는 큰 음성을 들었습니다. "가서 하나님
의 진노가 담겨 있는 일곱 대접을 땅에 쏟아라." 2 첫째 천사가 대접을 땅에 쏟았습니
다. 그러자 짐승의 표를 받고 그 우상에게 경배한 자들의 몸에 더럽고 몹시 아픈 종기
가 생겼습니다. 3 둘째 천사가 대접을 바다에 쏟았습니다. 그러자 바다가 죽은 사람의
피같이 되어 바다에 사는 모든 생물이 죽었습니다. 4 셋째 천사가 대접을 강과 샘에 쏟
았습니다. 그러자 강물과 샘물도 피로 변했습니다. 5 나는 물을 관리하는 천사가 하나
님께 말하는 소리를 들었습니다. "지금도 계시고 전에도 계셨던 거룩하신 주님, 악한
자들을 벌하시는 주님의 심판은 정당하십니다. 6 그들이 주님의 성도들과 예언자들의
피를 흘렸으니, 그들이 피를 마시는 것은 당연한 대가입니다." 7 나는 또 제단에서 나오
는 소리를 들었습니다. "그렇습니다. 전능하신 주 하나님, 주님의 판단은 참되고 공평
하십니다." 8 넷째 천사가 대접을 해를 향해 쏟아붓자, 사람을 태워 버릴 만큼 뜨거운
열기가 쏟아 내렸습니다. 9 사람들은 그 뜨거운 불길에 타면서도 하나님의 이름을 모독
하였습니다. 이 모든 재난을 내리시는 분이 하나님임을 알면서도, 사람들은 회개하지
않고, 하나님께 영광을 돌리지도 않았습니다. 10 다섯째 천사가 대접을 짐승의 왕좌에
쏟아붓자, 어둠이 짐승의 나라를 뒤덮었습니다. 사람들은 고통 때문에 혀를 깨물었습
니다. 11 그들은 자기들이 당하는 고통과 아픔을 하나님 탓으로 돌리며 저주하였습니
다. 그러면서 회개하지도 않고, 악한 행위에서 돌이키지도 않았습니다. 12 여섯째 천사
가 대접을 큰 유프라테스 강에 쏟아부었습니다. 그러자 강물이 다 마르고 동방의 왕들
이 쳐들어올 수 있는 길이 열렸습니다. 13 또 용과 짐승과 거짓 예언자의 입에서 개구리
같이 생긴 악한 영 셋이 튀어나오는 것을 보았습니다. 14 이 악한 영들은 귀신들의 영이
었습니다. 그들은 기적을 행할 수 있는 능력이 있었습니다. 그 영들은 전능하신 하나님
의 큰 심판날에 대비하여 함께 싸울 온 세계의 왕들을 모으러 나갔습니다. 15 그때, 한
음성이 들렸습니다. "보아라! 내가 생각지도 못한 때에 도둑같이 너희들에게 갈 것이
다. 깨어서 옷을 단정히 입고 있는 자는 복이 있으리니, 벌거벗은 채 부끄러움을 당하
지 않게 될 것이다." 16 그 악한 영들은 히브리 말로 아마겟돈이라는 곳에 왕들을 다 집
결시켰습니다. 17 일곱째 천사가 대접을 공중에 쏟아붓자, 성전 보좌에서부터 큰 음성
이 울려 나왔습니다. "다 끝났다." 18 그리고는 천둥과 번개가 치며, 큰 지진이 일어났
습니다. 그 지진은 역사가 생긴 이래 가장 큰 지진이었습니다. 19 큰 성이 세 조각이 나
고, 온 나라의 도시들이 무너졌습니다. 하나님께서는 큰 성 바빌론의 죄악을 잊지 않으
시고, 하나님의 진노의 포도주 잔을 들이키게 하셨습니다. 20 모든 섬들이 사라지고, 산
들도 자취를 감추었습니다. 21 무게가 한 달란트나 되는 큰 우박들이 하늘에서 쏟아졌
습니다. 사람들은 우박 때문에 재난이 너무나 커서, 하나님을 향해 저주를 퍼부었습니
다. 너무나 끔찍한 재난이었습니다.

_아가페 쉬운성경

요한은 이제 전능자의 음성을 듣는다. 사탄의 추종자들이 회개하지 않았으므로 주님께서는 크게 분노하셔서 큰 음성을 발하셨다. 그 음성은

"너희는 가서 하나님의 진노의 일곱 대접을 땅에 쏟으라"고 말하였다.

이 대접들을 연구해 보면 애굽에 내렸던 재앙과 뚜렷한 유사점이 있음을 알게 된다. 이들 재앙은 출애굽기 7-10장에 기록되어 있는데, 여기에 나타난 모든 재앙은 악인에게 내리는 하나님의 진노를 나타내는 예표이다(신 28:20 참조).

역사를 통하여 특히 신약 시대를 통하여 하나님께서는 악인과 하나님의 백성을 박해하는 일을 회개치 않은 자들을 벌하시는데, 전체 우주의 모든 부분을 그 벌하시는 도구로 사용하신다. 누구든지 심판의 나팔 소리에 회개하지 않는 자는 진노의 대접으로 멸망당한다. 한 개인에게 내리는 어떤 재앙이 그 사람에게는 심판의 나팔이 되며 이와 같은 동일한 재앙이 다른 사람에게는 진노의 대접이 되기도 한다. 이처럼 헤롯 왕 아그립바 1세를 지옥으로 보낸 질병은 다른 사람들에게는 경고가 될 것이다. 회개하지 않는 악인들은 성에서나 들에서나 저주를 받을 것이다(신 28:16). 때로 하나님께서는 불치의 악성 종기나 난치병으로 악한 자들을 지옥으로 보내신다. 이것들은 **첫째 대접**에서 나온다(16:2, 출 9:10; 신 28:27; 행 12:23 참조). 헤롯을 생각해 보라. 그리고 모든 세대에 걸쳐서 하나님께서는 첫째 대접을 쏟는 일을 쉬지 않고 하고 계신다는 것을 명심하자. 그리스도 안에서 성도된 우리들이 당하는 육신의 고초는 결코 진노의 대접이 아니다(롬 8:28 참조). 재앙은 짐승의 표를 가진 자에게만 그 영향을 준다고 성경은 우리에게 분명히 가르치고 있다(계 13:15-17 참조).

어떤 때는 바다가 파괴의 재앙을 주는 도구로 사용되기도 한다. 이것은 **둘째 대접**의 목적이다(16:3, 출 7:17-21; 15:1; 시 48:7; 78:53 참조). 요한이 본 환상 중의 바다는 죽은 자들의 피가 흘러 들어간 것 같으며 그 피가 썩고 굳어서 매우 고약한 냄새를 풍긴다. 이 상징도 또한 구약의 역사에 그 근거를 두고 있는데, 바다는 항상 이 같은 목적으로 사용되어 왔음을 기억하자. 모든 해상의 재앙이 악인들에 대한 경고를 말하고 있듯이 여기서 나타나는 재앙들도 회개하지 않은 자들을 지옥으로 인도하는 데 사용된다. 이러한 현상은 역사 속에 계속해서 반복된다.

셋째 대접(16:4-7)은 강과 물 근원에 쏟아 피로 변하게 한다(출 7:24;

왕상 17:1; 18:5, 40 참조). 물의 천사는 회개하지 않은 자들을 이런 방법으로 벌하신다는 하나님의 공의를 선포한다. 이는 공의로운 보응이다. 제단 아래서 순교자의 영혼들이 보복해 달라고 부르짖고 있다(6:9; 8:3–5 참조). 그러므로 이 보복이 이행될 때 제단이 응답하기를 "그러하다 주 하나님 곧 전능하신 이시여 심판하시는 것이 참되시고 의로우시도다"라고 한다.

때로는 하나님께서는 해[太陽]로 악인을 태우시는데, 이는 **넷째 대접**에서 나온다(16:8, 9; 신 28:22 참조. "여호와께서 폐병과 열병과 염증과 학질과 한재와 풍재와 썩는 재앙으로 너를 치시리니"). 그러나 악인들이 이런 수난으로 성화되지는 않는다. 오히려 그들은 더 극악해지고 이 재앙을 내리시는 권능자이신 하나님을 더욱더 비방한다. 그들은 회개하지 않는다. 이는 모든 세대를 통하여 그리스도를 거스르고 그의 교회를 박해하는 모든 회개하지 않은 자들을 살펴보면 사실임을 즉시 알 수가 있다. 또한 하나님의 진노가 짐승의 보좌에 쏟아지기도 한다. 이것은 **다섯째 대접**(16:10–11)에 의해서 이뤄진다. 이 짐승의 보좌는 적그리스도의 중심이다(나 3:1; 합 3:12–14 참조). 앗수르, 바벨론 및 로마가 패망할 때 회개하지 않은 온 우주가 붕괴하는 것처럼 보인다(계 17:9 이하 참조). 악인은 기가 꺾인다. 그리고 절망한다. 그들은 이번에 내리는 재앙뿐만 아니라 첫째 대접이 텅 비도록 퍼부은 재앙 때 얻은 종기의 아픔으로 혀를 깨문다.

대접은 언제나 최후의 양상을 보이고 있음에 유의하자. 둘째 나팔이 불 때 바다에 있는 생물 삼분의 일이 죽었으나, 둘째 대접이 쏟아졌을 때는 완전한 멸망이 이뤄졌다. 즉 '모든 생물'이 죽은 것이다. 다시 셋째 나팔이 울렸을 때 물의 삼분의 일이 쓴 쑥이 되었는데, 여기서는 바다 전체가 피로 변했다. 이것이 하나님의 마지막 진노이다.

여섯째 대접(16:12–16)은 아마겟돈 전쟁을 불러일으킨다. 최근 아마겟돈(Har–Magedon 또는 Armageddon)[225]에 대해서 많은 설교와 강의가 쏟아져 나온다. 그러나 이 전쟁에 대한 바른 이해를 위해서 이 상징이 분명히 근거를 두었으리라고 생각되는 구약의 역사적 사실을 간단히 살펴보도록 하자. 이 사실은 사사기 4장과 5장에서 찾아볼 수 있다. 이스라엘은 다시금 비참하게 된다. 이번에는 하솔에서 통치하는 가나안 왕 야빈이 이스라엘 자손들을 심하게 학대한다. 이들은 밭에 나가 밭 곡식을 약탈하고 농산물들을 노략질한다. 약탈자들의 수가 너무 많아서 이스라엘 자손들은 두려워서 큰길에 나다니지 못하고 오솔길로 숨어 다녔다(삿 5:6). 이스라엘 사람들은 이들과 싸워서 쫓아 버릴 수 없었는가? 그렇다. 그들은 가나안 사람들을 이길 수가 없었다. 야빈 왕과 시스라 장군은 구백 대의 철 병거를 보유한 강한 군대였기 때문이다. 이스라엘 사람들은 창이나 방패 하나도 가지고 있지 않았다(삿 5:8). 이스라엘 사람들은 멸망할 것인가?

에브라임 고지에 드보라가 살고 있었다. 어느 날 드보라가 바락에게 말하기를 "일어나라 이는 여호와께서 시스라를 네 손에 넘겨 주신 날이라 여호와께서 너에 앞서 나가지 아니하시느냐"(삿 4:14)라고 하였다. 므깃도에서 싸움이 벌어졌고 이스라엘 백성의 원수는 궤멸되었다. 여호와께서 친히 원수를 무찌르신 것이다. "별들이 하늘에서부터 싸우되 그들이 다니는 길에서 시스라와 싸웠도다"(삿 5:20).

---

225) 다음은 우리가 반대하는 견해 중의 몇 가지다.

a) 아마겟돈 전쟁은 1940년대 냉전 시기 양 진영 간의 싸움, 예를 들어 러시아와 회교국가들이 앵글로 색슨 국가들과 싸우거나, 러시아·이탈리아·일본이 영국·프랑스·미국과 싸운다거나 혹은 독일·이탈리아·일본이 동맹하여 프랑스·영국·미국과 싸우는 것을 말한다는 견해이다.

b) 아마겟돈 전쟁은 이교도와 그리스도 복음과의 투쟁이라는 설이다. 그리스도의 입에서 나오는 검은 복음의 뜻으로 해석되었다고 한다. 그러나 계시록 2:16에 보면, 검은 분명히 파괴를 위해서 사용되었지 회개를 위해서 쓰이지는 않았다(또한 계 19:15, "그의 입에서 예리한 검이 나오니 그것으로 만국을 치겠고"라고 기록된 것을 보라). 이것은 모두 진노와 파괴만 가리키는 것이다. 그리고 '하나님의 맹렬한 진노의 포도주 틀' 이라고 한 표현을 주목하라. 그러므로 우리는 A. Pieters 박사가 *op. cit.*, pp.275이하에서 설명한 견해에 동의할 수 없다.

c) 일반적으로 전천년주의자들에 의해서 주창되어 온 학설인데, 즉 이 전쟁을 문자적으로 본 것이다. 이 전쟁은 칠 년 대환난 이후에 이 땅에서 일어나고, 천국에서는 어린양의 혼인잔치가 있고, 악한 나라들이 예루살렘 성을 포위할 때 그리스도와 성도들이 포위된 유대인들을 구출하기 위하여 하늘로부터 홀연히 내려온다는 설이다. C. E. Brown, *The Hope of His Coming*, p.231을 보라.

이런 까닭으로 아마겟돈은 모든 전쟁의 어려운 상태, 즉 성도들이 억압을 당하고 있을 때 하나님께서 고난받는 자기 백성의 이익을 위하여 갑자기 능력을 보이며 원수를 무찌르는 것을 상징한다. 앗수르 왕 산헤립의 군사 십팔만 오천 명이 여호와의 천사에 의해 진멸된 것이 최후의 아마겟돈 전쟁의 전례가 된다. 우세한 적을 열세의 마카비 가(家) 사람들이 무찔러 승리하게 한 것도 아마겟돈의 한 모형이다.

그러나 정말 실제적인 대(大) 아마겟돈 전쟁은 사탄의 짧은 때(계 11:7-11 참조)와 일치한다. 세상이 사탄의 통솔 아래 적그리스도의 정권과 적그리스도의 종교―용, 짐승, 그리고 거짓 선지자―가 교회와 대결하는 최후의 전쟁을 위하여 모일 때 하나님의 자녀들은 고통이 극심해지며 모든 부분에서 억압을 받게 된다. 이들 자녀들이 구원을 부르짖을 때 홀연히 극적으로 그리스도께서 나타나셔서 그의 백성들을 구원해 내실 것이다. 성도들의 최후의 환난과 그리스도가 영광 중에 구름을 타고 나타나셔서 그의 백성을 구원하시는 이것이 아마겟돈 전쟁이다. 그러므로 아마겟돈 전쟁은 여섯째 대접이다. 일곱째는 심판날이다. 이미 진술한 바, 이 여섯째 대접은 앞서 나타난 대접과 마찬가지로 역사상에 되풀이되는 것이 분명하다. 그러나 다른 대접들과 같이 최종적이며 완전한 실현은 최후의 심판날 직전이거나 또는 그날과 관련이 있다.

요한은 여섯째 대접이 큰 강 유브라데에 쏟아지는 것을 본다. 이 강은 앗수르와 바벨론, 즉 악한 세상을 대표한다. 강이 말랐다고 표현하는 것은 적그리스도 세력이 교회를 공격할 수 있는 길이 준비된다는 것을 뜻한다. 요한은 용의 입(사탄)과 짐승의 입(적그리스도적인 정권), 그리고 거짓 선지자의 입(적그리스도적인 종교)에서 세 가지 더러운 영이 나오는 것을 본다. 이 영들 또는 귀신들은 개구리로 비유되었는데, 개구리는 혐오감이 드는 불쾌하고 염증 나는 성격을 뜻한다. 이들은 악독한 생각, 계획, 사업, 그리고 방법과 수단 등의 사탄적인 특징을 말하는데, 이 모두가 지옥으로부터 나왔으며, 지옥이 사고와 행위의 활동 무대로 소개되는 것을 나타낸다. 이러므로 세상의 왕들이 성도들과 싸우기 위해 서로 모일 때 이 전쟁 또는 박해는 지옥에 의해 고취되는 것이다. 이 최후의 전쟁에 대해서는 그다지 언급이 없다. 그러나 이 동일한 아마겟돈 전쟁은 계시록 11:7 이하(이 구절의 해석을 보라)와, 특히 계시록 19:11 이하 그리고 20:7 이하에 나타나 있음을 명심하자.[226]

그런데 이 환난과 고통, 억압과 박해의 순간에 그리스도께서 홀연히 나타나신다(15절). 그리스도는 마치 도둑같이 예고도 없이 오신다(마 24:30 이하; 살전 5:4; 살후 2:8 이하; 벧후 3:10 참조). 그러므로 성도들은 마땅히 깨어 있어야 한다. 사람들이 성도들의 죄를 볼 수 없도록 의의 옷에 더러운 것이 묻지 않게 깨끗이 보존해야 한다(계 3:18; 7:14 참조).

이 부분에서 다루고 있는 대접들은 앞서 나타난 것처럼 일곱째 대접으로 상징(16:17−21)되는 최후의 심판에 대한 가공할 공포를 생생하게 묘사하는 것으로 끝맺는다. 바벨론의 최후의 멸망은 짐승의 표를 받은 자들에게는 치명적인 타격을 준다. 바벨론을 기뻐 즐기던 자들은 이제 궤멸되고 만다. 바벨론은 완전히 폐허가 된다. 일곱째 천사가 일곱째 대접을 공중에 쏟는다. 재앙이 공중에 쏟아지면 지상의 모든 생물은 죽는다. 요한은 큰 음성이 성전으로부터 울려나는 것을 듣는다. 물론 하나님께서 말씀하시는 음성이다. 큰 음성이 이르되 '되었다' 라고 하신다. 오랫동안 참아 오시던 하나님의 최종적이고 완전한 진노의 나타내심이 성취되었으니 곧 심판날이 이른 것이다.

요한은 번개와 음성들과 우렛소리와 지금까지 있었던 그 어느 것보다 큰 지진이 일어나는 광경을 목격한다. 큰 성 바벨론은 세 갈래로 갈라지고 산산히 부서져 멸망한다. 이처럼 모든 적그리스도적인 왕권, 유혹의 중심적인 역할을 하는 전체 세속 정권은 부서지고 멸망하고 만다. 도시들과 나라들은 황폐해진다. 최후의 심판날에 하나님께서 결코 바벨론의 죄과를 잊지 않고 계시다는 것이 명백하게 입증된다. 오랫동안 참아 오셨던 하나님의 진노가 이제 충분히 폭발한다. 세상은 그의 맹렬한 진노의 포도주 잔을 받는다(계 14:10 참조). 각 섬도 없어지고 산악도 없어진다(계 6:14의 해석을 보라). 요한은 한 달란트(100 파운드, 약 45kg)의 무게를

226) p.187이하, 268이하, 285이하의 아마겟돈에 대한 설명을 보라.

가진 큰 우박을 보는데, 이 우박은 심령이 완악하여 회개하지 않은 자들 위에 쏟아진다. 이것은 최후의 심판 때 모든 악한 세속 정권들이 멸망한다는 뜻이다. 이들은 완전히 궤멸되고 만다. 이 우박은 하늘로부터 내리는데, 이는 하나님의 심판, 그리고 하나님의 진노의 최종적이고 완전한 유출을 상징한다. 그러나 지옥에서라도 회개하지 않는 죄인들은 재앙의 극심함과 그들의 심령의 완악함 때문에 하나님을 비방한다.

제 XIII 장
계시록 17-19장
용과 그 추종자들의 멸망

그리스도께서는 다섯 원수들에 대해서 앞서 언급하셨는데, 이 다섯 원수는 용, 바다가 낳은 짐승, 땅에서 올라온 짐승 또는 거짓 선지자, 음녀 바벨론, 그리고 짐승의 표를 받은 자들이다. 계시록 15장, 16장에서 이 짐승의 표를 받은 자들이 어떻게 되는가에 대해서 살펴보았다. 지금 보이는 환상 중에 요한은 바벨론, 바다가 낳은 짐승, 그리고 거짓 선지자에게 어떠한 재앙이 떨어질 것인가를 상징적인 광경으로 우리에게 보여 준다. 용의 멸망은 계시록 20장에서 언급될 것이다.

보다 넓게 살펴본다면 이 부분은 좀 더 세분할 수 있겠다. 즉 계시록 17장은 큰 음녀 바벨론의 역사와 그 본질을 나타내고 있다. 18장은 불가피하며 완전하고 또한 돌이킬 수 없는 바벨론의 멸망을 설명하고 있다. 19장은 바벨론의 완전한 붕괴와 어린양의 혼인 잔치 때문에 하늘에서 크게 즐거워하는 모습을 우리에게 소개한다. 그리고 이어서 승리하신 장본인, 즉 흰말을 탄 자로 바벨론과 짐승과 거짓 선지자를 물리치시고, 그의 원수들에게 최후의 심판을 수행하시는 분을 소개한다.

A. 바벨론의 심판

1. 여자와 짐승(17:1-6)

17:1-6

1 또 일곱 대접을 가진 일곱 천사 중 하나가 와서 내게 말하여 이르되 이리로 오라 많은
물 위에 앉은 큰 음녀가 받을 심판을 네게 보이리라 2 땅의 임금들도 그와 더불어 음행
하였고 땅에 사는 자들도 그 음행의 포도주에 취하였다 하고 3 곧 성령으로 나를 데리
고 광야로 가니라 내가 보니 여자가 붉은 빛 짐승을 탔는데 그 짐승의 몸에 하나님을
모독하는 이름들이 가득하고 일곱 머리와 열 뿔이 있으며 4 그 여자는 자주 빛과 붉은
빛 옷을 입고 금과 보석과 진주로 꾸미고 손에 금잔을 가졌는데 가증한 물건과 그의 음
행의 더러운 것들이 가득하더라 5 그의 이마에 이름이 기록되었으니 비밀이라, 큰 바벨
론이라, 땅의 음녀들과 가증한 것들의 어미라 하였더라 6 또 내가 보매 이 여자가 성도
들의 피와 예수의 증인들의 피에 취한지라 내가 그 여자를 보고 놀랍게 여기고 크게 놀
랍게 여기니

1 대접을 들고 있던 일곱 천사 중 하나가 내게 와서 이렇게 말하였습니다. "나를 따라오
너라. 많은 물 위에 앉은 큰 창녀가 받을 심판을 네게 보여 주겠다. 2 세상의 왕들이 그
여자와 함께 음란한 죄를 짓고, 온 세상 사람들도 그녀가 주는 음란의 포도주에 취하였
다." 3 그리고 천사는 성령의 도우심으로 나를 사막으로 이끌고 갔습니다. 거기서 나는
붉은 짐승 위에 올라타고 앉아 있는 한 여자를 보았습니다. 그 짐승의 몸에는 하나님을
모독하는 말들이 가득 쓰여 있었고, 일곱 머리와 열 뿔이 있었습니다. 4 그 여자는 보라
색과 붉은색의 옷을 입고 금과 보석과 진주로 온몸을 치장하고 있었습니다. 그리고 손
에는 금잔이 하나 들려 있었는데, 그 안에는 음란하고 더러운 것들과 악한 것들이 가득
담겨 있었습니다. 5 그 여자의 이마에는 수수께끼 같은 의미를 담은 이름이 하나 새겨
져 있었습니다. 그것은 '큰 바빌론, 창녀와 이 땅의 악한 것들의 어머니' 라고 씌어진 것
이었습니다. 6 그 여자는 예수님의 증인들의 피와 성도들의 피를 마시고 취해 있었습니
다. 나는 그 여자를 보면서 소름이 오싹 끼쳤습니다. _아가페 쉬운성경

일곱 대접을 가진 일곱 천사 중 하나가 요한에게 나타난다. 이들 천사 중 하나가 나타난다는 사실은 이 환상이 악인에게는 저주이나 교회에는 복임을 상징한다(계 21:9 참조). 이 천사는 요한에게 친절하게 말하는데, **"이리로 오라 많은 물 위에 앉은 큰 음녀가 받을 심판을 네게 보이리라"**고 한다. 그리하여 요한은 성령의 감동으로(계 1:10을 보라) 광야로 이끌려 가서 붉은 짐승을 본다.[227] 이것은 바다가 낳은 짐승인데 박해의 중심인 세상을 상징한다. 이 박해의 영은 세속 정권과 세상 사람들, 특히 역사상

227) 제XI장, p.210–213을 보라.

에 순서대로 나타나는 제국들로 표현된다. 요한은 광야에서 이 짐승을 보는데 계시록 12장의 교회를 상징하는 광채 나는 여자가 광야로 피하였기 때문이다. 이 짐승은 홀로 광야에 있는 것은 아니다. 그 짐승의 등에는 여자가 타고 있다. 이 여자를 계시록 12장에 나오는 광채 나는 여자와 혼동해서는 안 된다. 이 짐승과 여자는 원수들이다. 계시록 17장에 나타나는, 짐승의 등에 탄 여자는 큰 음녀이다. 이 여자는 휘황찬란하게 치장을 하였다. 금과 보석과 진주로 온몸을 치장하고 자주빛과 붉은빛 옷을 입고 여왕처럼 앉아 있다. 세상의 왕들이 이 여자의 정부(情夫)였다. 세상 사람들은 전부 여자의 음행의 술에 취하였다. 이 여자는 가증한 것으로 가득 찬 금잔을 손에 들고 있는데, 그 여자의 음행에 대한 더러운 것들이 금잔 안에 가득 차 있었다. 이마에는 십중팔구 큰 바벨론, 즉 땅의 음녀들과 가증한 것들의 어미라고 기록된 띠를 둘렀을 것이다. 그 여자의 정부(情夫)들만 술에 취한 것이 아니라 여자 자신도 예수의 증인들의 피에 취해 있다. 요한은 크게 놀란다. 요한이 그 광경의 뜻을 파악하지 못하고 놀랍게 여기자 천사가 그 뜻을 설명한다.

이 음녀는 분명히 바벨론이다(17:5, 18; 19:2, 3).[228] 그렇다면 바벨론은 무엇을 표현하는 것인가?[229] 이 광경이 상징적으로 의미하는 정확한 견해에 도달하기 위하여 무엇보다도 먼저 바벨론은 큰 음녀[230]라고 불린다는 사실을 명심해야 한다. 다시 말하자면 이 상징은 유혹하고 시험하며 사람들을 미혹하여 하나님으로부터 떨어지도록 이끌어 내는 것을 말한다.

둘째, 이 음녀는 세상의 도성, 곧 바벨론임을 잊어서는 안 된다. 이는 향락에 도취하고 거만하여 오만무례하던 옛 바벨론을 생각나게 한다.[231] 또

---

228) A. Pieters, *op. cit.*, p.260.

229) 우리는 다음과 같은 견해를 배격한다.

a) 바벨론은 문자적인 도시로서 유브라데 강 기슭에 재건될 것이다.

b) 바벨론은 타락한 교회이다(이 견해는 Dean Alford, W. Milligan, S. L. Morris 및 많은 학자들에 의해 주장됨). 그러나 계 17-19장의 바벨론은 음녀이지 간부(姦婦)가 아니다. 한편 계 18장-특히 11, 13절-은 세상의 도시[城]의 묘사라는 점에서는 그럴듯하나 거짓 교회라는 의견과는 잘 맞지 않는다. 끝으

한 계시록 17-19장에 진술된 상징적인 바벨론은 사악하고 매혹적인 이방 신앙의 중심지였던 두로를 떠올리게 한다. 계시록 17-19장과 에스겔 27-28장의 뚜렷한 유사점을 주의 깊게 관찰해 보자. 더욱이 바벨론의 상품목록을 연구해 보면(18:11 이하) 이 상징은 산업과 상업의 중심지에 관하여 언급한 것임을 알 수 있다. 그러므로 바벨론은 산업, 상업, 예술, 문화의 중심으로서의 세상이 이상 열거한 것들을 구사하여 성도들을 꾀어내고 유혹하려고 하는, 즉 성도를 하나님으로부터 떠나도록 하는 것을 나타낸다. 이것은 세상의 사치, 악독 그리고 온갖 유혹에 전념하는 것을 상징한다. 음녀는 "육신의 정욕과 안목의 정욕과 이생의 자랑"(요일 2:16)이 구체화된 세상으로 간주할 수 있다.

셋째로, 위와 같은 상태의 바벨론은 과거, 현재, 미래에도 역시 그러하다. 그 형태는 변할지라도 본질은 변함이 없다. 음녀, 즉 바벨론은 짐승과 밀접한 관계가 있기 때문에 짐승 위에 올라타고 있는 것이다(17:3). 이 짐승은 끊임없이 일어났던 이 세상의 제국들로 구체화된 모든 역사상의 적그리스도적인 핍박 행위를 말한다. 짐승은 분명히 과거, 현재, 미래도 역시 그러하다(계 17:8-10 참조). 그러므로 음녀도 역시 역사상 어느 시대를 막론하고 적그리스도적인 유혹의 중심인 세상을 나타낸다고 결론을 내릴 수밖에 없다. 음녀, 즉 바벨론은 한 형태로서 또는 구체화된 실체로서 요

로 구약은 세상이 하나님의 백성을 대적하는 것으로 예언자들이 암시한 것에 그 근거를 두고 있다. 우리는 '거짓 교회' 라는 착상이 매우 무리한 것이라고 생각한다.

c) 바벨론은 로마라는 견해이다. 이것은 사실이지만 매우 제한적인 것이다. 본문 해석을 보도록 하라. 그러나 바벨론이 로마 가톨릭 교회를 상징한다는 견해에 대하여는 토론할 필요가 없다.

230) 바벨론은 결코 μοιχαλίς 즉 '간부'(姦婦, adulteress)라 불리지 않고 언제나 πόρνη, 즉 음녀(淫女, harlot)라고 불렸다. 그러므로 바벨론은 절대로 어린양의 아내가 되었던 적이 없다. 그 여자는 거짓 교회가 아니다. 위의 주 229)를 보라.

231) 이 신약의 상징의 기반을 형성하는 것으로써 공부할 성경구절은 창 10:10; 11:11; 사 13, 14, 21, 46, 47, 48장; 렘 25, 50, 51장; 단 2; 4:30; 7장; 합 3장; 또한 겔 27장의 두로의 멸망이다.

한의 시대에 이미 나타나 있음을 계시록 17:9에서 분명히 볼 수 있는데, 그 "일곱 머리는 여자가 앉은 일곱 산"이라고 되어 있다. 이는 분명히 로마를 말한 것이다. 이 로마 제국은 세상의 왕들, 즉, 생활과 예술과 산업 그리고 상업 등의 모든 영역을 지배하는 자들에게는 매혹적인 향락의 도시였다(계 17:2 참조). 요한은 당대에 허영과 사치, 향락으로 가득 찬 로마를 보았다. 그곳은 향락에 파묻힌 광란의 도시였다. 군중의 흥미와 재미를 위해서 성도들은 원형 경기장에서 야수들에게 갈기갈기 찢김을 당하기도 하였다. 음녀는 성도들의 피로 취해 있었다(17:6). 계시록 18:4에 보면 "거기서 나와 그의 죄에 참여하지 말고 그가 받을 재앙들을 받지 말라"는 경고의 말씀이 주어진다. 이 명령은 세상 역사의 종말에 이르기까지 생존해 있는 사람들뿐 아니라 요한의 생존 당시나 그 시대에 살았던 성도들에게도 주어진 것이다. 이 명령은 실로 어느 시대를 막론하고 살아 있는 모든 성도들에게 내리신 것이다. 그러므로 바벨론은 역사의 순간순간마다 특히 실재한 전 세대를 통하여 유혹의 중추 역할을 한 세상이다. 음녀 바벨론은 언제나 어린양의 아내인 신부, 곧 새 예루살렘[교회](계 21:9 이하)을 대적한다. 이 두 상징은 '일곱 대접을 가진 일곱 천사 중 하나' 에 의해서 소개되어지나, 이 둘은 서로 적대자이다. 그것은 바벨론의 멸망은 예수 그리스도의 재림의 순간에, 유혹과 적그리스도적 문명의 중심인 세계의 마지막 파멸을 뜻할 뿐만 아니라 모든 앞서 있었던 세상의 집중적 유혹의 파괴를 나타내기 때문이다. 바벨론의 멸망은 역사를 통하여 도처에서 일어났지만 특히 최후의 심판의 큰 날에 행해진다. 큰 바벨론의 최후의 멸망–바벨론의 최후의 상태–은 우리 주 예수 그리스도께서 심판하러 오시는 것과 일치한다.

환상에 의하면 음녀는 손에 금잔을 들고 있다. 금잔을 들고 마시도록 유혹하는 것인데, 이처럼 귀한 잔에는 귀한 술이 담겨 있을 것으로 사람들은 기대한다. 그러나 그 잔은 가증한 물건과 더러움, 여자의 음행에 해당한 것들이 들어 있다. 참되고 신실한 성도들을 하나님으로부터 떠나가도록 유혹하는 데 쓰이는 것들, 즉 외설적인 문학, 사람들을 사로잡는 운동경기, 사치, 세상의 명예와 권세, 육신의 정욕 등이 잔 속에 가득히 들어 있다. 각자가 한번 이 목록을 만들어 보라. 이들 자체가 나쁠 뿐 아니라 사람들이 그것을 수단으로가 아니라 목적으로 삼기 때문에 나쁘게 된 것들을 포함하고 있는데, 예술 지상주의 등이 그것이다. 천사는 요한에게 여자와 여자를 태운 짐승의 비밀을 이야기한다(7-18절). 짐승(세속 정권)과 여인(유혹) 사이의 밀접한 관계를 관찰해 보자. 이는 두 가지 의미에서 확실해진다. 첫째, 세상 사람들은 여자의 음란한 술을 마시고, 여자의 향락에 흠뻑 도취된다. 둘째, 박해의 중심인 세상과, 사치와 적그리스도적 문화 그리고 향락 중심인 세상은 언제나 교회를 대적하는데, 이들은 늘 긴밀히 협동하여 작용한다. 선지자 발람은 이 사실을 알고 있었고, 그래서 이스라엘을 함정에 빠뜨려 멸망시키기 위하여 간교한 기만 수단을 사용하도록 발락에게 계교를 일러 주었다(민 31:16; 유 11절; 계 2:14). 요한의 시대에 로마는 검으로써 교회를 박해하였을 뿐 아니라 큰 도시의 화려함으로도 성도들을 매혹시키려고 했다. 이런 유혹은 오늘날에도 여전히 횡행한다. 적그리스도적인 정권들은 모든 교회 건물을 파괴하지는 않는다. 다만 교회 중 몇 군데를 세속적인 기쁨을 위한 장소로 바꾸어 놓는다. 이처럼 역사를 통하여 '짐승'과 '여자'[음녀]는 언제나 밀접한 관계를 맺고 있다. 그 관계는 짐승이 여자를 배반할 때가 이를 때까지 계속 유지된다(16-18절).

2. 짐승의 역사(17:7-18)

17:7-18

7 천사가 이르되 왜 놀랍게 여기느냐 내가 여자와 그가 탄 일곱 머리와 열 뿔 가진 짐승
의 비밀을 네게 이르리라 8 네가 본 짐승은 전에 있었다가 지금은 없으나 장차 무저갱으
로부터 올라와 멸망으로 들어갈 자니 땅에 사는 자들로서 창세 이후로 그 이름이 생명
책에 기록되지 못한 자들이 이전에 있었다가 지금은 없으나 장차 나올 짐승을 보고 놀
랍게 여기리라 9 지혜 있는 뜻이 여기 있으니 그 일곱 머리는 여자가 앉은 일곱 산이요
10 또 일곱 왕이라 다섯은 망하였고 하나는 있고 다른 하나는 아직 이르지 아니하였으
나 이르면 반드시 잠시 동안 머무르리라 11 전에 있었다가 지금 없어진 짐승은 여덟째

왕이니 일곱 중에 속한 자라 그가 멸망으로 들어가리라 12 네가 보던 열 뿔은 열 왕이니 아직 나라를 얻지 못하였으나 다만 짐승과 더불어 임금처럼 한동안 권세를 받으리라 13 그들이 한 뜻을 가지고 자기의 능력과 권세를 짐승에게 주더라 14 그들이 어린양과 더불어 싸우려니와 어린양은 만주의 주시요 만왕의 왕이시므로 그들을 이기실 터이요 또 그와 함께 있는 자들 곧 부르심을 받고 택하심을 받은 진실한 자들도 이기리로다 15 또 천사가 내게 말하되 네가 본 바 음녀가 앉아 있는 물은 백성과 무리와 열국과 방언들이니라 16 네가 본 바 이 열 뿔과 짐승은 음녀를 미워하여 망하게 하고 벌거벗게 하고 그의 살을 먹고 불로 아주 사르리라 17 이는 하나님이 자기 뜻대로 할 마음을 그들에게 주사 한 뜻을 이루게 하시고 그들의 나라를 그 짐승에게 주게 하시되 하나님의 말씀이 응하기까지 하심이라 18 또 네가 본 그 여자는 땅의 왕들을 다스리는 큰 성이라 하더라

7 그러자 천사가 내게 이렇게 말하였습니다. "왜 놀라느냐? 이 여자가 누구이며, 또 이 여자를 태우고 있는 짐승이 무엇을 의미하는지 내가 가르쳐 주겠다. 8 네가 본 짐승은 전에는 살아 있었으나, 이제는 죽었다. 그러나 곧 다시 살아나 끝없는 구덩이에서 올라왔다가 영원히 멸망하게 될 것이다. 세상이 창조된 이래, 생명책에 기록되지 않은 사람들은 그 짐승을 다시 보고 놀랄 것이다. 왜냐하면 죽은 줄 알았던 짐승이 다시 나타났기 때문이다. 9 이것을 이해하려면, 지혜가 필요하다. 네가 본 짐승의 그 일곱 머리는 여자가 앉아 있는 일곱 언덕과 일곱 왕을 뜻하는 것이다. 10 그중에 이미 다섯 왕은 죽었고, 한 왕은 살아 있으며, 일곱째 왕은 아직 오지 않았다. 마지막에 올 이 왕은 잠시 동안만 통치하게 될 것이다. 11 이전에는 살아 있었으나, 지금은 죽은 저 짐승은 여덟 번째 왕이다. 이미 그는 일곱 왕 가운데 하나이며, 곧 멸망하고 말 것이다. 12 네가 본 짐승의 그 열 뿔은 열 명의 왕을 가리킨다. 이 왕들은 아직 통치를 시작하지 않았다. 그러나 잠시 동안, 짐승과 함께 다스릴 권세를 받게 될 것이다. 13 이 왕들은 한 목적을 가지고, 짐승에게 자기들의 능력과 권세를 줄 것이다. 14 그들은 어린양을 대적해 전쟁을 일으킬 것이다. 그러나 결국 만왕의 왕이시요, 만주의 주님이신 어린양이 승리를 거두고 부름받아 선택된 충성된 주님의 병사들도 승리할 것이다." 15 천사는 다시 내게 말했습니다. "네가 본 물, 창녀가 앉아 있던 그 물은 세계의 모든 민족과 나라를 가리킨다. 16 짐승과 그 열 뿔, 즉 열 왕이 창녀를 미워하여 그녀가 가진 것을 다 빼앗고, 벌거벗겨 그녀의 살을 먹으며, 그녀를 불에 태워 죽일 것이다. 17 하나님께서는 열 왕들이 짐승에게 권력을 넘겨주는 데 한마음이 되게 하여, 그분의 뜻을 이루어 가실 것이다. 하나님이 계획하신 모든 일이 다 이루어질 때까지, 그들이 통치할 것이다. 18 네가 본 그 여인은 이 세상 왕들을 다스리는 큰 도시를 뜻한다." _아가페 쉬운성경

8절에서 천사는 짐승의 역사에 관하여 진술하기 시작한다. 그 짐승은 전에는 있었으나 지금은 없고 장차 무저갱으로부터 올라올 자다. 첫째,

그 짐승은 전에는 있었는데, 예를 들면 강한 니므롯 왕국과 시날 땅에 자리잡고 "우리 이름을 내자"(창 10:8-11; 11:4)라고 했던 옛 바벨론의 형태로 나타났다. 혹은 니느웨에 자랑스럽게 도읍했던 앗수르이거나 또는 세상의 교만과 억압하는 정신을 가진 신 바벨론(느부갓네살 왕과 유대인의 포로 됨을 생각하라)으로 나타나기도 했다. 그런가 하면 메대와 바사, 또 분명히 최후의 적그리스도의 선봉이었던 수리아 사람 안티오쿠스 에피파네스(B.C. 175-164)가 나온 헬라-마게도니아 왕국의 형태로 나타났다. 그런데 이들은 "지금은 없다." 짐승이 형태화했던 이 모든 제국들이 지금은 전부 멸망하고 없다. 구 바벨론, 앗수르, 신 바벨론, 메대-바사, 그리고 헬라-마게도니아의 형태로 나타났던 짐승은 지금은 존재하지 않는다. 그러나 창세 이후로 생명책에 이름이 기록되지 않은 자들을 흥분하게 하고 놀라게 하며 감탄하게 하는 이 짐승은 패할 때마다 다시 머리를 들고 재기하는 능력을 가진 것처럼 보인다. 세상 사람들은 짐승이 "이전에 있었다가 지금은 없으나 장차 나올 것"이라는 데 매우 놀란다. 이 짐승이 어떠한 형태 그리고 여하한 화신으로 출현하든, 그것은 파멸로 들어갈 수 밖에 없다는 사실을 알지 못한다. 8절과 11절 사이의 대조에서 나타나듯이 이 진술은 그리스도의 재림 직전에 있을 적그리스도의 능력에 대한 최후의 표명에서 더욱 확실하다. 이 적그리스도의 제국도 멸망하게 될 것이다. 그러나 짐승은 새로운 형태로 계속 출현할 것이다. 그 형태는 바뀌지만 짐승의 본질은 이 세대에서뿐 아니라 마지막 심판 때까지 변하지 않고 남아 있다.

천사는 이제 짐승의 일곱 머리와 열 뿔의 의미에 대해 설명한다. 그 의미는 외견상 분명하지는 않다. 이를 해석하는 데는 지혜가 필요하다(13:18 참조). 일곱 머리는 두 가지 상징적인 의미가 있다. 즉 현재에 나타난 짐승의 형체와 전 역사를 통하여 출현하는 짐승의 형체의 총체, 이 두 가지를 가리킨다. 첫째로, 이 일곱 머리는 로마 제국[232]을 수도로 한 로마의 일곱 구릉, 그리고 일곱 산(山)을 상징한다. 이는 지상의 왕과 강한 자들이 지배하는 큰 도성이다. 요한이 살던 때, 이곳은 적그리스도의 중심지였다. 또한 적그리스도의 유혹, 꼬임, 그리고 유인의 중심지이기도 하는데, 여자 곧 음녀가 이 산 위에 앉아 있다. 둘째, 일곱 머리는 일곱 왕, 즉 일곱 왕국을 상징한다.[233] 이미 우리가 지적한 바와 같이 다니엘서에서 이들 일곱 머리는 일곱의 각각 다른 왕이나 또는 제국을 상징한 것이 아니고 적그리스도적인 일곱 세상 제국을 말한다는 것을 명백히 증명하고 있다. 다섯 제국은 망하였는데, 이 다섯은 고대 바벨론, 앗수르, 신 바벨론, 메대–바사, 그리고 헬라–마게도니아이다. 하나는 (여섯째) 로마이다. 일곱째는 아직 나타나지 않았다. 그러나 나타난다면 극히 짧은 기간 존재할 것이다. 여기의 강조점은 잠시 동안 "머무르리라"라는 말에 있다. 이 일곱째 머리는 로마의 멸망과 그리스도의 재림 직전 사이에 교회를 압박하는 적그리스도의 마지막 제국인 모든 적그리스도적 정권의 집합체를 말하는 것이 아니겠는가?[234] 계시록의 말을 빌리면 이 전(全) 복음 시대는 잠시 동안이라고 한다(계 11:2–3; 12:6, 14; 13:5 참조). 이전에는 있었고 지금은 없는 이 짐승은 여덟째요 최종적이며, 역사의 종말에 이르러 닥칠 극히 무서운 적그리스도의 통치를 말한다(살후 2:3 이하 참조). '일곱 중의 하나' 라는 구절이 어떤 의미에서 전에 있었던 적그리스도의 나라가 다시 세워진다고 한다면 어느 나라를 말하는 것일까?[235] 그러나 어느 나라이든 그 나라는 '멸망으로 들어가고' 말 것이다(계 19:20 참조).

열 왕은 실제로 지상의 영역 속에 유력한 것들, 즉 예술이나 교육, 상업과 산업, 그리고 정권들과 중심 권력층에 맹종하는 자들을 의미한다. 그리스도를 대항할 자체 세력 강화가 열 왕의 목적이다. 이 목적을 달성하

---

232) 대부분의 주석가들은 그들이 과거주의자(preterist : 계시록의 예언은 이미 그대로 이뤄졌다고 하는)이거나 병행론자(parallelist)이거나 막론하고(심지어는 몇몇의 미래주의자들도) 이 점을 인정하고 있다.

233) 제Ⅵ장, p.60을 보라.

234) 이 일곱째 머리를 로마 법왕권으로 보는 사람도 더러 있다. 그 외에는 콘스탄틴 대제 때로부터 시작한 명목상 로마 기독교 왕국이라고 주장하기도 하고, 일부 사람들은 로마를 멸망시킨 게르만 국가라고 말한다.

235) 어떤 이는 로마라고 말하는가 하면, 다른 형태나 의미로 옛 바벨론 왕국이 재건될 것을 나타낸다고도 하며 그 왕국이 존재한 상태들이 복귀할 것이라고 주장한다.

기 위하여 이들은 자기들의 능력과 권한을 짐승에게 바칠 준비가 늘 되어 있다. 또한 이 왕들은 짐승과 '더불어' 단지 '한동안' 다스릴 것이다. 모든 세상의 통치자들은 그들의 속국[위성국가]을 가지는데 이 속국도 또한 대체로 '한동안' 만 존재한다. 이 모든 '뿔-왕들' 은 그리스도와 그 교회와의 싸움에서 짐승을 돕는 한 가지 목적만 갖고 있다. 아무런 이의 없이 일치를 본 이 목적은 14절에 분명하게 진술되어 있다. 앞서 살펴본 바와 같이 이 구절은 계시록 전체의 주제를 말하고 있다. **"그들이 어린양과 더불어 싸우려니와 어린양은 만주의 주시요 만왕의 왕이시므로 그들을 이기실 터이요 또 그와 함께 있는 자들 곧 부르심을 받고 택하심을 받은 진실한 자들도 이기리로다."**

역사를 통하여, 특히 전체 세대를 통하여 어린양은 끊임없이 각양각색의 적그리스도의 통치를 물리치시며 또 격퇴하실 것이다. 적그리스도의 왕국들은 모두 진멸될 것이다. 이 놀라운 일은 어린양이 특히 역사의 종말에 적그리스도의 세력을 최후로 격퇴할 때 나타날 것이다(계 11:11; 16:14 이하; 19:11 이하; 살후 2:8). 잠시 동안은 적그리스도의 세력이 우세한 것처럼 보인다(계 11:7; 13:7). 그러나 적그리스도가 완전히 승리하는 것처럼 보일 때 그의 파멸의 때는 임박한 것이다! 이처럼 그리스도는 항상 만왕의 왕이시며 만주의 주로서 나타나신다(신 10:17). 성도는 그리스도와 더불어 승리한다. 하나님의 불가항력적인 은혜로 말미암아 성도는 부르심을 받았다(벧전 2:9; 롬 8:30). 이 '내적 부르심' 은 성도들이 창세 전부터 구원과 승리의 택함을 받았다는 것을 증명한다(엡 1:4). 이 위에 그리스도에 대한 그들의 신실함과 충성됨은 참으로 하나님의 자녀들이라는 증거를 보여 준다(계 1:5; 2:10 참조). 요한은 분명하게 사막(광야) 가운데서 연못 같기도 하고, 호수 같기도 한 물을 보았다. 이 물에 한 짐승이 있으며 한 여자가 그 짐승 위에 앉아 있다. 이 호수 같은 물은 무성하게 일어나는 이 세상의 나라 또는 백성 등을 상징하는데, 이들은 끊임없이 교회를 대적하고 박해한다(17:15; 13:1 참조).

한동안 만사가 잘된 것처럼 보인다. 세상 전체가 그리고 특히 세상의 권력들이 이 큰 음녀와 더불어 음행을 저지른다. 이들은 큰 음녀의 금잔을 마시며 음행의 술에 취한다. 이들은 여자를 모시고 다닌다. 여자의 유혹과 매력, 즉 모든 적그리스도적인 문화에 완전히 굴복한다. 또한 이들은 세상의 허영을 즐긴다. "육신의 정욕과 안목의 정욕과 이생의 자랑"(요일 2:16)이 그들을 충분히 만족하게 해준다. 그러나 결국에는 이 적그리스도의 세상을 형성하는 바로 이들이 그 음녀를 대적한다. 세상 사람들과 세상의 권력가들 몇몇도 포함한－결국에는 음녀를 미워하는 열 뿔들－이 사람들이 음녀를 내쫓고 매우 호사스러운 값비싼 옷을 벗기고 그 살을 먹으며 아주 불에 태워 버린다(15－16절). 이들은 적그리스도의 정권을 구성하는 '짐승'과 음녀에 빠져 정신이 흐린 자들인데, 세상 문화의 유혹에 빠져 향락, 유혹, 매혹, 사치에 젖었던 세상 백성들이 그들 자신이 얼마나 어리석었는지를 깨달을 때가 오리라는 뜻이다. 그러나 그때는 이미 늦은 것이다. 예를 들어, 금잔을 마신 자－돈이 그 하나님이었던－인 가룟 유다는 은전 30냥에 한동안 그토록 매혹되었지만, 결국에는 돌변하여 제사장과 장로들 앞에 그 돈을 내던지고 목매달아 죽고 말았다(마 27:3 이하; 행 1:18). 죄의 쾌락은 종국에 가서 실망을 낳는다. 어리석은 여자들은 가면을 쓴 선지자들을 찬양하고 따르지만, 일단 감춘 베일이 벗겨져서 그 숨겼던 모양이 드러나 보일 때는 크게 실망할 것이다. 반복되는 하나님의 경고가 있음에도(17절) 듣지 아니하고 거스르는 자들의 마음을 하나님께서 완악하게 하신다. 계시록 17:16－17은 매일을 살아갈 교훈이다. 이것은 세상 사람들의 노정을 보여 준다. 세상의 향락과 물질에 눈이 어두워 하나님을 대적하다가 후회를 할 때는 이미 늦게 된다. 그들은 자신들의 어리석음으로 말미암아 형벌을 받는 것이다.[236)]

세상이 귀한 것들을 우리에게 가져와 유혹할 때에는, 마귀의 유혹을 말씀으로 물리치신 예수님의 모범을 따라야 할 것이다(마 4:8 이하). 이 구절을 반드시 읽어 마음 깊이 간직하도록 하자.

236) 어떤 의미에서는 세계가 스스로를 멸한다고 할 수 있다.

3. 바벨론의 멸망(18:1-24)

18:1-24

1 이 일 후에 다른 천사가 하늘에서 내려 오는 것을 보니 큰 권세를 가졌는데 그의 영광
으로 땅이 환하여지더라 2 힘찬 음성으로 외쳐 이르되 무너졌도다 무너졌도다 큰 성 바
벨론이여 귀신의 처소와 각종 더러운 영이 모이는 곳과 각종 더럽고 가증한 새들이 모이
는 곳이 되었도다 3 그 음행의 진노의 포도주로 말미암아 만국이 무너졌으며 또 땅의 왕
들이 그와 더불어 음행하였으며 땅의 상인들도 그 사치의 세력으로 치부하였도다 하더
라 4 또 내가 들으니 하늘로부터 다른 음성이 나서 이르되 내 백성아, 거기서 나와 그의
죄에 참여하지 말고 그가 받을 재앙들을 받지 말라 5 그의 죄는 하늘에 사무쳤으며 하나
님은 그의 불의한 일을 기억하신지라 6 그가 준 그대로 그에게 주고 그의 행위대로 갑절
을 갚아 주고 그가 섞은 잔에도 갑절이나 섞어 그에게 주라 7 그가 얼마나 자기를 영화
롭게 하였으며 사치하였든지 그만큼 고통과 애통함으로 갚아 주라 그가 마음에 말하기
를 나는 여왕으로 앉은 자요 과부가 아니라 결단코 애통함을 당하지 아니하리라 하니 8
그러므로 하루 동안에 그 재앙들이 이르리니 곧 사망과 애통함과 흉년이라 그가 또한 불
에 살라지리니 그를 심판하시는 주 하나님은 강하신 자이심이라 9 그와 함께 음행하고
사치하던 땅의 왕들이 그가 불타는 연기를 보고 위하여 울고 가슴을 치며 10 그의 고통
을 무서워하여 멀리 서서 이르되 화 있도다 화 있도다 큰 성, 견고한 성 바벨론이여 한
시간에 네 심판이 이르렀다 하리로다 11 땅의 상인들이 그를 위하여 울고 애통하는 것은
다시 그들의 상품을 사는 자가 없음이라 12 그 상품은 금과 은과 보석과 진주와 세마포
와 자주 옷감과 비단과 붉은 옷감이요 각종 향목과 각종 상아 그릇이요 값진 나무와 구
리와 철과 대리석으로 만든 각종 그릇이요 13 계피와 향료와 향과 향유와 유향과 포도주
와 감람유와 고운 밀가루와 밀이요 소와 양과 말과 수레와 종들과 사람의 영혼들이라 14
바벨론아 네 영혼이 탐하던 과일이 네게서 떠났으며 맛있는 것들과 빛난 것들이 다 없어
졌으니 사람들이 결코 이것들을 다시 보지 못하리로다 15 바벨론으로 말미암아 치부한
이 상품의 상인들이 그의 고통을 무서워하여 멀리 서서 울고 애통하여 16 이르되 화 있
도다 화 있도다 큰 성이여 세마포 옷과 자주 옷과 붉은 옷을 입고 금과 보석과 진주로 꾸
민 것인데 17 그러한 부가 한 시간에 망하였도다 모든 선장과 각처를 다니는 선객들과
선원들과 바다에서 일하는 자들이 멀리 서서 18 그가 불타는 연기를 보고 외쳐 이르되
이 큰 성과 같은 성이 어디 있느냐 하며 19 티끌을 자기 머리에 뿌리고 울며 애통하여 외
쳐 이르되 화 있도다 화 있도다 이 큰 성이여 바다에서 배 부리는 모든 자들이 너의 보배
로운 상품으로 치부하였더니 한 시간에 망하였도다 20 하늘과 성도들과 사도들과 선지
자들아, 그로 말미암아 즐거워하라 하나님이 너희를 위하여 그에게 심판을 행하셨음이
라 하더라 21 이에 한 힘 센 천사가 큰 맷돌 같은 돌을 들어 바다에 던져 이르되 큰 성 바
벨론이 이같이 비참하게 던져져 결코 다시 보이지 아니하리로다 22 또 거문고 타는 자와
풍류하는 자와 퉁소 부는 자와 나팔 부는 자들의 소리가 결코 다시 네 안에서 들리지 아

니하고 어떠한 세공업자든지 결코 다시 네 안에서 보이지 아니하고 또 맷돌 소리가 결코
다시 네 안에서 들리지 아니하고 23 등불 빛이 결코 다시 네 안에서 비치지 아니하고 신
랑과 신부의 음성이 결코 다시 네 안에서 들리지 아니하리로다 너의 상인들은 땅의 왕족
들이라 네 복술로 말미암아 만국이 미혹되었도다 24 선지자들과 성도들과 및 땅 위에서
죽임을 당한 모든 자의 피가 그 성 중에서 발견되었느니라 하더라

---

1 그 후에 나는 다른 한 천사가 하늘에서 내려오는 것을 보았습니다. 이 천사는 큰 권세
를 가졌는데, 그 영광의 광채 때문에 온 땅이 환하게 밝아졌습니다. 2 그 천사는 위엄
있는 목소리로 크게 외쳤습니다. "큰 성 바벨론이 무너졌다! 귀신의 소굴이 되고 악한
영들과 불결하고 흉칙한 새들의 동굴이 되었구나. 3 세상 모든 사람들이 음란의 독주에
취하고 세상 왕들이 그녀와 함께 음란한 죄를 짓는구나. 또 세상 장사꾼들도 그녀의 사
치에 힘입어 큰 부를 누리는구나." 4 계속해서 하늘로부터 들려오는 또 다른 음성을 들
었습니다. "내 백성들아, 그 여자의 죄에 빠져들지 말고 나와라. 그러면 그녀와 함께 멸
망당하지 않을 것이다. 5 그 성의 죄가 하늘에까지 닿았고, 하나님께서는 그녀의 죄악
을 기억하신다. 6 그녀가 다른 사람에게 준 만큼 돌려 주고, 그녀가 행한 것의 배로 갚
아 주어라. 사람들에게 많은 재앙의 잔을 부어 준 만큼 두 배로 채워 그녀에게 마시게
하여라. 7 그녀가 마음껏 사치와 영화를 누렸으니, 그만큼의 고통과 슬픔으로 갚아 주
어라. 그녀가 속으로 말하기를 '나는 여왕의 왕좌에 앉아 있다. 나는 과부와는 다르다.
내게는 결코 슬픔이 없을 것이다' 라고 하였다. 8 그러므로 끔찍한 이 일들이 단 하루
만에 그녀에게 임할 것이다. 죽음과 슬픔과 기근이 찾아오고, 그녀는 불에 타 죽고 말
것이다. 전능하신 하나님의 심판이 내리기 때문이다." 9 그 여자와 함께 음란한 죄를 짓
고, 사치를 일삼던 세상의 왕들은, 그녀의 몸이 불에 탈 때, 피어나는 연기를 보고 슬퍼
하며 목놓아 울 것입니다. 10 그녀가 당하는 고통을 무서워하여 멀리 서서 이렇게 말할
것입니다. "끔찍하다! 끔찍하다! 강한 바벨론 성이 이렇게 되다니! 순식간에 멸망이 찾
아왔구나." 11 땅 위의 장사꾼들도 그녀 때문에 슬퍼할 것입니다. 왜냐하면 더 이상 자
신들의 물건을 사 줄 사람이 없기 때문입니다. 12 그들이 팔았던 물건은 금, 은, 보석,
진주, 모시, 자주 옷감, 비단, 붉은 옷감, 각종 향나무, 상아로 만든 물건, 값진 목재, 청
동, 철, 대리석, 13 계피, 향료, 향수, 향유, 유향, 포도주, 올리브 기름, 고운 밀가루, 밀,
소, 양, 말, 수레, 종, 그리고 사람의 목숨까지도 있었습니다. 14 장사꾼들은 말할 것입
니다. "바벨론아, 네가 그렇게도 탐내던 좋은 것들이 네 곁에서 다 떠나 버렸구나. 네가
가졌던 모든 부와 호화스런 것들이 사라졌으니, 네가 다시는 이런 것을 볼 수 없겠구
나." 15 그녀 덕택에 부자가 된 장사꾼들은, 자기들에게도 화가 미칠까 두려워 가까이
가지 못하고 멀리서 바라보며 슬프게 울 것입니다. 16 그리고 이렇게 말할 것입니다.
"끔찍하다! 큰 성이 이렇게 무너지다니! 고급 모시 옷과 자줏빛, 붉은빛 옷으로 치장하
고 금과 보석과 진주로 꾸민, 네 모습은 어디로 갔는가? 17 한순간에 그 큰 부가 다 사
라져 버렸구나!" 모든 선장과 승객들과 선원들과 바다에서 일하는 사람들이, 바벨론에
서부터 멀리 떨어져서, 18 불에 타는 성을 바라보며 큰 소리로 말할 것입니다. "이 세상
에 저만큼 화려했던 도시가 또 있었을까?" 19 그들은 머리에 재를 뒤집어쓰고, 슬피 울

며 외칠 것입니다. "끔찍하다! 저 큰 성이 저렇게 무너지다니! 바다에서 배를 소유한 자들은 모두 저 성의 재물로 말미암아 다 부자가 되었는데! 그 부도 한순간에 사라지고 마는구나! 20 하늘이여, 이로 말미암아 기뻐하여라! 거룩한 백성과 사도들과 예언자들아, 기뻐하여라! 그 성의 악한 행위를 하나님께서 심판하셨다!" 21 그때, 한 힘센 천사가 맷돌 같은 큰 돌을 집어들어 바다에 던지며 이렇게 말했습니다. "큰 성 바벨론을 이렇게 던져 버릴 것이다. 그리하여 그 성이 다시는 일어나지 못할 것이다. 22 즐거운 음악도 그치고, 거문고와 퉁소와 나팔 소리도 네 귀에 다시는 들리지 않을 것이다. 일하는 자도 보이지 않고, 맷돌 가는 소리도 그칠 것이다. 23 또 등불 빛이 다시는 비추지 않으며, 신랑 신부의 즐거운 소리도 듣지 못할 것이다. 그 성의 장사꾼들은 세상을 휩쓸고 다니며 큰 돈을 벌었고, 네 속임수에 모든 나라가 속임을 당하였다. 24 이제 예언자와 거룩한 백성들과 이 땅에서 죽임당한 사람들의 피의 대가를 치러야 한다."

_아가페 쉬운성경

요한은 이제 하늘에서 다른 천사가 내려오는 것을 본다. 그 천사는 큰 권세를 가졌으며 그의 광채로 땅이 환하게 빛난다. 그는 힘찬 음성으로 외친다.

"무너졌도다 무너졌도다 큰 성 바벨론이여!
(사 21:9; 렘 50:2; 51:8 참조)
귀신의 처소와 각종 더러운 영이 모이는 곳과
각종 더럽고 가증한 새들이 모이는 곳이 되었도다.
그 음행의 진노의 포도주로 말미암아 만국이 무너졌으며[237]
또 땅의 왕들이 그와 더불어 음행하였으며
땅의 상인들도 그 사치의 세력으로 치부하였도다."

여기에서 바벨론이 이미 멸망한 것처럼 통고되었는데 이는 그 멸망이 너무나도 확실하기 때문이다. 모든 사람을 위한 경고로 받아들이자! 더러운 영과 또한 더럽고 가증한 새들이 그곳에 모인다는 것은 바벨론의 완전

237) '무너졌으며(have fallen)' 보다 '취했으며' (have drunk)로 읽는 것이 좀 더 정확하다고 생각한다. R. H. Charles, *op. cit.*, p.26 참조.

한 멸망으로 인한 황폐를 생생하게 묘사한 것이다(사 13:20 이하; 렘 50:39, 45; 51:37, 42; 습 2:14 참조). 바벨론의 멸망에 대한 이유와 그 타당성은 계시록 18:3에 나타나는데, 그것은 나라들과 왕들과 상인들이 바벨론의 향락과 보화에 깊이 빠졌기 때문이다. 이 상인들은 세상의 재물과 물질에 애착을 가진 자들을 말한다.

하늘로부터 다른 음성이 나와 성도들에게 외쳐 이른다.

"내 백성아, 거기서 나와
그의 죄에 참여하지 말고
그가 받을 재앙들을 받지 말라.
그의 죄는 하늘에 사무쳤으며
하나님은 그의 불의한 일을 기억하신지라."

바벨론을 떠나라는 경고는 어느 시대를 막론하고 하나님의 백성들에게 발하여졌다(사 48:20; 52:11; 렘 50:8, 51:45; 슥 2:7). 이 사실로 미루어 보아 바벨론은 말세의 도시만을 가리키는 것이 아님은 분명하다. 어느 시대나 해당하는, 유혹이 중심 역할을 하는 세상을 말한다. 바벨론을 떠난다는 것은 죄악과 관계를 끊고, 그 유혹과 꾀임에 넘어가지 않는 것을 뜻한다. 세상에 애착을 둔 자는 세상의 재앙도 또한 받게 될 것이다. 하나님께서 바벨론의 죄악을 잊어버리신 것처럼 보일는지도 모른다. 그러나 바벨론이 무너지고 멸망하는 때에 하나님께서 그 죄를 기억하고 계신다는 사실이 입증될 것이다.

그리고 바벨론은 그 행위대로 '갑절'을 받게 될 것이다. 이것은 바벨론이 받아야 할 형벌을 두 배로 받는다는 것 보다는 그가 받아야 할 형벌을 꼭 받는다는 뜻이다. 그 형벌을 죄와 비교하여 갑절로 받는다. 고난과 애통(7절)은 그가 교만하고 오만한 것만큼 겪게 된다. 양쪽이 공평하다. 바벨론은 자기를 스스로 영화롭게 하며 오만무례하고 자만하는 태도로 속으로 말한다. "나는 여왕으로 앉은 자요 과부가 아니라 결단코 애통을 당하지 아니하리라"(사 14:13, 14; 47:8; 렘 50:29 참조). 그러므로 단 하루 동안에 사망과 애통 그리고 흉년이 바벨론을 멸하는데, 그가 대적하던 주 하나님은 강하신 분이기 때문이다.

그 다음 대목(9-20절)은 임금들, 상인들 그리고 선장들이 하늘의 즐거움이 있은 다음에 오는 애통의 세 종류에 대하여 말한다.

첫째, 왕들 혹은 강한 자들인 지상에서 영향력을 행사하는 사람들이 그들의 애통을 이야기한다. 이 사람들은 음녀 바벨론과 음행하고 그 유혹에 빠졌으며 그 사치를 즐겼기 때문에, 바벨론이 타는 불 붙는 큰 연기를 보고 그 고통을 두려워하여 멀리 떨어져 서서 울며 말한다.

"화 있도다 화 있도다
큰 성, 견고한 성 바벨론이여!
한 시간에 네 심판이 이르렀다."

다음은 상인들—세상의 물질과 그 사치에 마음을 빼앗긴 자들—이 자기들의 상품이 갑자기 값어치가 없게 되자 애통하며 슬퍼한다(눅 12:16-21 참조). 그들을 기쁘게 하고 만족시켜 주던 것들이 한순간에 다 없어졌다. 그것들을 건져 낼 방법이 없다. 다만 그들은 '멀리' 서 있을 뿐이다. 향락에 광분한 음녀 바벨론은 참으로 비참하게 멸망한다.

바벨론의 즐거움이었고 만족이었던 상품들의 내용을 살펴보자. 이 상품은 금과 은과 보석 그리고 진주로 만든 물건들이었다(큰 음녀의 휘황찬란한 옷과 장식들, 계 17:4 참조). 이것 중에 변하지 않는 값어치를 지닌 것은 하나도 없다. 다 망한다. '이 세상의 모든 유행(σχῆμα, 겉치레와 매혹적인 차림새)은 다 지나가 버린다' (고전 7:31). 위에서 말한 것들과 더불어 여러 종류의 값비싼 옷들이 계속하여 나오는데, 자줏빛과 붉은빛 옷 등이다(계 17:4, 눅 16:19 참조). 다음은 호화 건물을 짓는 데 사용하는 건축 자재들인데, 각종 향목과 상아 그릇과 값진 나무, 구리와 철과 대리석으로 만든 각종 그릇, 또한 계피와 향료와 향과 향유와 유향이다. 이 모든 것들이 강조하고 있는 점은 바로 사치라는 것이다.

다음은 최고의 음식물, 즉 먹고 마시는 음식물들이 열거된다. 포도주와 감람유, 고운 밀가루와 밀이다. 악한 부자들의 포도주와 기름과 기타 가장 좋은 밀가루가 여기에 있다. 그러나 이것 역시 결국은 없어지게 되어 있다. 이어서 소나 양 같은 가축이나 매매하는 짐승들이 언급된다. 마지막으로 진술되는 종목이 말과 소와 양, 그리고 수레와 종들과 또한 사람의 영혼들이다. 이 악한 자들은 노예(종)들의 몸과 영혼을 순전히 상품인 양 매매하였다. 그들은 부유해지기 위하여 수단과 방법을 가리지 않았다. 요한이 그려 낸 이 광경들은 그가 환상을 보고 기록했던 당시의 형편에 전적으로 근거한 것이다. 요한이 환상을 보고 또 본대로 전하는 이 바벨론의 모습의 본질은 사실 어느 시대에나 해당되는 것이다.

바벨론에 속하고 또 멸망하여 없어질 이 상품의 목록은 이 땅에 존재하는 모든 영역에 분포하고 있는데, 즉 광물계(금, 은 등), 식물계(세마포, 비단 등), 동물계(상아, 가축, 양 등), 그리고 인간계(사람의 영혼과 육체)까지도 그러하다. 그 결과 바벨론이 멸망할 때 경제적 혼란이 말할 나위 없이 극심해지고, 불신자가 유일한 소망으로 삼아 믿고 의지했던 악인의 세상은 붕괴하고 만다. 모든 바벨론—문자 그대로 바벨론을 위시하여 니느웨, 로마, 그리고 그 어느 나라나—의 멸망도 또한 사실 이러하다. 그뿐만 아니라 특히 역사의 종말에 있어서도 적그리스도의 최후의 왕국들의 멸망도 마찬가지다. 이처럼 음녀 바벨론이 자기의 생애 중에서 정욕의 전성기가 사라지는 것을 보게 되는데, 화사하고 감미로우며 호화로움이 사라졌기 때문에 사람들은 그 여자에게서 아무런 매력도 찾지 못하게 된다. 음녀의 종말은 크고 극심한 절망뿐임을 증명한다(계 17:16 참조). 바벨론의 멸망이 너무도 비참하게 되었기 때문에 상인들은 '멀리 서서' 그 음녀의 찬란한 과거—세마포, 자줏빛과 붉은빛 나는 옷, 금, 은, 보석 그리고 진주로 치장한—와 비참한 현재의 모습을 비교하면서 슬피 운다. 이러한 모든 부가 한순간에 완전히 망하여 없어지는 것이다!

셋째, 애통은 바다를 항해하는 자들의 입과 마음으로부터 나온다. 바다를 항해하는 사람들은 네 종류로 구분된다. 즉 선장, 사업차 여행하는 선객들, 선원들 그리고 바다를 생계 유지의 수단으로 삼는 사람들을 말하는데, 예를 들면 수출과 수입상들, 어부들, 진주를 찾는 잠수부들 등이다.

이 모든 사람들이 멀리 서서 바벨론이 불 붙어 타는 연기를 본다. 그들은 위대한 바벨론, 호화롭고 영화의 극치였던 과거의 바벨론을 회상한다. 소망과 욕망의 완전한 붕괴, 그리고 하나도 남김없이 깡그리 없어지는 광경을 보니 눈을 의심할 정도이다. 비통과 애통의 상징으로서 티끌을 머리에 뿌리고(겔 27:30) 울며 애통하여 외쳐 이른다.

"화 있도다 화 있도다 이 큰 성이여!
바다에서 배 부리는 모든 자들이
너의 보배로운 상품으로 치부하였더니
한 시간에 망하였도다."

악인들은 그들의 모든 소망을 이생의 사치와 향락에 두기 때문에 이 세상의 '유행' 이 없어질 때에는 그들도 함께 없어진다. 그들의 '모든 것' 이 사라지는 것이다.

그러나 성도들과 하나님의 사도들과 선지자들은 하늘나라의 집으로부터 즐거움을 누리도록 불러 모아지는데, 이는 바벨론의 멸망이 교회를 박해한 세상에 내리는 하나님의 공정한 보응이기 때문이다. 본 장의 마지막 대목은 '완벽하고 결정적이며 회복할 수 없는' 바벨론의 멸망의 특징을 나타낸다. 여기에 쓰여진 상징은 매우 뚜렷한 것이다(렘 51:63-64 참조). 한 천사가 나타난다. 그 천사는 매우 **힘 센 천사**라는 점에 유의하자. 그 천사가 행하고자 하는 것을 하기 위해서는 힘이 필요하다. 그는 혼자 힘으로 큰 맷돌을 들어올리는데, 이 맷돌은 손으로 돌리는 맷돌이 아니고 소나 말에 의해 돌려지는 큰 맷돌을 말한다. 이 큰 맷돌로 천사는 무엇을 행하는가? 육지에다 던지겠는가? 아니다. 바다에 던져서 맷돌이 완전히 사라지도록 한다. 그 맷돌이 바다에 저절로 떨어지도록 한 것인가? 아니다. 그는 이 돌을 들어올려 바다에 던져서 바다 밑으로 가라앉아 묻히도록 한다. 바벨론의 멸망은 철저하고도 완전할 것이다. 큰 맷돌은 결코 다시 들어내지지 않을 것이다. 이처럼 유혹의 중심인 이 악한 세상은 완전히 멸망하고 만다.

"다시 …(하)지 아니하고"라는 구절이 21-23절 사이에 여섯 번이나 나타난 사실을 주목하자. 열거된 여섯 번의 구절 중 가장 절정인 "바벨론이 이같이 비참하게 던져져 결코 다시 보이지 아니하리로다" 한 곳을 고찰하라. 이 도성은 결국 사라지고 만다. 이 사실은 다음에 언급된 것보다 그렇게 생생하지는 않지만 일반적인 진술이다. 다음에 오는 구절, '다시' 들을 수 없는 것은 거문고의 소리, 풍류하는 자의 소리나 퉁소나 나팔 소리이다. 모든 음악이 사라진 것이다(렘 25:10 참조). 음악이 없는 세상은 얼마나 삭막할까? 물론 음악 없이 살 수도 있다. 실제로 음악 없이 살기를 원하는 사람도 많이 있다. 그러나 다음이 더 심각한 상태이다. 결코 '다시' 모든 부분의 전문가들이 보이지 않는다는 것이다. 큰 도성에 장인이 없는 생활을 상상해 보라. 생활에 필요한 기본적인 것들이 없어져 버린 느낌이 든다. 그 성 안에서 맷돌 소리가 결코 '다시' 들리지 아니한다(렘 25:10 참조). 이 구절부터 무겁고 비참한 절정에 이르기 시작한다. 이들 가운데서 등불의 빛이 '다시'는 비치지 아니할 것이다(렘 25:10 참조). 무서운 어둠이 주권을 장악하여 다스리게 되는데, 이 어둠은 우리가 느끼고 살아야 하는 어둠이며, 또한 향락과 유혹의 도가니인 이 악한 세상에 내리는 하나님의 진노를 상징하는 어둠인 것이다! 이처럼 무섭고 떨리는 암흑의 상태는 영원히 지속된다.

이제 최후의 진술이 나온다. 통일성을 이루는 것은 무엇이나, 애착을 가진 것은 그 어떤 것이나 완전히 그리고 영원히 사라진다. 신랑과 신부의 음성이 결코 '다시' 들리지 아니할 것이다(렘 25:10 참조). 이 가공할 구절들이 서술된 이유는 바벨론의 상인들이 이 땅의 '왕족들'이기 때문이다(계 6:15 참조). 그들에게 있어 하나님은 완전히 잊혀졌다. 상인들은 오직 하나의 세력이 거대해지고, 능력과 권세에 있어서 하나님같이 되려는 야망을 갖고 있었다. 여기에 "**네 복술로 말미암아 만국이 미혹되었도다**"라고 덧붙였다(사 47:9 이하 참조). 세상의 금은보화와 복술이 악인들을 미혹한 것이다. 육지에서 나온 짐승이-또한 '거짓 선지자'라고 불리는-모든 사람들을 미혹하는 데 성공하였다. 이에 덧붙여 음녀는 사람들로 하여금 하나님으로부터 더욱 멀리 떨어져 나가 방황하도록 하였다. 마지막으로 하나님의 선지자들, 성도들, 그리고 모든 순교자들의 피가 바벨론에서 보였다. 바벨론이 이들 전부를 죽였던 것이다.

'바벨론' 이란 용어는 마지막 날에 존재했던 단순한 일개 도성이 아니라, 과거, 현재, 미래에 걸쳐 실제로 존재하는 '세상' 을 의미한다고 보는 또 한 가지 이유가 있다. 우리가 간과해서는 안 될 중요점은 바로 이것이다. 즉, 향락에 취하여 미치고 교만하며 매혹적인 사치와 향락을 누리며, 많은 인간을 거느린 '세상' 이 적그리스도적인 학문과 문화로 하나님을 버리고 배반하여 육의 정욕과 마음의 욕구에 의해 살아가려는 까닭에 기어이 망한다는 사실이다. 악인은 영원토록 절망 속에 시달릴 것이다. 이 비참한 운명은 최후의 심판날에 확정될 것이다.

B. 하늘의 기쁨

1. 어린양의 혼인(19:1–10)

19:1-10

1 이 일 후에 내가 들으니 하늘에 허다한 무리의 큰 음성 같은 것이 있어 이르되 할렐루야
구원과 영광과 능력이 우리 하나님께 있도다 2 그의 심판은 참되고 의로운지라 음행으로
땅을 더럽게 한 큰 음녀를 심판하사 자기 종들의 피를 그 음녀의 손에 갚으셨도다 하고 3
두 번째로 할렐루야 하니 그 연기가 세세토록 올라가더라 4 또 이십사 장로와 네 생물이
엎드려 보좌에 앉으신 하나님께 경배하여 이르되 아멘 할렐루야 하니 5 보좌에서 음성이
나서 이르시되 하나님의 종들 곧 그를 경외하는 너희들아 작은 자나 큰 자나 다 우리 하
나님께 찬송하라 하더라 6 또 내가 들으니 허다한 무리의 음성과도 같고 많은 물 소리와
도 같고 큰 우렛소리와도 같은 소리로 이르되 할렐루야 주 우리 하나님 곧 전능하신 이가
통치하시도다 7 우리가 즐거워하고 크게 기뻐하며 그에게 영광을 돌리세 어린양의 혼인
기약이 이르렀고 그의 아내가 자신을 준비하였으므로 8 그에게 빛나고 깨끗한 세마포 옷
을 입도록 허락하셨으니 이 세마포 옷은 성도들의 옳은 행실이로다 하더라 9 천사가 내게
말하기를 기록하라 어린양의 혼인 잔치에 청함을 받은 자들은 복이 있도다 하고 또 내게
말하되 이것은 하나님의 참되신 말씀이라 하기로 10 내가 그 발 앞에 엎드려 경배하려 하
니 그가 나에게 말하기를 나는 너와 및 예수의 증언을 받은 네 형제들과 같이 된 종이니
삼가 그리하지 말고 오직 하나님께 경배하라 예수의 증언은 예언의 영이라 하더라

1 그 후에 나는 하늘에서 수많은 사람들이 부르는 노래 소리를 들었습니다. "할렐루야!
구원과 영광과 능력을 하나님께 돌려 드리자. 2 그분의 심판은 참되고 공평하다. 하나
님께서는 이 땅을 음란으로 더럽힌 창녀를 심판하셨다. 하나님의 종들을 죽인 대가를
치르게 하신 것이다." 3 그들은 계속 찬송하였습니다. "할렐루야! 그녀를 태우는 연기
가 영원히 그치지 않을 것이다." 4 그리고 이십사 명의 장로와 네 생물이 보좌에 앉으신
하나님께 엎드려 경배하였습니다. "아멘, 할렐루야!" 5 보좌에서 한 음성이 들렸습니
다. "하나님을 섬기는 자들아, 하나님을 찬양하라! 높은 자든지, 낮은 자든지, 그분께
영광 돌리는 모든 자들아, 하나님을 찬양하라!" 6 나는 또 수많은 사람들의 소리를 들
었습니다. 그 소리는 폭포 소리 같기도 하고, 천둥소리 같기도 하였습니다. 그들은 이
렇게 외치고 있었습니다. "할렐루야! 전능하신 우리 주 하나님이 다스리신다. 7 기뻐하
고 즐거워하자. 하나님께 영광을 돌리자. 어린양의 결혼식이 가까웠다. 신부는 몸단장
을 끝내고 8 빛나고 깨끗한 흰 모시옷을 입었으니 그 옷은 성도들의 의로운 행위를 뜻
한다." 9 천사는 내게 계속 말하였습니다. "어린양의 결혼 잔치에 초대받은 자는 복이
있다고 기록하여라. 이는 하나님께서 친히 말씀하신 진리의 말씀이다." 10 내가 천사의
발 앞에 엎드려 경배하려고 하자, 천사는 이를 말리며 이렇게 말하였습니다. "내게 경
배하지 마라! 나 역시 예수님의 진리를 증언하는 너와 네 형제들과 똑같은 하나님의 종
일 뿐이다. 하나님께 경배하여라! 이 모든 예언을 하게 하신 것은 예수님을 더 증언하
기 위해서일 뿐이다."

_아가페 쉬운성경

그리스도께서 영광 중에 오셔서 그의 신부인 교회를 데려가게 하실 때 하늘로부터 할렐루야 소리가 울리는 것을 듣는다(19:7). 하늘은 음녀 바벨론을 이기고 승리하신 하나님을 송축한다. 요한은 먼저 많은 무리가 외치는 큰 음성을 듣는다. 천사들이 구원과 영광과 능력을 하나님께 돌린다. 큰 음녀를 심판하심으로써 하나님께서 그의 백성에 대한 구원을 온전히 이루셨다고 그들은 공포한다. 이처럼 하나님의 속성인 영광이 표현되었고 그의 능력이 나타나 보였다. 하나님, 오직 한 분이신 그분만이 구원을 성취하셨다(12:10 참조). 더욱이 바벨론의 멸망을 가져옴으로써 여호와의 공의로우심이 공개되는데(15:3하 참조), 이는 음녀가 그 음행으로 온 땅을 더럽혔기 때문이다(14:8; 렘 51:7 참조). 스스로를 높이며 많은 사람들을 유혹하여 하나님으로부터 멀어지게 하는 일이 이 음녀의 최대의 기쁨이었다. 그뿐만 아니라 성도들을 죽이기까지 하였다(17:6; 18:24). 이제 하나님께서 대신 갚으신다(8:5; 렘 50:13). 천사들은 하나님의 백성의 구원

을 크게 즐거워한다. 모든 대적이 영원히 진멸되었다는 사실을 생각할 때에 그들의 가슴은 환희로 가득 찬다. 다시금 이 기쁨을 '할렐루야' 라는 외침으로 표현한다. 천사들의 마음은 최상의 기쁨으로 충만한 것 같으며 이 환희 가운데 '여호와를 찬양하라' 고 소리 높여 외친다. 이 말은 '할렐루야' 라는 의미인데 신약 중에는 오직 이곳에만 나타난다. 바벨론의 연기는 영원히 사라지고 만다(14:11; 18:8-9, 18, 21 이하; 사 13:20 이하; 마 25:46). 바벨론은 두 번 다시 교회를 대적하여 괴롭히지 못할 것이다.

다음에는 모든 교회를 상징하는 이십사 장로들과 모든 그룹을 대표하는 네 그룹들이 하나님을 찬미한다(4:2-6; 5:14; 7:15). 그들은 감사의 마음이 벅차게 차고 넘쳐서 다만 '아멘, 할렐루야!' 두 마디밖에 하지 못한다. 영화롭고 위엄에 가득 찬 지극히 높은 보좌에 앉으신 하나님께 경배를 올린다. 그 후에 요한은 한 목소리—그룹 중 하나이거나 혹은 다른 천사들 중의 하나(?)—가 있어 보좌 주위에서 울려 나오는 것을 듣는데, 그 소리는 "하나님의 종들 곧 그를 경외하는 너희들아 작은 자나 큰 자나 다 우리 하나님께 찬송하라"고 한다. 모든 천사와 성도가 구원을 성취하신 하나님을 영화롭게 하도록 불러 모아졌는데 이들은 구원의 주재자이신 하나님을 경외하는 마음으로 섬기기 때문이다.

요한은 또한 하늘의 허다한 무리, 즉 천사들과 사람들의 음성을 듣는다. 이 음성은 많은 물 소리와 같고 큰 우렛소리와도 같은데 수많은 입들이 모여 끊임없이 웅장하고 장엄한 할렐루야가 터져 나오기 때문에 그렇다(14:2). 이 음성들은 한 목소리로 전능하신 우리 주 하나님께서 그 완전하신 위엄 중에 최상의 영광과 권능을 나타내 보이셨다고 외친다(6절). 그리고 이웃들에게 즐거워하고 크게 기뻐하여 하나님께 영광 돌리라고 권한다(1:6; 14:7). 이 기쁨과 환희가 터져 나오는 이유를 다음의 구절에서 엿볼 수 있다.

"어린양의 혼인 기약이 이르렀고 그의 아내가 자신을 준비하였으므로
그에게 빛나고 깨끗한 세마포 옷을 입도록 허락하셨으니
이 세마포 옷은 성도들의 옳은 행실이로다."

이 장엄한 구절의 의미를 이해하기 위해서는 히브리인들의 혼인 풍습을 잠시 살펴보도록 하자.[238] 유대 결혼 풍습에서 가장 중요한 점 몇 가지만 추려 내어 이야기해 보자. 첫째는 정혼식(定婚式)인데 이것은 우리가 치르는 '약혼식' 보다 훨씬 더 굳은 약속의 의미가 포함되어 있다. 증인들 앞에서 혼인 서약을 하면 이 결합을 축복해 줄 것을 하나님께 간구한다. 이날부터 신랑과 신부는 법적으로 남편과 아내가 된다(고후 11:2). 다음은 정혼식부터 혼인 잔치 사이에 일정한 기간을 둔다. 이 기간 동안에 신랑될 사람은 신부될 사람의 아버지에게 아직 지불이 덜된 결혼 지참금을 바쳐야 한다(창 34:12). 지참금이 없을 경우 신부될 사람의 집에 가서 일을 해줌으로써 대신하기도 한다(창 29:20).

이 일정한 기간이 끝난 후 신랑이 신부 집으로 찾아가는 행진이 시작된다. 신부는 치장을 하여 곱게 꾸미고 신랑 맞을 준비를 하고 신랑을 기다린다. 신랑은 좋은 옷으로 갈아입고 횃불 들고 노래 부르며 앞장서서 가는 친구를 따라 정혼자인 신부 집으로 간다. 그리하여 만반의 준비를 갖추고 자기를 기다리는 신부를 맞아 그 신부를 데리고 자기 집 또는 부모가 계시는 집으로 행진하여 돌아온다(마 9:15; 25:1 이하 참조). 신랑이 멀리서 올 때 신부 집에서는 음식을 준비하고 잔치를 벌이기 시작한다. 끝으로 혼인 만찬과 잔치가 벌어지는데 보통 칠 일 동안 혹은 그 이상 걸린다.

성경은 여러 차례 신랑과 신부가 연합하는 사랑의 관계를 여호와와 그의 백성 또는 그리스도와 교회의 관계로 비유해 왔다(사 50:1 이하; 54:1 이하; 엡 5:32; 계 21:9). 실로, 전자는 후자의 영광과 아름다움을 보여 주는 하나의 상징이다. 교회는 그리스도와 정혼(定婚)하였다. 그뿐만 아니라 그리스도는 교회를 위하여 지참금까지 다 지불하셨다. 그리스도는 그의 신부, 즉 교회를 사신 것이다.

---

238) L. Berkhof, *Biblical Archaeology*, p.63; G. M. Mackie, *Bible Manners and Customs*, p.122; J. S. Wright, J. A. Thompson, art. 'Marriage', *New Bible Dictionary*.

> 마치 아름답고 깨끗한 신부처럼 교회를 깨끗하고 거룩하게 하시기 위해, 그리스도께서 죽으셨던 것입니다.(엡 5:27, 쉬운성경)

서로 떨어져 있는 '일정한 때'(interval)는 왔다. 이는 그리스도가 승천하셔서 다시 재림하실 때까지의 전 복음 시대를 말한다. 이 기간 동안 신부는 준비해야 한다. 신부는 깨끗하고 흰 세마포로 단장한다. 세마포는 의로운 행위와 성화된 성격을 상징한다(7:13-14). 신부의 행위는 그리스도의 피로 씻음을 받았다. 이외는 하나님의 전적 은혜에 의하여 '주어졌다' 는 것을 명심해야 한다.

이 기간이 끝날 때에 신랑은 영광의 천사들의 옹위를 받으며 그의 신부인 교회를 맞으러 오신다(마 25:31). 혼인 잔치가 시작된다. 지극히 영광스러운 이 순간을 다음 구절이 잘 나타내고 있다.

"어린양의 혼인 기약(혼인 잔치)이 이르렀고 그의 아내가 자신을 준비하였으므로"

이 잔치는 한두 주일로 끝나는 것이 아니라 영원무궁토록 계속된다. 이 잔치는 신랑인 그리스도가 그의 신부인 교회를 맞으러 점점 가까이 오시는 행진에서 절정을 이룬다. 이것이 구속주와 구속받은 자 사이에 더욱 가까워지는 관계, 연합, 친교 그리고 교제의 목표요 목적이다. 그리스도 안에서 신부는 영원 전부터 **택함**을 받았다. 전체 구약시대를 통하여 혼인은 **예고**되었다. 그 다음에 하나님의 아들이 우리의 혈과 육을 입고 오셔서 **정혼**은 이루어졌다. 그 값-**지참금**-은 갈보리 산 위 십자가상에서 지불되었다. 그리고 이제 하나님 보시기에는 순간인 이 기간 후에 신랑이 오시게 되면 '어린양의 혼인 기약이 이르게' 된다. 이 땅의 교회는 이 순간을 갈망하고 있으며 하늘의 교회도 또한 그러하다. 이후에 우리는 그리스도와 더불어 영원토록 함께하게 된다. 이것은 거룩하고 복되고 영원한 교제가 될 것이며 복음의 모든 약속들이 온전히 실현될 것이다.

현 세대 동안-떨어져 있는 '기간' - 어린양의 혼인 잔치에 '청함을 받은'(called) 사람들[단순히 '초대받은'(bidden) 것이 아닌]은 복이 있다고 하였다(9절). 혼인 잔치 시작 전에 '청함을 받은 자들'이 복되다 하는데 이것은 하나님의 참되신 말씀이다. 또한 이 말씀은 순전하고 신실하다. 너무도 황홀해진 요한은 이 말을 한 사람에게 경배하려고 발 앞에 엎드린다. 요한은 그를 주 예수 그리스도로 잘못 생각했던 것일까?[239] 어떻든 그룹 중 하나이거나 아니면 다른 천사였을지도 모를 이 말하는 자는 요한이 자기에게 경배하려는 것을 황급히 말리며 이르되, "오직 하나님께 경배하라"고 한다. 왜냐하면 예수에 관한 증거는 예언의 영이기 때문이다. 모든 참된 예언의 영적이며 내적인 내용—즉 성경 전체에 관한—은 그가 우리에게 계시하시는 증언 곧 예수에 관한 증언이다. 그가 우리에게 주시는 그 계시는 하나님 외에는 그 누구에게도 경배하는 것을 금하고 있다(마 4:10).

음녀 바벨론은 처치해 버렸기 때문에 이제는 짐승과 거짓 선지자에게 우리의 관심을 돌려 보자. 이들은 어떻게 될 것인가? 심판날과 그 후에 하늘의 할렐루야 찬양을 들은 장면으로부터 최후의 심판의 바로 직전 그 순간으로 돌아간다.

2. 영광의 승리자(19:11–21)

19:11-21

11 또 내가 하늘이 열린 것을 보니 보라 백마와 그것을 탄 자가 있으니 그 이름은 충신과 진실이라 그가 공의로 심판하며 싸우더라 12 그 눈은 불꽃 같고 그 머리에는 많은 관들이 있고 또 이름 쓴 것 하나가 있으니 자기밖에 아는 자가 없고 13 또 그가 피 뿌린 옷을 입었는데 그 이름은 하나님의 말씀이라 칭하더라 14 하늘에 있는 군대들이 희고 깨끗한 세마포 옷을 입고 백마를 타고 그를 따르더라 15 그의 입에서 예리한 검이 나오니 그것으로 만국을 치겠고 친히 그들을 철장으로 다스리며 또 친히 하나님 곧 전능하신

---

239) R. C. H. Lenski, *op. cit.*, p.549의 논증을 보라.

이의 맹렬한 진노의 포도주 틀을 밟겠고 16 그 옷과 그 다리에 이름을 쓴 것이 있으니
만왕의 왕이요 만주의 주라 하였더라 17 또 내가 보니 한 천사가 태양 안에 서서 공중에
나는 모든 새를 향하여 큰 음성으로 외쳐 이르되 와서 하나님의 큰 잔치에 모여 18 왕
들의 살과 장군들의 살과 장사들의 살과 말들과 그것을 탄 자들의 살과 자유인들이나
종들이나 작은 자나 큰 자나 모든 자의 살을 먹으라 하더라 19 또 내가 보매 그 짐승과
땅의 임금들과 그들의 군대들이 모여 그 말 탄 자와 그의 군대와 더불어 전쟁을 일으키
다가 20 짐승이 잡히고 그 앞에서 표적을 행하던 거짓 선지자도 함께 잡혔으니 이는 짐
승의 표를 받고 그의 우상에게 경배하던 자들을 표적으로 미혹하던 자라 이 둘이 산 채
로 유황불 붙는 못에 던져지고 21 그 나머지는 말 탄 자의 입으로부터 나오는 검에 죽으
매 모든 새가 그들의 살로 배불리더라

---

11 나는 또 하늘이 열리고, 거기에 흰말이 서 있는 것을 보았습니다. 그 말에는 정의로
심판하시고 싸우시는 '신실하시고 참된 분'이라고 불리는 분이 앉아 계셨습니다. 12
그분의 눈은 불꽃같이 빛나며, 머리에는 많은 왕관을 쓰고 계셨습니다. 몸에는 그분의
이름이 적혀 있었는데, 그분 외에는 그 이름을 알 수 있는 사람이 없었습니다. 13 그분
은 피 묻은 옷을 입고 계셨습니다. 그분의 이름은 바로 '하나님의 말씀'이었습니다. 14
희고 깨끗한 옷을 입은 하늘의 군대가 흰말을 타고 그분의 뒤를 따르고 있었습니다. 15
그분은 입에 모든 나라를 쳐부술 날카로운 칼을 물고 계셨으며, 왕의 홀을 갖고 온 세
상을 지배하시게 될 것입니다. 또한 두 발로 전능하신 하나님의 진노의 포도주 틀을 밟
으실 것입니다. 16 그분의 옷과 다리에는 '만왕의 왕, 만주의 주'라는 칭호가 쓰여 있었
습니다. 17 나는 또 태양빛 속에 한 천사가 서 있는 것을 보았는데, 그 천사는 큰 소리로
하늘을 나는 새들을 불러모았습니다. "하나님께서 베푸신 큰 잔치에 다 오너라. 18 와
서 왕들과 장군들과 위대한 용사들과 그 말들과 말 탄 자들과 자유인이나 노예나 높은
자나 낮은 자의 살을 먹어라!" 19 그때, 나는 짐승과 세상 왕들이 모여 흰말을 타신 분
과 그 군대를 대항해 전쟁을 시작하려는 것을 보았습니다. 20 그러나 그 짐승은 거짓 예
언자와 함께 붙잡혔습니다. 이 거짓 예언자는 짐승을 위해 기적을 행하여 짐승의 표를
받은 사람들과 그 우상에게 절하던 자들을 미혹하던 자였습니다. 그들은 산 채로 유황
이 타는 불못에 던져졌습니다. 21 그리고 그들을 따르던 군대는 말을 타신 분의 입에서
나오는 날카로운 칼에 찔려 죽어 새들의 먹이가 되고 말았습니다. 새들은 그 시체들을
배불리 뜯어먹었습니다.

_아가페 쉬운성경

요한은 단지 열린 하늘의 문을(계 4:1) 보는 것이 아니라 하늘이 열린 것을 본다. 계시록 6:2에서처럼 흰말 위에 그리스도께서 앉아 계신다. 그리스도는 '충신과 진실'이라고 불린다. 이는 심판과 심판의 싸움을 일으키고 심판하시려고 재림하시는 우리 주님이다. 그는 공의로 심판하려 하시니 이는 그의 통찰하는 눈이 불꽃처럼 타기 때문이다(1:14). 또 그의 머리

에 많은 관이 있는 것을 요한은 보게 되는데 그가 온 천하를 다스리는 왕이기 때문이다(왕관 *διάδημα*과 승리자가 쓰는 화관 *στέφανος*을 비교하라). 그의 이름은 자기 자신 외에는 아는 자가 없다.[240] 이것은 그와 그의 아버지와의 관계의 내적 특성을 나타내는 것일까? 그리스도가 심판자로 오셨지만 십자가의 피가 아닌-물론 상징적으로- 그 원수들의 피가 묻은(사 63:1-6; 계 14:20) 옷을 입고 있다. 그 이름은 '하나님의 말씀(*λόγος*, 로고스)' (요 1:1)이라 불린다. 자신만이 이 이름의 완전한 뜻을 안다. 우리가 말할 수 있는 것은 그가 '하나님의 말씀' 이라고 불리는 데는 하나님께서 친히 그 안에서 자신을 완전히 나타내시고 보여 주시기 때문이다(요 1:18, 10-30).

그리스도의 재림 때는 하늘의 군사인 거룩한 천사들이 그를 옹위하여 함께 온다(마 25:31). 그들은 거룩한 천사들이기 때문에 희고도 정결한 세마포를 입고 있다. 그리스도의 입에서는 날카롭게 날이 선 칼이 나온다(계 1:16; 2:12, 16). 이 검은 평화를 주는 복음의 말씀이 아니다. 문맥 전체가 분명히 암시하는 것처럼 이 검은 파괴의 상징이다. 그는 '만국을 치며' 또한 '철장으로 다스리시기' 위해 오신다(2:27; 12:5). 하나님 곧 전능하신 이의 맹렬한 진노의 포도주 틀을 밟는다(마 25:31 이하; 요 5:22; 행 17:31). 그리스도께서 실로 만왕의 왕이요 만주의 주가 되신다는 것을 짐승과 그 협조자를 멸절하심으로써 충분히 보여 주신다. 그리스도께서 짐승과 거짓 선지자와 또 이들을 숭배하는 자들을 멸하시며 이기실 것이 너무도 확실하기 때문에 **"한 천사가 태양 안에 서서 공중에 나는 모든 새를 향하여 큰 음성으로 외쳐 이르되 와서 하나님의 큰 잔치에 모여 왕들의 살과 장군들의 살과 장사들의 살과 말들과 그것을 탄 자들의 살과 자유인들이나 종들이나 작은 자나 큰 자나 모든 자의 살을 먹으라"**(계 6:15; 17:12, 15 참조)고 말한다. 이것은 대학살이니 즉 아마겟돈의 살육이다. 아마겟돈 전쟁은 두 가지 요소 즉, 적그리스도 세력의 최후의 공격이 교회에 가해지는 것과, 그리스도께서 심판하러 오실 때에 이 큰 군대를 무찌르고

240) 계 2:17의 설명을 참조하라.

승리하신다는 것을 예정하고 있음을 기억하자.

요한은 그 짐승과 바로 그리스도와 그의 교회에 대한 세상 정권의 모양을 띤 박해의 세력인 지상의 왕들과 그들의 군대들이 흰말을 탄 자와 그의 군대를 대항해 전쟁을 시작하려는 환상을 본다.[241] 요한은 전체 불신 세상이 교회를 대항하여 최후의 일격을 가하려고 모인 광경을 본 것이다. 전쟁에 대하여는 설명되어 있지 않은 점을 주의 깊게 관찰하기 바란다. 이 아마겟돈 전쟁은 이제부터 시작하여 질질 끌다가 어느 한 편이 이기는 그런 전쟁이 아니다. 그리스도께서 재림하실 때 그 '입의 기운으로' 원수를 단번에 쳐부수는 전쟁이다. 즉 그의 '나타나심' 으로 원수들을 정복한다(살후 2:8). 계시록에서도 역시 그러하다. 전쟁에 대한 상세한 설명 대신, 적그리스도의 군대가 그리스도와 그의 군대를 대항하여 싸우려고 모였다가 단번에 패했다고만 기록되어 있다. 짐승은 사로잡혔다(계 13:1 이하). 거짓 선지자－땅에서 나온 짐승, 큰 사기꾼－도 잡혔다(13:13-14). 이 둘은 산 채로 유황불 붙는 못에 던져진다(20:10). 이들은 각각 적그리스도적인 박해와 적그리스도적인 종교 및 철학의 우두머리들이므로 산채로 지옥에 던져지며, 이들을 따르고 경배했던 사람들은 먼저 죽임을 당한 후에 유황불이 타는 못에 던져졌다고 성경은 기록하고 있다. 이것은 그리스도의 재림시에 교회에 대한 사탄의 박해와 세상을 미혹하던 사탄의 능력은 영원히 소멸할 것임을 뜻한다. 사탄이 끼친 모든 영향－박해든 미혹이든－은 사탄과 더불어 지옥에 떨어지면 다시는 그곳에서 벗어나지 못한다.[242] 흰말을 탄 그리스도는 완전히 승리하신다. 17절부터 진술된 상징에 의하면 그가 원수를 완전히 이기셨기 때문에 모든 새가 죽은 악인의 살로 배불리 실컷 먹는다(21절). 이와 같은 상징적인 말로써 심판날은 다시 진술되었다.

---

241) 그리스도 재림 직전에 있을 교회에 대한 적그리스도 세력의 최후의 공격에 대하여는 p.236-240, p.285-286을 보라.

242) R. C. H. Lenski(*op. cit.*, pp.562ff.)는 계 19:20에 나타나는 짐승과 거짓 선지자가 여기에서는 주님의 재림시(parousia)에 존재하는 두 개의 실재 개체(個體)임을 증명할 방법이 없다고 잘 설명하고 있다.

요한은 환상 중에 짐승의 표를 받고 그의 우상에게 경배하던 자들의 최후를 본다(계 15–16장). 또한 바벨론의 멸망도 보았다(17:1). 그리스도께서 짐승과 거짓 선지자들을 이긴 것을 보았다(19:11 이하). 이들은 모두 싸움에서 진 것이다. 짐승과 거짓 선지자들의 패배는 심판을 위해 그리스도께서 재림하실 때에 완전히 확정된다. 비록 이들의 역사가 다른 상징으로나 다른 구절에 나타나긴 하나 결국에는 다 멸망하고 만다. 이 패배할 자의 우두머리격인 한 원수만 남게 된다. 이 자는 용, 곧 사탄이다. 용의 멸망은 계시록 마지막 부분에 나타난다.

제 XIV 장
계시록 20-22장
그리스도로 말미암은 승리

A. 사탄의 결박부터 최후의 심판까지

계시록 19:19 이하는 역사의 최종점, 즉 최후의 심판의 날을 보여 준다. 계시록 20장은 요한이 살던 당대의 시점, 즉 신약시대의 출발점으로 되돌아간다. 이처럼 19장과 20장 사이의 관계는 11장과 12장과의 관계와 흡사하다. 계시록 11:18은 '죽은 자의 심판 때'를 예고한다. 종말은 도달하였다. 그러나 계시록 12장은 요한 당대의 신약시대의 시작으로 되돌아가 12:5에 보면 주님의 탄생, 승천, 그리고 보좌에 오르신 것이 나타나 있다. 이처럼 계시록 20장도 새로이 펼쳐진다.

한편, 계시록 11-14장과 20장 사이에는 뚜렷한 병행관계가 있다. 비록 서로 다른 방향으로 접근한 것이긴 하지만, 이 둘은 역사를 같은 기간으로 분리한다. 이 병행관계를 고찰해 보자.

계시록 11-14장	계시록 20장
12:5-12. 그리스도의 탄생, 죽음, 승천, 보좌에 오르심과 관련하여 사탄이 하늘에서 땅으로 떨어짐. 사탄의 참소는 어떠한 정당성도 잃었음.	20:1-3. 사탄은 결박당하여 무저갱에 던져짐. 만국을 미워하던 힘이 억제됨. 세상이 교회를 이기는 것이 아니라 교회가 세상을 이기게 됨(복음화).

11:2-6; 12:14 이하. '뱀(사탄)의 얼굴을 피하여' 교회를 위한 권능과 증언하는 힘을 오랜 기간 동안 양육을 받음. 마귀의 영향력이 억제당함.	20:2. 사탄은 결박당하고 교회는 오랫동안 세력을 누림. 사탄은 천 년 동안 즉 복음 시대 동안 결박됨(하늘에서는 구속받은 자의 영혼이 그리스도와 함께 살며 왕노릇함. 20:4-6).
11:7 이하; 13:7. 잠깐 동안 극심한 박해가 있음. 이는 사탄이 날뛰는 짧은 기간이며 또한 적그리스도 세력의 박해에 대한 최종 표현임.	20:7 이하. 잠시 동안 극렬한 박해가 있게 됨. 사탄은 교회를 대항하려고 곡과 마곡의 군대를 불러 모음. 이것이 아마겟돈 전쟁임.
11:17-18; 14:14 이하. 단 한 분, 오직 심판하기 위한 그리스도의 재림.	20:11 이하. 오직 한 분 심판하기 위한 그리스도의 재림.

'사건들의 순서' 나 '역사의 진행' 이 보여질 때 계시록 20장은 이해하기에 어렵지 않다. 반드시 기억해야 할 점은 연속적으로 일어나는 순서인데, 그것은 그리스도의 초림 이후 오랫동안 사탄은 묶여 있게 되고, 다음에 잠시 풀려 사탄의 때가 잠시 오게 되며, 마지막은 그리스도의 재림, 즉 심판하러 오시는 것이다. 계시록 20장을 자세히 상고하는 자는 '천 년 동안' 이 심판하러 오시는 우리 주님의 재림 전에 있다는 것을 즉시 분명하게 알게 될 것이다. 심판의 재림은 11절에 이르기 전까지는 진술되어 있지 않다. 전천년설(前千年說)을 주장하는 자들은 여기 이 사실들과 모순된다는 것이 분명해진다.[243)]

243) 전천년의 견해를 다음에서 보라. A. H. Burton, *The Apocalypse Expounded;* H. A. Ironside, *Lectures on the Revelation;* C. I. Scofield, *The Scofield Reference Bible;* J. Seiss, *Lectures on the Book of Revelation;* W. H. Simcox, *The Revelation of St. John.* 자세한 것은 참고도서 목록을 보라.

앞서 나왔던 환상들, 즉 그리스도의 초림에서부터 재림까지의 복음 시대를 말하는 같은 입장을 계시록 20장이 자세히 설명하고 있긴 하지만 우리는 이 점을 다른 면에서 살펴보자. 계시록 12장에서 교회를 거스르는 다섯 원수가 소개된 것을 기억할 것이다. 모두 함께 멸망한다! 그러나 이 원수들의 패망의 기사가 여러 모양의 각기 다른 환상 안에 흩어져 있다. 앞에 나타난 환상들은 계시록 12장에서 소개되었던 다섯 원수 중 네 원수가 어떻게 되었는가에 대해 진술했다. 이제 남은 것은 단 하나 사탄이다. 이 사탄의 패망이 본 환상에 묘사되어 있다.

이것과 관련하여 본 계시록 전체의 주제가 무엇인가를 기억하자.[244] 이 주제는 모든 원수를 이긴 그리스도와 그의 교회의 승리이다. 사탄이 유황불이 타는 못에 던져질 때(20:10) 교회를 괴롭힐 어떠한 원수도 남아 있지 않게 된다. 실로 우리를 사랑하시는 분으로 말미암아 우리는 넉넉히 이기게 된다. 우리는 모든 원수로부터 승리할 뿐 아니라 그리스도와 함께 살며 그와 더불어 왕노릇 하게 된다. 그리고 이 비길 데 없는 기쁨에는 전에 우리를 대적하던 많은 사람들도 참여하게 된다(3:9 참조). 실로 우리는 넉넉히 이기지 않는가!

1. 사탄의 결박(20:1-3)

20:1-3

1 또 내가 보매 천사가 무저갱의 열쇠와 큰 쇠사슬을 그의 손에 가지고 하늘로부터 내려와서 2 용을 잡으니 곧 옛 뱀이요 마귀요 사탄이라 잡아서 천 년 동안 결박하여 3 무저갱에 던져 넣어 잠그고 그 위에 인봉하여 천 년이 차도록 다시는 만국을 미혹하지 못하게 하였는데 그 후에는 반드시 잠깐 놓이리라

1 나는 또 한 천사가 하늘에서 내려오는 것을 보았습니다. 그 천사는 끝없는 구덩이의 열쇠를 갖고 있었고, 손에는 큰 쇠사슬을 쥐고 있었습니다. 2 천사는 오래된 뱀, 곧 마

244) 제 I 장, p.12이하를 보라.

귀인 용을 잡아 쇠사슬에 묶어 천 년 동안 3 끝없는 구덩이에 던져 넣고, 입구를 막아 열쇠로 잠가 버렸습니다. 용은 천 년이 지나기까지 세상 사람들을 더 이상 유혹하지 못하게 되었습니다. 그러나 천 년이 지나면, 그 용은 잠시 동안 풀려날 것입니다.

_아가페 쉬운성경

먼저 사탄이 천 년 동안 결박당하여 무저갱에 던져진 환상을 살펴보도록 하자.

요한은 한 천사가 하늘로부터 내려오는 것을 본다. 그 천사는 열쇠를 가졌는데 이 열쇠로 무저갱을 잠그려고 한다(9:1, 11 참조). 이 무저갱은 깊은 동굴인데 손잡이와 문이 있다(9:1). 이 문은 열 수도(9:2), 잠글 수도(20:3) 그리고 인봉까지도 할 수 있다(20:3). 그러나 이 모든 것이 상징임을 명심하자. 그 천사의 손에는 두 끝이 아래로 늘어뜨려진 쇠사슬이 들려 있다. 그가 누군가를 결박하여 무저갱에다 가두려고 하는 것이 분명하다. 어떤 일이 벌어지는가? 요한은 즉시 강하고 교활하며 흉악한 '용'을 본다. 이는 간사하고 기만하는 '옛 뱀'이다. 이 용을 더욱 더 자세히 설명하기 위해서 '마귀' 곧 '중상자' 그리고 '사탄' 즉 '대적자' 혹은 '거짓 고발자'라고 부른다. 요한은 성령에 감동한 가운데 천사가 사탄을 압도하는 것을 본다. 이 천사는 사탄을 꼼짝 못하도록 만들고 튼튼하고 견고하게 결박한다. 이렇게 결박된 채 마귀는 천 년 동안 있게 된다. 천사는 마귀를 무저갱 속에 던져 놓고 그 문을 잠근다. 그 위에 인봉한다. 이처럼 마귀는 천 년 동안 '갇히게' 된다. 그 후에 마귀는 잠깐 놓이게 된다.

이 상징이 뜻하는 것은 무엇인가?[245] 실제의 의미에 올바로 도달하기 위해서는 "결박하여 무저갱에 던져 넣어"라는 구절이 요한이 살던 당대에 핍박받은 성도들에게 어떤 의미와 가치가 있었는가를 먼저 물어야 한다.

따라서 우리가 현시대에 살고 있다는 것을 잠시 잊도록 하자. 우리 스

---

245) 사탄을 천 년 동안 결박한 것에 대한 다음의 견해를 반대한다.

a. 사탄은 완전히 결박된다(W. Milligan, *op. cit.*, VI, p.913을 보라).

b. 천 년은 영원을 상징한다.

c. 전천년주의자의 견해(p.271, 주 243)을 보라).

d. 천 년은 콘스탄틴 대제, 샤르망 등의 이후부터 천 년을 말한다는 견해.

스로를 요한이 살던 그 시대로 잠깐 '옮겨' 가 보자. 얼마나 영적으로 암울하고 황량한 시대였는가! 로마 제국의 신전과 거리를 어지럽게 더럽히는 수많은 우상들을 세려고 해 보라. 보기 흉하고 지저분하며 냄새나는 이 우상들이 이교도들의 축제나 미신, 그리고 사악한 것들 등에 나타나는 수는 가히 엄청나다. 거리마다 있는 신당과 신전은 무지하고 퇴폐적인 경배자들로 늘 붐벼 혼잡하였다. 사도 바울과 그 동역자들에 의해 세워진 몇몇 교회가 있을 뿐 도처에 이교가 성행하고 번창하였다.

이제 그리스도가 승천하시기 전의 긴 기간으로 돌아가 살펴보자. 유대인들을 제외한 모든 민족들이 사탄의 지배 밑에 살고 있었다. 그러나 물론 이 말대로 그랬던 것은 아니다. 왜냐하면 궁극적으로 늘 다스리시는 분은 하나님이시기 때문이다. 다만 사도행전 14:16에 보면 "하나님이 지나간 세대에는 모든 민족으로 자기들의 길들을 가게 방임하셨"을 뿐이다. 현세대에서 마귀가 "믿지 아니하는 자들의 마음을 혼미하게"(고후 4:4) 한다면, 지나간 세대에도 분명히 더욱 그러했을 것이다. 여기에 비탄과 절망의 소리가 있을 법하다. "그렇다면 이 상태가 불변한단 말인가? 구약의 시대는 영원히 계속될 것인가? 마귀는 이 땅의 온 족속들 위에 군림하여 계속하여 왕노릇 할 것인가? 영광스러운 복음의 빛은 아시아나 유럽이나 도처의 궁정이나 오두막집에 결코 침투하지 못할 것인가? 이처럼 암담한 도덕적, 영적 암흑은 항상 지속될 것인가? 분노하신 하나님께서 그의 긍휼을 잊으셨는가?"

그러나 여기에 그 응답이 있다. '기뻐하라!' 그리스도께서 대답하신다. "내가 여호와의 명령을 전하노라 여호와께서 내게 이르시되 너는 내 아들이라 오늘날 내가 너를 낳았도다 내게 구하라 내가 이방 나라를 네 유업으로 주리니 네 소유가 땅끝까지 이르리로다"(시 2:7-8). 그리고 또 이어서 "그가 바다에서부터 바다까지와 강에서부터 땅끝까지 다스리리니 광야에 사는 자는 그의 앞에 굽히며 그의 원수들은 티끌을 핥을 것이며 다시스와 섬의 왕들이 조공을 바치며 스바와 시바 왕들이 예물을 드리리로다 모든 왕이 그의 앞에 부복하며 모든 민족이 다 그를 섬기리로다…그의 이름이 영구함이여 그 이름이 해와 같이 장구하리로다 사람들이 그로 말미암아 복을 받으리니 모든 민족이 다 그를 복되다 하리로다"(시 72:8-11, 17. 창 12:3; 암 9:11하; 미 4:12 참조)라고 한다.

이미 구약에 예언이 되어 있었다. 모든 민족을 덮는 영적 흑암은 계속되지 않으며, 사탄이 만국을 더 이상 혼미하게 하지 못한다. 후에 이 예언은 성취되었다. 예수가 탄생하셨다. 예수 그리스도의 복음 사역은 시작되었다. 바리새인들은 예수가 사탄의 힘으로 악령을 내쫓는다고 비방했다. 이때 예수께서 대답하시되, "사람이 먼저 강한 자를 결박하지 않고서야 어떻게 그 강한 자의 집에 들어가 그 세간을 강탈하겠느냐 결박한 후에야 그 집을 강탈하리라"고 하셨다. 여기(마 12:29; 막 3:27)에서 '결박한다'는 구절은 계시록 20장의 '결박'이라는 말과 똑같다는 점에 유의하라. 이 마귀를 결박한 것은 우리 주님이 광야에서 마귀의 시험을 받으시고 그 시험을 이기신 때부터 시작한다(마 4:1-11). 그 결과의 하나로 그리스도께서 마귀를 '내쫓기' 시작한 것이다. 미혹당한 무리에게 끼치는 사탄의 영향력은 점점 줄어들게 되었다.

그리고 또한 파송되었던 70명의 제자들이 돌아와서 기뻐하며 보고하기를 "주여 주의 이름이면 귀신들도 우리에게 항복하더이다"(눅 10:17)라고 했다. 이에 대한 예수님의 대답을 주의 깊게 관찰하자. "예수께서 이르시되 사탄이 하늘로부터 번개같이 떨어지는 것을 내가 보았노라"(눅 10:18)고 하셨다. 여기 마귀가 '하늘로부터 번개같이 떨어지는 것'과 70인의 제자가 전도 사역을 한 것과는 깊은 연관성을 갖는다. 이는 계시록 20장을 설명하는 데 매우 중요한 구절이다.

다른 기회에 몇몇 헬라인들이 예수님 보기를 원했다. 예수께서 경고하여 말씀하시되 "이제 이 세상에 대한 심판이 이르렀으니 이 세상의 임금이 쫓겨나리라 내가 땅에서 들리면 모든 사람을 내게로 이끌겠노라"(요 12:31-32)고 하셨다. 여기에 '쫓겨나리라'고 번역된 말은 그 어원이 무저갱에 '던지다'라는 말에서 파생되어 나온 것임을 주목하자(계 20장). 그러나 이보다 더욱 중요한 사실은 여기 요한복음 12:31-32에 말씀하신 대로 사탄을 내쫓는 일은 과거에도 그랬던 것처럼 유대인뿐 아니라 모든 사람-헬라인도 유대인처럼-을 그리스도께로 이끄신다는 사실과 관련되어 있다. 이 모든 일은 십자가상에서 당하신 그리스도의 수난과 성령 강림의 한 결과로서 발생하게 될 것이다. 골로새서 2:15의 사탄의 통치자들과 권세를 '무력화하여' 밝히 드러내심은 그리스도의 십자가상의 승리와 명백한 관계가 있다. 계시록 12:5 이하에 사탄의 내쫓김은 그리스도께서 온 천하를 다스리시려고 만왕의 왕으로 보좌에 앉으신 결과임을 밝히 보여 준다.

그러므로 사실상 사탄이 결박당하고 내쫓김, 혹은 넘어진다는 구절은 우리 주 예수 그리스도의 초림과 관계가 있다. '초림' 이라고 말함은 예수 그리스도께서 성육신하시고 십자가를 지신 후에 하늘 보좌에 오르기까지의 모든 사건들을 말한다. 그러므로 이 구절들에 의해 사탄의 결박은 그리스도의 초림 때부터였다고 말해도 무방할 것이다. 또한 우리가 인용한 본문에 의하면 이 결박은 모든 선교 사업이나 각 나라들 중에 교회의 증언의 확대와 관련이 되는 것이 확실하다. 그리스도의 강림, 마귀로부터 받은 시험을 이기는 것, 그의 사역, 그의 죽음, 그리고 승천과 하늘 보좌에 앉으시기 전에는 구원은 유대인에게만 제한되어 있었다. 사탄으로 하여금 모든 민족의 눈을 어둡게 하도록 허락하심으로 이들이 제멋대로 살게 했다. 중대한 변혁이 있어야만 했다. 복음의 '진리' 로 사탄의 '거짓' 은 점점 대치될 것이다. 사탄은 결박당하였고 더 이상 모든 민족을 미혹하지 못하게 되었다. 그리스도께서 모든 사람들을 자기에게로 이끌 것이다. 각 나라와 민족 중에 택함을 받은 자들은 구원을 얻을 것이다.

우리의 해석은 항상 성경의 유추(analogy)에 그 기초를 두어야 한다. 모든 성구와 잘 조화되는 한, 여기 계시록 20:1-3에서 사탄을 결박하여 무저갱에 천 년 동안 던져 넣어 가두었다는 사실은, 현 복음 시대에 활동하는 마귀의 영향력이 약화됐다는 것을 나타낸다고 결론지을 수 있겠다. 활발한 복음 선교 사업에 의해서 교회가 모든 민족에게로 확장되어 가는 것을 사탄이 가로막을 수 없다. 복음 시대에 있어서 세상 모든 나라가 강력한 선교 기관인 교회를 파괴하는 것이 저지되었다. 성령이 이끄시는 복음 전파로 인하여 세상 도처, 여러 계층, 각 분야에서 택함을 입은 자들은 흑암에서 광명으로 옮겨졌다. 이런 의미로 미루어 볼 때 세상이 교회를 이기는 것이 아니라 교회가 세상을 이긴 것이다. 이 복음 시대를 통하여 교회는 세워진다. 개인뿐만 아니라 기관들이나 사회제도까지도 하나님의 은혜의 복음에 의하여 다소 영향을 받게 된다. 구약시대에 거의 무제한의 활동을 할 수 있는 권세를 허락받은 마귀가 이제는 그가 활동했던 모든 지역이나 분야에서 힘없이 서서 그리스도의 종들이 그리스도의 영토를 서서히 확장시켜 가는 것을 바라볼 수밖에 없게 되었다. 극히 짧은 기간에 기독교는 남유럽에 비교적 잘 전파되었다. 얼마 안 되어 전 유럽을 점령하게 되었다. 그 후 수세기 동안 땅끝까지 세계 구석구석에서 십자가상에서 죽으신 예수 그리스도의 복음을 수많은 사람이 듣고 그의 앞에 무릎을 꿇게 되었다.

교회는 이제 온 세계에 퍼졌다. 이처럼 세계적으로 확장된 교회는 '믿는 사람들은 주의 군사니' 와 같은 강한 기관이 되었다. 세계선교지도를 들여다보면 선교사 주둔 지역을 표시하는 빨간 밑줄이 거의 빈틈없이 그어져 있다. 구약시대의 제한구원론(특수속죄주의, particularism; 하나님의 은총 또는 속죄가 특별한 개인에 한하여 이뤄진다)이 신약시대의 보편구원론(universalism)을 예비한 것이다. 성경은 천여 개의 언어로 번역되었다. 복음이 인간 사상과 생활에 끼친 영향력은 결코 적다고 할 수 없다. 어떤 나라에서는 그리스도의 복된 진리가 정치, 경제, 사회 그리고 학문에 이르기까지 일반생활의 각 분야에 그 영향을 끼치고 있다. 역사에 대한 이해력이 부족한 사람들, 즉 이 시대를 그리스도의 승천 이전의 세상에 만연된 모든 상황에 비추어 보지 못하는 사람들은 지금 우리가 살고 있는 이 '천년 시대' 의 영광을 감사할 줄 모른다. 시편 72편에 있는 예언들이 지금 우리 눈앞에서 실현되고 있다. 이 해석을 오해하지 말기 바란다. 우리는 세상의 상태가 점점 나아지고, 그럼으로써 점차로 모든 사람들이 그리스도의 군사가 될 것이라고 말하는 것은 아니다. 많은 사람들이 복음을 듣기는 하나 그것을 마음에 두지 않는다. 더구나 하나님의 심판의 강한 나팔 소리는 불신으로 완악해진 세상을 개심시키지 못할 것이다. 대부분의 무리가 항상 마귀의 편에 선다. 그러나 우리는 그리스도의 재림 전에 이 땅에 온전한 공의, 행복, 그리고 사람이 실현하려고 하는 평화의 꿈이 이루어진다는 주장을 강력하게 배격한다. 우리는 또한 '진화의 법칙' 이 문화의 진로를 향상시킨다는 사상도 용납하지 않는다. 우리는 우리 주위에 있는 악을 보지 않을 수 없다. 현대의 인문주의는 기독교의 새롭고도 더 훌륭한 해석이라 가장하여 날뛰고 있지만, 실로 이것은 참된 종교의 뿌리를 갉아 먹는 변절자라는 사실을 간과해서는 안 된다. 그러나 우리가 비록 악의 모든 증세나 재앙의 전조를 충분히 깨닫기는 하지만, 위에서 말한 사실들은 여전히 그대로이며, 어떠한 논쟁도 이 사실을 없이할 수 없을 것이다. 교회는 진정으로 우리 생활의 거의 모든 분야에 지대한 영향을 끼치고 있다. 이러한 의미에서－모든 의미에서가 아니라－ 마귀는 결박되어 있다.

그러나 마귀가 모든 의미에서 결박된 것은 아니다. 마귀의 영향력이 완전히 없어진 것이 아니다. 오히려 마귀가 그의 영향력을 행사할 수 있도록 허락된 영역에서는 더욱 더 극심하게 날뛰고 있다. 한 마리의 개가 굵고 긴 쇠사슬에 묶여 있으면 그가 움직일 수 있는 감금된 행동반경 안에서는 매우 사납고 큰 해를 입힐 수 있다. 그러나 그 개가 쇠사슬에 묶여 있는 그 범위 밖에서는 여하한 피해도 주지 못하며 어느 누구도 물지 못한다. 이와 같이 계시록 20:1－3에서 마귀의 권세가 억제되었고 그의 영향력도 다시는 만국을 미혹하지 못하리라고 지적함으로써 마귀의 행동범위가 한정되고 축소되었음을 우리에게 가르쳐 주고 있다. 마귀는 실제로 현 '천 년 기간' 동안 많은 일을 할 수 있다. 그러나 한 가지 이 기간 동안 마귀가 할 수 없는 것이 있다. 이 한 가지 일에 대해서만 그가 분명하고 튼튼하게 결박되어 있다. 그래서 온 민족과 만국에게 복음을 전파하는 선교 기관으로서의 교회를 이 마귀가 파괴할 수 없는 것이다. '천 년' 이 다하기까지 마귀는 이 일을 할 수가 없다. 그러므로 계시록 20장의 '천 년' 은 이 땅에 사는 하나님의 백성들에게 영광된 의미를 갖고 있음을 알게 된다. 그럼에도 이 기간 동안의 하늘의 영광은 지상의 영광보다 훨씬 뛰어나다. 다음의 몇 구절은(4－6절) 지상이 아닌 하늘의 승리한 성도들의 모습을 말해 준다.

물론 지상(1－3절)과 천국(4－6절)의 두 모양의 천년왕국은 사탄의 결박과 성도의 통치와 매우 밀접하게 연관되어 있다. 이것은 우리 주님의 친히 통치하심과 그의 구속 사업의 한 결과로서(계 5장을 보라) 우리의 중보자와 관련된 것인데, 이로 인하여 사탄은 결박되고 이 땅에서의 사탄의 영향력은 부분적으로 마비되었다. 앞서 간 성도들이 하늘에서 다스리고 있다는 것은(계 3:21 참조) 예수께서 하늘과 또한 하늘로부터 친히 통치하심과 관련된다. 그리스도께서 친히 하늘로부터 다스리심은 계시록의 모든 환상의 기초를 이루는 것이다. 바로 이 점이 '천 년' 을 해석하는 열쇠이다.

2. 성도들의 다스림(20:4-6)

20:4-6

4 또 내가 보좌들을 보니 거기에 앉은 자들이 있어 심판하는 권세를 받았더라 또 내가 보니 예수를 증언함과 하나님의 말씀 때문에 목 베임을 당한 자들의 영혼들과 또 짐승과 그의 우상에게 경배하지 아니하고 그들의 이마와 손에 그의 표를 받지 아니한 자들이 살아서 그리스도와 더불어 천 년 동안 왕노릇 하니 5 (그 나머지 죽은 자들은 그 천 년이 차기까지 살지 못하더라) 이는 첫째 부활이라 이 첫째 부활에 참여하는 자들은 복이 있고 거룩하도다 둘째 사망이 그들을 다스리는 권세가 없고 도리어 그들이 하나님과 그리스도의 제사장이 되어 천 년 동안 그리스도와 더불어 왕노릇 하리라

4 또 나는 몇 개의 보좌에 앉은 사람들을 보았습니다. 그들은 심판하는 권세를 받은 자들이었습니다. 그들 앞에는 예수님을 증언하고, 하나님의 말씀을 전하다가 죽은 영혼들이 서 있었습니다. 이 영혼들은 짐승과 우상에게 절하지 아니하고, 이마나 손에 짐승의 표를 받지 않은 자들이었습니다. 이들은 다시 살아나서 그리스도와 함께 천 년 동안, 다스릴 것입니다. 5 그러나 나머지 죽은 자들은 천 년이 지나갈 때까지 살아나지 못했습니다. 이것이 첫째 부활입니다. 6 이 첫째 부활에 참여하는 자들은 복되고 거룩한 자들입니다. 그들에게는 두 번째 죽음이 있을 수 없습니다. 그들은 하나님과 그리스도의 제사장이 되어, 그분과 함께 천 년 동안, 왕노릇 할 것입니다. _아가페 쉬운성경

이 구절들의 개념을 올바로 이해하기 위해 우리의 생각을 다시 A.D. 1세기경으로 돌려 보자. 로마 제국의 박해는 극렬하였다. 순교자들은 그들

의 머리를 사형 집행관들의 칼날 아래 고요히 뉘었다. 사도 바울은 이미 순교하였고 야고보 또한 죽임을 당했다. 성도들은 "황제는 우리의 신(神)이다"라고 하거나 이교도의 제단에 향을 뿌려서 황제를 경배하는 것을 거부하고 오히려 타오르는 불길 속에서 또는 로마의 투기장에서 사나운 사자들에게 던져지면서까지 그리스도께 대한 신앙을 고백하였다. 그러나 그리스도께서 그의 제자들이 비참한 고통을 당하는 것을 마음에 두지 않은 것은 아니다. 그들이 끝까지 충성하도록 보살피고 지지해 준다. 이 때문에 주께서 시련의 고통을 당한 그의 교회에게 '예수의 증거를 위하여 죽임을 당한 자들의 영혼'(계 1:2, 9; 6:9 참조)의 환상을 보여 주었다. 이 땅에서 주님을 시인하고 앞서 간 성도들의 영혼을 포함한 이 영혼들은 하늘에서 그리스도와 함께 다스리는 것을 나타낸다. 실로 그는 "여기 지상에서는 불과 몇 년 동안 고난을 당하지만, 저기 더 좋은 곳 하늘나라에서 그리스도와 더불어 천 년 동안 살면서 다스리게 될 것이다."고 말한다. 얼마나 큰 위로인가! 참으로 현재 당하는 고난은 장차 올 성도들의 영혼이 하늘에서 영광 가운데 계신 주님과 함께 다스리는 영광과 도무지 비교가 되지 않을 것이다.

4-6절의 **"천 년 동안 왕노릇 하니"**에 대한 세 가지 문제를 생각해 보도록 하자. 첫째, 이 일은 어디서 행해지게 되는가? 우리가 생각하고자 하는 이 구절에는 장소를 표시하는 세 가지 표적이 있다.

⑴ 천 년 동안 다스리는 왕노릇은 보좌가 있는 곳에서 행해진다. 본문에 **"내가 보좌들을 보니 거기에 앉은 자들이 있어"**라고 기록되어 있다. 계시록 전체를 통하여 상고해 볼 때 그리스도와 그의 백성의 보좌는 늘 하늘에 있다(계 1:4; 3:21, 4:2 이하 등).

⑵ 천 년 동안 다스림은 순교자들의 육신에서 벗어난 영혼들이 있는 곳에서 행해진다. 본문에 **"예수를 증언함과 하나님의 말씀 때문에 목 베임을 당한 자들의 영혼들"**이라고 기록되어 있다. 요한은 육신이 아닌 영혼을 본다. 그는 육을 벗어난 영혼을 생각하고 있는 것이다. '목 베임을 당한 자들의 영혼들'이라는 구절을 보면 육체의 부활에 대해 단 한 마디의 언급도 없다. 오히려 영혼과 육체의 구별을 강조했다. '영혼'이란 말이 가끔

'사람' 이란 의미로 쓰여지기도 했다(예. 창 46:27 'two souls : all the souls of the house of Jacob', A.V.). 그럴 경우, '사람' 을 '영혼' 으로 바꾸어 사용할 수도 있다. 그러나 여기 계시록 20장에서는 그렇게 바꾸어 사용할 수가 없다. 이 영혼들은 그리스도가 재림하실 때까지의 전(全) 세대를 다스린다. 그 후에 영혼은 더 이상 다스리지 않는다. 그것은 몸과 영혼이 다시 합하기 때문이다. 그런 연후에 성도들이 다스리게 되는데, 시간의 제한이 없는－천 년 동안만이 아닌－ '세세토록' 왕노릇 하게 된다(계 22:5).

(3) 천 년 동안의 다스림은 예수께서 살고 계신 곳에서 행해진다. 우리는 본문에 "살아서 그리스도와 더불어 천 년 동안 왕노릇 하리라"고 되어 있음을 볼 수 있다. 그러면 계시록에 언급된 중보자가 우주를 다스리는 곳은 어디인가? 예수님은 어디에 계시(사시)는가? 분명히 예수께서 살아 계신 곳은 천국이다. 어린양이 나아와서 보좌에 앉으신 이의 손에서 두루마리를 취하신다(계 5장). 계시록 12장에 보면 분명히 그리스도께서 "하나님 앞과 그 보좌 앞으로 올려가더라…그러므로 하늘과 그 가운데에 거하는 자들은 즐거워하라"(5, 12절)고 기록된 것을 볼 수 있다. 그러므로 천 년 동안 왕노릇 하고 다스리는 것은 **하늘**에서 행하여진다고 안심하고 말해도 좋을 것이다. 다음으로 꼭 해결해야 할 문제는 이 다스리는 것의 특징이 무엇인가 하는 것이다. 이 특징은 다음의 네 가지로 요약할 수 있겠다.

① 왕노릇 한다는 것은 그리스도와 함께 심판한다는 것이다. 하늘에 있는 구속받은 영혼들이 그의 공의로운 심판 때문에 그리스도를 찬양한다. 그들은 쉬지 않고 노래하기를, '주의 심판은 참되고 의로우시도다' 라고 한다. 영광 중에 영혼들은 주께서 행하시는 모든 일에 함께 참여하는 것으로 나타나는데, 그의 보좌에 그와 같이 앉아 있고(3:21) 시온 산에 같이 서 있고(14:1 참조), 그의 보좌 앞에서 노래하고(14:3; 15:3 참조) 그의 얼굴을 볼 것이다(계 22:4 등 참조).

② 왕노릇 한다는 것은 그리스도와 함께 산다는 것이다. '그와 함께 살며 그와 함께 왕노릇 하리라' 고 한 것을 계시록 7:9 이하에서 볼 수 있다. 하늘나라에서 이들 영혼들은 완전한 모습으로 완전한 환경 속에 둘러싸

여 살게 된다. 이것이 완전한 생활이 아니고 무엇이겠는가?

③ 왕노릇 한다는 것은 그리스도의 왕되심의 영광에 함께 참여하는 것이다. 이들 영혼들은 어린양과 그들의 승리를 축하한다. 그와 더불어 왕노릇 한다. 그들의 모든 간구와 기도는 응답되고 바라는 모든 것이 이뤄진다.

④ 왕노릇 한다는 것은 '첫째 부활' 이다. 첫째 부활이라 함은 영혼이 죄악 세상에서 하나님의 영광스러운 하늘로 옮겨지는 것을 말한다. 육체가 영화롭게 되는 것은 그리스도의 재림 때 일어나는 둘째 부활에서이다.

이제 마지막 문제, 그러면 이 왕노릇에(다스리는 데에) 누가 참여하는가? 이 대답은 간단하고 쉽다. 첫째는 순교자의 영혼, 즉 '예수의 증거를 위하여 죽임을 당한 자' 들의 영혼이 참여한다. 둘째, 그들의 신앙을 지키기 위하여 죽임을 당한 성도들, 즉 '짐승에게 절하지 아니한 자' 등이다. 그 외에 죽은 자들, 즉 불신자들은 천 년의 기간이 끝나기 전까지는 다시 살아나지 못한다. 그 기간이 끝나면 변화가 일어난다. 그 후에 '둘째 사망' 에 들어간다. 다시 말하면 그들은 영원한 형벌을 받게 된다. 영혼뿐만 아니라 육체도 형벌을 받게 된다. 이 변화는 그 상태가 전보다 훨씬 나쁘게 된다는 것이다. 이와 반대로 첫째 부활에 참여한 자들은 복되고 거룩하다. 둘째 사망이 이들을 어떻게 할 수 없다. 이들은 그리스도와 더불어 왕노릇 하며 다스릴 뿐 아니라 그리스도 안에서 제사장으로서 천 년 동안 하나님을 경배하게 될 것이다(계 1:6; 5:10).

3. 최후의 투쟁(20:7-10)

20:7-10

7 천 년이 차매 사탄이 그 옥에서 놓여 8 나와서 땅의 사방 백성 곧 곡과 마곡을 미혹하
고 모아 싸움을 붙이리니 그 수가 바다의 모래 같으리라 9 그들이 지면에 널리 퍼져 성
도들의 진과 사랑하시는 성을 두르매 하늘에서 불이 내려와 그들을 태워버리고 10 또
그들을 미혹하는 마귀가 불과 유황 못에 던져지니 거기는 그 짐승과 거짓 선지자도 있
어 세세토록 밤낮 괴로움을 받으리라

7 천 년이 지나면, 사탄은 감옥에서 풀려날 것입니다. 8 그리고는 온 세상에 있는 나라들, 곧 곡과 마곡을 꾀어 전쟁 준비를 할 것입니다. 모인 군대는 그 수가 너무 많아 바닷가의 모래 같을 것입니다. 9 그들은 진군하여 성도들의 진영과 하나님께서 사랑하시는 도시를 포위할 것입니다. 그러나 하늘에서 불이 내려와 그들을 불사를 것입니다. 10 그리고 그들을 꾀던 사탄은 유황이 타는 불못에 던져질 것입니다. 그곳은 이미 짐승과 거짓 예언자가 던져졌던 곳입니다. 사탄은 그곳에서 밤낮으로 영원토록 고통을 받을 것입니다.

_아가페 쉬운성경

천 년의 기간이 끝난 후에는 사탄은 그 결박에서 놓임을 받는다. 그 후에 사탄에 의한 직접적인 방법으로 교회를 압박하려 하는 적그리스도의 세력이 최종적이고 매우 격렬한 박해를 하도록 선동될 것이다. 마귀는 '성도들의 진과 사랑하시는 성'을 최후로 공격하기 위해 '곡과 마곡'을 미혹하여 모은다. '곡과 마곡'은 에스겔서에서 빌어온 표현인데,[246] 에스겔서에 보면 이 용어는 유대인을 가장 괴롭힌 안티오쿠스 에피파네스 시대를 보인 것으로서 특히 셀레우코스의 권세를 나타낸 것이 틀림없다. 셀레우코스 왕국의 중심은 북수리아에 위치하고 있었다. 셀레우코스는 수도를 수리아 안디옥에 정하고 중동에 군림했다. 그 영토는 북쪽 변경이 소아시아 일부인 메섹과 두발까지요 동쪽으로는 티그리스까지였다.[247] 따라서 곡은 마곡의 통치자, 즉 수리아였다. 그러므로 에스겔서에서 언급된 하나님의 백성이 '곡과 마곡'에 의해서 압박을 받는다는 것은 수리아의 통치자 안티오쿠스 에피파네스의 심한 박해를 의미한다. 계시록은 이 환난과 비극의 기간을 사탄과 그를 따르는 무리가 교회에 가하는 최후의

---

246) 곡과 마곡에 관한 다음의 해석들을 반대한다.

a. 먼 곳에 있는 나라들, 즉 중국, 일본, 인도 등이 지상전에서 기독교 국가들을 공격하는 것을 말한다는 설.

b. 위의 멀리 떨어져 있는 나라들이 영적 전쟁을 하는 것을 말하며, 이들의 문명과 종교가 기독교 국가를 침략하는 것을 말한다는 설.

247) 곡과 마곡의 해석은 다음에서 크게 도움을 받았다. E. W. Hengstenberg, *The Revelation of St. John*, II. pp.303이하; W. Fairweather, *From the Exile to the Advent*, pp.133이하; *The Background of the Gospels*, pp.95이하; A. H. Sayce, *The Races of the Old Testament*, p.73.

공격의 상징으로 사용한다. 그 유사점을 고찰해 보자.

먼저, 곡과 마곡(안티오쿠스 에피파네스가 통치하던 수리아)의 공격은 구약시대에 하나님의 백성이 겪어 내야 할 가장 극심한 최후의 시련이었다. 그러므로 이 시련은 신약시대에서는 교회를 공격하고 박해하는 적그리스도 세력의 최종적인 공격의 상징으로 보는 것이 매우 타당하다.

둘째, 곡과 마곡의 군대는 그 수가 매우 많았다는 것을 명심하자. 때문에 이것은 그리스도의 재림 직전까지 교회를 향한 전 세계의 박해와 압박을 적절히 상징한 것이라고 할 수 있다.

셋째, 안티오쿠스 에피파네스에 의해 야기된 압박과 박해의 시련이 매우 가혹하였지만 그러나 아주 짧은 기간이었음을 기억하자. 그러므로 이것은 현 세기 말에 있을 짧은 최후의 환난을(막 13:20; 계 11:11 참조) 예고한 것이라는 점이 매우 타당하다 하겠다.

끝으로, 수리아－즉 곡과 마곡－의 군대가 패주하고 궤멸된 것은 예상밖의 일이었으며 또한 완전한 일이었음을 명심하자. 이것은 분명히 하나님이 행하신 일이었다. 이러한 이유로 이스라엘을 향한 곡과 마곡의 공격은 악한 세상이 교회를 대항하는 최후의 발악을 나타내는 적절한 상징이라 하겠다.

이상 우리가 살펴본 바 '곡과 마곡' 이라는 구절은 **"땅의 사방 백성**(나라들)"과 일치된다. 그러나 이 표현은 아주 멀리 떨어져 있는 나라들을 말한 것은 아니다. '땅의 사방' 이라는 용어는 단지 '온 세계' 를 의미하는 것뿐이다. 악한 세계 전체가 교회를 핍박할 것이다. 이 대적은 전 세계적인 세력이 될 것이다. 그러므로 이 구절이 어떤 '주변 국가' 들, 예를 들면 중국, 일본, 한국, 인도, 또는 서구라파 제국들과 미국 등에 대한 최후의 공격을 뜻한다는 말은 용납될 수 없다. 신약은 오늘날의 어느 특정 국가나 민족, 즉 꼭 이 나라, 또는 바로 이 민족에게만 해당하는 어떤 예언을 담고 있는 것은 아니다. 신약은 세상과 교회와의 싸움을 말하고 있는 것이다. 또한 특별히 독점적으로 중국이나 한국, 또는 네델란드나 미국 루이지아나 주(洲)에 대해 언급하는 것도 아닌 것이다. 여기에 진술된 싸움은 '문명국' 과 '비문명국' 의 싸움도 아니다. 이것은 다만 교회를 대적하여 싸우고자 하는 적그리스도 군대의 최후의 공격을 말할 따름이다. 우리의 해석은 **"그들이 지면에 널리 퍼져"**(합 1:6; 사 8:8; 창 13:17; 욥 38:18 참조)라는 표현에 의해 뒷받침된다.

이 뜻은 바로 이것이니, 교회가 강력한 선교 기관으로서 세계 각처에 복음을 증거하고 전파하는 그 기간이 영원토록 계속되지는 않고, 오직 그리스도의 재림 때까지만 계속된다는 것이다. 오늘날 세계 도처에서 어떤 일들이 일어나는가를 주의 깊게 관찰해 보자. 어느 곳에서는 이미 사탄이 잠시 동안 왕노릇 하는 현상이 있지 않는가?[248]

다시 말하면 계시록 20:7-10에는 계시록 16:12 이하나 계시록 19:19에 묘사된 동일한 싸움(battle)－'전쟁' (war)이 아닌－이 진술되어 있다. 이 세 경우 모두 원문에는 *the* battle이라고 되어 있다. 그래서 계 16:14에는 "하나님 곧 전능하신 이의 큰 날에 있을 전쟁(*the* battle)을 위하여 그들을 모으더라"고 기술되어 있으며, 다시 계 19:19에도 "그 짐승과 땅의 임금들과 그들의 군대들이 모여 그 말 탄 자와 그의 군대와 더불어 전쟁(*the* battle)을 일으키다가"라고 되어 있다. 이와 유사하게 계 20:8에 **"곡과 마곡을 미혹하고 모아 싸움(*the* battle)을 붙이리니"**라고 진술되어 있다. 이 싸움은 각각 다른 세 가지의 싸움이 아니라 여기에서는 같은 싸움을 말한다. 이 세 경우 모두 아마겟돈 전쟁이다. 이것이 교회를 대적하여 싸우는 적그리스도 군대의 최후의 공격인 것이다(계시록 20장이 보여 주는 '새로운' 사실은 이 아마겟돈 전쟁의 결과 사탄이 어떻게 되는가를 말해 주는 것이다).

이 최후의 공격은 '사랑하시는 성', 또한 '성도들의 진(陣)'을 향하여 가해졌다. 즉 하나님의 교회는 성(城)과 진(陣)의 두 가지 상징으로 언급되어 있다. **"하늘에서 불이 내려와 그들을 태워버리고."** 곡과 마곡을 심판하는 것이 얼마나 갑작스러운 성격을 띠고 있는지를 고찰하도록 하자. 이 심판은 하늘에서 내려치는 번개와 같이 화급하고 예기치 못한 것이었다(살후 2:8 참조). 이처럼 돌연히 하나님께서 나타나셔서 그 원수들을 당황

---

248) 이것이 보다 더 충실하게 설명된 p.187, 207, 238이하, 268을 읽으라.

하게 할 것이다! 이것은 그의 단 한 번의 심판을 위하여 오시는 것이다. 사탄은 악한 세상을 미혹해 왔다. 사탄은 악한 자들을 미혹하여 교회를 완전히 점령하고 하나님도 이길 수 있다고 생각하도록 만들었다. 그러므로 마귀 즉 이 사기꾼은 짐승과 거짓 선지자가 있는 유황불 못—심판날 이후에 육과 영이 고통을 당하는 곳을 지옥이라고 말한다—에 던짐을 받는다. 이 뜻은 짐승과 거짓 선지자가 사탄보다 먼저 지옥에 던져졌다는 것이 아니라 짐승과 거짓 선지자가 받을 형벌이 이미 진술되었다는 것이다(계 19:20). 사탄과 짐승 그리고 거짓 선지자, 이들은 모두 함께 궤멸된다. 그럴 수밖에 없는 것이 짐승은 사탄의 박해하는 세력을 나타내는 것이며, 거짓 선지자는 사탄의 적그리스도의 종교이기 때문이다. 사탄이 있는 곳은 어느 곳이나 이 둘(짐승과 거짓 선지자)이 함께 있다. 이들은 또한 유황불 붙는 못에서 사탄과 함께 모두 영원토록 고통을 받을 것이다(마 25:46).

4. 크고 흰 보좌(20:11-15)

20:11-15

11 또 내가 크고 흰 보좌와 그 위에 앉으신 이를 보니 땅과 하늘이 그 앞에서 피하여 간
데 없더라 12 또 내가 보니 죽은 자들이 큰 자나 작은 자나 그 보좌 앞에 서 있는데 책들
이 펴 있고 또 다른 책이 펴졌으니 곧 생명책이라 죽은 자들이 자기 행위를 따라 책들
에 기록된 대로 심판을 받으니 13 바다가 그 가운데에서 죽은 자들을 내주고 또 사망과
음부도 그 가운데에서 죽은 자들을 내주매 각 사람이 자기의 행위대로 심판을 받고 14
사망과 음부도 불못에 던져지니 이것은 둘째 사망 곧 불못이라 15 누구든지 생명책에
기록되지 못한 자는 불못에 던져지더라

11 또 나는 크고 흰 보좌와 그 위에 앉으신 분을 보았습니다. 땅과 하늘이 그분 앞에서
흔적도 없이 사라졌습니다. 12 그리고 죽은 사람들이 모두 보좌 앞에 서 있는 것을 보았
습니다. 생명책이 펴져 있고, 다른 책들도 펼쳐져 있었습니다. 죽은 사람들은 그 책에
기록되어 있는 대로, 각기 행한 행위에 따라 심판을 받았습니다. 13 바다와 죽음과 지옥
도 그 안에 죽어 있던 자들을 다 토해 냈으며, 그들 역시 자기들의 행위대로 심판받았
습니다. 14 죽음과 지옥이 불못에 던져졌습니다. 이 불못이 두 번째 죽음입니다. 15 생
명책에 이름이 기록되지 않은 자들은 누구든지 다 불못에 던져졌습니다. _아가페 쉬운성경

심판하시기 위해 그리스도께서 오시는 모습이 생생하게 진술되어 있다. 요한은 크고 흰 보좌를 본다. 그리스도께서 그 위에 앉아 계신다(마 25:31, 계 14:14). 땅과 하늘이 그 앞에서 얼굴을 피할 곳이 없다. 파괴나 전멸이 아니고 이곳에서는 우주의 개벽을 말한다. 모든 물체가 뜨거운 불에 녹아지고(벧후 3:10), 새롭게 되며(마 19:28), 만물이 회복되고(행 3:21), 썩어지는 것으로부터 해방되는(롬 8:21) 것이다. 만물이 더 이상 '헛된'[249] 상태에 있지 않게 된다. 요한은 큰 자나 작은 자나 보좌 앞에 서 있는 것을 본다.[250] 땅 위에 살았던 모든 사람들이 보좌 앞에 서 있다. 심판을 위한 두루마리가 펴 있고 각기 행한 행위에 따라 일생의 모든 기록이 낱낱이 판정을 받았다(단 7:10). 성도들의 이름이 기록된 생명책도 펼쳐져 있다(계 3:5, 13:8). 죽은 자들이 그들의 행위대로 심판을 받는다(마 25:31 이하; 롬 14:10; 고후 5:10). 바다가 그 죽은 자들을 내주고 사망과 음부도 또한 그리한다.[251] 여기 죽은 모든 사람에게 있는 단 한 번뿐인 전체 부활이 있다. 성경은 우리에게 단 한 번뿐인 전체 부활을 가르쳐 준다(요 5:28). 이 유일하고 전체적인 부활은 마지막 날에 있게 된다(요 6:39하, 44, 54; 행 24:15). 신자들의 육체가 부활하고 그 후 천 년이 지난 후에 불신자의 육체가 부활한다는 것은 성경 어디서고 찾아볼 수 없다. 이 부활은 믿는 성도나 불신자가 동시에 하는 것이다. 이때에는 죽음, 곧 영혼과 육체의 분리 그리고 음부, 즉 이별의 상태가 더 이상 존재하지 않는다. 심판을 위한 그리스도의 재림 이후에는 육과 영이 서로 떨어져 있는 일이 새 하늘, 새 땅, 그리고 지옥에서라도 존재하지 않는다. 그러므로 상징적으로 말해서 죽음과 음부－여기에 인격화된－는 불못에 던져진다. 또한 생명책에 그 이름이 기록되지 못한 자들도 불못에 던져진다.

249) J. Orr, *The Christian View of God and the World*, p.195를 보라.

250) G. A. Gordon, 'The Vision of the Dead' in *Great Sermons by Great Preachers*, ed. J. L. Hurlbut를 보라.

251) 계 1:18; 6:8의 설명을 보라.

B. 하나님의 최후의 승리

이제 우리는 최종적이고 지극히 아름다운 주제에 이르렀다. 성경은 처음부터 마지막까지 탁월한 연관성을 보여 주고 있다. 또한 성경은 한 송이 꽃과 같다. 창세기에서 뿌린 씨가 성경의 여러 책 중에서 무성하게 자라 계시록에서 아름답게 꽃피운다. 다음과 같이 비교되는 점을 고찰해 보자.

창세기는 하나님께서 천지를 창조하셨다고 진술하고 있으며, 계시록은 새 하늘과 새 땅을 말하고 있다(계 21:1). 창세기에서는 빛을 내는 것, 해나 달 그리고 별들을 '있으라' 명하여 있게 하였는데, 계시록은 "그 성(城)은 해나 달의 비침이 쓸 데 없으니 이는 하나님의 영광이 비치고 어린양이 그 등불이 되심이라"(계 21:23)고 하였다. 창세기에서는 에덴동산에서 쫓겨난, 즉 '낙원을 잃어버린 인간'[失樂園]에 대하여 기술하고 있는데, 계시록은 그 '회복된 낙원'[復樂園]을 제시해 준다(계 2:7; 22:2). 창세기에서는 마귀의 간교함과 꾀를 보여 주는 반면, 계시록에서는 마귀가 결박되어 유황불 못에 던져지는 것을 기술하고 있다. 창세기는 인간이 하나님으로부터 멀리 도망하여 전능하신 자의 목전에서 숨는 무서운 광경을 이야기해 준다. 그러나 계시록은 매우 아름답고 친밀한 교제가 하나님과 그의 구원받는 백성들 사이에 있음을 보여 주는데, "보라 하나님의 장막이 사람들과 함께 있으매 하나님이 그들과 함께 계시리니"(계 21:3)라고 되어 있음을 알 수 있다. 끝으로, 창세기에는 생명나무가 있고 "그가 그의 손을 들어 생명나무 열매도 따먹고 영생할까 하노라"(창 3:22하) 하여 그 생명나무에 이르는 길을 한 천사가 지키고 있는데 반해, 계시록에서는 그 생명나무에 갈 수 있는 권리를 회복하여 "그들이 생명나무에 나아가며"(계 22:14)라고 기록되어 있다.

그래서 다시금 본 계시록의 주제가 무엇인가 묻게 된다. 계시록은, 승리자는 마귀가 아니라 그리스도시며, 비록 잠시 동안 하나님의 계획이 좌절되는 것같이 보이나 마침내는 완전히 승리함을 보여 준다. 우리는 승리자이다. 곧 넉넉히 이기게 되나니 우리가 큰 고난과 시련 그리고 여러 가지 재앙에서 벗어나게 될 뿐 아니라 그 위에 더 극히 영광스러운 복을 얻게 된다(계 21:3). 그러면 계시록 21:1-22:5은 무엇을 묘사한 것인가? 현대의 이상적인 교회를 말하는 것인가?[252] 아니면 장래의 교회와 우주를 말하는 것인가?[253] 이 두 대답도 완전하지 못한 것 같다. 이 대목에서 이상적인 유형에 대한 묘사를 볼 수 있다. 현재이거나 장래이거나 하나님의 구속의 은혜의 결과로 나타난 것을 모두 여기에 내포하고 있다. 이 구속의 은혜와 하나님의 모든 것을 변화시키는 능력은 다만 미래에만 관련된다고 보아서는 안 된다. 오히려 바로 지금 이 자리에, 현시대에도 이미 하나님의 자녀의 심령 속에서 역사하고 계신 것이다. 따라서 계시록 21:1-22:5은 현재의 구속받은 교회에 의해 예표되는 장차 구속받을 우주에 대해 묘사하고 있다. 이에 대하여 살펴보도록 하자.

계시록 21:3의 "보라 하나님의 장막이 사람들과 함께 있으매 하나님이 그들과 함께 계시리니 그들은 하나님의 백성이 되고 하나님은 친히 그들과 함께 계셔서"라고 기록되어 있음을 상고(詳考)해 보자.

이러한 표현이 새 하늘과 새 땅, 그리고 심판날 후에 존재할 구속받은 모든 인류를 언급한다는 사실은 아주 명백하다. 문맥이 분명히 가르쳐 주고 있다. 처음 하늘과 처음 땅이 없어졌다(21:1). 심판이 행해졌다(20:11 이하). 그런데 이 구절은 미래에 대해서만 말하고 있는 것인가? 성경 전체에 익숙한 사람은 이 물음에 답할 수 있을 것이다. 앞서 인용한 구절이 쉽게 떠오를 것이다(사 65:17; 66:22 참조). 계시록 21:3의 하반절 "그들의 하나님이 되어서"(and be their God, 쉬운성경)를 깊이 생각해 보자. 이는 성경 전체에서 발견되는 옛 언약의 약속이 아니겠는가? 창세기 17:7-8; 출애굽기 20:2; 신명기 5:2-3; 6장; 예레미야 24:7; 30:22; 31:33; 에스겔 11:20; 스가랴 13:9; 마태복음 13:17; 로마서 4:22; 고후 6:16을 찾아 읽어 보라. 이 영광된 약속의 성취와 실현은, 여기 병행 구절들이 나타낸 바와 같이 미래에뿐만 아니라 적어도 그 원칙만은 현재에도 해당되는 것이다. 성령을 통하여 이 순간에도 하나님께서는 교회에 거하신다. 하나님의 함께 계심은 심판날 이후에 새 하늘 새 땅에서 완전하게 될 것이다.

---

252) W. Milligan, *op. cit.* 참조.

253) R. C. H. Lenski, *op. cit.*, pp.620이하 참조.

이 부분에서 나타나는 여러 상징들에 대해서도 실로 동일하다. 이 상징들이 근거하는 병행 구절들을 살펴본다면, 교회가 이 땅에서 존재해 온 모든 기관을 통해 진리는 언급되고 언약은 영향을 끼쳐 왔음을 곧 발견할 수 있을 것이다. 특별한 의미로서 이 상징들은 복음 시대에 속한다. 새 예루살렘은 항상 바벨론과 적대적인 입장에 있다. 신부는 항상 음녀와 대조적이어야 한다. 그러나 최종적이고 완전한 상징의 실현은 심판날에 이루어진다.

1. 새 하늘과 새 땅(21:1–8)

21:1-8

1 또 내가 새 하늘과 새 땅을 보니 처음 하늘과 처음 땅이 없어졌고 바다도 다시 있지 않더라 2 또 내가 보매 거룩한 성 새 예루살렘이 하나님께로부터 하늘에서 내려오니 그 준비한 것이 신부가 남편을 위하여 단장한 것 같더라 3 내가 들으니 보좌에서 큰 음성이 나서 이르되 보라 하나님의 장막이 사람들과 함께 있으매 하나님이 그들과 함께 계시리니 그들은 하나님의 백성이 되고 하나님은 친히 그들과 함께 계셔서 4 모든 눈물을 그 눈에서 닦아 주시니 다시는 사망이 없고 애통하는 것이나 곡하는 것이나 아픈 것이 다시 있지 아니하리니 처음 것들이 다 지나갔음이러라 5 보좌에 앉으신 이가 이르시되 보라 내가 만물을 새롭게 하노라 하시고 또 이르시되 이 말은 신실하고 참되니 기록하라 하시고 6 또 내게 말씀하시되 이루었도다 나는 알파와 오메가요 처음과 마지막이라 내가 생명수 샘물을 목마른 자에게 값없이 주리니 7 이기는 자는 이것들을 상속으로 받으리라 나는 그의 하나님이 되고 그는 내 아들이 되리라 8 그러나 두려워하는 자들과 믿지 아니하는 자들과 흉악한 자들과 살인자들과 음행하는 자들과 점술가들과 우상 숭배자들과 거짓말하는 모든 자들은 불과 유황으로 타는 못에 던져지리니 이것이 둘째 사망이라

1 그 후, 나는 새 하늘과 새 땅을 보았습니다. 전에 있던 하늘과 땅은 사라지고 바다도 없어졌습니다. 2 그리고 거룩한 성, 새 예루살렘이 하나님이 계신 하늘로부터 내려오는 것을 보았습니다. 나는 마치 신랑을 위해 단장한 신부의 모습을 보는 듯했습니다. 3 보좌로부터 큰 음성이 들렸습니다. "이제 하나님의 집이 사람들 가운데 있게 될 것이다. 하나님께서 사람들과 함께 계시고, 그들은 하나님의 백성이 될 것이다. 하나님께서 친히 그들과 함께 계시며, 그들의 하나님이 되어서 4 그들의 눈에서 모든 눈물을 닦아 주

실 것이다. 이제는 죽음도, 슬픔도, 울음도, 아픔도 없으며, 모든 옛것들이 다 사라질 것
이다." 5 그때, 보좌에 계신 분이 말씀하셨습니다. "보아라, 내가 모든 것을 새롭게 하겠
다! 내가 네게 하는 말은 진실하고 참되니 이것을 기록하여라." 6 또 그분은 이어서 말
씀하셨습니다. "이제 다 이루었다! 나는 알파와 오메가이며, 처음과 마지막이다. 내가
목마른 자들에게 생명수 샘물을 거저 주겠다. 7 승리한 자들은 누구나 다 이것을 유업
으로 받을 것이며, 나는 그의 하나님이 되고, 그는 나의 아들이 될 것이다. 8 그러나 비
겁하고 믿지 않는 자, 악을 행하는 자, 살인하고 음란한 자, 마술을 행하고 우상 숭배하
는 자, 거짓말하는 자들에게는 유황이 타는 불못이 예비되어 있을 것이다. 이것이 두
번째 죽음이다."

_아가페 쉬운성경

처음 하늘과 처음 땅이 없어졌다. 이 새 우주를 상상해 보자. 이 땅의 기초가 불에 타 정화되었다. 죄의 모든 허물과 온갖 사악의 상처, 그리고 죽음의 흔적도 없어졌다. 큰 화재로 다 타 없어지고 새로 '다른'[254] 세계가 아닌 '새로운' 세계라는 의미를 내포하고 있다. 똑같은 하늘과 땅이지만 잡초도 없고 가시나 엉겅퀴가 없어지고 다시 영화롭고 새롭게 변하는 것이다. 자연계가 원상대로 회복되어, 모든 잠재적인 가능성과 잠자듯 묻혀 있는 것들이 완전하게 실현된다. '옛' 질서는 모두 사라졌다. 용, 짐승, 거짓 선지자, 큰 음녀가 온갖 악의 음모를 꾸미며 횡행하던 그 우주는 없어진 것이다. 지금 우리가 알고 있는 그런 바다는 다시 있지 않다. 이 바다는 사회적인 불안과 갈등을 상징한다. 으르렁거리고 거칠며 요동하고 높이 물결 치는, 그리고 서로 맞부딪치는 거센 파도가 흉흉한 이 바다는 갈등과 불안 상태에 있는 세상 나라들을 상징한다(13:1; 17:15). 짐승이 나온 곳이 바로 이 바다이다. 그러나 새로워진 우주—새 하늘과 새 땅—에서는 모든 것이 평화롭게 된다. 우리가 아는 이 하늘과 땅 그리고 바다는 그대로 사라질 것이다. 우주는 영광스럽게 새로워지며 개조될 것이다. "거룩한 성 새 예루살렘이 하나님께로부터 하늘에서 내려오니 그 준비한 것이 신부가 남편을 위하여 단장한 것 같더라."

254) 원문은 *νέος*가 아니고 *καινός*이다.

이 예루살렘은 지상의 팔레스타인의 예루살렘과 구별하여 '새 예루살렘' 이라고 불린다. 이것은 '거룩하다' 고 불리는데, 이는 죄와 완전히 분리되어 하나님께 온전히 바쳐졌기 때문이다. 이 새롭고 거룩한 새 예루살렘은 주 예수 그리스도의 교회임이 분명하다. 이곳 또는 다른 곳에서 신부, 즉 어린양의 아내(사 54:5; 엡 5:32 등)라고 불린 구절에서 이 사실은 분명해진다. 구약에서도 교회는 하나의 성[도성]으로 상징되었다(사 26:1; 시 48편 등). 도성이라 하면 영주하는 곳, 많은 무리가 살며 안전하며 견고하며 서로 친교를 나누는 아름다운 곳이라는 개념이 머릿속에 떠오른다. 이러한 도성의 모든 속성을 진술할 때, 교회는－오늘날의 원칙적인 면이나 장래의 완전성에 있어서－ 하나의 도성과 같다. 요한은 이 거룩한 성이 하나님께로부터 하늘에서 내려오는 것을 보았다고 기록하고 있다. 이것은 또한 현재와 장차에 있을 이상적인 교회를 상징한다. 교회는 언제나 위로부터 생겨진다. 교회는 언제나 성령이 변화시킨 역사의 결과인 것이다(3:12; 21:9 이하, 갈 4:26; 히 11:10, 16; 12:22 참조). "그 준비한 것이 신부가 남편을 위하여 단장한 것 같더라"라는 말은 계시록 19:7[255]의 주석이 깨닫게 할 것이다.

요한은 보좌에서 큰 음성이 나서 말하는 것을 듣는다.

"보라 하나님의 장막이 사람들과 함께 있으매
하나님이 그들과 함께 계시리니
그들은 하나님의 백성이 되고
하나님은 친히 그들과 함께 계셔서
모든 눈물을 그 눈에서 닦아 주시니
다시는 사망이 없고
애통하는 것이나 곡하는 것이나
아픈 것이 다시 있지 아니하리니
처음 것들이 다 지나갔음이러라"

---

255) 제 XIII 장, p.262이하를 보라.

이처럼 어린양 그리스도와 그의 신부, 즉 그리스도와 교회와의 영원한 혼인 잔치가 아름답게 묘사되어 있다.[256] 하나님께서 자기 백성에게 오시는 그 여정의 절정이 바로 이 혼인 잔치이다. 하나님과 그가 택한 백성과의 영원한 교제가 이처럼 가깝기 때문에 말하자면 그들이 한 장막 안에 함께 사는 것과 같다. 하나님의 장막은 곧 그의 속성의 영광(계 7:15)이다. 어린양은 그들의 목자이다(7:17). 하나님은 그들의 모든 눈물을 닦아 주신다(7:17). 그들은 끊임없이 하나님의 성전에서 하나님께 경배한다(7:15). 하나님과 함께 그의 보좌에 앉으며 하나님께서는 그들과 함께 먹고 마신다(3:20 이하, 요 17:23; 고후 6:18 참조). 이렇게 아주 뚜렷한 상징으로서 하나님과 그 백성들과의 영원한 교제가 진술되었다. 역으로 말한다면, 죽음이 다시 없을 것이며(계 20:14; 고전 15:26), 애통과 곡도 다시 없으며(사 25:8; 35:10; 51:11), 아픔 또한 없다(계 7:16 참조). '이전 것' 은 다 지나갔다(고후 5:17; 히 12:27).

요한은 이제 보좌에 앉으신 분, 즉 하나님께서(계 4:2; 22:1) **"보라 내가 만물을 새롭게 하노라"**고 말씀하시는 것을 듣는다. 오직 하나님께서만 새롭게 하실 수 있다. 사람들은 보다 나은 교육 환경의 개선, 헌법의 개정, 부의 공평한 분배 등의 방법으로 새로운 세대, 황금시대, 인류 최대 욕망인 이상향을 세울 수 있으리라는 헛된 생각을 품고 있다. 인간의 꿈은 꿈으로만 남는다. 경제 성장이나 비무장회담, 사회 복지 시설과 교육 시설 그리고 재산의 공유 등이 황금시대, 새 하늘과 새 땅, 혹은 새로운 질서를 결코 가져오지 못한다. 오직 하나님께서 성령을 통하여 만물을 새롭게 하실 수 있다.[257] 하나님께서만 우주와 인간의 심령을 회복하시고 새롭게 하신다. 한정된 의미이긴 하지만 하나님께서는 지금도 이 일을 행하고 계신다. 그리고 그리스도가 재림하신 후에 곧 이 일을 이루실 것이다.

죄의 결과들이 영원히 제거될 수 있다는 것을 상상하기는 매우 어렵다. 그러나 이 죄의 결과들은 사라지고 실제로 모든 것이 '새로워진다.' 약속

---

256) 어린양의 혼인에 관한 충분한 뜻을 위해서 p.262이하를 보라.
257) 바벨론은 '크고' 예루살렘은 '새롭다.' p.188, 주 192)를 보라.

하신 그분이 이 일을 행하실 것이라는 우리의 믿음을 더욱 신실하게 하기 위하여, '보라!' 하시며 요한에게 그가 들은 바를 명심하라고 명령하시고, 다른 사람의 위로를 위하여 이를 기록하라고 **"이 말은 신실하고 참되니"**(계 19:9; 22:6 참조)라고 하였음을 볼 수 있다. 이 약속의 성취는 너무도 확실한 것이기 때문에 그 음성은 이 약속들이 이미 성취된 것처럼 말하고 있다(계 16:17 참조). 요한의 환상에 관하여 이러한 변화는 실제로 이미 일어났던 것이다. 요한은 새 하늘과 새 땅을 보고 있다.[258] 값없이 주시는 '생명수'는 영생을 나타낸다. 즉 완전하고 죄의 속박에서 풀리는 구원을 말한다. 이것은 모든 약속의 성취이다(시 36:8; 욜 3:18; 슥 14:8; 요 4:10; 계 7:17; 22:17). 지금은 이 '물'이 '목마른' 자들에게 주어지나 영원한 나라 곧 새 하늘 새 땅에서는 그곳에 거하는 그 누구에게나 신선하고 풍부하게 쏟아진다는 것을 명심하자. 이 물은 언제나 샘의 근원이신 하나님으로부터 흘러내린다. 이기는 자는 이 물을 받게 된다. 언약의 말씀인 **"나는 그의 하나님이 되고 그는 내 아들이 되리라"**가 그 안에서 실현된다.

원칙적으로 이 언약은 이미 우리에게 보여졌듯이 한 줄의 금실처럼 성경의 처음부터 마지막까지 이어지는데, 이 생에 있어서도 이 언약이 이미 실현되고 있으며 그 완성은 장차, 특히 새 하늘과 새 땅에서 성취된다. 이것은 다른 약속들을 모두 함축한 것이기에 위대한 약속이다.[259] 반면에 21:8의 아주 대조적인 무서운 상황을 주의 깊게 고찰하도록 하자. '음녀'의 속성을 가진 자들은 불과 유황으로 타는 못에 던져지고 둘째 사망을 당하게 된다.

---

258) "나는 알파요 오메가라"라는 표현에 대해서는 제VII장, p.75를 보라.

259) 저자의 *The Covenant of Grace*를 보라.

2. 새 예루살렘(21:9-22:5)

21:9-22:5

9 일곱 대접을 가지고 마지막 일곱 재앙을 담은 일곱 천사 중 하나가 나아와서 내게 말
하여 이르되 이리 오라 내가 신부 곧 어린양의 아내를 네게 보이리라 하고 10 성령으로
나를 데리고 크고 높은 산으로 올라가 하나님께로부터 하늘에서 내려오는 거룩한 성 예
루살렘을 보이니 11 하나님의 영광이 있어 그 성의 빛이 지극히 귀한 보석 같고 벽옥과
수정같이 맑더라 12 크고 높은 성곽이 있고 열두 문이 있는데 문에 열두 천사가 있고 그
문들 위에 이름을 썼으니 이스라엘 자손 열두 지파의 이름들이라 13 동쪽에 세 문, 북쪽
에 세 문, 남쪽에 세 문, 서쪽에 세 문이니 14 그 성의 성곽에는 열두 기초석이 있고 그 위
에는 어린양의 열두 사도의 열두 이름이 있더라 15 내게 말하는 자가 그 성과 그 문들과
성곽을 측량하려고 금 갈대 자를 가졌더라 16 그 성은 네모가 반듯하여 길이와 너비가
같은지라 그 갈대 자로 그 성을 측량하니 만 이천 스다디온이요 길이와 너비와 높이가
같더라 17 그 성곽을 측량하매 백사십사 규빗이니 사람의 측량 곧 천사의 측량이라 18
그 성곽은 벽옥으로 쌓였고 그 성은 정금인데 맑은 유리 같더라 19 그 성의 성곽의 기초
석은 각색 보석으로 꾸몄는데 첫째 기초석은 벽옥이요 둘째는 남보석이요 셋째는 옥수
요 넷째는 녹보석이요 20 다섯째는 홍마노요 여섯째는 홍보석이요 일곱째는 황옥이요
여덟째는 녹옥이요 아홉째는 담황옥이요 열째는 비취옥이요 열한째는 청옥이요 열두째
는 자수정이라 21 그 열두 문은 열두 진주니 각 문마다 한 개의 진주로 되어 있고 성의
길은 맑은 유리 같은 정금이더라 22 성 안에서 내가 성전을 보지 못하였으니 이는 주 하
나님 곧 전능하신 이와 및 어린양이 그 성전이심이라 23 그 성은 해나 달의 비침이 쓸데
없으니 이는 하나님의 영광이 비치고 어린양이 그 등불이 되심이라 24 만국이 그 빛 가
운데로 다니고 땅의 왕들이 자기 영광을 가지고 그리로 들어가리라 25 낮에 성문들을 도
무지 닫지 아니하리니 거기에는 밤이 없음이라 26 사람들이 만국의 영광과 존귀를 가지
고 그리로 들어가겠고 27 무엇이든지 속된 것이나 가증한 일 또는 거짓말하는 자는 결코
그리로 들어가지 못하되 오직 어린양의 생명책에 기록된 자들만 들어가리라
22 1 또 그가 수정같이 맑은 생명수의 강을 내게 보이니 하나님과 및 어린양의 보좌로
부터 나와서 2 길 가운데로 흐르더라 강 좌우에 생명나무가 있어 열두 가지 열매를
맺되 달마다 그 열매를 맺고 그 나무 잎사귀들은 만국을 치료하기 위하여 있더라 3 다시
저주가 없으며 하나님과 그 어린양의 보좌가 그 가운데에 있으리니 그의 종들이 그를 섬
기며 4 그의 얼굴을 볼 터이요 그의 이름도 그들의 이마에 있으리라 5 다시 밤이 없겠고
등불과 햇빛이 쓸데없으니 이는 주 하나님이 그들에게 비치심이라 그들이 세세토록 왕
노릇 하리로다

9 마지막 일곱 재앙이 담긴 일곱 대접을 들고 있던 일곱 천사 중 하나가 내게 다가와 말
했습니다. “나를 따라오너라. 내가 어린양의 아내가 될 신부를 보여 주겠다.” 10 천사는
성령의 도우심으로 나를 매우 크고 높은 산으로 데리고 올라갔습니다. 그는 내게 거룩

한 성, 예루살렘이 하나님이 계신 하늘로부터 내려오는 것을 보여 주었습니다. 11 그 성
은 하나님의 영광의 광채에 둘러싸여, 귀한 보석과 수정과도 같이 맑은 벽옥처럼 밝게
빛나고 있었습니다. 12 그 성에는 열두 대문이 있는 높고 큰 벽이 둘러서 있었습니다.
각 문에는 열두 천사가 지키고 있었고, 이스라엘 열두 지파의 이름이 하나씩 기록되어
있었습니다. 13 그 문들은 동서남북으로 각각 세 개씩 있었습니다. 14 성벽 열두 주춧돌
에는 어린양의 열두 사도의 이름이 새겨져 있었습니다. 15 내게 얘기하던 천사는 금으
로 만들어진 자를 들고 있었는데, 그는 이 자로 성과 성문과 성벽을 재려는 참이었습니
다. 16 성은 정사각형이었고, 길이와 폭이 똑같았습니다. 천사가 재어 보니 길이와 폭과
높이가 똑같이 만 이천 스타디온이었습니다. 17 그리고 성벽 높이는 백사십사 규빗이
었습니다. 천사는 사람들이 쓰는 자로 이 모든 것을 재었습니다. 18 성벽은 벽옥으로
만들어졌고, 성 전체가 유리처럼 맑은 순금으로 지어져 있었습니다. 19 성벽의 주춧돌
에는 각종 보석이 박혀 있었는데, 첫째 주춧돌은 벽옥, 둘째는 사파이어, 셋째는 옥수,
넷째는 에메랄드, 20 다섯째는 홍마노, 여섯째는 홍보석, 일곱째는 황옥, 여덟째는 녹
옥, 아홉째는 담황옥, 열째는 녹옥수, 열한째는 청옥, 열두째는 자수정으로 꾸며져 있었
습니다. 21 열두 대문은 각각 한 개의 커다란 진주로 만들어졌고, 성의 거리는 유리처럼
맑은 순금으로 되어 있었습니다. 22 나는 성 안에서 성전을 볼 수 없었습니다. 그 이유
는 전능하신 주 하나님과 어린양이 바로 성전이시기 때문입니다. 23 그 성에는 해와 달
도 필요가 없었습니다. 그것은 하나님의 영광의 광채가 빛이 되고, 어린양이 그 성의
등불이 되시기 때문입니다. 24 세상 모든 민족이 그 빛 아래 걸어다니며, 온 땅의 왕들
도 영광스런 모습 그대로 성으로 들어올 것입니다. 25 밤이 없기 때문에, 성문은 결코
닫히는 법이 없습니다. 26 모든 나라의 영광과 존귀가 다 이 성으로 들어올 것입니다.
27 그러나 깨끗하지 못하고 부끄러운 것이나 거짓말한 자들은 이 성에 들어올 수 없습
니다. 오직 그 이름이 어린양의 생명책에 기록된 자들만이 들어갈 수 있습니다.
22 1 그 천사는 또 내게 생명수가 흐르는 강을 보여 주었습니다. 수정같이 맑은 그
강은 하나님과 어린양의 보좌로부터 흘러나와 2 그 성의 넓은 거리 한가운데로
흐르고 있었습니다. 강 양쪽에는 생명나무가 있어서 일 년에 열두 번, 달마다 새로운
열매를 맺고 있었습니다. 또 그 잎은 모든 사람들을 치료하는 데 사용되었습니다. 3 하
나님께서 죄 있다고 심판하실 것이 그 성에는 없었습니다. 하나님과 어린양의 보좌가
그곳에 있고, 그분의 종들은 다 그분을 섬길 것입니다. 4 그들은 하나님의 얼굴을 볼 것
이며, 그들의 이마에는 하나님의 이름이 기록될 것입니다. 5 그곳에는 밤도 없고 등불
이나 햇빛이 필요 없을 것입니다. 주 하나님께서 그들의 빛이 되시고, 그들은 거기서
영원히 왕처럼 살 것입니다.

_아가페 쉬운성경

8절(21장)에 음녀의 도성의 멸망이 나타난 것과 대조하여, 여기에서는 신부의 성(城)이요 하나님의 성인 거룩한 예루살렘이 하나님께로부터 하늘에서 내려오는 화려하고 장엄한 환상이 나타난다. 이것은 현재의 이상

적 교회에 의해 예표된 미래의 이상적 교회이다. 일곱 대접을 가진 일곱 천사 중 하나가 요한에게 와서 말한다(계 17:1 참조). **"이리 오라 내가 신부 곧 어린양의 아내[260]를 네게 보이리라."** 그러자 천사가 요한을 크고 높은 산으로 데리고(겔 40:1-2 참조) 가는데, 이는 문자적인 것이 아니라 '성령에'(계 1:10; 계 17:3 참조) 이끌림을 받은 것이다. 믿음의 높은 산꼭대기에 올라갈 때에만 이상적 교회의 실존 상태를 볼 수 있게 된다. 요한은 이제 장엄하고 찬란한 광경을 본다. 그는 하늘에서 내려오는 성을 본다. 천사는 그에게 신부를 보여 주겠다고 약속한다. 바로 이 성이 신부이다. 성과 신부는 동일하다. 둘 다 하나님의 교회를 나타낸다.

계시록 21:9-22:5에 나타난 성의 묘사는 다음과 같이 요약할 수 있다.

a. **이것은 한 성, 거룩한 성, 예루살렘이다**(21:10, 16, 18).

이 성은 하나님과 교제를 갖는 인간의 공동체이다. 우주 전체를 통하여 이 이상 영화로운 교제가 없다. 하나님은 우리와 함께 계시며 우리는 그의 소유가 된다. 그뿐만 아니라 거룩한 성에 대한 상징이 분명하게 암시하는 것처럼, 이 교제는 거룩하고 영원한 것이며 무수한 사람들의 즐거움이다. 이같이 이상적 교회의 찬란한 모습이 상징되었다. 또한 전체의 개념이 종말론적임을 고찰하도록 하자. 미래의 교회가 여기에 묘사되었고 역시 앞으로 올 것에 대한 그림자로서 현대 교회도 진술되었다. 여기에 진술된 성은 하늘의 영역에 속하며 이 성은 계속적으로 하늘로부터 내려오고 있다. 이것은 하나님의 주권적 은총의 역사이다. 이 성은 미래에 속한 것이며 끊임없이 미래에 대해서 언급하고 있다. 이 성은 '이 땅에 머무는' 것이다. 그리고 이 성은 하나님의 뜻대로 살며 하나님과 영원히 왕노릇 하도록 예정된 자들의 공동체이다.[261] 예루살렘은 거룩하고 새롭지만 바벨론은 '크고' 또한 '낡은' 것이다.[262]

---

260) 이 칭호에 대해서는 제XIII장, p.262이하를 보라.

261) Augustine, *De Civitate Dei*, xi, I; cf. xiv. 28; W. Walker, *Great Men of the Christian Church*, pp.63이하.

262) AV에 의한 21:10의 독법(讀法)은 잘못된 것이다. '큰 성'이라는 용어는 거룩한 예

또한 이 성은 맑은 유리와 순금으로 되어 있다(계 4:6; 15:2 참조). 이는 순결하고 거룩하며 자비로우며 빛나는 특성을 지니신 하나님과 그의 백성과의 교제를 상징한다. 본질적으로 우리가 지금 여기서 이 교제를 누리고 있지만 머지 않아 완전한 교제의 기쁨을 누리게 될 것이다.

끝으로 이 성은 완전한 입방체이며 그 길이와 너비가 같은데 만 이천 스다디온이다.

무엇보다도 먼저 이 상징의 아름다움을 살펴보도록 하자. 이 성은 사방마다 각각 세 방향으로 천사백 마일이나 뻗어 있으며 높이도 또한 천사백 마일이요 모두 순백하고 투명하며 부드럽고 금빛 찬란하다. 그러면 이것이 무엇을 뜻하는가?

만 이천은 셋(삼위일체를 뜻함)에다 넷(우주를 나타냄)을 곱한 데다가 열 곱을 하고 그 위에 열 곱하고 또 열 곱한(완전한 것에다 완전한 것을 곱하고 그 위에 더욱 완전하게 한) 것이다. 그러므로 이 숫자는 우주 안에서 운영하시는 삼위의 하나님이 펴시는 구원의 능력에 의한 결과의 완전성을 표현한 것이다. 완전하고 흠없는 결과는 새 하늘, 새 땅에서 하나님과 교제를 누리는 하나님의 교회이다. 이 교제는 모든 면에서 '완전하고 순전하게' 될 것이다. 바로 지금 여기서 우리는 그 교제의 기쁨을 미리 맛본다. 이것은 또한 장막과 솔로몬 성전 안의 지성소에 의해 이미 예표되었다. 이 지성소 역시 완전한 입방체였다. 여기에는 대제사장만이 하나님과의 교제를 위하여 들어간다. 그러나 여기에 묘사된 거룩한 성에는 모든 성도가 제사장이요 또한 왕이다. 모두가 하나님과의 교제를 누린다.

b. 이 거룩한 성은 신부요 어린양의 아내이다(21:9).

이 상징은 계시록 19:7에 충분히 설명이 되었다.[263] 하나님과 그의 자녀들 간의 교제는 매우 밀접하고 불변하는 사랑의 관계이며, 그렇기 때문에

루살렘에 해당하는 것이 아니며 언제나 바벨론에 해당하는 용어이다. p.188, 주 192)를 보라.

263) 제 XIII 장, p.262이하를 보라.

온 우주에서 지극히 영광스럽고 아름답다는 사실을 이런 상징으로 나타낸 것이다(시 45편 참조).

c. **거룩한 성은 어린양 안에서 하나님의 영광의 빛을 지닌다**(계 21:11, 23; 22:5).

발광체 혹은 등불(light-bearer)[264]은 보좌에 앉으신 이의 영광이다(계 4:3 참조). 빛나는 보석은[265] 주 예수 그리스도의 교회 안에서 계시된 하나님의 속성인 영광의 극히 희미한 윤곽에 지나지 않는다. 실로 교회의 등불은 어린양(요 1:5; 8:12 참조)이다. 등불이 어린양인 것은 그가 우리에게 참된 하나님의 주권의 진리와 영적 기쁨 속에 살면서 거룩한 상태에 합당한 의를 주기 때문이다. 참빛이신 그리스도는 무지와 비참함과 죄악과 도덕적 퇴폐를 없이한다. 그리스도와 그의 사역 안에서 그리고 이를 통하여 하나님의 영광은 교회에서 표현된다. 그러므로 거룩한 성은 자연적인 빛이나 인위적인 빛 또는 햇빛이나 등불도 필요치 않다(사 60:1, 3, 5, 19, 20; 슥 14:7). 다시는 밤이 없을 것이다. 원리상 이 모든 것은 현재도 그러하지만 장차 새 우주 안에서 그 완성을 보게 될 것이다.

d. **이 성에는 성전이 없으니 이는 주 하나님 곧 전능하신 이와 어린양이 바로 그 성전이기 때문이다**(21:22).

이 성에 거주하는 사람들은 하나님과 교제하기 위하여 이제는 성 안에 있는 장막이나 성전에 갈 필요가 없게 된다. 하나님의 존귀와 영광의 빛은 충분하고 찬란하게 비추어서 성 전체를 가득 채운다. 이 빛은 이 성의 어느 특정한 지역만을 비추는 그런 제한을 두지 않는다. 성 전역 어느 곳에서나 비친다. 성도들은 하나님과의 교제가 직접적이고 밀접한 것이므로 따로 성전이 필요치 않다. 하나님의 장막은 그의 백성과 함께 있으며 하나님의 백성들은 끊임없이 하나님과 밀접하게 교제하며 사랑하고 함께

---

264) RV의 의미가 맞다.

265) 계 4:3, 제Ⅸ장, p.120의 주석을 보라.

거한다(계 7:15; 21:3; 슥 2:5 참조). 우리가 살고 있는 신약시대에 성취되어야 할 예레미야 3:16(렘 31:33 이하 참조)의 언약(요 4:23-24; 히 8:8 이하 참조)이 새 우주 안에서 완전히 실현되게 된다.

e. **새 예루살렘은 크고 높은 성곽을 갖고 있다**(21:12, 17, 18).

성은 그 성의 안전과 방어를 위해서 성곽을 쌓는다. 이 성곽이 갖는 상징적인 의미는 교회가 하나님과의 교제를 맺는 데 있어서 그 교제가 항상 견고하다는 것이다. 성곽은 크고 또한 높다(슥 2:5 참조). 그뿐만 아니라 이 성곽은 문자 그대로의 성곽이 아니고 상징적임을 강조하기 위하여 144규빗(성곽의 높이 혹은 두께)이라고 기록된 것을 볼 수 있다. 이것은 구약과 신약시대의 교회의 성곽이다.[266] 요한복음 10:28은 이 상징에 대해 "그들을 내 손에서 빼앗을 자가 없느니라"고 하는 아름다운 해석을 제공한다. 이 상징은 현대에도 적용이 되며, 더 영광스러운 의미로는 새 우주 안에서 하나님의 백성의 안전을 뜻하는 면에서 적용이 된다. 이러한 완전한 안전감보다 더 영광스러움이 어디 있겠는가?

f. **성곽은 열두 기초석이 있다**(21:14, 19, 20).

이 열두 기초석에는 열두 사도의 이름이 기록되어 있다. 이 뜻을 파악하고 이해하기는 매우 쉽다. 열두 사도의 증거를 통하여 모든 성도들이 구원을 받았으며, 열두 사도의 기록들에 의해서 하나님과 교제하는 복된 상태로 이끌림을 받게 되었다(엡 2:20; 고전 3:9). 이 열두 기초석의 머릿돌은 예수 그리스도이시다. 이 열두 사도는 '어린양'의 사도들이다. 이들은 어린양에 대하여 증언하고 전파한다. 사도는 전하는 바에 따라 빛나고 찬란한 모든 하나님의 속성이 광채를 발한다. 십중팔구 이것은 열두 기초석을 꾸민 보석을 뜻하는 것이리라(사 54:11 참조). 말씀이 성령으로 말미암아 각 사람의 심령에 역사할 때 하나님의 모든 지혜는 그 말씀의 전파에 의해 교회 안에 나타난다(엡 3:10 참조).

---

266) 계 7:4의 설명을 보라.

g. **성은 열두 문이 있다**(21:12, 13, 21, 25, 27; 22:14, 15, 그리고 겔 43:1; 48:31-34; 계 22:14 참조).

다시 말하면 하나님과 더불어 이 영광스럽고 놀라운 교제의 장소로 들어가는 기회—새 하늘과 새 땅의 관점에서 볼 때 계속 존재해 왔던—가 풍부하다는 것이다. 열린 문은 그 안에 들어갈 수 있는 기회를 상징한다. 우리는 하나님의 약속 가운데 하나님께서 주신 믿음으로 말미암아 이 영광된 교제에 들어간다. 열두 문은 각 문마다 한 개의 진주로 되어 있다. 진주 스무 알을 합해도 보통 구슬 하나만큼 크지 않다는 것을 감안한다면, 요한이 환상 중에 본 이 진주들은 그 크기와 아름다움에 있어서 놀라지 않을 수 없다. 하나님이 우리에게 주신 약속들을 믿는 신앙으로 그 성에 들어가는 하나님의 자녀는, '문들이 진짜 진주로구나' 하고 감격하여 말하리라. 문에는 이스라엘의 열두 지파의 이름이 기록되어 있는데, 이 성은 참된 이스라엘 즉 구속받은 교회가 거할 곳이기 때문이다(계 7:14 참조). 사방으로 문이 셋씩 나 있다(창 28:14; 사 54:3 참조)고 했는데, 이는 교회가 모든 족속이 하나로 모인 곳임을 나타낸다. 이 문들에는 열두 천사가 있다. 그러므로 음녀나 그 추종자들의 특성을 지닌 자는 들어올 수 없다.[267] 이러한 더럽고 가증한 자들은 그 성에 들어가지 못한다. 그들은 성 밖에 있다. 오직 어린양의 생명책에 이름이 기록된 자들만 들어갈 수 있다(계 3:5 참조). 그러나 실망하지 말아야 할 것은 문이 결코 닫히지 않는다는 것이다. 닫혀진 문은 어둠, 밤, 위험뿐만 아니라 기회가 없음을 상징한다. 그러나 이제 전(全) 세대를 통하여 믿음으로 하나님과 더불어 복된 친교를 누릴(물론 새 하늘과 새 땅의 관점에서 볼 때 이미 존재해 왔던) 풍성한 기회가 있다.

h. **성은 맑은 유리 같은 정금 길로 되어 있다**(21:21).

모든 문은 길로 연결되어 있으며, 성은 영화로운 진리를 상징하는 정금으로 된 온통 아름다운 길로 가득 차 있다. 이 길들은 보좌와 더불어 교제

267) 음녀의 특징에 대하여는 계 17:4-6; 18:3, 9; 19:2를 보라.

할 기회가 풍부하다는 것을 나타낸다. 이 길로 인하여 생명 강과 생명나무에 쉽게 다가갈 수 있다.

i. 성에는 하나님과 어린양의 보좌로부터 흐르는 수정같이 맑은 생명수의 강이 있다(22:1).

길을 따라 강이 흐르고 있다. 강과 길 사이에는 생명나무가 있는 동산이 있어 이 길을 서로 갈라 놓는다(다음에 진술되는 j의 부분을 보라). 이 강은 영생, 온전하고 자유한 구원 그리고 하나님의 주권적 은혜의 선물을 상징하는 생명의 강이다. 하나님과 교제하는 것 말고 무엇을 생명이라 할 수 있겠는가?(요 17:3; 겔 47:1 이하; 요 4:10; 7:38을 참조하고, 계 7:17; 21:6의 해석을 보라). 이 생명수의 강은 하나님과 어린양의 보좌로부터 '나와서' 흐르고 있음에 주목하자.

유명한 찬송가 가사 중에서 생명수 강이 하나님의 보좌 '곁으로' 흐르고 있다고 되어 있는 것이 있는데 이는 보좌 옆이 아니다. 이 찬송가의 가사, 보좌 '곁으로'를 '보좌로부터'로 바꾸어 부르도록 하자! 이것은 사소한 문제가 아니다. 이 상징의 중점이 바로 여기에 달려 있기 때문이다. 은혜와 생명수의 강이 하나님과 어린양의 보좌로'부터(from)'와 '나와서(out of)' 흐르고 있다고 할 때만 우리의 구원은 하나님의 권능의 의지에 기인한 것이며, 그리스도의 구속의 피로 말미암아 값없이 우리에게 주어진 것이라는 사실이 강조되는 것이다. 모든 영광은 하나님께만 돌려야 한다. 이 생명의 풍성함과 거룩한 속성을 고찰하도록 하자. 이 강은 수량(水量)이 풍부하고 수정처럼 맑다. 죄가 결코 우리와 하나님과의 교제를 훼손하지 못할 것이다. 이 상징도 또한 원칙적으로 오늘날 이 시대에 적용되며 그 완전한 실현은 심판의 자리에서 이루어진다.

j. 강과 길 사이에는 생명나무가 가득한 낙원 즉, 공원 혹은 정원이 있다(22:1-3).

이 구절은 이렇게 진술되어 있다.

"강 좌우에 생명나무가 있어 열두 가지 열매를 맺되 달마다 그 열매를 맺고

그 나무 잎사귀들은 만국을 치료하기 위하여 있더라 다시 저주가 없으며 하나님과 그 어린양의 보좌가 그 가운데에 있으리니 그의 종들이 그를 섬기며"

첫째, 이 광경을 살펴보자. '생명나무' 라는 용어는 '길' 과 '강' 처럼 집합적(collective)이다. 이 용어의 개념은 거기에 단 한 그루의 나무가 있다는 뜻이 아니다. 이곳 전체의 한 낙원에 강을 따라 나무가 줄지어 심겨 있고 이것은 강과 길 사이에 위치해 있다.

실로 성의 모든 길이 이러하다. 성 전체가 낙원이다(계 2:7 참조). 그러므로 성은 생명나무로 가득 찼다는 이 놀라운 사실에 감사하자. 이 성에는 생명나무가 가득 심어진 낙원이 있다. 게다가 이 나무들에는 열매가 많이 열려 있다. 나무들은 정기적으로 달마다 열매를 맺는다. 이 나무는 그 잎사귀까지도 병을 치료하는 데에 쓰인다. 총체적으로 보면 이 모든 요소들은 우리의 구원의 지극히 풍성한 특성을 상징하는데, 이는 거룩한 성에 거하는 모든 사람들이 누리는 하나님과의 교제의 귀한 복과 영원함에 대한 절대적 충만함을 상징한다.

실로 이 상징에 의하면 이 낙원 혹은 정원이 성 안에 있다는 것은 놀라운 사실임에 틀림없다. 풍성한 낙원이 성의 바로 중심부에 있다는 이 사실을 잠깐 생각해 보라. 이 성은 앞서 언급한 바와 같이 많은 것을 상징하는 가운데 무수한 사람들도 상징하고 있다. 특히 사방으로 만 이천 스다디온을 뻗어 나간 새 예루살렘에서는 더욱 그러하다. 그러므로 성은 많은 사람들을 상징하며, 그에 따른 막대한 필요, 많은 요구, 그리고 많은 '수요' 를 암시한다. 그런데 어디에서 '공급' 이 될 것인가? 이 성의 낙원은 공급의 충분함을 상징한다. 그러나 창세기에 나오는 인간은 이 낙원에서 내쫓김을 당했다. 그때 이후로, 말하자면 성은 낙원을 위하여 곡하며 낙원은 성을 위해 곡하고 있는 것이다. 끝으로, 새 예루살렘에서는 낙원이 성 안에 있다. 이 성 안 백성을 위해서 영생과 구원이 충만해 있다. 계시록 18:22[268]로 돌아가 서로 대조되는 점을 주목해 보자. 그 나무 잎사귀들은 현시대 전반을 통하여－머지않아 '치유되었다' 고 말해야 할－ 만국을 치

268) 제 XIII장, p.258-259를 보라.

유하고 있는 것이다. 영생은 죄와 고통의 상처를 고친다. 생명 '나무(tree)' 란 용어는 실제로 생명 '나무(wood, 木材)'이다. 이 용어는 그리스도의 십자가를 나타낼 때 사용되었다(행 5:30; 10:39 등)[갈 3:13, "나무에 달린 자마다 저주 아래에 있는" 참조. 'Cursed is every one who hangs on a tree (wood)']. 십자가에 달리신 그리스도의 공로로 우리가 영생을 얻었으며, 새 예루살렘에서는 그 십자가의 나무는 저주를 받지 않는다(겔 47:12; 계 2:7). 이곳에는 저주받을 것이 하나도 없다.

k. **이 성에는 하나님과 어린양의 보좌가 있다**(22:3, 4).

하나님의 교회 안에 그의 존귀와 주권이 나타난다. '보좌' 는 하나님의 주권을 상징한다. 강이 보좌로부터 나와서 흐르기 때문이다(위의 'i' 항을 보라). 물론 그 하나님의 주권은 성 안팎 어느 곳에나 나타난다. 그러나 이 성 안에서는 진노가 아닌 사랑의 주권으로 나타난다. 그러므로 성 안에 거하는 백성들은 기쁨으로 하나님의 뜻에 순종한다. 하나님의 뜻은 그들의 소망이다. 그들은 하나님과 대면하며 그의 은혜를 즐거워한다(시 17:15; 42:2; 마 5:8 참조). 그들은 하나님을 경배한다(계 7:15 참조). 하나님의 이름이 그들의 이마 위에 적혀 있는데[269] 이는 하나님께서 그들을 자기의 소유라고 공인하는 것이며 그들은 기쁨으로 하나님을 그들의 주(主)라고 고백한다. 이와 같이 새 우주 안에서 그들은 영원토록 다스린다. 이 모든 상징들은 원칙적으로는 우리가 생활하고 있는 현시대에도 해당하지만 새 하늘 새 땅이 이룩될 때 완전히 성취된다.

l. **성에 거하는 자들은 누구인가?**(21:7, 12, 24, 27; 22:3, 14).

성에 거하는 자들은 승리자다. 참된 이스라엘 각 족속에서 택함을 받은 자들이며(계 7:9 참조), 온 땅의 왕들을 포함하여 어린양의 생명책에 그 이름이 기록된 자들(계 3:5 참조), 하나님을 경배하는 자들, 인침을 받은 무리들(계 14:1 참조)이다.

---

269) 제XI장, p.220의 계 14:1에 대한 해석을 참조하라.

3. 결론(22:6-21)

22:6-21

6 또 그가 내게 말하기를 이 말은 신실하고 참된지라 주 곧 선지자들의 영의 하나님이 그
의 종들에게 반드시 속히 되어질 일을 보이시려고 그의 천사를 보내셨도다 7 보라 내가
속히 오리니 이 두루마리의 예언의 말씀을 지키는 자는 복이 있으리라 하더라 8 이것들을
보고 들은 자는 나 요한이니 내가 듣고 볼 때에 이 일을 내게 보이던 천사의 발 앞에 경배
하려고 엎드렸더니 9 그가 내게 말하기를 나는 너와 네 형제 선지자들과 또 이 두루마리
의 말을 지키는 자들과 함께 된 종이니 그리하지 말고 하나님께 경배하라 하더라 10 또 내
게 말하되 이 두루마리의 예언의 말씀을 인봉하지 말라 때가 가까우니라 11 불의를 행하
는 자는 그대로 불의를 행하고 더러운 자는 그대로 더럽고 의로운 자는 그대로 의를 행하
고 거룩한 자는 그대로 거룩하게 하라 12 보라 내가 속히 오리니 내가 줄 상이 내게 있어
각 사람에게 그가 행한 대로 갚아 주리라 13 나는 알파와 오메가요 처음과 마지막이요 시
작과 마침이라 14 자기 두루마기를 빠는 자들은 복이 있으니 이는 그들이 생명나무에 나
아가며 문들을 통하여 성에 들어갈 권세를 받으려 함이로다 15 개들과 점술가들과 음행
하는 자들과 살인자들과 우상 숭배자들과 및 거짓말을 좋아하며 지어내는 자는 다 성 밖
에 있으리라 16 나 예수는 교회들을 위하여 내 사자를 보내어 이것들을 너희에게 증언하
게 하였노라 나는 다윗의 뿌리요 자손이니 곧 광명한 새벽별이라 하시더라 17 성령과 신
부가 말씀하시기를 오라 하시는도다 듣는 자도 오라 할 것이요 목마른 자도 올 것이요 또
원하는 자는 값없이 생명수를 받으라 하시더라 18 내가 이 두루마리의 예언의 말씀을 듣
는 모든 사람에게 증언하노니 만일 누구든지 이것들 외에 더하면 하나님이 이 두루마리
에 기록된 재앙들을 그에게 더하실 것이요 19 만일 누구든지 이 두루마리의 예언의 말씀
에서 제하여 버리면 하나님이 이 두루마리에 기록된 생명나무와 및 거룩한 성에 참여함
을 제하여 버리시리라 20 이것들을 증언하신 이가 이르시되 내가 진실로 속히 오리라 하
시거늘 아멘 주 예수여 오시옵소서 21 주 예수의 은혜가 모든 자들에게 있을지어다 아멘

6 그 천사는 또 나에게 이렇게 말하였습니다. "이것은 참되고 진실한 말씀이다. 주님은
예언자들의 영의 하나님이시다. 이제 그분께서 이렇게 천사를 보내어 앞으로 속히 일
어날 일들을 알리신 것이다." 7 "보아라! 내가 속히 가겠다! 이 책에 기록된 예언의 말
씀을 지키는 자들에게는 복이 있을 것이다." 8 나 요한은 이 모든 것을 보고 들었습니
다. 내가 이 모든 것을 보고 들은 후에 이것을 보여 준 천사의 발 앞에 엎드려 경배하려
고 하자, 9 천사는 내게 이렇게 말하였습니다. "내게 절하지 마라! 나 역시 너와 네 형제
인 예언자들과 이 책에 기록된 말씀을 지키는 자들과 똑같은 하나님의 종일 뿐이다. 그
러니 하나님만을 경배하여라!" 10 그리고 천사는 내게 지시하였습니다. "이 책에 기록
된 예언의 말씀을 비밀로 하지 마라. 이 모든 일이 일어날 때가 멀지 않았다. 11 악한 일
을 행하는 자는 계속 악한 일을 하도록 내버려 두고, 더러운 자는 더러운 그대로 놔 두

어라. 의로운 사람은 계속 의롭게 살도록 하며, 거룩한 사람들은 계속 거룩하도록 하여
라." 12 "보아라! 내가 속히 가겠다! 내가 상을 가지고 가서, 너희가 행한 대로 갚아 주
며 상을 베풀 것이다. 13 나는 알파와 오메가이며, 처음과 마지막이요, 시작과 끝이다.
14 자기 옷을 빠는 자는 복 있는 자들이다. 그들은 생명나무의 열매를 먹을 것이며, 성
문을 통해 성으로 들어가게 될 것이다. 15 악하고, 마술을 행하며, 음란하고, 살인하고,
우상을 숭배하며, 거짓말을 즐겨하던 자들은 성 밖에서 성 안으로 들어오지 못할 것이
다. 16 나 예수는 온 교회에 이 모든 것을 증언하기 위해 천사를 보냈다. 나는 다윗의 자
손이며 빛나는 새벽별이다." 17 성령과 신부가 "오소서!" 하고 말씀하십니다. 이 말을
들은 사람들도 모두 "오소서!" 하고 외칩시다. 누구든지 목마른 자는 와서 생명수를 마
음껏 마시십시오. 18 이 책에 기록된 예언의 말씀을 듣는 모든 이들에게 경고합니다.
만일 누구든지 이 말씀에 다른 것을 덧붙이는 사람이 있으면 하나님께서 이 책에 기록
된 재앙을 그에게 내리실 것입니다. 19 또 만일 누구든지 이 예언의 말씀에서 어느 하나
라도 빼는 자는 하나님께서 이 책에 기록된 생명나무와 거룩한 성에 참여할 특권을 빼
앗아 버리실 것입니다. 20 이 모든 것을 증언하신 분, 예수님께서 말씀하십니다. "그렇
다, 내가 속히 가겠다." 아멘. 주 예수여, 어서 오소서! 21 주 예수님의 은혜가 여러분 모
두에게 함께하시기를 기도합니다. 아멘. _아가페 쉬운성경

이 결론을 맺는 말에 대해서 특별히 언급할 것은 별로 없다. 결론을 맺는 부분에서 언급한 여러 가지 다양한 상징의 해석에 대해서는 이 책이 앞서 진술한 모든 것을 참고하기 바란다.

첫째, 요한에게 이 환상들을 보여 준 천사는 계시록이 갖는 성격의 순수성을 증명한다(계 1:1; 19:9; 21:5 참조). 이 계시록은 실로 하나님께로부터 나온 것이다. 선지자에게 영을 주신 하나님께서 계시록의 저자이시며, 선지자의 영은 하나님의 끊임없는 인도와 감독 아래 있다. **"속히 되어질 일"**이란 표현의 이해를 위해서는 계시록 1:1; 4:1을 보라.[270] 천사는 그리스도가 친히 하신 **"보라 내가 속히 오리니"**(계 1:3, 7 참조)라는 말씀을 인용한다.

요한은 다음과 같이 **"이것들을 보고 들은 자는 나 요한"**이라고 증언한다. 다시 사도 요한은 계시록 19:10[271]의 경우와 똑같이 천사에게 경배를

270) 제Ⅶ장, p.70, 주 67), 제Ⅸ장, p.117, 주 114).
271) 제XIII장, p.265에서 보라.

드리려고 한다.

천사는 계속해서 이 두루마리의 예언의 말씀을 인봉하지 말라고 하는데 이는 때가 가까웠기 때문이다. 예언들은 즉시 성취되기 시작한다(계 1:1 참조). 아주 무서운 경고의 말씀이 뒤따른다. 영어의 'Let'(문장 중 동사로 1인칭 및 3인칭의 명령법에 써서 '권유, 명령, 가정, 허가' 등을 표시한다)란 말이 양자택일을 의미한다는 것을 명심한다면 11절의 해석에 어려움이 없을 것이다. 첫째, 긍정적인 권고의 'Let'가 있다. 예를 들면, '악인은 그 행위를 버리라'는 말씀이 그것이다. 여기서 행악자는 그 악한 행위를 저지르는 길을 버리도록 요구된다. 이처럼 권고나 권면, 훈계의 말씀 앞에는 언제나 이 'Let'가 먼저 나온다. 그러나 가령 간절한 탄원, 견책과 훈계, 그리고 권면과 심판을 무시하고 악한 자가 생명수를 받아들이기를 거절하고 순종을 거절한 경우 어떻게 될 것인가? 여기에는 또 다른 'Let'가 있다. 이것은 긍정적인 권고의 'Let'가 아니고 방치하는 'Let'이다. 하나님께서 '그대로…되게 두라(Let him be)'라고 말씀하신 것과 같다.[272] 여기 11절에 나타나는 'Let'은 후자에 속한다. 악인에게는 공포의 'Let'이다. 그러므로 이 구절을 다음과 같이 풀이할 수 있다. "모든 애원, 간절한 견책과 훈계, 그리고 권고 등을 무시하여 받아들이지 않고 마음을 완악케 하는 자는 그대로 내버려 두라. 악인이 불의를 자행하고 그 불의를 계속하는 것을 말리거나 방해하지 말라. 더러운 자는 그 더러운 짓을 해나가도록 그대로 두라. 이와 마찬가지로 의를 행하고 의롭게 사는 거룩한 성도들도 그 생활을 계속하는 것을 방해하지 말라." 이 경우에 있어서는 물론 'Let'를 긍정적인 권고의 의미로 볼 수도 있겠다. 원문에서도 'Let'의 두 가지 의미의 해석을 실제로 허용하는데 이는 앞서 설명한 바와 같다(마 13:30 참조. Let both grow together until the harvest.).

다시 천사는 예수의 말씀을 인용하여 말한다. **"보라 내가 속히 오리니 내가 줄 상이 내게 있어 각 사람에게 그가 행한 대로 갚아 주리라."** 실제로 이것은 일종의 부드러운 권고의 말씀이다. 이는 다음과 같이 하시는 말씀

272) 요일 5:16과 계 15:8, 제XII장, p.232-233의 설명을 보라.

이다. “불신으로 마음을 완악하게 하지 말고 회개하라. 내가 올 때 모든 사람에게 상을 줄 것이다.” 그러므로 각 사람들은 그 행한 대로 갚음을 받게 된다(계 14:14 이하; 20:11 이하 참조).[273] 그리스도의 약속과 또한 경고와 훈계는 그 효력이 영원한 것인데, 이는 그가 **알파와 오메가**이시기 때문이다. 이것이 12절과 13절의 연결이다.

이제 우리는 일곱째인 마지막 복에 도달했다. 어떤 번역에는 14절이 “계명을 지키는 자들은 복이 있으니”라고 되어 있다. 그러나 가장 좋은 번역은 “자기 옷을(두루마기를) 씻는(빠는) 자들은 복이 있으니”이다. 모든 사람은 옷을 입고 다닌다. 옷을 만드는 옷감을 짜는 데는 모든 사람의 생각, 말, 그리고 행위가 함께 짜진다. 이 옷에 흙탕이 튀어 더럽혀졌다(슥 3:3 참조). 온 세상에 이 옷을 깨끗하게 할 수 있는 것은 아무것도 없다.

이 옷으로 말하면 이 땅에 있는 어떤 세제일지라도 무용하다. 그 어떤 것으로도 옷을 깨끗하게 할 수 없다. 예레미야 2:22의 매우 놀랍고도 탁월한 구절을 읽어 보자. 옷은 인간의 심령(성품)을 말한다. 그런데 하나님께서 한 처방을 마련하셨다. 이렇게 말씀하시는 분은 하나님이신데 **“자기 두루마기를 빠는 자들은 복이 있으니”**라고 하셨다. 두루마기를 빤다(씻는다)는 것은 예수 그리스도의 보혈의 깨끗하게 하는 샘에 의지한다는 것을 뜻한다. 이 보혈은 모든 죄를 없이할 뿐만 아니라 깨끗하게 하고 성결하게 되는 영을 주시는데, 우리는 항상 이 보혈에 의지하고 맡겨야 한다.[274] 깨끗하게 하는 보혈의 샘물에 두루마기를 빤 사람은 하나님의 주권적 은사로 말미암아 생명나무로 올 수 있는 권리를 갖게 되며(2:7; 22:2 참조), 또한 문을 통하여 성으로 들어갈 수 있게 된다. 성 밖에는 음녀의 모든 속성을 지닌 자들이 있다(계 17:2, 4 등을 참조).

계시록의 마지막 대목에는 세 증인이 나온다. 첫째 증인은 천사요, 둘째 증인은 요한이다. 셋째 증인은 본 계시록의 완전함과 그 근원이 하나님이심을 입증하는 예수 그리스도이시다. **“나 예수는 교회들을 위하여 내**

---

273) 14절의 이해를 돕기 위해서는 p.74, 79-80, 90, 110-111을 보라.

274) 제Ⅸ장, p.160을 참조하라.

사자를 보내어 이것들을 너희에게 증언하게 하였노라"(계 1:1 참조). 계시록은 모든 세대의 모든 교회에 주어진 것이다. 요한이 아니라 예수 그리스도 자신이 계시록의 저자이시다. 그리스도는 높이 들리신 분이며, 다윗의 뿌리로 다윗의 태생과 명예와 신분의 근원이 되시면서, 또한 다윗의 자손으로 오셨다[275](시 110:1; 마 22:42-45; 사 11:1; 53:2 등을 참조). 그리스도는 신성과 인성을 겸비하신 구세주이시다. 이 영화롭게 높이 들리신 분인 주님이 바로 계시록의 저자이신 것이다. 그리스도는 광명한 새벽별이시다.[276] 이 별은 왕권을 상징한다(민 24:17 참조).

그리스도께서는 속히 오실 것을 약속하셨고(계 22:7, 12 참조) 그 신부, 즉 그의 교회는 **'오시옵소서'** 라고 화답한다. 이것은 성령에 의하여 감동된 신부가 간절히 간구하는 기도이다. 성령과 신부는 항상 함께 동행하고 역사한다(롬 8:16 참조). 이들은 끊임없이 **'오시옵소서'** 라고 간구하고 있다. 이것은 명령법 현재시제라는 점을 유의하자. 이것은 우리 주님의 재림이 실제로 일어날 사건일 뿐만 아니라 이 사건에 앞서 진행되는 모든 역사의 과정을 포함함을 의미한다. 이것은 '주님의 재림을 위하여 역사 속에서 당신의 모든 계획을 이루소서' 라는 뜻이다. 이 하나님의 계획은 촛대, 인(印), 나팔, 용과 그 추종자들과의 싸움, 진노의 대접, 어린양의 혼인 등의 상징으로 계시된 도덕적 통치의 원리를 포함한다. 이 예언의 말씀이 교회에서 읽혀질 때-누가 이것을 읽든지- 듣는 자는 누구나 **'오시옵소서'** 라고 우렁찬 목소리의 웅장한 화답에 동참해야 한다. "이 모든 수단과 도구를 통하여 주님의 계획이 성취되고 주님의 오심이 속히 이루어지기를 기원합니다!" 이 예언의 말씀을 읽는 성도들이여, 잠시 멈추어 침묵해 보자. 마치 헨델의 **메시아** 중에서 할렐루야 합창의 맨 마지막 부분의 '할렐루야' 가 나오기 바로 직전에 한 순간 쉬는 것처럼 잠시 동안의 침묵이 있을 것이다.

---

275) 제IX장, p.127을 보라.

276) 제VIII장, p.102을 보라.

다음에 보좌로부터 울려 나오는 음성을 들어 보자. 그것은 주님의 부드러운 간청 그리고 최후 초청의 음성이다.

"목마른 자도 올 것이요 또 원하는 자는 값없이 생명수를 받으라" 하신다. 여기서 특히 강조된 것은 값없이라는 말씀이다. 이것은 영광스러운 주권자의 은혜이다! 이것은 생명수가 절대적으로 필요하다고 느끼게 된 모든 사람에게 전달되는 부드럽고 감동적인 하나님의 사랑이다. 지체하지 말자. 속히 주님께 나아가자. 나아가서 취(取)하자. 이 생명수는 값이 없다. 그리스도께서 이미 지불하셨다. 우리는 그에게로 가서 마시기만 하면 된다.

계시록의 뛰어난 영광과 비할 바 없는 신성함은 하나님께서 저자이시기 때문이다. 그러므로 계시록을 듣는 자나 읽는 자가 단 한 마디라도 더하거나 감해서는 안 된다. 이 두루마리의 기록이 가짜라고 해서도 안 된다. 여기 뜻이 풍부한 구절들이 가필되었다고 해서도 안 된다. 이 두루마리의 말씀이 성령의 감동으로 기록되었다는 사실을 부인해서도 안 된다. 또한 공부할 가치가 없는 두루마리라고 해서도 안 된다. 이 두루마리의 예언의 말씀이 권고나 약속 같은 것으로만 가득 채워져 있다고 비웃어도 안 된다. 이 모든 경고를 무시할 것 같으면 이 두루마리에 기록된 모든 재앙이 그에게 더하여질 것이다. 하나님께서는 이 경고를 받아들이지 않고 무시한 자에게는 생명나무와 거룩한 성에 참여하는 것을 제하여 버리실 것이다.

교회가 그리스도의 오심을 간절히 바라는 기도에, 주님은 "내가 진실로 속히 오리라"고 응답하신다. 그러므로 예수 그리스도의 이 경고의 응답을 깊이 명심하도록 하자. 요한의 심령은 환희로 차고 넘쳤다. 그의 영혼은 주님을 고대하는 심정으로 충만해 있다. 그의 눈은 구름을 꿰뚫어 보려고 한다. 요한은 사랑의 무한한 기쁨 속에서 소리 높여 외친다.

"아멘 주 예수여 오시옵소서."

저자 소개

윌리엄 헨드릭슨(William Hendriksen)은 1900년 11월 네덜란드의 헬덜란트에서 태어나서, 가족이 1911년에 미국 미시간으로 이주하였다. 헨드릭슨은 칼빈대학과 칼빈신학교에서 공부했고, 피크 성경신학교에서 S.T.D.(신학박사과정)와 프린스턴신학교에서 박사학위(Th.D.)를 받았다.

헨드릭슨은 미국 기독개혁교회(Christian Reformed Church)에 속한 목사로, 주석을 위해 특별한 은사를 부여받은 철저한 개혁주의자요 복음주의자이며, 매우 근면하고 경건한 신약학자이자 탁월한 성경주석가였다. 그는 칼빈신학교에서 신약학 강의를 맡아 많은 후진을 길러냈고, 오랫동안 강단에 서서 강의와 설교를 통해 깊은 영적 감화를 끼쳤다. 개혁주의적이고 학적으로 매우 깊이 있는 「신약 주석 시리즈」(*New Testament Commentary*)를 저술했던 헨드릭슨은 로마서 주석을 마지막으로 집필한 후 1982년 1월 하나님의 부름을 받았다.

헨드릭슨 패턴 주석 시리즈

헨드릭슨 성경주석

요한계시록

초판 1쇄 발행 1989년 4월 20일
개정판 1쇄 발행 2015년 4월 30일

지은이 윌리엄 헨드릭슨
옮긴이 김영익 · 문영탁

펴낸이 정형철
펴낸곳 아가페북스
등록일 제321-2011-000197호

주 소 (137-823) 서울시 서초구 효령로8길 5 (방배동)
전 화 (02) 584-4835 (본사) / (02) 522-5148 (편집부)
팩 스 (02) 586-3078 (본사) / (02) 586-3088 (편집부)
홈페이지 www.iagape.co.kr

ISBN 978-89-97713-54-7 (04230)
ISBN 978-89-97713-42-4 (세트) (04230)

「이 도서의 국립중앙도서관 출판예정도서목록(CIP)은
서지정보유통지원시스템 홈페이지(http://seoji.nl.go.kr)와
국가자료공동목록시스템(http://www.nl.go.kr/kolisnet)에서
이용하실 수 있습니다. (CIP제어번호: CIP2015010253)」

아가페북스는 (주)아가페출판사의 단행본 전문브랜드입니다.

아가페 출판사